Der Schutz digitaler Musik- und Filmwerke vor privater Vervielfältigung nach den zwei Gesetzen zur Regelung des Urheberrechts in der Informationsgesellschaft

Schriftenreihe zum Urheber- und Kunstrecht

Herausgegeben von Thomas Hoeren

Band 6

PETER LANG

Frankfurt am Main · Berlin · Bern · Bruxelles · New York · Oxford · Wien

Thomas Meschede

Der Schutz digitaler Musik- und Filmwerke vor privater Vervielfältigung nach den zwei Gesetzen zur Regelung des Urheberrechts in der Informationsgesellschaft

PETER LANG
Europäischer Verlag der Wissenschaften

Bibliografische Information der Deutschen Nationalbibliothek
Die Deutsche Nationalbibliothek verzeichnet diese Publikation in der Deutschen Nationalbibliografie; detaillierte bibliografische Daten sind im Internet über <http://www.d-nb.de> abrufbar.

Zugl.: Köln, Univ., Diss., 2006

D 38
ISSN 1860-076X
ISBN-10: 3-631-56254-3
ISBN-13: 978-3-631-56254-3

www.peterlang.de

Inhaltsverzeichnis

Einleitung

Die Digitalisierung von Musik- und Filmwerken und deren Verfügbarkeit online sowie auf CD, DVD und anderen Speichermedien hat zu einer neuen Dimension der privaten Vervielfältigung geführt. In nie dagewesener Zahl können Musik- und Filmwerke heute schnell, kostengünstig und qualitativ hochwertig vervielfältigt und vertrieben werden, ohne dass die Zustimmung des Rechteinhabers eingeholt werden müsste. Quellen für Digital-Kopien finden sich derweil massenhaft: Original-Vorlagen, bereits kopierte CDs/DVDs oder Vorlagen in Internet-„Tauschbörsen". Laut der sog. Brennerstudie der Gesellschaft für Konsumforschung (GfK) aus dem Jahre 2004 wurden im Jahr 2003 325 Mio. CD-Rohlinge mit Musik bespielt.[1] Demgegenüber wurden nur 133,6 Mio. bespielte CD-Alben verkauft. 7,3 Mio. Deutsche luden im Jahr 2003 überdies 602 Mio. Songs aus Internet-„Tauschbörsen" auf ihre PCs herunter.
Diese Zahlen wirken sich nicht nur für Musik- und Filmproduzenten bedrohlich aus; auch die ausübenden Künstler haben massive Einnahmeverluste zu beklagen. Dabei hatten sie nach dem bisherigen Urheberrechtsgesetz aus dem Jahre 1965 gegen einen Großteil der Kopierer keine rechtliche Handhabe. Diese konnten sich in einer Vielzahl der Fälle auf das Privatkopieprivileg gemäß § 53 Abs. 1 UrhG berufen, wonach die Vervielfältigung von Werken zu privaten Zwecken grundsätzlich zulässig ist. Der Urheberrechtsinhaber war insoweit auf einen pauschalen Vergütungsanspruch gemäß den §§ 54 ff. UrhG verwiesen, welcher angesichts des Umfangs und des Wertes der digitalen Privatkopie allerdings keinen angemessenen wirtschaftlichen Ausgleich mehr zu gewähren vermochte.
Der deutsche Gesetzgeber hat es lange Zeit versäumt auf diese veränderten Umstände zu reagieren. Erst die EU-Richtlinie 2001/29/EG zur Harmonisierung bestimmter Aspekte des Urheberrechts und der verwandten Schutzrechte in der Informationsgesellschaft[2] zwang den Gesetzgeber zum Handeln. Die Umsetzung der Richtlinie erfolgt in zwei voneinander getrennten „Körben". Mit dem am 13.09.2003 in Kraft getretenen „Gesetz zur Regelung des Urheberrechts in der Informationsgesellschaft" wurden zunächst nur die zwingenden, fristgebundenen Vorgaben der Info-RL sowie die verbindlichen Vorgaben der beiden WIPO-Verträge[3] umgesetzt.[4] Zahlreiche weitere Gesetzesänderungen wurden in einen „zweiten Korb" verschoben, für den am 27.09.2004 ein Referentenentwurf[5] und am 22.03.2006 schließlich ein Gesetzesentwurf[6] vorgelegt wurde.

---

[1] Brennerstudie 2004 – Studie zum Kopieren und Downloaden von Spielfilmen auf Basis einer Sonderbefragung der Gesellschaft für Konsumforschung (im folgenden GfK) im März 2004, veröffentlicht unter http://www.ifpi.de/news/379/brennerstudie2004.pdf.

[2] Abl. EG Nr. L 167/ v. 22.06.2001, im Folgenden „Info-RL".

[3] WIPO=World Intellectual Property Organization. Der WIPO-Urheberrechtsvertrag (WCT-Vertrag) und der WIPO-Vertrag über Darbietungen und Tonträger (WPPT-Vertrag) sollen den internationalen Schutz des Urheberrechts und der mit dem Internet verknüpften Rechte und die Bestimmungen der Berner Übereinkunft ergänzen, um sie an das digitale Zeitalter anzupassen.

[4] Amtl. Begr. BT-Dr. 15/38, S. 1.

[5] Referentenentwurf für ein Zweites Gesetz zur Regelung des Urheberrechts in der Informationsgesellschaft (im Folgenden RefE zum zweiten Korb), abrufbar unter http://www.bmj.bund.de/media/archive/760.pdf.

Die vorliegende Arbeit untersucht, ob und inwieweit die bereits erfolgten und noch bevorstehenden Urheberrechtsreformen geeignet sind, einen wirksamen Schutz der Urheberrechte an Musik- und Filmwerken gegenüber der massenhaften digitalen Vervielfältigung im privaten Bereich zu bewirken und einen gerechten Ausgleich zwischen den Interessen der Rechteinhaber und der Nutzer herbeizuführen. Dabei wird insbesondere der Frage nachgegangen, ob das System der Pauschalabgabe für private Vervielfältigungen auf digitale Vervielfältigungshandlungen übertragbar oder mit Blick auf moderne Verfahren des Kopierschutzes und der Einzellizenzierung mittels Digital Rights Management Systemen abzuschaffen ist. Dabei ist von besonderem Interesse, ob ein generelles Verbot der digitalen Privatkopie von Nöten ist. Im Übrigen wird erörtert, ob das novellierte Urheberrecht eine ausreichende Handhabe gegen das massenhafte Kopieren von körperlichen Werkträgern und unkörperlichen Vorlagen aus Internet-„Tauschbörsen“ bietet. Zu diesem Zweck wird neben der Erörterung des urheberrechtlichen Regelungs- und Sanktionssystems insbesondere auch der Frage nachgegangen, inwieweit das deutsche (Urheber-)Recht die praktische Durchsetzbarkeit von Urheberrechten im Internet gewährleistet.

Im *ersten* Teil der Arbeit werden die technischen und ökonomischen Grundlagen der digitalen Vervielfältigung von Musik- und Filmwerken, der Kopierschutzverfahren und der Digital Rights Management Systeme dargestellt. Neben einem kurzen Überblick über die technische Entwicklung der digitalen Vervielfältigung wird hier insbesondere die Funktionsweise von Internet-„Tauschbörsen“ (Filesharing-Systemen) erläutert. Diese Darstellung ist Grundlage für die spätere Prüfung der Haftung der an einem „Tauschvorgang“ beteiligten Akteure. Die anschließende Erörterung der technischen und ökonomischen Grundlagen des Kopierschutzes und der Digital Rights Management Systeme ist insbesondere für die Beantwortung der Frage notwendig, ob und inwieweit technische Schutzmaßnahmen eine effektive Kontrolle der privaten Vervielfältigung von Musik- und Filmwerken ermöglichen und Systeme der Einzellizenzierung zukünftig eine Alternative zum pauschalen Abgabensystem darstellen können. Im Übrigen werden die ökonomischen Folgen der digitalen Vervielfältigung für die Musik- und Filmindustrie betrachtet und es wird aufgezeigt, welche Lobbygruppen an der Diskussion um notwendige Reformen des Urheberrechtsgesetzes beteiligt sind.

Der *zweite* Teil der Arbeit erörtert die Regelungen des deutschen Urheberrechts zur privaten Vervielfältigung und zum pauschalen Abgabensystem. Zunächst erfolgt ein kurze Einordnung digitaler Nutzungsvorgänge in das System der Verwertungsrechte nach den §§ 15 ff. UrhG. Im Anschluss hieran werden die dogmatischen Grundlagen der Privatkopieschranke und ihre historische Entwicklung aufgezeigt. Ferner werden die Vorgaben der Info-RL für die Gestaltung der Privatkopieschranke und das Vergütungssystem im digitalen Kontext dargestellt. In einem nächsten Schritt wird die Regelung der Privatkopieschranke gemäß § 53 Abs. 1 UrhG in der Fassung des „ersten Korbes“ und des Referenten- bzw. Gesetzesentwurfes zum „zweiten Korb“ der Urheberrechtsnovelle dargestellt und auf ihre Zweckmäßigkeit hin untersucht. Dabei wer-

[6] Gesetzesentwurf für ein Zweites Gesetz zur Regelung des Urheberrechts in der Informationsgesellschaft (im Folgenden GesE zum zweiten Korb), abrufbar unter http://www.urheberrecht.org/topic/Korb-2/bmj/1174.pdf.

den schwerpunktmäßig auch alternative Lösungsmodelle, wie ein generelles Verbot der digitalen Privatkopie oder spartenspezifische Lösungen, diskutiert. Hieran schließt sich die Darstellung und kritische Würdigung des pauschalen Abgabensystems in der Fassung des Urheberrechtsgesetzes 1985 und des Referenten- bzw. Gesetzesentwurfes zum „zweiten Korb" der Urheberrechtsnovelle an.
Im *dritten* Teil der Arbeit werden die Urheberrechtsreformen auf ihre Vereinbarkeit mit dem internationalen Dreistufentest geprüft.
Der *vierte* Teil der Arbeit widmet sich den Regelungen zum Umgehungsverbot von technischen Schutzmaßnahmen nach den §§ 95 a ff. UrhG. Hier wird insbesondere der Frage nachgegangen, ob die Privatkopieschranke gegenüber technischen Schutzmaßnahmen durchgesetzt werden sollte.
Im *fünften* Teil der Arbeit wird die straf- und zivilrechtliche Verantwortlichkeit und Haftung der Personen erörtert, die an einer unerlaubten Vervielfältigung oder Verbreitung von urheberrechtlich geschützten Werken beteiligt sind. Hier wird insbesondere auch ein Blick auf die Haftung derjenigen Personen gerichtet, welche technische Schutzmaßnahmen zum Zwecke der Anfertigung von Kopien umgehen. Der Schwerpunkt der Erörterung liegt allerdings auf der Prüfung der straf- und zivilrechtlichen Verantwortlichkeit der Teilnehmer und Beteiligten an Internet-„Tauschbörsen".
Der *sechste* Teil der Arbeit erörtert die Frage nach der Durchsetzbarkeit von Urheberrechten im Internet. Hier wird untersucht, ob und inwieweit den Rechteinhabern ein Auskunftsanspruch gegen Internet-Zugangsvermittler über die Identität der Verletzer von Urheberrechten im Internet de lege lata zusteht. Überdies wird der im Referentenentwurf zum Durchsetzungsgesetz[7] vorgeschlagene Auskunftsanspruch gegen Internet-Zugangsvermittler einer kritischen Würdigung unterzogen.
Der *siebte* Teil der Arbeit schließlich fasst die gefundenen Ergebnisse zusammen und bilanziert auf deren Grundlage, ob und inwieweit die Urheberrechtsnovellierungen einen wirksamen Schutz digitaler Musik- und Filmwerke vor privater Vervielfältigung gewähren können.
Die Arbeit ist im Mai 2005 abgeschlossen worden. Die Rechtsentwicklung bis August 2006, insbesondere der Referentenentwurf zu einem Gesetz zur Verbesserung der Durchsetzung von Rechten des geistigen Eigentums vom 03.01.2006 sowie der Gesetzesentwurf zum zweiten Korb der Urheberrechtsnovelle vom 22.03.2006, konnte weitgehend noch berücksichtigt werden.

---

[7] Referentenentwurf zu einem Gesetz zur Verbesserung der Durchsetzung von Rechten des geistigen Eigentums, im folgenden Durchsetzungsgesetz (DurchsetzungsG), abrufbar unter http://www.urheberrecht.org/topic/enforce/bmj/2006-01-03-DurchsetzungsG-E.pdf.

Teil 1: Technische und ökonomische Grundlagen

A. Die technischen Grundlagen der digitalen Vervielfältigung von Musik- und Filmwerken

Die Entwicklung des Urheberrechtes ist seit jeher eng verknüpft mit der technischen Entwicklung von Aufzeichnungs- und Übertragungsmethoden. Dies gilt in besonderem Maße für den urheberrechtlichen Schutz von Musik und Filmwerken. Musik und Film haben zur Technik eine besondere Affinität. Mehr noch als die anderen klassischen Urheber, die Schriftsteller, Maler oder Bildhauer bedürfen Komponisten und Regisseure technischer Hilfsmittel, um ihre Werke der Öffentlichkeit darzubieten. In knapp hundert Jahren haben Erfindung und Einführung von Schallplatte, Film, Rundfunk und Fernsehen, elektrische Lautsprecherwiedergabe, Tonband, sowie Audio- und Videokassette immer neue technische Möglichkeiten erschlossen, Werkschöpfungen von Musik- und Filmurhebern in immer besserer Qualität einer breiten Öffentlichkeit zugänglich zu machen.[8] Aufgrund der rasanten technischen Fortentwicklung von Aufzeichnungs- und Übertragungsmethoden fällt es dem Gesetzgeber naturgemäß schwer, die urheberrechtlichen Regelungen an neue Herausforderungen anzupassen. Dies zeigt sich heute in eklatanter Weise am Beispiel der digitalen Vervielfältigung von Musik- und Filmwerken. Während das deutsche Urheberrecht überwiegend noch von der analogen Technik geprägt ist, hat sich in der Realität die digitale Vervielfältigung etabliert, welche ein bislang unbekanntes Bedrohungspotential für die Urheberrechte in sich birgt.
Die digitale Vervielfältigung ist als Ergebnis einer atemberaubenden Entwicklung der Informations-, Kommunikations- und insbesondere der digitalen Technologie möglich geworden, welche mit gutem Gewissen als technische Revolution bezeichnet werden darf. Nahezu jedermann ist heute in der Lage umfangreiche digitale Musik- und Filmarchive schnell, kostengünstig und ohne Zustimmung des Rechteinhabers herzustellen. Um den Reformbedarf am deutschen Urheberrecht zu verdeutlichen, ist es erforderlich, das massive Bedrohungspotential der digitalen Vervielfältigungstechnologie für die Urheberrechte an Musik- und Filmwerken darzustellen. Aus diesem Grunde wird im Folgenden die technische Entwicklung auf dem Gebiet der digitalen Vervielfältigung skizziert, welche Mitte der neunziger Jahre des letzten Jahrhunderts begann und deren Fortentwicklung bis heute anhält.

I. Allgemeines

Im Rahmen der massenhaften digitalen Vervielfältigung von Musik- und Filmwerken treten zwei Vorgänge in den Vordergrund. Dies ist einmal die digitale Speicherung von Musik- und Filmwerken auf mobile Datenträger wie CDs/DVDs im Wege des sog. Brennens; andererseits die digitale Speicherung von Musik- und Filmwerken auf die Festplatte eines Computers mittels des sog. Downloading, des Herunterladens aus

---

[8] Becker/ Dreier, „Urheberrecht und digitale Technologien", Vortragssammlung der Sitzung des Instituts für Urheber- und Medienrecht, S. 45.

dem Internet.[9] Beide Vervielfältigungsmethoden werden häufig unabhängig voneinander vorgenommen und besitzen allein für sich betrachtet bereits eine erhebliche ökonomische und urheberrechtliche Bedeutung. So gaben laut der 2. GfK-Brennerstudie[10] rund 43 % der Befragten an, zwischen Januar und August 2003 original Spielfilm-DVDs als Kopiervorlage benutzt zu haben. Im selben Zeitraum sollen 13,3 Mio. Spielfilme aus dem Internet herunter geladen worden sein.[11] In der Praxis sind die Methoden jedoch auch häufig miteinander verknüpft. So wird eine Musik- oder Filmdatei in vielen Fällen zunächst aus dem Internet auf die Festplatte des Computers herunter geladen, um sie daraufhin mittels eines CD-Brenners auf eine CD zu brennen. Gerade dieses Zusammenwirken verschafft der digitalen Vervielfältigung ihre besondere Bedeutung und Popularität. Im Folgenden werden die technischen Grundlagen skizziert, auf denen die massenhafte digitale Vervielfältigung von Musik- und Filmwerken im privaten Bereich aufbaut.

II. Die Digitalisierung von Musik- und Filmwerken

Die Digitalisierung ist eine technische Form der Datenaufzeichnung und -übermittlung, bei der die Daten in eine Abfolge von Zahlen konvertiert werden und erst zum Zwecke der sensorischen Aufnahme des Menschen auf dem Personal-Computer oder anderen Umwandlungs- oder Darstellungsgeräten wieder in analoge Form umgewandelt werden.[12]

Mit der Einführung der Compact Disc (CD) in den Jahren 1982/83 wurde in der Musikbranche das digitale Zeitalter eingeläutet. Die CD war ein technischer Durchbruch und das erste digitale Massenprodukt der Konsumelektronik. Da die Musik nun in einem digitalen Format vorlag, war es erstmals möglich, Musik auf dem Computer abzuspielen oder verlustfrei auf den Computer zu kopieren. Für den Endverbraucher erschwingliche Kopiermöglichkeiten gab es jedoch anfänglich genauso wenig wie die Möglichkeit, Musik- und Filmdaten über Computernetzwerke auszutauschen.

Erst Mitte der neunziger Jahre wurde die massenhafte digitale Vervielfältigung möglich. Die Gründe hierfür sind in einem Zusammenspiel mehrerer technischer Fortentwicklungen zu sehen. Hierzu gehören in erster Linie die Entwicklung von Kompressionstechniken sowie die rasante Entfaltung des Internets. In der Folge kam es zu einem Preisverfall bei Kopiersoftware und CD-Brennern. Beschleunigt wurde diese Entwicklung zudem durch die Bereitstellung immer schnellerer Internetzugänge.

III. Die Komprimierungstechniken

Musikdaten auf dem Computer waren bis in die Mitte der neunziger Jahre fast ausschließlich im sog. *WAV*-Format codiert, das in seinen Spezifikationen an das Audio-Format der CD angelehnt ist. Ein durchschnittliches Musikstück von drei Minuten

---

[9] Zur rechtlichen Qualifizierung dieser und weiterer Formen digitaler Nutzungsvorgänge als Vervielfältigung im Sinne der §§ 15, 16 UrhG s. Teil 2, A.

[10] 2. GfK-Brennerstudie vom September 2003, S. 22, abrufbar unter http:/www.ffa.de.

[11] 2. GfK-Brennerstudie vom September 2003, S. 29, abrufbar unter http:/www.ffa.de.

[12] Rehbinder in ZUM 1995, S. 685.

Länge besitzt in diesem Speicherformat ungefähr eine Datengröße von 50 Megabytes[13] (MB).[14]
Wollte man eine unbearbeitete Musikdatei mittels einer ungestörten ISDN-Übertragung über das Internet an einen anderen Nutzer überspielen[15], so dauerte die Übertragung ca. 1 h 25 Min. Mit der langen Übertragungsdauer entstanden dementsprechend hohe Kosten für Telefonverbindung und Serviceprovider. Diese Zahlen verdeutlichen das zumindest noch in diesen Jahren bestehende Problem geringer Datenübertragungsraten.
Darüber hinaus sei auf einen weiteren wichtigen Faktor hingewiesen, der für die Übertragung digitaler Musik eine Rolle spielt: die Speichermöglichkeit. Der ungeheure Speicherbedarf einer WAV-Datei würde in der heutigen Zeit kaum mehr ins Gewicht fallen, da die bei fertig zusammengestellten Computerkomponenten serienmäßig eingebauten Festplatten schon längst die 20 Gigabyte-Grenze überschritten haben. 1997 passten dagegen nur ein paar Stunden Hochqualitätsaudios auf die größte Festplatte, die sich der Durchschnittsnutzer leisten konnte.[16]
Die Entwicklung von technischen Kompressionsverfahren zur Verminderung der Dateigrößen hat die Vervielfältigung von Musik- und Filmwerken dagegen erheblich vereinfacht.

1. Audiokomprimierung

Das bekannteste Audio-Kompressionsverfahren ist das vom Fraunhofer Institut in Erlangen 1992 auf den Markt gebrachte mp3-Format. [17]
Durch das mp3-Verfahren kann ein typisches Musikstück auf rund 3 Megabytes komprimiert werden.[18] Die Komprimierung der Medienstücke wird erreicht, indem für das menschliche Ohr nicht wahrnehmbare Informationen aus der Datenmenge weggelassen werden.[19] Durch mathematische Verfahren wird der Datenstrom weiter reduziert, so dass ein Kompressionsfaktor von 1:12 erreicht werden kann, ohne dass die Tonqualität wesentlich nachlässt. In dieser Größe kann es von heutigen Computern leicht gehandhabt und rasch über das Internet verschickt werden. Mit der Einführung von mp3 begannen Nutzer um das Jahr 1998, ihre auf CD gekauften Musikstücke in den Computer einzulesen und im Platz sparenden mp3-Format auf Festplatte abzuspeichern.
Die Herstellung von mp3-Dateien erfolgt im Wege des sog. *Ripping* mittels eines MP3-Encoders.[20] Hierzu wird üblicherweise eine Audio-CD über ein CD-Rom-

[13] Vgl. zu den Maßeinheiten der Speicherkapazität http://www.netlexikon.de/Speicherkapazitaet.html; 1 MB = 1.000.000 Bytes.
[14] S. Hart-Davis/Holmes, „MP3 – Das Buch", S. 1.
[15] Vgl. http://www.netlexikon.de/Speicherkapazitaet.html. Danach ermöglicht ISDN eine Übertragungsgeschwindigkeit von 8 Kilobytes pro Sekunde.
[16] Vgl. Hart-Davis/Holmes, „MP3 – Das Buch", S. 1.
[17] S. „Brockhaus für Computer und Informationstechnologie", S. 597.
[18] Bei mp3- Software handelt es sich um eine sog. „Offene Technologie", die jedermann kostenlos zur Verfügung steht und auch kostenlos genutzt werden kann.
[19] Vgl. „Brockhaus für Computer und Informationstechnologie", S. 597, 598.
[20] Ein MP3-Encoder ist ein Computerprogramm, welches einen Kompressionsalgorithmus enthält, der CDs in das MP3-Format umwandelt (kodiert, engl. „to encode"). Hierzu wird üblicherweise eine Au-

Laufwerk mittels einer „Audio-Grabber-Software" eingelesen und die entnommenen WAV-Musikdateien in MP3-Dateien umgewandelt. Das Ergebnis der Kodierung ist eine MP3-Datei pro Song der CD, das Ziel dabei ein möglichst unverändert klingender Song. Im Anschluss können sie problemlos und in massenhafter Form auf der Festplatte des Computers abgespeichert werden. Gängige Festplatten besitzen heutzutage ein Datenvolumen von bis zu 250 GByte, womit sich rund 60.000 bis 80.000 mp3 Dateien durchschnittlicher Größe abspeichern lassen.

Um MP3-Dateien abzuspielen, benötigt man einen Decoder, welcher das in der MP3-Datei vorliegende komprimierte Signal wieder *entkomprimiert* (dekodiert, engl. „to decode") und wieder in das WAV-Format verwandelt, welches dann vom Computer oder MP3-Player als Song wiedergegeben werden kann. Inzwischen gibt es eine Vielzahl an Programmen, die MP3-Dateien ohne Zwischenschritte (*on the fly*) in WAV-Dateien umwandeln und zeitgleich auf eine CD brennen können, so dass MP3-Dateien nicht nur wie alle Computerdateien schnell und bequem kopiert, sondern auch als Audio-CDs für Hörzwecke außerhalb des Computers nutzbar gemacht werden können. Der Wiedergabe von mp3-Dateien sind heute zudem keinerlei Grenzen mehr gesetzt, sei es auf dem Computer[21], auf tragbaren Wiedergabegeräten[22], im Auto[23] oder mittels gängiger CD- und DVD-Player im heimischen Wohnzimmer.

2. Videokomprimierung

Auch die Datengröße von Filmen lässt sich heute durch gängige Komprimierungstechniken massiv verringern. Bei einer unkomprimierten Darstellung muss bei einem Video die vollständige Information für jeden Bildpunkt gespeichert werden, was zu riesigen Datenmengen führt.[24] Mit Hilfe von Komprimierungsmethoden, wie DivX, kann die Datenmenge erheblich reduziert werden.[25] Ein typischer Film auf DVD ist 6-8 GByte groß; mit der DivX Video-Kompression können Anwender den Film auf einige hundert MB (oft 650-700) verringern. Die Qualität bleibt hoch, außer bei bewegungsintensiven Szenen.

Mit gängiger Computersoftware kann eine DivX-Datei aus einer normalen DVD produziert werden (sog. "rippen").[26] Die resultierende Datei kann dann auf Festplatte, auf

---

dio-CD über ein CD-Rom-Laufwerk mittels einer „Audio-Grabber-Software" eingelesen und die entnommenen WAV-Musikdateien in MP3-Dateien umgewandelt. Das Ergebnis der Kodierung ist eine MP3-Datei pro Song der CD, das Ziel dabei ein möglichst unverändert klingender Song.

[21] Mittels des in Windows-Betriebssystemen enthaltenen Windows Media Player oder des kostenlosen Winamp-Player.

[22] Weit verbreitet ist inzwischen der tragbare „MP3-Player", der kleiner und handlicher als ein Walkman ist. In den eingebauten Speicher passt im MP3-Format zehnmal soviel Musik wie herkömmlich, so kann ein MP3-Discman von einer einzigen CD etwa 13 Stunden Musik abspielen. Steigende Umsätze verzeichnet auch der iPod von Apple. Dessen 4. Generation bietet inzwischen 40 GB Speicherkapazität. Erst in der Markteinführungsphase befinden sich kostenpflichtige Angebote zum Empfangen von Musikdateien mittels UMTS aufs Handy.

[23] Gängige Auto-CD-Player können mit mp3-Dateien bespielte CDs abspielen.

[24] „Brockhaus für Computer und Informationstechnologie", S. 950.

[25] Vgl. http://www.netlexikon.de/DivX.

[26] Weitere Varianten des „Rippens" sind: der „TV-Rip", also die private Aufzeichnung eines TV-Films; der „Cam/Telesync-Rip", bei dem ein Kino-Film während seiner Aufführung mit Videokamera

zwei CDs (Speicherplatz zusammen bis 1,5 GB) oder eine DVD (ab 3 GB Speicher) gespeichert werden. In dieser Größenordnung können sie sodann auch in Internet-Tauschbörsen übertragen werden, wobei die Übertragungsrate selbst bei schnelleren Verbindungen in der Regel noch mehrere Stunden in Anspruch nimmt.[27]
Auch die Kompression von Videos und deren Übertragung über das Internet ist inzwischen zu einer Art Volkssport geworden. Die Zeit, in der solche Vorgänge nur technisch versierten „PC-Freaks" vorbehalten waren, ist längst vorbei. Die einschlägigen Computerzeitschriften sind voll von Anleitungen zum Komprimieren von Videofilmen.[28] Dort finden sich auch Hinweise auf die Erhältlichkeit von kostenloser Kopiersoftware (sog. Freeware) im Internet. Die komprimierten Filme lassen sich neben Computern auch auf vielen DivX-fähigen CD- und DVD-Playern abspielen.

IV. Die fortschreitende Beschleunigung der Internetverbindungen

Einen weiteren wichtigen Grund für den rasanten Anstieg der digitalen Vervielfältigung stellt die zunehmende Beschleunigung der Internetzugänge dar.
Der Umfang und die Geschwindigkeit, kurz die Übertragungsbandbreite, der Internetzugänge ist in den letzten Jahren enorm angestiegen. Am Anfang der Entwicklung standen analoge Modemverbindungen, die eine gewöhnliche Übertragungsrate von lediglich 24 KBit/s gewährten. Mitte der neunziger Jahre kam in Deutschland das sog. ISDN (Integrated Services Digital Network) in Mode. Hiermit wurden Übertragungsraten von bis zu 64 KBit/s möglich. Seit 1999 wird in Deutschland die sog. DSL (Digital Subscriber Line) angeboten, die mit bis zu 3072 KBit/s eine 48-fache Leistungssteigerung gegenüber ISDN ermöglicht.[29] Ein komplettes Musikalbum (30 MBites) lässt sich mittels T-DSL 3000 in ca. 1 Min. herunterladen. Für einen Film durchschnittlicher Länge (750 MB) benötigt man bei ungestörter Verbindung ca. 25 Min.
DSL ist inzwischen zum Massenphänomen geworden. Im Jahre 2004 wurde die Marke von 5 Mio. DSL-Anschlüssen überschritten.[30] Aufgrund dessen fand zum Zeitpunkt der Bearbeitung im deutschen DSL-Markt ein Preiskampf statt. Hinsichtlich der Art des DSL-Zugangvertrages kann der Nutzer meist zwischen verschiedenen Angeboten wählen. Aus urheberrechtlicher Sicht besonders interessant sind hierbei die sog. „Flatrates".[31] Darunter versteht man einen Pauschaltarif, bei dem weder eine zeitliche noch mengenmäßige Begrenzung der Datenübertragung erfolgt. Der Tarif ermöglicht

---

aufgezeichnet wird; der „Screener-Rip", bei dem eine zu Zwecken der Presseveröffentlichung verbreitete Promotion-DVD kopiert wird; in sämtlichen Fällen kann die hergestellte Datei in ein DivX-Format transformiert werden.

[27] Selbst bei einer DSL-Verbindung mit einer Übertragungsbandbreite beim Empfang (Downstream)von 8 Mbit/s (T-DSL 1024) dauert der Download im Normalfall noch mehrere Stunden.

[28] Bspw. COM 8/2004, S. 18 ff.; PC-Magazin 7/04. S. 10 ff.

[29] Weitere DSL Anschlussvarianten des Marktführers Deutsche Telekom sind: T-DSL 384, 768, 1500 und 2000.

[30] Vgl. http://www.dsl-web.de.

[31] Der Preis für eine „Flatrate" lag laut http://www.dsl-web.de im August 2004 zwischen 15,- und 40,- EUR im Monat. Hinzu gerechnet werden muss jedoch noch die monatliche DSL-Grundgebühr der Deutschen Telekom. Im August 2004 betrugen die Tarife: T-DSL 1000 16,99 EUR/Mon., T-DSL 2000 19,99 EUR/Mon., T-DSL 3000 24,99 EUR/Mon. Einmaliger Bereitstellungspreis bei T-DSL Neuanmeldung und Selbstmontage 99,95 EUR der Deutschen Telekom AG, T-Com.

es dem Nutzer nonstop „Online“ zu sein. DSL-Flatrate Tarife eignen sich deshalb allgemein für die intensive Nutzung des DSL-Zugangs, wie etwa für stundenlangen Download großer Programm- oder Videodateien und für die Teilnahme an Filesharing-Systemen. DSL eröffnet dem Otto-Normal-Verbraucher somit die Möglichkeit rasant und günstig eine unüberschaubare Menge an Musik- und Filmdateien aus dem Internet herunter zu laden.

V. Tauschbörsen (Filesharing) im Internet

Eine Haupt-Quelle der massenhaften digitalen Vervielfältigung stellt seit einigen Jahren das Internet dar. Schon bald nach der Veröffentlichung des MP3-Formats stellten einzelne Nutzer Musikstücke auf Homepages in das sich gerade als Massenmedium etablierende Internet. Anfangs fehlten jedoch effiziente Möglichkeiten, um Musikstücke im Netz einfach aufzufinden und zwischen einzelnen Nutzern auszutauschen. Dies änderte sich radikal mit der Entwicklung von Internettauschbörsen (engl. Filesharing). Das prominenteste Beispiel hierfür ist das 1999 von einem amerikanischen Studenten entworfene Programm „Napster“.[32]

Tauschbörsen folgen einem simplen Prinzip: Eine große Zahl von Nutzern schließt sich zu einem Netz zusammen. Mit einer Suchmaske ist es möglich, die auf den Festplatten der Teilnehmer gespeicherten und zum „Sharing“ (Teilen) freigegebenen Dateien zu durchsuchen. Anschließend können Treffer zum Download ausgewählt werden.[33] Die benötigte Software und die Nutzung der Börsen sind kostenlos möglich.[34] Die Nutzer geben bei der Anmeldung zu den Börsen einen Benutzernamen und ein Passwort ein. Eine Suchmaske ermöglicht es den Teilnehmern, die gewünschten Titel in den durch die Börse angebotenen Dateien nach bestimmten Künstlern oder Songtiteln zu durchsuchen.[35] Das Repertoire der angebotenen Werke ist ausgesprochen groß. An aktuellen Musik- und auch Filmwerken findet sich nahezu alles. Aktuelle Filme sind oftmals bereits vor ihrem offiziellen Kinostart in Deutschland bereits in den Tauschbörsen zu finden.[36] Aber auch ältere Musik- und Filmwerke sind in großer Anzahl vorhanden.

Hervorzuheben ist, dass sich die Musik- und Filmdateien nicht auf den Servern der Börsen befinden, sondern allein auf den Festplatten der einzelnen Mitglieder. Die Börse sorgt lediglich dafür, dass eine Suchanfrage an die Mitglieder weitergereicht wird und die Teilnehmer auf diesem Wege miteinander verbunden werden können. Der Datenaustausch erfolgt allein zwischen den Teilnehmern.[37]

---

[32] „Napster“ ist nach einer Klage des amerikanischen Musikindustrieverbandes RIAA stillgelegt worden, nachdem ein angestrebtes Bezahlmodell unter Beteiligung des Medienunternehmens Bertelsmann nicht realisiert werden konnte. Im Oktober 2003 startete Napster indes als kommerzielle Downloadplattform neu, vgl. http://www.netzeitung.de/internet/257306.html.

[33] Möller, „Schöner Tauschen“ (Teil I) Telepolis, Magazin für Netzkultur, 30.06.2000, http://www.heise.de/tp/deutsch/inhalt/te/8304/1.html.

[34] Kreutzer, GRUR 2001, 193, 194.

[35] Hänel, „Napster und Gnutella - Probleme bei der Übertragung von MP3-Dateien nach deutschem Urheberrecht“, in JurPC, Web.-Dok. 245/2000 Abs. 27.

[36] Vgl. Zota in C't 2003, S. 132: „Börsen-Trends“.

[37] Vgl. Kreutzer, GRUR 2001, 193, 195.

Filesharing funktioniert nur, solange ein großer Teil der Nutzer nicht nur Dateien herunter lädt, sondern auch selbst welche anbietet. Der Benutzer wird daher aufgefordert, bestimmte Ordner und Dateien von seiner Festplatte für den Zugriff von außen freizugeben. Die Freigabe ist in einigen Tauschbörsen optional, in anderen Pflicht.[38] Außerdem muss eine bestimmte Zahl von Teilnehmern erreicht werden, damit eine genügend große Vielfalt von Dateien zur Verfügung steht und das System somit attraktiv wird.[39] Der Datenaustausch zwischen zwei Nutzern ist zudem nur möglich, wenn beide „online", also mit dem Internet verbunden sind.
Sämtliche Internet-Tauschbörsen bauen auf einem sog. Peer-to-Peer-Netzwerk (Abk. P2P-Netzwerk, dt. „Netzwerk unter gleichen") auf. Ein P2P-Netzwerk ermöglicht mit einer speziellen Software den direkten Datenaustausch zwischen einzelnen Computern über das Internet. Hierbei wird zwischen den einzelnen PCs ein virtuelles Netz innerhalb des Internets errichtet, worin die Daten von einem Benutzer zu dem anderen *direkt* übertragen werden. Im Gegensatz zum klassischen Server/Client-Verhältnis beim Surfen im Internet agieren die Computer der Benutzer im P2P-Netz hierbei als gleichberechtigte Partner, d.h. beide können Dateien beliebig vom jeweils anderen per direkter Kommunikation herunterladen und als Anbieter wie Nutzer auftreten, weshalb sie als Ebenbürtige (engl. *„Peers"*) bezeichnet werden, die Kommunikation erfolgt somit *Peer to Peer*.[40] Dadurch, dass ein Benutzer auf seinem mit dem Internet verbundenen PC bestimmte Verzeichnisse mit MP3-Dateien, Filmen oder ähnlichem für alle anderen Benutzer freigibt, wird der eigene Rechner zum Server, ein zusätzlicher erübrigt sich.[41]
Man unterscheidet grundsätzlich drei verschiedene P2P-Systeme: Zentrale-, Dezentrale- und Mischsysteme.

1. Zentrale P2P-Netzwerke

In zentralen Systemen sind die Rechner der privaten Nutzer über einen zentralen Server untereinander verbunden. Den Prototyp des zentralen Netzwerks stellte die Tauschbörse „Napster" dar.[42] Dabei agiert der Server als zentrale Verwaltungsinstanz, er indexiert die verbundenen Computer und die verfügbaren Dateien. Der Gesamtindex wird dem Benutzer über eine einfach bedienbare Suchoberfläche zur Verfügung

---

[38] Bei den Börsen „KaZaA" (www.kazaa.com) und „Bearshare" (www.bearshare.com) ist dies nicht zwingend erforderlich. Dagegen besteht bei „eDonkey" (www.edonkey2000.com) und „WinMX" (www.winmx.com) die Freigabe-Pflicht. Vgl. CHIP 7/2002, S. 248 f.

[39] Möller, „Schöner Tauschen" (Teil I) Telepolis, Magazin für Netzkultur, 30.06.2000, abrufbar unter http://www.heise.de/tp/deutsch/inhalt/te/8304/1.html.

[40] Möller, „Schöner Tauschen" (Teil III), Telepolis, Magazin für Netzkultur, 08.08.2000, abrufbar unter http://www.heise.de/tp/deutsch/inhalt/te/8304/1.html.

[41] Kreutzer in GRUR 2001, 193, 194; Frey in ZUM 2001, 466.

[42] Napster wurde zu der sich am schnellsten verbreitenden Software aller Zeiten. Der Austausch von Mp3-Dateien wurde mit schließlich 56 Mio. Nutzern zu einem Massenphänomen, vgl. „Brockhaus für Computer- und Informationstechnologie", S. 614. Inzwischen ist Napster zu einem kostenpflichtigen Musikportal umfunktioniert. Die meisten anderen zentralen Netzwerke haben ebenfalls ihren Dienst eingestellt. Seit Juli 2003 existiert mit „Soulseek" jedoch wieder ein klassisches zentrales System.

gestellt. Aus dieser Liste wählt der Nutzer die gewünschte Datei aus und stellt eine direkte Verbindung mit dem Rechner her, auf dem sich die Datei befindet.[43]
Der technische Vorteil dieses Systems ist das zentrale Verzeichnis, was sich schnell und regelmäßig aktualisieren lässt und somit eine effiziente Suche nach Dateien ermöglicht. In diesem Modell sind alle Nutzer-Rechner mit dem Server-Netz verbunden, wodurch die Anfrage alle angeschlossenen Nutzer erreicht und die Suche erfolgreicher gestaltet. Der technische Nachteil für die Betreiber ist darin zu sehen, dass nur ein zentraler Server den Zugang zum Netz gewährt. Wird dieser stillgelegt, was im Falle „Napster" durch gerichtliche Anordnung erfolgte, ist die gesamte Tauschbörse lahm gelegt. Zentrale Systeme sind somit juristisch leicht angreifbar.[44]

2. Dezentrale Systeme
Aufgrund der technischen und juristischen Angreifbarkeit zentraler P2P-Systeme haben sich in zunehmender Weise dezentrale Tauschbörsen durchgesetzt. Sie unterscheiden sich in ihrer Architektur dadurch von den zentralen Systemen, dass die Rechner nicht über einen zentralen Server untereinander verbunden sind.[45]
Der Datenaustausch erfolgt jedoch ebenfalls „peer to peer" mit dem Unterschied, dass sich die Nutzer selbst die dafür nötigen Informationen verschaffen müssen, insbesondere die IP-Adresse ihres zukünftigen Tauschpartners.[46] Bei *„Gnutella"* genügt es, einen Nutzer herauszufinden, und man ist mit dem gesamten Netz verbunden. Die Suchanfrage wird an die einzelnen Nutzer weitergeleitet, deren Rechner prüfen, ob die eigene Dateiliste die nachgefragte Datei enthält. Die Treffermeldung wird an den Nutzer zurückgeschickt, von dem die Suchanfrage gekommen ist. Die Antwort enthält die IP-Adresse des Nutzers, dessen Port sowie die Angaben zu Anzahl und Größe der Dateien.
Der technische Nachteil dieser Systeme liegt in der notwendigen Begrenzung der Reichweite einer Weiterleitung der Suchanfrage (anders als beim zentralen Modell).[47]
Andererseits hat die dezentrale Struktur dieser Systeme zur Folge, dass die juristische Verfolgung von urheberrechtlichen Verstößen im Vergleich zu zentralen Systemen

---

[43] S. zum Ganzen: Möller, „Schöner Tauschen" (Teil I) Telepolis, Magazin für Netzkultur, 30.06.2000, abrufbar unter http://www.heise.de/tp/deutsch/inhalt/te/8304/1.html.

[44] Die Betreiber zentraler P2P-Netzwerke können als mittelbare Störer von Urheberrechtsverletzungen gemäß § 97 Abs. 1 UrhG auf Unterlassung und Beseitigung der Störungen in Anspruch genommen werden, vgl. Kreutzer in GRUR 2001, 307 ff.; Braun in GRUR 2001, S. 1110 ff.; Dustmann, „Die privilegierten Provider", S. 46 ff, 210 ff.; Freiwald, „Die private Vervielfältigung", S. 157. Eine strafrechtliche Verantwortlichkeit wegen Beihilfe zu § 106 UrhG ist dagegen abzulehnen, vgl. hierzu Heghmanns in MMR 2004, S. 14, 16 ff.

[45] Populäre dezentrale Systeme sind bspw. „eDonkey", „Gnutella" und „WinMX".

[46] Hänel, „Napster und Gnutella - Probleme bei der Übertragung von MP3-Dateien nach deutschem Urheberrecht", in JurPC, Web.-Dok. 245/2000 Abs. 28.

[47] Während bei Napster die Datenbestände von 70 Millionen Nutzern durchsuchbar waren, erreicht eine Suchanfrage bei Gnutella nur max. 5040 Nutzer. So erscheinen bei Gnutella häufig angebotene Dateien innerhalb einiger Sekunden, bei hoher Auslastung teilweise auch erst nach einigen Minuten. S. zum Ganzen Frey in ZUM 2001, 466; Möller TP 2000 „Schöner Tauschen" (Teil III), Telepolis, Magazin für Netzkultur, 30.06.2000, http://www.heise.de/tp/deutsch/inhalt/te/8304/1.html.

erheblich schwieriger ist: weder kann man einen Anbieter zur Verantwortung ziehen noch lässt sich ein Server einfach abschalten.[48]

3. Mischsysteme[49]

Inzwischen haben sich gemischte zentrale/dezentrale Systeme auf dem Markt durchgesetzt. Die diesen Systemen zugrunde liegende Fast-Track-Technik ist mittlerweile das größte Peer-to-Peer-Netzwerk für allgemeinen Datenaustausch.[50] Im Bereich des Filesharing ist die Tauschbörse „KaZaA" in Deutschland mit großem Abstand „Marktführer".[51]

Diese Systeme weisen eine komplexe Struktur auf. Die einzelnen Computer der miteinander verbundenen Nutzer nehmen hierbei unterschiedliche Rollen ein. Das Programm stellt fest, ob ein Nutzerrechner in Punkto Leistungsfähigkeit und Anbindung als Server geeignet ist und ernennt diesen dann zum sog. Super-Peer. Diese Super-Peers übernehmen dann das Verwalten von Suchanfragen.[52] Weniger leistungsfähige Computer nehmen nur passiv am Tauschnetz teil.[53]

Der große Vorteil, den diese Systeme bieten, ist die Möglichkeit, einen Download parallel von mehreren Nutzern gleichzeitig durchzuführen, wobei stets unterschiedliche Teile der Datei heruntergeladen werden. Dies kann gerade bei niedrigen Downloadraten die Geschwindigkeit des Herunterladens mitunter enorm erhöhen. Die Einfachheit der Benutzerführung erklärt zusätzlich die große Popularität, welche natürlich auch das zu findende Angebot quantitativ beeinflusst.[54]

Tauschbörsen dieser Art sind juristisch ähnlich schwierig zu belangen, wie die dezentralen Dienste. Die Datenträgerschaft und -verwaltung werden von einzelnen, zu sog. „Superpeers" befähigten, Nutzerrechnern vorgenommen. Diese unterliegen nicht der Kontrolle des Tauschbörsenbetreibers.[55] Folglich kann man grundsätzlich nur gegen die einzelnen Superpeers vorgehen. Dieses Vorgehen ist indes wenig effektiv, da das gesamte Netz auch ohne den einzelnen „Superpeer" funktioniert.

---

[48] S. hierzu näher unter Teil 5, C. III.

[49] Auch Hybrid-Technologien genannt. Populäre Beispiele sind: „KaZaA", „Morpheus" und „Grokster".

[50] Vgl. Zoier, „Peer-to-peer Tauschbörsen", S. 18, abrufbar unter http://www.iicm.edu/research/seminars/ws_01/zoier-peer2peer.pdf.

[51] GfK-Brennerstudie 2004, S. 16, veröffentlicht unter http://www.ifpi.de/news/379/brennerstudie2004.pdf. Danach gaben 57 % der Nutzer an, „KaZaA" zu nutzen. Auf dem 2. Platz liegt „e-Donkey" vor „WinMX".

[52] Vgl. Zoier, „Peer-to-peer Tauschbörsen", S. 19, abrufbar unter http://www.iicm.edu/research/seminars/ws_01/zoier-peer2peer.pdf.

[53] Daher handelt es sich bei diesen Systemen nicht um P2P-Systeme im eigentlichen Sinne, da eben kein Austausch unter Gleichen stattfindet.

[54] Vgl. http://www.sockenseite.de/datentausch-minifaq.html.

[55] Aus diesem Grunde scheiterte im August 2004 erneut eine Klage der Film- und Musikindustrie gegen die Hersteller der Internet-Tauschprogramme Grokster und Morpheus, vgl. Nachricht bei Spiegel-Online vom 20.08.2004 unter http://www.spiegel.de/netzwelt/politik/0,1518,314171,00.html. S. zur Haftung der Anbieter von dezentraler und hybrider Tauschbörsensoftware Teil 5, C. III.

VI. Preisverfall bei digitalen Ton-/Film-Aufzeichnungsgeräten und Ton- und Filmträgern

Mittels eines gängigen Kopierprogramms, wie „Nero" oder „WinOnCD", und eines mechanischen Produktionsgerätes, dem sog. „Brenner", kann heutzutage problemlos privat eine CD-Kopie angefertigt werden. Zudem ermöglichen diese Produkte dem Nutzer die Speicherung seiner aus dem Internet auf die Festplatte des Computers heruntergeladenen Musik- und Filmstücke auf die mobilen Datenträger CD/DVD. Diesem Umstand ist eine nicht zu unterschätzende Bedeutung im Hinblick auf den rasanten Anstieg digitaler Vervielfältigung beizumessen. So kann der Nutzer schließlich seine heruntergeladenen Musik-/Filmtitel im Wege des Brennens auf CD-/DVDs auch außerhalb seines Computers hörbar bzw. sichtbar machen. Dies förderte die Attraktivität des Downloads in erheblichem Maße.

Der zurzeit noch gängigste Datenträger für Musik ist die CD. Auf dem Gebiet der Film-Speicherung nimmt die über einen deutlich höheren Speicherplatz verfügende DVD inzwischen die Spitzenposition ein.[56] Mit der Verbreitung erschwinglicher Kopier-Hardware Ende der neunziger Jahre erlebte die Speicherung von Musik- und Filmwerken auf CDs/DVDs einen rasanten Anstieg. Erst jetzt wurden CD-Brenner und die dazugehörigen Leermedien für den Endkunden erschwinglich. Kostete der preiswerteste CD-Brenner 1997 bspw. noch 300,- €, ist er heute bereits für 30,- € zu erwerben. Selbiges gilt auch für den DVD-Brenner. 1999 kamen die ersten DVD-Brenner in den Handel, die Preise lagen jedoch bei weit über 25.000 €. Während man 2001 noch durchschnittlich 2000,- € und 2002 schon nur noch 300,- € bezahlen musste, ist ein DVD-Brenner heute bereits für unter 100,- € zu haben.[57] Gleichzeitig kam kostengünstige und praktikable Kopiersoftware auf den Markt.

Dementsprechend hoch ist heute bereits der Ausstattungsgrad in der deutschen Bevölkerung. Inzwischen können bereits 23,5 Mio. Menschen (37 % der Gesamtbevölkerung ab 10 Jahren) auf einen CD-Brenner in ihrem Haushalt zurückgreifen.[58] DVD-Brenner sind indes noch nicht ganz so verbreitet: im Jahre 2003 besaßen nur rund 0,9 % der deutschen Gesamtbevölkerung ab 10 Jahren eine Zugriffsmöglichkeit in ihrem Haushalt.[59]

Die Preise für CD-Rohlinge sind im Zeitraum von 1998 bis 2003 von 1,64 € pro Stück auf 0,39/Stück gesunken.[60] Im selbem Zeitraum stieg deren Absatz von 49 Mio. auf 702 Mio. Stück an.[61] DVD-Rohlinge sind in nennenswertem Umfang erst seit 2002 auf dem Markt. Der ursprüngliche Durchschnittspreis von 5,57 € ist im Jahre 2003 bereits

[56] Vgl. GfK-Brennerstudie 2004, S. 7, abrufbar unter http://www.ifpi.de/news/379/brennerstudie2004.pdf.

[57] Vgl. Gieselmann in C't 1/2004: http://www.heise.de/ct/04/01/082/; http://www.netlexikon.de/DVD.html. Auch DVD-Recorder, die Spielfilme aus dem Fernsehen auf DVDs brennen können, sind inzwischen für 200,- EUR zu erwerben, vgl. DVD-Recorder-Kaufberatung bei chip.de vom 04.11.2004, abrufbar unter http://www.chip.de/artikel/c1_artikelunterseite_12895319.html

[58] 2. GfK-Brennerstudie August 2003, S. 5, abrufbar unter http://www.hartabergerecht.de/fileadmin/Downloads/brenner_studie2.pdf.

[59] 2. GfK-Brennerstudie August 2003, S. 5, abrufbar unter http://www.hartabergerecht.de/fileadmin/Downloads/brenner_studie2.pdf.

[60] GfK-Brennerstudie 2004, S. 2, abrufbar unter http://www.ifpi.de/news/379/brennerstudie2004.pdf.

[61] GfK-Brennerstudie 2004, S. 2, abrufbar unter http://www.ifpi.de/news/379/brennerstudie2004.pdf.

auf 2,14 € gesunken.[62] Deren Absatz ist im selben Zeitraum von 0,6 Mio. auf 30 Mio. angewachsen.

VII. Fazit

Als Fazit ist festzuhalten, dass die Vervielfältigung von Musik- und Filmwerken noch nie so authentisch, bequem und kostengünstig möglich war, wie heute. Die digitale Vervielfältigung ist der analogen Kopie in punkto Qualität, Aufwand und Kosten weit überlegen.

Digitale Vorlagen lassen sich massenweise kostenlos in Internet-Tauschbörsen finden und können per Hochgeschwindigkeits-Internetverbindung rapide auf den heimischen PC übertragen werden. Einmal auf dem PC abgespeichert, lassen sich die Kopien beliebig oft weiter auf preiswerte CDs/DVDs übertragen. Eine besondere ökonomische und urheberrechtliche Tragweite erlangen digitale Vervielfältigungen zudem durch ihre besondere Qualität. Während analoge Kopien immer mit einem akustischen respektive visuellen Qualitätsverlust verbunden sind, können Digitalkopien kaum vom Original unterschieden werden. Dies erklärt auch die besondere Attraktivität der 1 zu 1 Vervielfältigung von CDs/DVDs. Verringert sich die Qualität eines Musikstücks nach der Überspielung auf eine Musik-Kassette immens, bleibt sie nach dem Brennen auf eine CD nahezu unvermindert gut.

B. Ökonomische Folgen der digitalen Vervielfältigung für die Musik- und Filmindustrie

Nachdem im ersten Abschnitt die rasante Entwicklung im Bereich der digitalen Vervielfältigung beschrieben wurde, wird nachfolgend erörtert, welche Folgen diese Entwicklung für die Medienindustrie nach sich zieht.

I. Einnahmeverluste in der Musikindustrie als Folge der massenhaften digitalen Vervielfältigung?

1. Umsatzeinbruch im Musikmarkt

Der Umsatz der phonographischen Wirtschaft geht in den letzten Jahren stetig zurück. Gegenüber dem Vorjahr verringerten sich die Umsätze in der Musikindustrie im Jahre 2003 um fast 20 %. Insbesondere der Absatz von Tonträgern sinkt seit 1998 kontinuierlich. Besonders stark sank der Absatz von Singles. Während im Jahre 1998 noch 54 Mio. Singles verkauft wurden, waren es im Jahre 2003 nur noch 24,4 Mio.[63] Neben Singles sind aktuelle Top-CDs und Hit-Sammel-CDs am stärksten von Absatzrückgängen betroffen. 198 Mio. verkaufter CDs im Jahre 1999 stehen nur noch 133,6 Mio. im Jahre 2003 gegenüber.

Die Industrie glaubt indes die rasante Talfahrt gestoppt zu haben. Im ersten Halbjahr 2004 sanken die Umsätze schwächer als in den Jahren zuvor. Der CD-Absatz belief sich im ersten Halbjahr auf 55,1 Millionen Stück und hat damit das Niveau des Vor-

---

[62] GfK-Brennerstudie 2004, S. 3, abrufbar unter http://www.ifpi.de/news/379/brennerstudie2004.pdf.

[63] Vgl. Jahreswirtschaftsbericht des Bundesverbandes der phonographischen Wirtschaft 2003, S. 24, abrufbar unter http://www.ifpi.de/jb/2004/absatz.pdf.

jahres (55,9 Mio.) nahezu gehalten (-1,4%). Musik-DVDs legten um 60% von 2,5 auf 4,0 Millionen Stück zu, während der Absatz von Singles (-9%) weiter deutlich gesunken ist.[64] Die Gründe dafür sieht der Vorsitzende des Verbandes der phonographischen Wirtschaft in der attraktiven Repertoirepolitik der Musikfirmen sowie dem konsequenten Vorgehen gegen illegale Musikanbieter in sog. „Tauschbörsen".[65] Auch der sich etablierende Musikmarkt im Internet und ein rasant startendes Geschäft mit Klingeltönen seien Anlass für einen optimistischen Blick in die Zukunft des Musikmarktes. Weitere Gründe seien erste Verbesserungen der gesetzlichen Rahmenbedingungen im vergangenen Jahr, Investitionen in die neuen Vertriebswege Internet und Mobilfunk und Bewusstseinsbildung, dass Kreativität schützenswert sei.

2. Ausmaß der digitalen Vervielfältigung

Das Ausmaß der digitalen Vervielfältigung von Musik- und Filmwerken mittels Filesharing und CD-Brennen wird seit dem Jahre 2002 regelmäßig von der Gesellschaft für Konsumforschung (GfK) empirisch untersucht.[66] Laut der Brennerstudie 2004 haben im Jahre 2003 21,4 Millionen Personen insgesamt 316 Millionen Rohlinge mit Musik (Vorjahr: 259 Mio., +26%) bespielt.[67] Jede Person brannte im Durchschnitt 15 Rohlinge mit Musik (Vorjahr: 12, + 25%). 12,7 Millionen Personen (59,5% aller Musikkopierer) brannten Musik auf CD-Rohlinge auch für nicht in ihrem Haushalt lebende Freunde, Bekannte oder Verwandte. 60,1 % für andere Haushaltsmitglieder und 12, 4 % für andere Personen. Diese Zahlen belegen, dass der Großteil der Überspielungen von der Privatkopieschranke des § 53 Abs. 1 UrhG gedeckt zu sein scheint.[68]
Zudem geben 11,5 % aller Befragten an, Musik aus dem Internet heruntergeladen zu haben. In den Hauptzielgruppen der Musikindustrie liegen die Werte dabei sogar noch deutlich höher. In der Altersgruppe der 10 bis 19-Jährigen liegt der Wert bei 15,8 %. Bei den 20 bis 29-Jährigen gar bei 28,1 % der Befragten.[69] Die Gesamtzahl aller Downloads wird für 2003 mit 602 Mio. beziffert, im Vorjahr waren dies noch 622 Millionen[70] -- was die IFPI als "Stagnation auf hohem Niveau trotz gestiegenen Unrechtsbewusstseins" interpretiert. Die Zahl der Musik-Downloader sei von 6,4 Millionen auf 7,3 Millionen angestiegen, 98,3 Prozent von ihnen haben laut "Brenner-Studie" die Musik nicht aus kostenpflichtigen Angeboten bezogen.

---

[64] S. Halbjahresbericht der phonographischen Wirtschaft 2004, abrufbar unter http://www.ifpi.de/service/docs/2004/hj04_tab.pdf.

[65] Vgl. den Vorsitzenden der deutschen Phonoverbände Gebhardt gegenüber dem deutschen Musikinformationszentrum, abrufbar unter http://www.themen.miz.org/musikwirtschaft/neuigkeiten.php?id=1468.

[66] Es sei jedoch darauf hingewiesen, dass diese Untersuchungen entweder von dem Bundesverband der phonographischen Wirtschaft oder der Filmförderungsanstalt in Auftrag gegeben werden.

[67] Brennerstudie der GfK 2004, S. 9, abrufbar unter http://www.ifpi.de/news/379/brennerstudie2004.pdf. Hinzu kamen 9 Mio. mit Musik bespielte DVD-Rohlinge.

[68] Die Privatkopieschranke erfasst grundsätzlich auch Vervielfältigungen für Personen, die mit dem Vervielfältigenden durch ein persönliches Band verbunden sind, vgl. etwa Schricker/*Loewenheim*, § 53 Rn 12. Eine ausführliche rechtliche Würdigung privater Vervielfältigungsvorgänge erfolgt in Teil 2 B IV 2.

[69] GfK-Brennerstudie 2004, S.14, abrufbar unter http://www.ifpi.de/news/379/brennerstudie2004.pdf.

[70] GfK-Brennerstudie 2004, S. 15, abrufbar unter http://www.ifpi.de/news/379/brennerstudie2004.pdf.

3. Filesharing und CD-Brennen als Hauptursache für die Einnahmeverluste?

Hat auch die digitale Vervielfältigung von Musik- und Filmwerken inzwischen einen immensen Umfang angenommen, so sagt dies doch nur wenig über die ökonomischen Folgen für die kommerzielle Erstverwertung der Werke aus. Zu berücksichtigen ist, dass nicht jede Kopie gleichzeitig einen Kaufverlust darstellt. Dies gilt bspw. in den Fällen, in denen ein Sammler von einer eigenen CD ein weiteres Vervielfältigungsstück für den privaten Gebrauch beispielsweise im Auto herstellt.[71]

Die Musikindustrie sieht den Grund für die Umsatzeinbrüche eindeutig in der massenhaften digitalen Vervielfältigung durch Klonen von CDs mittels CD-Brenner und illegaler Internetangebote.[72] Sie geht davon aus, dass digitale Vervielfältigungsmöglichkeiten die kommerzielle Erstverwertung von Musikwerken weitestgehend substituiert. So würde die Mehrzahl der Kopierer auf den käuflichen Erwerb eines Originalwerkstückes verzichten.

Diese These findet zumindest hinsichtlich der Kopierer aus Internet-Tauschbörsen vielfache Bestätigung. So sollen gemäß der 6. GfK-Studie aus dem Jahre 2005 11 % der Personen, die Musik kostenlos aus dem Internet heruntergeladen haben, im Jahre 2004 weniger Geld ausgegeben haben als im Jahre 2002. Demgegenüber sei der Umsatz des Gesamtmarktes nur um 3,6 % zurückgegangen.[73] Zahlreiche weitere Studien scheinen dieses Ergebnis zu bestätigen.[74] Andere Untersuchungen kommen demgegenüber zu dem Ergebnis, dass die illegalen Vervielfältigungsvorgänge keinerlei Bedeutung für die Einnahmeverluste besitzen. Zu diesem Schluss kommt bspw. eine Studie von Felix Oberholzer-Gee, Professor an der Harvard Business School, und Koleman Strumpf, Professor an der Universität North Carolina in Chapel Hill, die die Effekte von Filesharing auf Plattenverkäufe statistisch untersucht hat.[75] Für Alben von Superstars lasse sich demnach sogar ein minimal positiver Effekt von Filesharing auf die Verkäufe feststellen. Für kleine, eher unbekannte Künstler hingegen stellen die Wissenschaftler einen minimal negativen Effekt fest. Aber auch dieser sei statistisch nicht signifikant.[76] Unterstützt wird dieses Ergebnis von diversen anderen Marktfor-

---

[71] Vgl. LG Stuttgart in CR 2001, 581, 584 – Vergütungspflicht für CD-Brenner.

[72] Jahreswirtschaftsbericht des Bundesverbandes der phonographischen Wirtschaft 2004, S. 18 f., abrufbar unter http://www.ifpi.de.

[73] Vgl. Jahreswirtschaftsbericht der phonographischen Wirtschaft 2004, S. 23, mit Verweis auf die 6. GfK-Brennerstudie 2005 (zur Zeit der Bearbeitung noch nicht veröffentlicht), abrufbar unter http://www.ifpi.de.

[74] Laut einer Studie des Marktforschungsunternehmens Forrester Research aus dem Jahre 2002 sagen die Hälfte der europäischen Internetnutzer, die sich Musik aus dem Internet herunterladen, dass sie weniger Musik-CDs kaufen als früher, vgl. hierzu die Nachricht bei heise-online vom 22.01.2003 unter http://www.heise.de/newsticker/meldung/33869 mit Verweis auf eine Zusammenfassung der Studie unter http://www.forrester.com/ER/Research/DataSnapshot/Excerpt/0,1317,16258,00.html; zu einem ähnlichen Ergebnis kommt eine Studie von Peitz und Walbroeck, vgl. „The Effect of Internet Piracy on CD Sales: Cross Section Evidence", abrufbar unter http://www.serci.org/docs_1_2/waelbroeck.pdf.

[75] Oberholzer-Gee/Strumpf: "The Effect of Filesharing on record Sales", im Internet abrufbar unter http://www.unc.edu%2F%7Ecigar%2Fpapers%2FFileSharing_March2004.pdf

[76] Oberholzer und Strumpf gehen in ihrer Analyse aber noch einen Schritt weiter. Wenn, so die beiden, Filesharing keinen negativen Einfluss auf das Geschäft der Musikindustrie hat, so muss Filesharing doch einen positiven Einfluss auf die Wohlfahrt der Gesellschaft insgesamt haben. Schließlich steigt

schungsstudien. TNS Emnid kam beispielsweise zu dem Ergebnis, dass bei 81 % der Tauschbörsennutzer die Ausgaben für CDs gleich blieben, bei 4 % sogar anstiegen.[77] Laut einer Studie des Instituts für Demoskopie Allensbach gaben 37 % der befragten Tauschbörsennutzer an, sich heute weniger CDs zu kaufen als vor drei Jahren. Gleichzeitig gaben indes 28 % an, jetzt mehr Musik zu kaufen. Nach Einschätzung der Demoskopen zeigt das, dass viele die kostenlose Musik aus dem Internet als Anregung empfinden. Jedenfalls gehe aus den ermittelten Daten nicht hervor, dass die Musikindustrie durch das Internet und dessen Tauschbörsen grundsätzlich Schaden erleidet. Nach der Umfrage sollen rund 50% der Internetnutzer generell bereit sein, sich Musik gegebenenfalls auch gegen Gebühren aus dem Internet herunterzuladen.[78] Zusammenfassend lässt sich jedoch festhalten, dass das Filesharing zu signifikanten Einnahmeverlusten auf Seiten der Musikindustrie geführt hat. Der Umfang dieser Beeinträchtigungen erscheint allerdings weitaus geringer als von der Musikindustrie vielfach vorgegeben.

Gleiches kann grundsätzlich auch hinsichtlich der Auswirkungen des CD-Brennens gelten. Allerdings stellen sich die Einnahmeverluste hier deutlich geringer dar als beim Filesharing. Gemäß der 6. GfK-Brennerstudie sollen nur 6 % der Personen, die Musik auf Rohlinge brennen, im Jahre 2004 weniger Geld für Musikwerke ausgegeben haben als im Jahre 2002, bei einem Rückgang des Gesamtumsatzes um 3,6 %.[79]

4. Andere Ursachen für die Umsatzverluste

Lässt sich die Bedeutung der privaten digitalen Vervielfältigung für die Umsatzeinbußen der Musikindustrie nicht ernsthaft leugnen, so bleibt jedoch festzuhalten, dass hierfür noch eine Vielzahl weiterer Ursachen verantwortlich ist. Diese können an dieser Stelle nicht in aller Ausführlichkeit diskutiert werden, sollen aber zumindest erwähnt sein. So hat der klassische Musikvertrieb mittels CD in den letzten Jahren verstärkte Konkurrenz durch andere Medien, wie der DVD, erfahren[80] Dies gibt auch die Musikindustrie selber zu.[81] Insoweit wird von einer Umsatzverlagerung gesprochen.[82]

---

der Musikkonsum insgesamt an. Milliarden von getauschten Dateien ließen sogar auf einen sehr hohen Wohlfahrtsgewinn schließen.

[77] Vgl. Nachricht auf heise.de vom 18.02 2003, http://www.heise.de/newsticker/meldung/34630.

[78] Meldung auf tonspion.de vom 13.02.2002, http://www.tonspion.de/newsartikel.php?id=419.

[79] Vgl. Jahreswirtschaftsbericht der phonographischen Wirtschaft 2004, S. 23, mit Verweis auf die 6. GfK-Brennerstudie 2005 (zur Zeit der Bearbeitung noch nicht veröffentlicht), abrufbar unter http://www.ifpi.de.

[80] Laut Mitteilung des Bundesverbandes Audiovisuelle Medien (BVV) erreichte der DVD-Kaufmarkt im Jahre 2003 mit einem Umsatz von 1,053 Milliarden Euro eine Steigerungsrate von 47,7 Prozent im Vergleich zum Vorjahr und legte damit erneut kräftig zu. Mit 64,1 Millionen verkauften DVDs stieg der Absatz von digitalen Bildtonträgern um 80,5 Prozent, womit diese 76 Prozent aller abgesetzten Bildtonträger im Jahr 2003 ausmachten, vgl. Nachricht auf http://www.golem.de vom 13.04.2004.

[81] Vgl. Jahreswirtschaftsbericht des Verbandes der phonographischen Wirtschaft 2003, S. 29, abrufbar unter http://www.ifpi.de/jb/2004/absatz.pdf.

[82] Vgl. Freiwald, „Die private Vervielfältigung", S. 38 m.V. auf Dambeck in c't 18/2001, S. 87. Zu diesem Ergebnis kommt auch die Studie von Oberholzer-Gee/Strumpf: „The Effect of Filesharing on record Sales", abrufbar unter http://www.unc.edu%2F%7Ecigar%2Fpapers%2FFile-Sharing_March2004.pdf.

Überdies wird der Musikindustrie eine verfehlte Marktstrategie vorgeworfen. So habe sie den Absatzmarkt Internet zu lange unterschätzt und es versäumt, durch ein eigenes Online-Musik-Angebot potentielle Käuferschichten an sich zu binden.[83] Dadurch sei es bislang nicht gelungen, die Nutzer von kostenlosen Internet-Tauschbörsen zurückzugewinnen.[84] Ein Beispiel dafür, wie die Industrie dem Hang des Konsumenten zur „kostenlosen" Mediennutzung erfolgreich begegnen kann, liefert der iTunes Music-Store von Apple.[85] So bietet Apple dem Nutzer eine komfortable Bundle-Lösung an, die mit iTunes und iPod Inhalte, Soft- und Hardware bestmöglich kombiniert, während sich der illegale Peer-to-Peer-Tauscher die benötigten Hard- und Software-Komponenten selbst zusammenstellen muss.[86]

II. Einnahmeverluste in der Filmindustrie als Folge der massenhaften digitalen Vervielfältigung?

1. Umsatzentwicklung in der Filmindustrie

Die Umsatzentwicklung auf dem Filmmarkt ist differenziert zu betrachten. Hier besteht eine zeitlich abgestufte Auswertung in drei traditionelle Auswertungssparten (Kino, Video, TV). Während der Home-Entertainment-Bereich (also der Video-Markt für den Heimgebrauch) dank der Erfolgsgeschichte der DVD steigende Umsätze verzeichnet, geht der Kinoumsatz seit 2001 stetig zurück.[87] Die Vermietung und der Verkauf von DVDs steigen Jahr für Jahr rapide an, gleichzeitig nehmen die Vermietung und der Verkauf von VHS-Video-Kassetten stetig ab. Insgesamt erwirtschaftete der Absatz von Video-Trägern im Jahre 2003 den Rekordumsatz von 1.555 Mio. Euro. Demgegenüber sank das Kinoeinspielergebnis von 960 Mio. EUR Umsatz in 2002 auf 846 Mio. im Jahre 2003.

---

[83] Erst im August 2002 startete mit „popfile.de" das erste kommerzielle Internet-Angebot der Medienfirma Universal.

[84] Vgl. Freiwald, „Die private Vervielfältigung", S. 39, der u.a. auf ein Interview mit Bertelsmann-Vorstandsmitglied Klaus Eierhoff in der Stuttgarter Zeitung vom 02.05.2001, S. 10, verweist.

[85] Zu diesem Ergebnis kommt das Marktforschungsunternehmen A.T. Kearney in seiner Studie „Der Kampf ums Wohnzimmer", abrufbar unter http://www.atkearney.de/content/veroeffentlichungen/pressemitteilungen_detail.php/id/49250. Der iPod hat sich in den letzten Jahren als äußerst erfolgreiches Apple-Produkt erwiesen. Mittlerweile verkauft die Firma mehr tragbare Player als Computer. Im Markt für digitale Musik-Player hielt Apple zuletzt nach eigenen Angaben einen Anteil von 31 Prozent, vgl. Spiegel-Artikel vom 19.07.2004, „Die neuen iPods werden billiger", abrufbar unter http://www.spiegel.de/netzwelt/techno-logie/0,1518,309331,00.html. S. auch v.Braunmühl in ZUM 2005, 109, 111.

[86] Demnach könnten sich Download-Börsen gegen das kostenlose Peer-to-Peer File Sharing durchsetzen, wenn sie dem Kunden einen klaren Mehrwert bieten.

[87] Vgl. Jahreswirtschaftsbericht 2003 des Bundesverbandes Audiovisueller Medien (BVV) auf Grundlage einer Studie der GfK Panel Services Consumer Research GmbH. Im Internet veröffentlicht unter http://www.bvv-medien.de/facts/JWB2003.pdf.

2. Umfang der digitalen Vervielfältigung von Spielfilmen

Laut der 2. Brennerstudie der GfK wurden im Zeitraum Januar bis August 2003 63 Mio. CD-/DVD-Rohlinge mit Spielfilmen gebrannt.[88] 56,4 % der Befragten gaben an, als Ausgangsmaterial für ihre Kopien bereits kopierte Film-DVDs/-CDs zu verwenden. 56 % der Befragten nutzten Internet-Tauschbörsen als Quelle für ihre Kopien. Überdies erklärten 42,8 % der Befragten, Original-Spielfilm-DVDs als Vorlagen zu benutzen.

Zudem gaben 46,4 % der Befragten an, Spielfilme für Freunde, Bekannte und Kollegen zu kopieren; 6,2 % brannten Filme für andere Personen außerhalb des eigenen Haushalts.

3. Umsatzverluste durch das digitale Vervielfältigen von Spielfilmen?

Trotz der steigenden Umsätze im Video-Bereich sieht die Filmindustrie durch die Zunahme von Filmkopien eine gefährliche Bedrohung.[89] Sie beklagt enorme Einnahmeverluste in der Kino- und Videowirtschaft. Sie stützt ihre Befürchtungen auf eine vom Bundesverband Audiovisueller Medien (BVV) in Auftrag gegebene Sonderbefragung der GFK. Danach sei der Kinobesuch unter den Personen, die Filme aus dem Internet herunterladen oder Film-DVDs kopieren (von der Filmindustrie gemeinhin als „Raubkopierer“ bezeichnet[90]) im Jahre 2003 um 20 % zurückgegangen. In der allgemeinen Bevölkerung ging er demnach nur um 11 % zurück. Ähnlich verhalte es sich mit dem Videothekenbesuch dieser Personengruppe, der im Gegensatz zur Allgemeinheit (-14 %) mit -22 % überproportional gesunken sei. Der Grund hierfür sei, dass die von den Verleihern angebotenen Filme zum Teil. schon vor der deutschen Kinoveröffentlichung im Internet zum Download zur Verfügung gestanden hätten. Auch die Zunahme des Kaufkonsums bei DVDs liege in der Gruppe der Vervielfältigenden mit 39 % deutlich hinter der allgemeinen Zunahme von 50 % zurück.

Besonders besorgniserregend sei, dass das Brennen und Downloaden von Filmen vor allem in der kaufaktivsten Gruppe der 20 bis 39-Jährigen populär sei. Für einen Ersatz des legalen DVD-Konsums im Verleih spräche bspw. auch der überdurchschnittliche Rückgang dieser Altersklassenvertreter unter den Videothekenkunden. Diese beiden Alterssegmente seien zwar immer noch zu zwei Dritteln (66%) für sämtliche Vermiettransaktionen verantwortlich, doch der Rückgang der Verleihvorgänge durch diese Altersklassenvertreter unter den Videothekengängern (20 - 29-jährige um -16% und 30 - 39-jährige um - 19%) sei im Vergleich zum Gesamtmarkt (-13%) überdurchschnittlich hoch. Aus diesem Grund sei auch der mengenmäßige Zuwachs an DVD-Käufen

---

[88] Vgl. Brennerstudie 2 der GfK im Auftrag der Filmförderungsanstalt für den Zeitraum Jan. bis Aug. 2003, abrufbar unter http://www.film-foerderungsanstalt.de/downloads/publikationen/brenn_studie2.pdf.

[89] Vgl. Jahreswirtschaftsbericht 2003 des Bundesverbandes Audiovisueller Medien (BVV), S. 21, auf Grundlage einer Studie der GfK Panel Services Consumer Research GmbH. Im Internet veröffentlicht unter http://www.bvv-medien.de/facts/JWB2003.pdf.

[90] Dieser Begriff täuscht jedoch darüber hinweg, dass der Download von Dateien aus Internet-Tauschbörsen de lege lata nicht generell untersagt ist und somit in vielen Fällen keine illegale „Raubkopie“, sondern eine legale Privatkopie vorliegt, vgl. hierzu ausführlich die juristische Erörterung in Teil 2 B IV 2. d).

dieser Altersgruppen kritisch zu betrachten, da dieser im Vergleich zur allgemeinen Kauflust (+81%) zurückhaltender ausfällt (20 - 29-jährige um +58%, 30 - 39-jährige um +74%).
Die Zahlen belegen, dass sich sowohl das Filesharing als auch das Kopieren von DVDs zu einer ernsthaften Bedrohung für die ersten beiden Verwertungsstufen, die Kino- und Video-Verwertung, entwickelt hat. Die Bedrohungen halten sich allerdings im Vergleich zur Musikindustrie noch in Grenzen. Dies ist mitunter darauf zurückzuführen, dass ein Download von Filmen aus Internettauschbörsen eine schnelle Internetverbindung voraussetzt, DVD-Brenner weniger verbreitet und Original-Spielfilm-DVDs gänzlich kopiergeschützt sind. Im Übrigen macht sich die zeitliche Aufteilung der Verwertung bemerkbar. So kann die Vervielfältigung von Original-DVDs nicht die vorausgehende Verwertung im Kino beeinträchtigen.

III. Fazit

Als sicher kann gelten, dass die digitale Vervielfältigung von Musik- und Filmwerken zu Umsatzeinbußen in der Medienindustrie führt. Das Ausmaß der Einnahmeverluste lässt sich jedoch nicht eindeutig bestimmen. Fest steht, dass digitalen Kopien gegenüber herkömmlichen CDs/DVDs in qualitativer Hinsicht vollständige Substitutionswirkung zukommt.[91] Dies bedeutet jedoch nicht gleichzeitig, dass auch jede Kopie einen Kaufverlust darstellt.[92]
Für die nachfolgende Beurteilung der digitalen Vervielfältigung ist überdies von wichtiger Bedeutung, dass ein Großteil der Kopien nicht auf legale Art und Weise angefertigt werden. So unterfällt ein Großteil der Kopien nicht dem Privatkopieprivileg gemäß § 53 Abs. 1 UrhG, welches Kopien nur zum privaten Gebrauch gestattet.[93] Im Übrigen kommt ein Großteil der Vervielfältigungen nur unter der nunmehr illegalen Umgehung von Kopierschutzsystemen zustande.[94]

C. Technische Grundlagen des Kopierschutzes und des Digital Rights Managements

Als Reaktion auf die rasante Ausbreitung digitaler Kopien und die damit verbundenen Gefahren für die Musik- und Filmwirtschaft versucht die Medienindustrie seit einigen Jahren die Vervielfältigung mittels unterschiedlicher technischer Verfahren zu bekämpfen. Dabei kann grundsätzlich zwischen Verfahren des reinen Kopierschutzes und des sog. Digital Rights Managements (DRM) unterschieden werden.

---

[91] Melichar in Lehmann, „Internet und Multimediarecht", 206, 211; Dreier in Schricker, Informationsgesellschaft, 141.

[92] Dies gilt bspw. in den Fällen, in denen ein Sammler von einer eigenen CD ein weiteres Vervielfältigungsstück für den privaten Gebrauch beispielsweise im Auto herstellt. Hier werden die ökonomischen Interessen des Komponisten in keiner Weise beeinträchtigt, vgl. LG Stuttgart in CR 2001, 581, 584 – Vergütungspflicht für CD-Brenner.

[93] Dieser ist nur insoweit gegeben, wie Kopien für Personen angefertigt werden, welche durch ein persönliches Band miteinander verknüpft sind, BGH GRUR 1978, 474 – Vervielfältigungsstücke. Vgl. hierzu näher unten in Teil 2 B IV. 2. a).

[94] Das Umgehungsverbot von technischen Schutzmaßnahmen ist in den §§ 95 a f. UrhG geregelt, vgl. hierzu ausführlich unten in Teil 4.

I. Abgrenzung

Aufgrund der jungen Geschichte von DRMS hat sich bislang noch keine allgemeingültige Definition herausbilden können. [95] Nach einer **weiten Auslegung** umfasst der Begriff DRM alle Maßnahmen und Mittel - seien sie rechtlicher oder tatsächlicher Natur - durch die jeweiligen Rechteinhaber zum Schutze ihres geistigen Eigentums.[96] Nach **engerer Sichtweise** werden unter DRMS nur die technischen Verfahren zur Sicherung und Verwaltung der Urheberrechte verstanden.[97] Ihre noch zu beschreibenden umfangreichen Wirkungen verdanken DRMS der angewandten Technik. Sie ist der Kern jedes DRM-Systems. Diese enge Betrachtungsweise soll auch der nachfolgenden Erörterung zugrunde gelegt werden.

Unklar ist zudem, ob auch reine Kopierschutzmaßnahmen zu DRMS gerechnet werden. Reine Kopierschutztechniken verfolgen lediglich das Ziel, die Vervielfältigung von körperlichen Medienträgern (CDs/DVDs) zu unterbinden. Teilweise werden sie dazu gerechnet, da diese generell zu einer technischen Sicherung der Urheberrechte eingesetzt würden.[98] Überwiegend werden DRMS jedoch als Techniken zusammengefasst, die einen weit über den reinen Kopierschutz hinausgehenden Anwendungsbereich haben.

Danach können DRMS als Techniken begriffen werden, die es Rechteinhabern ermöglichen, geschützte Inhalte digital zu lizenzieren, zu schützen, zu kontrollieren und zu vertreiben.[99]

Diese Definition erscheint aus mehreren Gründen vorzugswürdig. Einerseits ermöglicht sie eine klare Abgrenzung zum kleineren Anwendungsbereich reiner Kopierschutzverfahren. Andererseits entspricht diese Definition dem überwiegenden Teil sowohl der juristischen als auch der technischen Literatur. Ein Abweichen von dieser Begriffsbestimmung würde die nachfolgende wissenschaftliche Arbeit erschweren und in einer Vielzahl von Fällen zu Verwirrungen und Missdeutungen führen. Aus diesen Gründen soll im Folgenden anhand der vorgenannten Definition zwischen reinem Kopierschutz und DRMS unterschieden werden. Falls notwendig, werden die Verfahren zusammenfassend als **technische Schutzmaßnahmen** (TSM) bezeichnet.

Im Übrigen ist bereits an dieser Stelle festzuhalten, dass im technischen Sinne kein einheitliches DRM-System existiert. Vielmehr unterscheiden sich die am Markt befindlichen Angebote sowohl von der technischen Umsetzung als auch von den Namen

---

[95] So auch Bechtold, „Vom Urheber- zum Informationsrecht", S. 2; s. zu den verschiedenen Definierungsversuchen Arlt in GRUR 2004, S. 548 f.

[96] Bechtold, „Vom Urheber- zum Informationsrecht", S.3. Danach erstreckt sich der Schutz eines umfassenden DRMS über drei Ebenen: Technischer Schutz (der seinerseits durch einen rechtlichen Umgehungsschutz gesichert wird, jetzt in §§ 95 ff. UrhG), Schutz durch Nutzungsverträge zwischen dem Anbieter und dem Nutzer (welcher seinerseits durch den technischen und rechtlichen Umgehungsschutz geschützt wird) und Schutz durch Technologie-Lizenzverträge (vgl. Bechtold, „Vom Urheber- zum Informationsrecht", S. 263).

[97] S. Arlt in GRUR 2004, S. 548.

[98] So bspw. Arlt in GRUR 2004, S. 548.

[99] So bspw. Schippan in ZUM 2004, 188, 190; Goldmann/Liepe in ZUM 2002, 362, 368; Möschel/Bechtold in MMR 1998, 571, 572; a.A. Arlt in GRUR 2004, 548, 549.

der verwendeten Komponenten her. DRMS wird daher als Sammelbegriff für verschiedene Techniken benutzt, die sich im Kern gleichen.[100]

II. Technische Grundlagen reiner Kopierschutzverfahren

Bereits seit vielen Jahren versucht die Medienindustrie den rasanten Anstieg digitaler Vervielfältigungen von Medienträgern (CDs/DVDs) mit Kopierschutzmechanismen zu verhindern.

Kopierschutzmechanismen sollen grundsätzlich das Auslesen einer CD/DVD im entsprechenden Laufwerk eines Computers verhindern. Dieses Auslesen ist zunächst Voraussetzung für die Herstellung einer 1 zu 1 Kopie mittels eines CD-Brenners. Überdies ist das Auslesen auch Voraussetzung für das Umformatieren von Mediendateien einer CD/DVD in das Mp3-/DivX-Format, mittels dessen ein Song/Film dann später übers Internet vertrieben werden kann. Nachfolgend wird zwischen Verfahren des Kopierschutzes von Audio- und Video-Medien unterschieden.

1. Audio-Kopierschutz

Im Bereich des Kopierschutzes von Musik-CDs haben sich zwei Verfahren auf dem Markt durchgesetzt. Die Rede ist von „Key2Audio" und „Cactus Data Shield (CDS)".[101]

Key2audio ist ein von Sony entwickeltes und eingesetztes Kopierschutz-Verfahren für Audio-CDs.[102] Es unterbindet gänzlich das Auslesen der CD-Inhalte durch den Computer, indem der Computer mit falschen Informationen (wie z.B. die Lage der Startsektoren der einzelnen Musikstücke) über den CD-Inhalt versorgt wird. Während eine CD mit „key2Audio" noch auf dem PC abgespielt werden kann, ist dies mit „Cactus Data Shield" (100 oder 200) schon nicht mehr möglich. Von diesem Kopierschutz existieren mittlerweile 3 Versionen: CDS100, CDS200 und CDS300. Der erste (und schwächste) Schutz besteht darin, dass ein bezüglich Datenformat ungültiges und damit nicht dem Standard entsprechendes Inhaltsverzeichnis auf die CD geschrieben wird (Illegal TOC).[103] Weiter werden auch die Angaben über die Musikstücklänge gezielt falsch gesetzt. Dieses Vorgehen verwirrt eine große Anzahl von CD-ROM Laufwerken, wird aber von fast allen CD-Playern übergangen. Ein Symptom dieser Technik ist, dass nur die ersten 30 Sekunden der CD vom Computer abgespielt werden. Die neueren beiden Versionen setzten eine Kombination mehrerer Techniken ein, wie sie hier beschrieben werden.[104]

Die mittels dieser Verfahren geschützten CDs enthalten Daten, die nicht der Spezifikation "Compact Disc Digital Audio" entsprechen, wie sie im sog. "Red Book" bzw. der

---

[100] S. Günnewig/Hauser/Himmelein in C't 17/2002, S. 18.

[101] Vgl. zur technischen Funktionsweise dieser Mechanismen Volpe/Bär in C't 7/2003, S. 144 ff.

[102] Dieses Verfahren wird insbesondere von der Musikproduktion Zomba Music verwendet, die u.a. Britney Spears unter Vertrag hat, vgl. „Brockhaus für Computer- und Informationstechnologie", S. 515.

[103] S. hierzu Volpe/Bär in C't 7/2003 S. 146 ff.; Abdallah/Gercke/Reinert in HRRS 2003, im Internet abrufbar unter http://www.hrr-strafrecht.de/hrr/archiv/03-07/index.php3?seite=6#artikel1.

[104] Zu rechtlichen Fragen des Vertriebs kopiergeschützter Audio-CDs: Goldmann/Liepe in ZUM 2002, 362 ff.

deutschen DIN EN 60908 festgelegt wurden.[105] Infolgedessen werden die Kopierschutztechniken ihrer wesentlichen Aufgabe, die Abspielbarkeit und Haltbarkeitsdauer der CD nicht zu beeinträchtigen, oftmals nicht gerecht. Beispielsweise verändert "Cactus Data Shield 100" die Daten der Fehlerkorrektur derart, dass man die Musikstücke nicht mehr auf einen Rechner kopieren kann: Befindet sich ein kleiner Kratzer auf der Leseseite und muss der (normale) CD-Player dann auf die Fehlerkorrektur-Daten zugreifen, spielt er die fehlerhaften Musik-Informationen ab.[106] Hieraus resultiert eine stark verkürzte Lebensdauer der CD, weil keine korrekten Fehlerkorrektur-Daten vorhanden sind. Ebenfalls können diese CDs auf Abspielgeräten Probleme verursachen, die auch Daten-CDs lesen - das sind nicht nur Computer-Laufwerke, sondern auch MP3-CD-Player, DVD-Player, in Autoradios integrierte CD-Player und viele portable CD-Player.[107]

In einschlägigen Computerzeitschriften häufen sich Berichte über Beschwerden von CD-Konsumenten, die ihre CDs weder im Auto-CD-Player noch in älteren CD-Playern abspielen können. Laut einer Internet-Datenbank des Heise-Verlages berichten Käufer in rund 1300 Fällen von Problemen beim Abspielen oder Auslesen von CDs.[108] Danach können kopiergeschützte CDs in ca. 50 % der Fälle nicht in Auto-CD-Playern und zu 40 % nicht in tragbaren CD-Playern verwendet werden. Allerdings sollen 85 % der CDs in gängigen CD-Playern abgespielt werden können.

Angestachelt vom Ärger und Unmut vieler Nutzer über den Kopierschutz machten sich alsbald nach der Entwicklung von neuen Kopierschutzmechanismen Scharen von sog. „Hackern" daran, die Techniken zu umgehen. Resultat ist, dass heute sämtliche Kopierschutztechniken problemlos umgangen werden können. Recht einfach und praktikabel können Kopierschutzmechanismen mit entsprechender Umgehungssoftware „geknackt" werden. Eine Umgehung der Programme „Key2audio" oder „Cactus Data Shield 100" ermöglicht beispielsweise das Programm „CloneCD".[109] Für die Umgehung des „Data Cactus Shield 200" werden bspw. die Programme „Nero Burning ROM" und „WinOnCD" empfohlen.[110] Bislang ist noch jede Kopierschutztechnik entschlüsselt worden und es hat allen Anschein, dass dies auch so bleiben wird.[111] Da die Umgehung wirksamer technischer Maßnahmen des Kopierschutzes nach den neu-

---

[105] Vgl. Volpe/Bär in C't 7/2003, S. 144; Daher wird teilweise behauptet, dass die betreffende Scheibe nicht mehr dem CD-Standard entspricht und somit die Berechtigung verliert, als Compact Disc bezeichnet zu werden. Auch die Patentinhaber der CD-Standards haben sich dahingehend geäußert, dass sie mit solchen Entwicklungen nicht einverstanden seien, vgl. Bericht unter http://www.zdnet.de/news/hardware/0,39023109,2102238,00.htm – Phillips: Keine Zukunft für CD-Kopierschutz.

[106] S. hierzu Volpe/Bär in C't 7/2003 S. 146 ff.

[107] Abdallah/Gercke/Reinert in HRRS 2003, im Internet abrufbar unter http://www.hrr-strafrecht.de/hrr/archiv/03-07/index.php3?seite=6#artikel1.

[108] Vgl. http://www.heise.de/ct/cd-register.

[109] Vgl. Artikel „Darf man das" aus der PC-Tip April/2002, abrufbar unter http://www.pctipp.ch/library/pdf/2002/04/0456copy.pdf.

[110] Vgl. Artikel „Darf man das" aus der PC-Tip April/2002, abrufbar unter http://www.pctipp.ch/library/pdf/2002/04/0456copy.pdf.

[111] So auch Schack in ZUM 2002, S. 497, 504, der meint, dass es definitiv keine kopierresistenten Materialien gäbe.

en §§ 95 a ff. UrhG in Deutschland inzwischen verboten ist, ist der Gebrauch von Umgehungssoftware in der Regel allerdings unzulässig.[112]

2. Video-Kopierschutz

Bereits im Zeitalter von Videokassetten hatte die Filmindustrie mit Raubkopien zu kämpfen, was unter anderem zum Einsatz des Macrovision-Systems als Kopierschutz für analoge Videokassetten führte. Bei der Einführung der *Digital Versatile Disc* (DVD) im Jahre 1996 wurde dieser analoge Kopierschutz von der Filmindustrie übernommen, so dass bei DVDs, die mit dem Schutz von Macrovision ausgestattet sind, keine analogen Privatkopien hergestellt werden können.[113]
Um die DVD auch gegen digitale Kopien zu schützen, wurde die CSS-Codierungssoftware (*Content Scrambling System*) entwickelt. Sie beruht auf einer Verschlüsselung des gesamten Inhalts der DVD. CSS verhindert zwar nicht die 1:1-Kopie mittels DVD-Brenner, aber das Auslesen und anschließende Re-Codieren des Inhalts zur Verbreitung mittels normaler CD-ROM oder des Internets. Dabei handelt es sich um eine zweistufige Softwarelösung: Die DVDs werden schon bei der Herstellung mit dem CSS-System codiert und können nur von Geräten gelesen werden, auf denen ebenfalls CSS installiert ist, welches die Verschlüsselung wieder entschlüsselt.[114] Zum entschlüsseln der DVD enthält jeder heimische DVD-Player einen Quellcode.[115] Das Gerät entschlüsselt den Code auf der DVD. Eine digitale Kopie kann von der DVD somit auf dem PC ohne entsprechende Software nicht hergestellt werden.[116]
Wie bei den verschiedenen Audio-Kopierschutzsystemen war es indes auch bei CSS nur eine Frage der Zeit, bis einer der unzähligen PC-Freaks („Hacker") eine Möglichkeit zur Umgehung des Kopierschutzes herausfand. So gelang es einer Gruppe von jungen Norwegern im Jahre 1999 den Quellcode der CSS-Software zu entschlüsseln. Durch die Veröffentlichung des Quellcodes im Internet und die Entwicklung von Umgehungssoftware[117] wurde der Kopierschutz von DVDs durch CSS mehr und mehr wirkungslos.

3. Marktentwicklung von CD-Kopierschutz

Während fast jede Film-DVD mit dem CSS-Kopierschutz ausgestattet ist, steht ein Großteil der Musik-CDs noch ungeschützt zur Verfügung. In welchem Umfang bislang kopiergeschützte CDs in den Verkehr gebracht wurden, lässt sich nur schwer einschätzen. Fest steht jedoch, dass die Musikindustrie in den letzten Jahren verstärkt mit dem Einsatz von Kopierschutzmechanismen begonnen hat.
Waren es im Jahr 2002 nur vereinzelte CDs, die mit Kopierschutz ausgestattet wurden, ist es im Jahr 2003 schon gängige Praxis. Nach Auskunft des Bundesverbandes

---

[112] Hierzu näher in Teil 4 B.
[113] Knies in ZUM 2003, 286, 287.
[114] Knies in ZUM 2002, 794, 795.
[115] Dieser wird verwaltet von der DVD Copy Control Association (DCCA). Um den Schlüssel zu erhalten muss der Hersteller eines Players Mitglied in der DCCA werden und umfangreiche Non-Disclosure-Agreements unterzeichnen, vgl. Knies in ZUM 2003, 286, 288.
[116] Knies ZUM 2003, 286, 288.
[117] Bspw. das Programm „MovieJack" von der deutschen Firma S.A.D.

der phonographischen Wirtschaft sollen 2003 rund 12% der in Deutschland abgesetzten Audio-CDs mit einem Kopierschutz (überwiegend eingesetzte Technologien: CDS = Cactus Data Shield Versionen 100 und 200, Key2Audio) ausgestattet gewesen sein.[118] Dies waren knapp 17 Millionen Audio-CDs. So sollen in den Album-Charts vom 10. März 2003 auch bereits sieben von zehn Top-Ten-Alben Kopierschutzsysteme enthalten haben.[119]
Auch die zukünftige Marktentwicklung von CD-Kopierschutzsystemen lässt sich nur schwer voraussagen. Bemerkenswert ist, dass mehrere große Musiklabels inzwischen auf Kopierschutz verzichten. So erklärte Universal Deutschland, dass es den Kopierschutz bei allen CDs seiner deutschen Künstler abschafft.[120] Auch Sony gab im Oktober 2004 bekannt, in Japan nur noch CDs ohne Kopierschutz herzustellen.[121] Angesichts dieser Kehrtwende erscheint die Perspektive von CD-Kopierschutzsystemen äußerst ungewiss.

III. Digital Rights Management Systeme (kurz DRMS)[122]

1. Allgemeines

Mit der wachsenden Bedeutung des Vertriebs von Musik und Filmen über das Internet entstand die Notwendigkeit der Sicherung und Abrechnung der Online-Distribution. Zu diesem Zweck wurden sog. Digital Rights Management Systeme entwickelt. DRM ist das Schlagwort in der derzeitigen Diskussion um das deutsche Urheberrecht. Während die Musik- und Filmindustrie der massenhaften Vervielfältigung von Musik- und Filmwerken - insbesondere über das sog. Filesharing im Internet - zunächst hilflos zusehen musste, droht das Pendel mit der fortschreitenden Entwicklung technischer Schutzmaßnahmen langsam in die andere Richtung auszuschlagen. Die mittels dieser Verfahren mögliche Kontrolle der Vervielfältigungen ist heute derart ausgeprägt, dass sich die Konsumenten zur Durchsetzung ihrer Interessen Hilfe suchend an den Gesetzgeber wenden.
So verwundert es auch nicht, dass DRMS entweder geliebt oder verteufelt werden, je nachdem ob man sich auf der Seite der Anbieter oder der Nutzer befindet. Einige Stimmen sehen in DRMS inzwischen ein Allheilmittel zum Schutz vor digitaler Vervielfältigung.[123] Nach dem Motto „The answer to the machine is in the machine"[124] wird den neuen Technologien die Fähigkeit zugesprochen das Problem der massenhaften digitalen Vervielfältigung allein mit technischen Maßnahmen zu lösen. Manche

---

118 Auskunft des Syndikus des Bundesverbandes der phonographischen Wirtschaft *Braun* per email vom 04.02.2005.
119 Vgl. Hansen in c't 7/2003, S. 136.
120 S. Nachricht „Die Musikindustrie zweifelt am Kopierschutz" bei http://www.faz.net vom 04.06.2004. Ein Universal-Sprecher hat demnach eingestanden, dass es zurzeit keinen Kopierschutz gäbe, der eine ausreichende Abspielbarkeit kopiergeschützter CDs gewährleiste.
121 S. Nachricht „Sony Music Japan verzichtet auf Kopierschutz" bei http://www.heise.de vom 3.10.2004.
122 Zu Deutsch: Systeme zur Verwaltung digitaler Rechte.
123 So Bechtold, „Vom Urheber- zum Informationsrecht", 2002.
124 So Clark in Hugenholtz, "The Future of Copyright in a Digital Environment", Amsterdam 1996, 139 ff.

Autoren stimmen bereits den Abgesang auf das herkömmliche Urheberrecht an.[125] Technische Schutzmaßnahmen schufen ein „privates absolutes Recht“, welches gesetzliche Regelungen zumindest für den Rechteinhaber und –anbieter unnötig machten.[126] Andere deuten DRM eher als „Digital Restriction Management“, welches die Rechte der Konsumenten erheblich beeinträchtige.[127] Dabei scheinen nur die Wenigsten zu wissen, was unter dem Begriff DRM überhaupt zu verstehen ist. Dies mag zum einen daran liegen, dass DRMS erst auf eine kurze Geschichte zurückblicken und erst am Anfang ihrer Entwicklung stehen. Zum anderen wird gerade in der juristischen Wissenschaft gerne auf eine intensive Auseinandersetzung mit technischen Details verzichtet.

Im Rahmen der Beschäftigung mit DRMS fällt zudem auf, dass ein sehr entscheidender Aspekt für die Zukunft von DRMS vernachlässigt wird: die Frage nach der Nutzerakzeptanz von DRMS und deren damit verbundener gegenwärtiger und zukünftiger Marktstellung.

Es wird im Folgenden aufgezeigt, dass eine erhebliche Diskrepanz zwischen dem Umfang der theoretischen und der praktischen Anwendung von DRMS besteht. Dieser differenzierenden Sichtweise werden nicht alle Betrachtungen zu DRMS gerecht.

2. Was versteht man unter DRMS?

Wie oben bereits erörtert, werden DRMS im Folgenden als Techniken begriffen, die es Rechteinhabern ermöglichen, geschützte Inhalte digital zu lizenzieren, zu schützen, zu kontrollieren und zu vertreiben.[128]

Digital Rights Management Systeme ermöglichen die (relativ) sichere Verbreitung und Verwertung digitaler Inhalte im online und offline Bereich, z.B. über das Internet, Datenträger (CDs, DVDs, etc.), mobile Abspielgeräte oder Mobiletelefone.[129] Wesentliches Ziel ist dabei, das kostenlose „Raubkopieren“ zu unterbinden und neue Geschäftsmodelle für den kommerziellen Vertrieb von digitalen Produkten zu ermöglichen (z.B. kostenpflichtiger Download, Abonnement von Inhalten, Pay-Per-View etc.).

a) Mögliche Funktionen und Anwendungen von DRMS

DRM-Systeme können verschiedene Funktionen und Anwendungen bereitstellen. Welche Anwendungen in einem konkreten DRM-System zum Einsatz kommen, hängt maßgeblich von dem verwendeten DRM-Programm sowie vom Geschäftsmodell des Anbieters ab.[130]

---

[125] So bspw. Wand, „Technische Schutzmaßnahmen und Urheberrecht“, S. 1; m.E. auch Bechtold, „Vom Urheber- zum Informationsrecht“, S. 384.

[126] Bechtold, “Vom Urheber- zum Informationsrecht”, S. 269 f.

[127] So Hauser/Günnewig, „Musik im Hochsicherheitstrakt, Digital Rights Management - Stand der Dinge“, c't 16/02, S. 182.

[128] So bspw. Schippan in ZUM 2004, S. 188, 190, Goldmann/Liepe in ZUM 2002, 362, 368; Möschel/Bechtold in MMR 1998, 571, 572.

[129] Vgl. Erläuterungen des Instituts für Wirtschaftsinformatik der Uni Bern unter http://www.ie.iwi.unibe.ch/forschung/drm/grundlagen.php.

[130] S. Günnewig/Hauser/Himmelein in C't 17/2002 S. 18, abrufbar unter http://www.heise.de/ct/02/17/018/default.shtml.

Der Großteil der DRMS verwendet Verfahren der **Zugangs- und Nutzungskontrolle**, die den Nutzer dazu veranlassen sollen, für den Zugang und die Nutzung zu zahlen.[131] Die primäre Aufgabe der Zugangskontrolle ist sicherzustellen, dass nur Berechtigte Zugang zu einer Datei haben.[132] Die Nutzungskontrolle hat das Ziel zu kontrollieren, welcher Nutzer, was, wann, wo und in welchem Umfang nutzt. So können DRMS sicherstellen, dass die Nutzung von übertragenen Daten nur durch den berechtigten Nutzer erfolgt. Im Gegensatz zu herkömmlichen Kopierschutz-Systemen wird der Nutzer allerdings nicht durch den Besitz des Original-Mediums autorisiert, sondern durch den Besitz einer Lizenz, die an ihn übertragen und gespeichert wird. Diese legt fest, wie er die Datei nutzen kann. Je nach Geschäftsmodell kann der Anbieter damit seine Inhalte im Abonnement anbieten, jede Nutzung in Rechnung stellen oder einen bestimmten Nutzungszeitrahmen festlegen. Beispielsweise kann bestimmt werden, dass ein Song nur einmal oder nur für eine Stunde abgespielt werden darf.[133] Darüber hinaus können sie regeln, wie oft eine Datei kopiert werden darf und auf welchen Träger (bspw. Verbot der Kopie auf einen transportablen Player etc.).
Als weitere Anwendung von DRMS kommen Abrechnungssysteme in Betracht, die die Einzelabrechung des digitalen Inhalts (Content) ermöglichen. Wesentliche Bedeutung kommt überdies dem Management von Rechtsverletzungen zu. DRMS sollen Rechtsverletzungen weitestgehend verhindern und deren Folgen minimieren. Tritt dennoch eine Rechtsverletzung auf, so müssen DRMS diese feststellen können und eine Strafverfolgung unterstützen.[134]

b) Eingesetzte Technologien

Zur Sicherstellung der verschiedenen Funktionen von DRMS werden diverse Technologien eingesetzt.
Sowohl für die Zugangs- als auch für die Nutzungskontrolle ist die **Identifizierung** des Nutzers erforderlich. Sie soll sicherstellen, dass nur Berechtigte auf den Inhalt zugreifen. Die Nutzeridentifizierung ist auch erforderlich, um eine Abrechnung nach Nutzungszeit zu ermöglichen. Die Identifikation kann zum Beispiel über die Angabe eines Benutzernamens und eines Passwortes erfolgen.[135] Viele DRM-Systeme verwenden zur Identifikation eindeutige Identifizierungsnummern der zugrunde liegenden Endgeräte, wie zum Beispiel die Seriennummer eines mp3-Players oder eines eBook-Readers. Damit lässt sich von Seiten der Anbieter aber auch festlegen, auf welchem Gerät ein einmal erworbenes Musikstück abgespielt werden darf, entweder auf einem CD-Player oder einem mp3-Player oder dem Heim-PC.
Als weitere Maßnahme zur Zugangskontrolle wird häufig die **Verschlüsselung** der Daten (Kryptographie) im Wege mathematischer Algorithmen vorgenommen. Die Verschlüsselung stellt sicher, dass die übertragenen Inhalte nicht von einem Angreifer

---

[131] Vgl. Erläuterungen des Instituts für Wirtschaftsinformatik der Uni Bern unter http://www.ie.iwi.unibe.ch/forschung/drm/grundlagen.php.
[132] Vgl. Fränkl/Karpf, „Digital Rights Management Systeme", S. 30.
[133] Vgl. Erläuterung des Microsoft DRM unter http://www.microsoft.com/germany/digitalmentality/funktionsweise.mspx.
[134] Vgl. Fränkl/Karpf, „Digital Rights Management Systeme", S. 32.
[135] Vgl. Enders in ZUM 2004, S. 593, 596.

verändert werden können (Integritätskontrolle) oder dass die Inhalte tatsächlich von derjenigen Instanz stammen, die sich als Absender ausgibt (Authentizitätskontrolle).[136] Zu diesem Zweck kommen vielfach sog. digitale Signaturen zum Einsatz.[137]
Um die dauerhafte Identifizierung von digitalen Inhalten zu gewährleisten, werden den Dateien Informationen über den Inhalt, die Künstler und die Rechteinhaber beigefügt. Diese Informationen werden als **Metadaten** bezeichnet. Das Format dieser Daten ist im Idealfall standardisiert. Erst durch den Einsatz von Metadaten auf Basis eines standardisierten Formates ist eine automatische Kommunikation zwischen den DRM-Komponenten möglich.[138]
Damit die digitalen Inhalte nicht ohne Genehmigung kopiert werden können, werden diverse **Kopierschutzmechanismen** verwendet, wie beispielsweise die Secure Digital Music Initiative (SDMI).[139] Jedoch ist es oft nur eine Frage der Zeit, bis ein solches Verfahren ausgehebelt wird. Falls es so weit gekommen ist, will ein Anbieter wissen, wer für die Verbreitung verantwortlich war. Zu diesem Zweck können **digitale Wasserzeichen** eingesetzt werden.[140] Ein digitales Wasserzeichen stellt ein transparentes nicht wahrnehmbares Muster dar, welches in das Datenmaterial eingebracht wird. Dieses Muster dient dazu, entweder das Vorhandensein einer Kennzeichnung anzuzeigen oder Informationen zu codieren. Diese Informationen können Urheberinformationen und auch Kundeninformationen enthalten. Digitale Wasserzeichen bieten eine Möglichkeit, unerlaubtes Kopieren aufzuspüren, indem sie als unsichtbare Markierung dauerhaft zum Dokument gehören. Somit können Musikstücke, Texte und Bilder über die für den Urheberschutz relevanten Daten informieren. Aufgrund der versteckten Informationen kann genau nachvollzogen werden, wer wann unter welchen Bedingungen das Original kopiert hat. Digitale Wasserzeichen können somit die widerrechtliche Nutzung der digitalen Werke aufdecken.[141]
Eine weitere mögliche Komponente eines DRM-Systems sind **Suchsysteme.** Diese sind bspw. in der Lage, unberechtigte Kopien digitaler Inhalte im Internet aufzuspüren. Lokalisiert die Suchmaschine einen entsprechenden Inhalt (zum Beispiel auf einem Webserver als Download-Angebot), so wird geprüft, ob dem Anbieter oder Nutzer des digitalen Inhaltes die erforderlichen Berechtigungen erteilt wurden.[142] Suchsysteme werden oft in Verbindung mit digitalen Wasserzeichen eingesetzt.
Effektive DRM-Systeme müssen auch die Abspielgeräte (Computer, PDA, DVD-Player), die sich im Einflussbereich der Nutzer befinden, schützen. Damit das Abspielgerät selbst nicht kompromittiert werden kann, muss es aus **manipulationssiche-**

---

[136] Vgl. Fränkl/Karpf, „Digital Rights Management Systeme", S. 39 ff. S. auch Erläuterungen des Instituts für Wirtschaftsinformatik der Uni Bern unter http://www.ie.iwi.unibe.ch/forschung/drm/grundlagen.php.
[137] Vgl. Fränkl/Karpf, „Digital Rights Management Systeme", S. 47.
[138] Vgl. Erläuterungen des Instituts für Wirtschaftsinformatik der Uni Bern unter http://www.ie.iwi.unibe.ch/forschung/drm/grundlagen.php.
[139] Vgl. Enders in ZUM 2004, S. 593, 597.
[140] Vgl. Fränkl/Karpf, „Digital Rights Management Systeme", S. 35, 36.
[141] Vgl. Enders in ZUM 2004, S. 593, 597.
[142] Vgl. Erläuterungen des Instituts für Wirtschaftsinformatik der Uni Bern unter http://www.ie.iwi.unibe.ch/forschung/drm/grundlagen.php.

rer Hard- und Software bestehen.[143] Als mögliche Hardwarekomponenten seien an dieser Stelle der Vollständigkeit halber Smartcards oder Dongles erwähnt. Mögliche Softwarekomponenten können spezifische Player wie zum Beispiel der „Microsoft Media Player“ oder „Real One“ sein.
DRM-Systeme werden meist in komplexe **E-Commerce-Systeme** integriert und so mit einem **Abrechungs- und Zahlungssystem** verknüpft. Nur so ist ein kommerzieller Vertrieb mit DRM-Unterstützung digitaler Güter überhaupt möglich. Zu erwähnen sind hier das von der Deutschen Telekom entwickelte Abrechnungssystem „T-Pay“ und das „click&buy“-System von „www.firstgate.de“.[144]

3. Anwendungsbeispiele in der Praxis

Die heutigen DRM-Systeme, die auch als zweite Generation bezeichnet werden, kommen sowohl im Offline-, als auch im Online-Vertrieb von digitalen Inhalten (e-Books, Musik, Filmen) zum Einsatz.

a) Der Offline-Vertrieb von CDs/DVDs mittels DRM

Der Offline-Vertrieb von mit DRMS geschützten Trägern wie CDs/DVDs steckt noch in den Kinderschuhen. Grundsätzlich besteht die Möglichkeit, die für das DRM erforderlichen Metadaten neben die Werkdaten einer CD/DVD zu pressen. Diese Daten können mit Hilfe von Trusted Platform Modules (TPM) verschlüsselt und mittels entsprechender Module auf der Hardware (PC, CD-/DVD-Player) wieder entschlüsselt werden. Ein TPM kann dann bspw. regeln, ob und wie oft eine CD kopiert werden kann. Hierfür ist jedoch erforderlich, dass auch das Abspielgerät, also die Hardware, DRM tauglich ist. Dies ist heute jedoch nur in den wenigsten Fällen der Fall. DRM wird meist in spezieller Software realisiert. In die Abspielprogramme oder sogar in der Betriebssoftware (Bspw. WindowsXP) von Computern sind entsprechende Komponenten installiert.[145] Die Hardware verfügt dagegen heute selbst noch kaum über die TPM, die zum Digital Rights Management benötigt werden.[146]

b) Online-Vertrieb

Das Hauptanwendungsgebiet von DRMS liegt gegenwärtig eindeutig in der Online-Distribution von digitalen Inhalten. Hier kommt DRM bspw. in folgenden Gebieten zum Einsatz:

---

[143] Vgl. Erläuterungen des Instituts für Wirtschaftsinformatik der Uni Bern unter http://www.ie.iwi.unibe.ch/forschung/drm/grundlagen.php.

[144] Vgl. Enders in ZUM 2004, S. 593, 597; Fränkl/Karpf, „Digital Rights Management Systeme“, S. 52.

[145] S. Studie „Anforderungen an die gesetzliche Regulierung zum Schutz digitaler Inhalte unter Berücksichtigung der Effektivität technischer Schutzmaßnahmen“ von Pfitzmann/Federrath/Kuhn, S. 58, abrufbar unter http://www.dmmv.de/shared/data/zip/2501_006_019_druckversion020904.zip.

[146] Vgl. Pfennig in ZUM 2004, S. 198, wonach diese Module derzeit in nahezu sämtlichen in Deutschland auf dem Markt befindlichen Geräten fehlen. Vgl. hierzu näher nachfolgend unter 5.

- kommerzielle Musikplattformen (P2P: sog. Superdistribution)[147]
- Video- und Filmportale, "Video on demand"[148]
- Elektronischer Bücherverkauf, sog. eBooks.

Wie bereits erörtert besteht eine Vielzahl von unterschiedlichen DRM-Systemen. Ein einheitlicher Standard hat sich noch nicht durchsetzen können.[149] Bei den Schutzverfahren im Bereich Audio und Video hat sich das Microsoft Format „Windows Media" weitestgehend am Markt durchgesetzt.[150] Diese DRM-Technik soll daher etwas genauer angesehen werden.

Microsoft Windows Media Rights Manager

Grundlage der Microsoft DRM-Technik „Windows Media" ist der „Windows Media Rights Manager" (kurz WMRM). Dieser ist bereits in die aktuellen Windows-Betriebssysteme (bspw. WindowsXP) installiert. Diese Software soll eine Plattform für die sichere Distribution von digitalen Inhalten ermöglichen. Typische Anwendungsgebiete der Software sind kommerzielle Musik-Portale und Online-Videotheken. Sie unterstützt aber auch die DRM-Anwendung bei CDs und DVDs. Zum Abspielen von Musik und Filmen wird der Windows Media Player benötigt, der eng mit dem WMRM verknüpft ist.

---

[147] Bspw. http://www.od2.de .

[148] Laut Microsoft eignet sich DRM besonders für Pay-per-View-Angebote von virtuellen Videotheken. Die Kunden können sich in diesem Fall nach einer Registrierung geschützte Videos herunterladen, vgl. http://www.microsoft.com/germany/ digital-mentality/funktionsweise.mspx.

[149] Vgl. Bechtold, "Vom Urheber- zum Informationsrecht", S. 101.

[150] Hauser in C't 2003, S. 234: „Finger Weg – DRM-Systeme in der Praxis".

Funktionsweise[151]

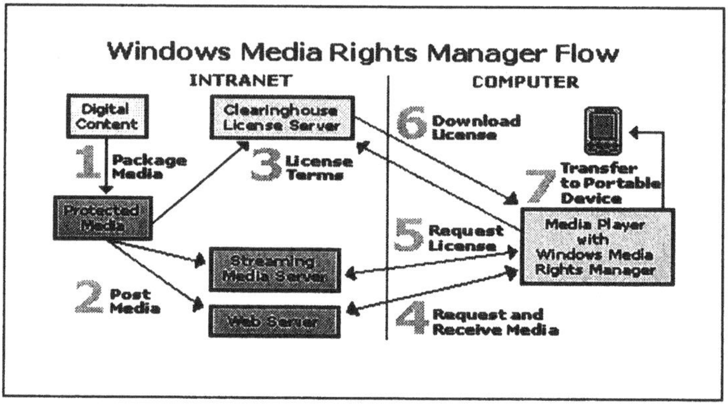

Abbildung Nr. 1: http://www.microsoft.com/germany/digitalmentality/funktionsweise.mspx; © Microsoft Corporation

1. Package Media: Zunächst bringt ein Unterhaltungskonzern einen zu schützenden Inhalt in das System ein - etwa ein Musikstück. Dieses wird in einen digitalen Schutz-Container gepackt und verschlüsselt, wobei zusätzliche Informationen - z.B. über den Erwerb des Keys – eingebunden werden können. Das Ergebnis ist eine WMA- oder WMV-Datei.[152]
2. Distribution: Die Daten im Microsoft-Format werden auf Servern bereitgestellt, können aber auch via CD oder Email vermarktet werden.
3. Errichtung eines „Lizenz-Servers": Der Urheber betraut ein sog „License Clearing House" mit der Verwaltung seiner Rechte.
4. Lizenzerwerb: Um die erworbene Datei abspielen zu können, muss vom Nutzer vorab der lizenzierte Key vom „Lizenz-Server" erworben werden, um die Daten zu entschlüsseln. Die Verbindung zum Server stellt der Windows Media Rights Manager automatisch her.
5. Wiedergabe: Für die Wiedergabe der Datei benötigt der Nutzer den Windows Media Player. Die Nutzung des Musikstückes kann eingeschränkt werden: So können beispielsweise die maximale Abspielanzahl oder ein Ablaufdatum festgelegt werden, oder ob der Erwerber die Daten auf CD brennen kann oder auf tragbare Player überspielen

---

[151] S. hierzu im Einzelnen: http://www.microsoft.com/germany/digital-mentality/funktionsweise.mspx; gelungene Darstellung auch bei Hauser in C't 2003, S. 234: „Finger Weg – DRM-Systeme in der Praxis" und Waß in „Digital Rights Management", als pdf-Datei im Internet abrufbar unter http://www.rechtsprobleme.at/doks/wass-drm.pdf.

[152] Vgl. Informationen der Uni Bern, Lehrstuhl für Wirtschaftsinformatik, abrufbar unter http://www.ie.iwi.unib.ch/forschung/drm/grundlagen.php.

kann. Wird die Datei an einen weiteren Nutzer weitergegeben, muss dieser ebenfalls den Key besitzen.[153]

4. Umgehungsmöglichkeiten

DRMS sind genauso wie gängige Kopierschutzmechanismen nur schlecht gegen Umgehung gewappnet.[154] Während sie gegenüber Laien oft noch volle Schutzwirkung ausüben können, sind sie gegenüber technisch versierten Nutzern machtlos. Aber auch technisch ungebildete Laien können sämtliche technischen Schutzmaßnahmen mittels kostenloser und im Internet mühelos zu erwerbender Software umgehen. Mit Hilfe des Programms FreeMe können die Beschränkungen von mit DRM-geschützten Audiodaten im Format *Windows Media 7* ausgehebelt werden. Das Programm klingt sich dazu direkt in Microsofts DRM-System ein und nutzt bereits vorhandene Wiedergabelizenzen zur Verrichtung der Arbeit. Somit muss auf dem Rechner, auf dem FreeMe aufgerufen wird, bereits eine vorhandene Wiedergabelizenz vorliegen. Nach dem Aufruf von „FreeMe" kann die Datei dann aber ohne Einschränkungen verbreitet werden.
Um DRM-Schutzmechanismen zu umgehen, ist es nicht zwingend notwendig, auf solche *Hackerprogramme* zurückzugreifen. Bei Audiodokumenten ist es zum Beispiel möglich, die Audiosignale am analogen Ausgang der Soundkarte abzufangen und aufzuzeichnen.[155] Dieses Vorgehen ist natürlich mit einem Qualitätsverlust verbunden. Daher ist sich der überwiegende Teil der juristischen wie der IT-Wissenschaft einig: Mit Technik allein lässt sich DRM nicht durchsetzen.[156] Dies liegt insbesondere daran, dass heutige DRMS fast ausschließlich softwarebasiert agieren. Da die Ausführung der Software jedoch schlecht vor der ausführenden Maschine und somit vor dem Nutzer geschützt werden kann, bietet softwarebasiertes DRM nur einen „rudimentären" Schutz.[157] Einen besseren Schutz böte die Implementierung von DRM mittels sog. Trusted Platform Modules (TPM-Chips) in die Hardware-Geräte, welche nicht so leicht zu manipulieren sind. Bislang sind solche Hardware-Lösungen jedoch kaum im Einsatz.[158] Im Übrigen bietet aber auch hardwarebasiertes DRM keine 100 %-ige Sicherheit vor Umgehung. So sind jegliche Hardware-Maßnahmen mittelfristig und bei

---

[153] Waß in „Digital Rights Management", S. 4 f., abrufbar unter http://www.rechtsprobleme.at/doks/wass-drm.pdf.

[154] Dies ist das Ergebnis des Gutachtens von Pfitzmann/Federrath/Kuhn: „Anforderungen an die gesetzliche Regulierung zum Schutz digitaler Inhalte unter Berücksichtigung der Effektivität technischer Schutzmaßnahmen" im Auftrag des DMMV und des VPRT, welches von „katastrophalem Schutz" spricht, S. 3, http://www.dmmv.de/shared/data/zip/2501_006_019_druckversion020904.zip, (23.12.2003). So ist inzwischen auch der „Windows Media Rights Manager" längst „geknackt".

[155] Vgl. hierzu PC-Magazin 7/2004, S. 10 ff.

[156] So der gleichnamige Bericht von Spielkamp in TP vom 03.02.2004 über das DRM-Symposium an der Berliner Humboldt-Universität vom 30./31.01.2004, abrufbar unter http://www.heise.de/tp/r4/artikel/16/16673/1.html.

[157] S. das Gutachten von Pfitzmann/Federrath/Kuhn, „Anforderungen an die gesetzliche Regulierung zum Schutz digitaler Inhalte unter Berücksichtigung der Effektivität technischer Schutzmaßnahmen" im Auftrag des DMMV und des VPRT, S. 3/4, abrufbar unter http://www.dmmv.de/shared/data/zip/2501_006_019_druckversion020904.zip, (23.12.2003).

[158] S. hierzu nachfolgend unter 5.

Massenanwendungen in ihrer Sicherheit gefährdet, da es oftmals überraschend einfache Umgehungsmöglichkeiten gibt.[159]

5. Gegenwärtige Marktposition von DRMS und Perspektiven

Nachdem in den vorangegangenen Abschnitten dargestellt wurde, welches technische Potential DRMS besitzen, wird im Folgenden erörtert, in welchem Umfang DRMS bereits heute und in absehbarer Zukunft eingesetzt werden. Diese Analyse erscheint insbesondere erforderlich, um die Bedeutung von DRMS für den Urheberrechtsschutz einschätzen zu können. DRMS können zusammen mit reinen Kopierschutzmechanismen insbesondere nur dann eine Alternative zum pauschalen Abgabensystem der §§ 54 ff. UrhG darstellen, wenn sie in der Lage sind, einen angemessenen finanziellen Ausgleich für den Wert der privaten digitalen Vervielfältigung zu gewährleisten und den Umfang der illegalen Vervielfältigungen zu reduzieren. Dafür ist zunächst erforderlich, dass sich Systeme der Einzellizenzierung und –abrechnung im Bereich des Musik- und Filmvertriebes auf breiter Front durchsetzen.

a) Der Offline-Vertrieb mittels DRMS

Der Offline-Vertrieb von Musik- und Filmwerken mittels DRMS findet gegenwärtig noch kaum statt.[160] Dies liegt insbesondere an der fehlenden Implementierung von TPM in die Abspielgeräte von CDs und DVDs.

Zumindest für den Computer-Bereich lässt sich heute jedoch bereits vorhersagen, dass der Umfang von TPM in der Hardware auf absehbare Zeit enorm ansteigen wird. Im Interesse eines flächendeckenden Einsatzes von hardwarebasiertem DRM haben sich verschiedene Unternehmen der Elektronikbranche (darunter Microsoft) zur „Trusted Computing Platform Alliance" (TCPA) zusammengeschlossen. Geht es nach der TCPA, enthält in absehbarer Zeit jeder PC einen Verschlüsselungs-Chip. Das Trusted Platform Module (TPM) prüft, ob die übrige Hardware und das Betriebssystem für die Benutzung auf dem PC autorisiert und lizenziert ist. Bei mangelnder Lizenzierung verweigert der PC die Arbeit.[161]

Im Übrigen ist abzusehen, dass auch die Implementierung derartiger Systeme in CD- und DVD-Player erheblich zunehmen wird. Auf der Cebit 2004 wurden diverse DRM-fähige CD- und DVD-Geräte vorgestellt.[162] Auch die Trägermedien CD und DVD werden verstärkt mit DRM-Komponenten versehen. Im Bereich der CD haben bspw. Macrovision und Microsoft ein Lizenz-Abkommen getroffen, infolgedessen die Digital-Rights-Management-Technik von Microsoft zukünftig auch auf Audio-CDs zum

---

[159] S. hierzu nachfolgend unter 5..

[160] S. Teil 1, C III 3. a).

[161] S. hierzu Plura in C't 2002, S. 186 f.; Nach der Deutschen Bank Research sollen die Chancen für eine rasche Verbreitung des „Trusted Computing" angesichts der Beteiligung vom Marktführer bei Betriebssystemen Microsoft und der führenden Hardware-Hersteller sehr gut stehen, vgl. Studie der Deutschen Bank Research zur digitalen Ökonomie, „Copyright reloaded: Vom Versuch, Technologie vor sich selbst zu schützen" abrufbar unter http://www.dbresearch.de.

[162] S. Mühlbauer in TP-Artikel „Nicht konsumwürdig" vom 15.03.2004, abrufbar unter http://www.heise.de/tp/r4/artikel/16/16913/1.html.

Einsatz kommen soll.[163] Einen neuen Vorstoß in Sachen DRM für DVDs planen die Firmen Walt Disney, Time Warner, IBM, Microsoft, Intel, Panasonic, Toshiba und Sony. Das so genannte Advanced Access Content System (AACC) soll den Anbietern die Möglichkeit geben, DVDs mit unterschiedlichen Beschränkungen zu versehen (zeitlich oder wie oft ein Film angesehen werden darf). Auch das Brennen zu Sicherungszwecken soll mittels AACC möglich sein, dabei soll das System beim Kopieren immer wieder die jeweiligen Eigentümerrechte kontrollieren.[164]

Weit fortgeschritten ist der Einsatz von DRMS bereits beim iPod-Player von Apple. Der iPod-Player ist mit der Apple-Software und dem sog. „iTunes"-Downloadshop im Internet derart verknüpft, dass nur „iTunes" auf dem iPod-Player zu hören sind.[165]

An dieser Stelle sei ausdrücklich hervorgehoben, dass der Offline-Vertrieb von Musik- und Filmwerken den bei weitem größten Anteil am Gesamtvertrieb einnimmt. Ca. 95 % des Musikvertriebes und nahezu der gesamte Filmvertrieb wurden im Jahre 2003 mittels körperlicher Medienträger wie CDs und DVDs abgewickelt. Festzuhalten bleibt, dass hier DRM-Systeme bislang nahezu keine Rolle spielen. Beim Offline-Vertrieb von Musik und Filmen kommen lediglich reine Kopierschutzmechanismen zum Einsatz. Diese sind inzwischen allerdings, wie bereits erörtert[166], weit verbreitet.

b) Der Online- oder drahtlose (Mobilfunk-) Vertrieb von Musik- und Filmwerken mittels DRMS

Viel versprechender sieht es bereits beim Online- und Mobilfunkvertrieb mittels DRM-Systemen aus. Dies gilt in erster Linie für die sog. Superdistribution von Musikwerken über kommerzielle Musikplattformen im Internet und den drahtlosen Vertrieb über Handys. Hier kommen DRMS inzwischen massenweise zum Einsatz. Beispiele für kommerzielle Musikplattformen aus Deutschland sind „OD2"[167] und „Musicload"[168].

Der Online-Vertrieb von Musik befindet sich in Deutschland allerdings im Vergleich zu den USA noch in den Kinderschuhen. Während Apple dort mit seinem iTunes-Musikportal bereits über 30 Millionen Songs verkauft hat, fällt es deutschen Anbietern

---

163 S. Nachricht des IT-Nachrichtendienstes Golem vom 24.04.2003 unter http://www.golem.de/0304/25197.html. Das neue DRM-Angebot betrifft so genannte "Dual-Session-CDs", auf denen sich neben den reinen Audio-Tracks, die vom normalen CD-Player gelesen werden können, weitere Daten befinden, die dann vom PC gelesen und auf portable Player übertragen werden können. Für die Audio-Tracks will Macrovision dabei auf den hauseigenen und mit "CDS" (Cactus Data Shield) bezeichneten Kopierschutz setzen, die DRM-Technik von Microsoft kommt beim Daten-Teil der CD zum Einsatz.

164 Nachricht der PC-Welt von 14.07.2004, http://www.pcwelt.de/news/vermischtes/101266.

165 Vgl. Spiegel-Online, Nachricht vom 26.07.2004, http://www.spiegel.de/netzwelt/technologie/0,1518,310476,00.html.

166 S. Teil 1, C II.

167 http://www.od2.de. Ein Angebot von Karstadt, Tiscali, Mediamarkt und MTV.

168 http://www.musicload.de. Ein Angebot von T-Online, Bild, RTL und WOM. Das Musikportal http://www.phonoline.de, welches von den fünf großen Labels Universal, EMI, Warner, BMG und Sony gemeinsam mit der Telekomtochter T-Com entwickelt wurde, ist inzwischen kurz nach der Startphase wegen Erfolglosigkeit eingestellt worden, vgl. Nachricht unter http://www.gmx.net/de/themen/unterhaltung/musik/news/475316.

schwer, sich auf dem Markt zu behaupten.[169] Dafür werden im Allgemeinen die fehlende Benutzerfreundlichkeit, der zu hohe Preis und die geringe Auswahl an Musikstücken verantwortlich gemacht.[170] Bislang besitzt der Online-Vertrieb von Musik daher auch nur einen minimalen Anteil am Gesamtumsatz der deutschen Musikindustrie.[171] Für das Jahr 2003 war der Anteil noch so gering, dass der Bundesverband der Phonographischen Wirtschaft keinerlei Umsätze auswies.[172] Allerdings sollen laut einer Studie des internationalen Branchenverbands IFPI im Jahre 2004 weltweit bereits 200 Millionen Songs online verkauft worden sein. Überdies sollen demnach mittlerweile auch 62 Prozent der Deutschen unter 30 Jahren legale Musikangebote im Netz kennen.[173]

Die zukünftige Marktentwicklung der kommerziellen Musikplattformen ist schwer vorherzusagen, wird deren Erfolg doch von einer Vielzahl von Faktoren abhängig sein. Folglich reichen die Prognosen auch von einem Boom[174] bis zu einem völligen Scheitern des Online-Vertriebs mittels DRM[175].

Die entscheidenden Faktoren für die Marktentwicklung sind:

- die technische Reifung derartiger Systeme
- die Entwicklung der rechtlichen Bestimmungen zum Schutz von DRMS
- die Nutzerakzeptanz.

Wie bereits erörtert, ist insbesondere das softwarebasierte DRM mittels entsprechender Software leicht zu umgehen. Einen angemessenen Schutz vor Umgehung werden DRMS erst dann erlangen, wenn DRMS auch Eingang in die Hardware finden („Trusted Computing“).[176] Wie sich TC auf dem Massenmarkt durchsetzen wird, bleibt abzuwarten, die Chancen hierfür stehen aufgrund der Beteiligung vieler namhafter Größen aus der Elektronikbranche allerdings gut. Teilweise wird indes auch vertreten, dass selbst der Umstand, dass DRMS relativ einfach zu umgehen sind, den Erfolg

---

[169] Hansen in C't 2004, S. 176.

[170] Vgl. Hansen in C't 2004, S. 176. Laut einem Test von Schieb unter http://www.wdr.de/themen/computer/schiebwoche/2004/index_23.jhtml war bis zum 16.08.2004 in sämtlichen deutschen Online-Shops weder ein Song von Grönemeyer, „Superstar“-Gewinner Alexander oder Michael Andrews zu finden.

[171] Laut Pfennig in ZUM 2004, S. 198, deckt der Online- oder drahtlose (Mobilfunk-) Vertrieb von Musik nur ca. 5 % aller Werknutzungen ab.

[172] S. Jahreswirtschaftsbericht der Phonographischen Wirtschaft 2003, S. 33. Im Internet abrufbar unter http://www.ifpi.de/jb/2004/musikhandel.pdf.

[173] S. den Digitalen Musikbericht des IFPI aus dem Jahre 2005 unter http://www.ifpi.org/site-content/library/digital-music-report-2005.pdf.

[174] Laut dem Marktforschungsinstitut „Jupiter Research“ steht der DRM –Markt vor einem gewaltigen Boom vgl. Computerwoche Online, Nachricht vom 2.07.2004 unter http://www.computer-welt.at/detailArticle.asp?a=83793&n=6. Danach soll sich der Umsatz mit DRM-Lösungen in den kommenden Jahren vervielfachen. Im Jahr 2003 wurden mit DRM-Systemen weltweit lediglich 36 Mio. Dollar umgesetzt, in vier Jahren sollen es bereits 274 Mio. Dollar sein.

[175] Vgl. die Studie der Microsoft-Forscher Biddle/England/Peinado/Willman: The Darknet and the Future of Content Distribution, abrufbar unter http://crypto.stanford.edu/DRM2002/darknet5.doc, aus dem Jahre 2002, wonach sich DRM niemals gegen illegale Tauschbörsen durchsetzen könne und damit zwecklos sei.

[176] Vgl. oben unter 5 a).

der Systeme auf dem Massenmarkt nicht gefährden könne.[177] Ein 100%-Schutz von technischen Schutzmaßnahmen könne zwar niemals gewährleistet werden, sei jedoch auch nicht erforderlich. Vielmehr seien DRMS auf den Durchschnittsnutzer zugeschnitten, der im Regelfall nicht über die Mittel zur Umgehung verfügt.[178] Dies bleibt abzuwarten.

Weitestgehend einig ist man sich darin, dass der Einsatz von DRMS durch die neu eingeführten Bestimmungen zum Umgehungsverbot von technischen Schutzmaßnahmen (§§ 95 ff. UrhG) gestärkt werden.[179] Diese Novellierung wird von vielen als starker Impuls für die zukünftige Entwicklung von DRMS gesehen. Waren die Anbieter von DRMS in Deutschland doch bis zur Reform des Urheberrechts überhaupt nicht vor der Umgehung ihrer Produkte geschützt. Kaum vorherzusehen ist jedoch, in welchem Umfang die Nutzer die neuen Geschäftsmodelle akzeptieren werden. Dabei ist insbesondere sehr fraglich, ob sie in großer Zahl von den illegalen P2P-Tauschbörsen Abstand nehmen werden. Hierfür werden wiederum verschiedene Faktoren eine Rolle spielen:

- die Attraktivität des Angebots von legalen Musikplattformen
- die abschreckende Wirkung der urheberrechtlichen Verbotsnormen
- der Aufwand der illegalen Reproduktion von Musikwerken

Die Attraktivität von legalen Musikangeboten wird vor allem vom Preis und vom angebotenen Leistungsumfang bestimmt. Hier scheinen die bestehenden Angebote noch gehörigen Nachholbedarf zu haben. So kommt eine Studie von Microsoft-Forschern zu dem Ergebnis, dass sich kommerzielle Plattformen nie gegen illegale Tauschbörsen durchsetzen können. Es sei zwecklos, die Weitergabe urheberrechtlich geschützter Stücke durch technische Maßnahmen verhindern zu wollen.[180] DRM-Maßnahmen böten keinen sinnvollen Schutz. Weder aus technischer noch aus wirtschaftlicher Sicht. Ein DRM-geschützter Song schränke den Nutzer so sehr ein, dass er lieber einen illegalen Song aus einer Tauschbörse herunterlädt. Wer wolle schon Geld für ein funktionsgestörtes Produkt ausgeben, welches er weder kopieren noch in seinem Auto oder Discman hören könne? Daher müsse man die technischen Beschränkungen aufheben und damit an Stelle von Sicherheit auf Benutzerfreundlichkeit und geringe Kosten setzen. So lange die Medienindustrie nicht auf die Bedürfnisse der Nutzer in punkto Preis, Leistung und einfacher Distribution eingehe, werde es immer Nutzer geben, die versuchen werden, sich Medienwerte illegal zu beschaffen. Ebenso äußert sich das

---

[177] Bechtold, „Vom Urheber- zum Informationsrecht", S. 144.

[178] Bechtold, „Vom Urheber- zum Informationsrecht", S. 144.

[179] Bechtold, „Vom Urheber- zum Informationsrecht", S. 263; Gutachten von Pfitzmann/Federrath/Kuhn, „Anforderungen an die gesetzliche Regulierung zum Schutz digitaler Inhalte unter Berücksichtigung der Effektivität technischer Schutzmaßnahmen" im Auftrag des DMMV und des VPRT, S. 75, abrufbar unter http://www.dmmv.de/shared/data/zip/2501_006_019_druckversion020904.zip, (23.12.2003); Gutachten der Deutschen Bank Research „Copyright reloaded: Vom Versuch, Technologie vor sich selbst zu schützen", abrufbar unter http://www.db-research.de/PROD/DBR_INTERNET_DE-PROD/PROD0000000000066961.pdf, S. 12.

[180] So das Ergebnis der Studie von Biddle/ England/Peinado/Willman: The Darknet and the Future of Content Distribution, abrufbar unter http://crypto.stanford.edu/DRM2002/darknet5.doc.

Marktforschungsinstitut „Berlecon Research“, was im Rahmen des EU-Projektes „indicare“ eine Studie zu DRM vornimmt.[181]
Noch nicht abzusehen ist überdies, inwieweit die Verschärfungen der urheberrechtlichen Regelungen zur Privatkopie eine Abkehr von der illegalen Vervielfältigung aus Filesharing-Systemen erzielen können.[182] Hierbei wird von besonderer Bedeutung sein, ob es der Musik- und Filmindustrie gelingen wird, das Unrechtsbewusstsein hinsichtlich Raubkopien zu stärken. Einen wichtigen Beitrag hierfür kann das verstärkte Vorgehen im Wege der zivil- und strafrechtlichen Verfolgung von Urheberrechtsverletzern leisten.[183] Zu bedenken ist jedoch, dass die Provider in Deutschland den Rechteinhabern die Identität der Rechtsverletzer nicht mitteilen, so dass die Phonoverbände lediglich Strafanzeige gegen unbekannt einreichen können. Die Staatsanwaltschaften erhalten dann von den Providern die Auskunft, die die Musikfirmen direkt nicht erhalten. Im Hinblick hierauf wäre es hilfreich, den Rechteinhabern die Voraussetzung für ein zivilrechtliches Vorgehen zu schaffen. Hierzu gehört insbesondere die Möglichkeit der Rechteinhaber, von den Access-Providern Auskunft über die Identität der Tauschbörsennutzer zu erlangen.[184]
Neben den rechtlichen Schritten hat die Medienindustrie auch vermehrt mit Aufklärungskampagnen begonnen, bspw. mit Trailern im Vorfeld einer Kinovorführung. Diese Trailer klären – in teilweise reißerischer Art und Weise – über die Strafbarkeit der Raubkopie auf. Ihr Ziel ist es, das Unrechtsbewusstsein hinsichtlich der „Raubkopie“ in der Gesellschaft zu erhöhen. Der Erfolg dieser Kampagnen im Kampf gegen Raubkopierer lässt sich schwer ermessen.
Ob DRM-Systeme zukünftig den Musik- und Videovertrieb beherrschen werden, bleibt somit abzuwarten. Eindeutige Prognosen lassen sich zum heutigen Zeitpunkt noch nicht stellen. Fest steht lediglich, dass sich der Einsatz von DRMS gegenwärtig auf einem sehr niedrigen Level bewegt. Im Offline-Bereich wird die flächendeckende Verbreitung von DRM aufgrund der Unterstützung der TCPA in absehbarer Zeit wahrscheinlich eher erfolgen als im Online-Bereich. Dort wird sich die DRM-Technologie erst noch einen harten Konkurrenzkampf mit den illegalen Tauschbörsen liefern müssen. An dieser Stelle darf die These aufgestellt werden, dass die Medienindustrie das illegale Filesharing in Internet-„Tauschbörsen“ niemals vollständig verhindern kann. Die Anbieter moderner dezentraler oder hybrider Filesharing-Netzwerke können juristisch kaum belangt werden.[185] Auch dem juristischen Vorgehen gegen Tauschbörsen-

---

[181] Vgl. Nachricht auf http://www.golem.de/0406/31640.html vom 08.06.2004. Senior Analystin Dufft von Berlecon: "Rein rechtliche und technische Maßnahmen zum Schutz digitaler Inhalte werden auf Dauer kaum wirksam sein. Nur wenn es den Anbietern gelingt, auf der Basis von DRM wirklich attraktive Services für die Kunden bereitzustellen, können die legalen Angebote gegenüber dem so genannten 'Darknet' bestehen."
[182] Zum urheberrechtlichen Regelungssystem s. unten Teil 2, B.
[183] Am 07. Juni 2004 ist in Deutschland erstmals ein junger Mann verurteilt worden, der illegal Musik über eine Internet-Tauschbörse angeboten hatte. Nach Angaben der deutschen Phonoverbände habe der Auszubildende über die Tauschbörse Kazaa die Musik ins Netz gestellt. Der Phonoverband hat bisher in 68 Fällen Anzeige gegen mutmaßliche Musikpiraten gestellt, vgl. Nachricht der FAZ vom 8.Juni.2004 unter http://www.faz.net.
[184] Zu der Frage nach Auskunftsansprüchen gegen Internet-Provider s. unten Teil 6.
[185] S. hierzu unten Teil 5, C III.

nutzer sind enge rechtliche und tatsächliche Grenzen gesetzt.[186] Der Gewinner kann letzten Endes nur der Konsument sein. Entweder der Kampf gegen die illegale Vervielfältigung wird aufgegeben oder die Musikindustrie bietet den Konsumenten im Rahmen der legalen Musikplattformen wirklich attraktive Leistungen an.
Bislang kaum erwähnenswert ist auch der Umsatz beim drahtlosen Musikvertrieb über Handys mittels UMTS. Dieser Distributionsweise wird indes eine große Zukunft vorhergesagt. Laut einer Studie der Unternehmensberatung Frost & Sullivan werden Mobiltelefone in Zukunft eine entscheidende Rolle in der Wertschöpfungskette für digitalen Content spielen und das Marktgeschehen antreiben.[187] Schnellere 2.5G- und 3G-Netzwerke (UMTS), multimediale Handapparate mit Farbdisplays, Kamera und Zusatzfunktionen sowie eine breitere Verfügbarkeit personalisierter und interaktiver Multimediadienste sollen den drahtlosen DRM-Markt vorantreiben.[188]

6. Bewertung von DRMS

DRMS sind hochtechnologisierte Verfahren, mit denen umfassende und intelligente Schutz- und Kontrollmöglichkeiten für digitale Inhalte ermöglicht werden.
Zwar ist die Technik eher schlecht als recht gegen Umgehung geschützt. Im Zusammenspiel mit dem inzwischen eingeführten rechtlichen Umgehungsschutz können DRMS grundsätzlich jedoch ein hohes Schutzniveau für digitale Inhalte bieten. Im Gegensatz zum bisherigen Urheberrecht können DRMS die Nutzung digitaler Inhalte in sehr differenzierter Weise kontrollieren. DRMS eröffnen individuelle Lizenzierungs- und Nutzungsmöglichkeiten, die dem pauschalisierenden Urheberrecht fremd sind. Dabei ist besonders die Möglichkeit der massenhaften individuellen Abrechnung von Nutzungen hervorzuheben, welche bislang technisch nicht realisierbar war. Damit kann das Prinzip des sog. „Prizing for Information" gestärkt werden, wonach Konsumenten nur für den effektiven Gebrauch oder Nutzung der Inhalte (z.B. Pay-Per-View, Pay-Per-Listen) zahlen müssen. In dieser Richtung könnten DRM unter Umständen eine Alternative zum bestehenden pauschalen Abgabensystem auf Leermedien und Vervielfältigungsgeräte nach den §§ 54 f. UrhG darstellen. Ob sie letztlich in der Lage sind das pauschale Abgabensystem zu verdrängen, soll zu einem späteren Zeitpunkt näher analysiert werden.[189] Die unmittelbare Einzelabrechnung könnte zudem möglicherweise von den Urhebern selber organisiert werden und so deren Unabhängigkeit stärken. Für die Entwicklung neuer Geschäftsmodelle im Internet, wie kommerziellen Musiktauschbörsen, sind DRMS unverzichtbar. Teilweise wir auch vorgebracht, dass der Einsatz von DRM-Verfahren mit sinkenden Transaktionskosten für Verteilung und

---

[186] Vgl. hierzu Teil 5, C II und Teil 6.
[187] Vgl. Meldung bei aboutit.de vom 18.03.2003, http://www.aboutit.de/03/10/07.html.
[188] Laut einer Meldung von Spiegel-Online vom 09.06.2004 wittern die Mobilfunkbetreiber im Musik-Vertrieb eine große Chance. Schließlich könnten Vodafone & Co ihre eigenen Netze zum Verteilen der Musikdateien nutzen und anfallende Kosten sehr leicht über die Handyrechnung abwickeln. T-Mobile und O2 haben ihre Musikshops fürs Handy bereits vor wenigen Wochen gestartet, Vodafone und E-Plus wollen demnächst nachziehen, vgl. http://www.spiegel.de/netzwelt/netzkultur/0,1518,303279,00.html.
[189] s. unten Teil 2, C. II. 3.

Abrechung individualisierter Leistungen den Preis für Musik- und Filmwerke senken könne.[190]

Somit besitzen DRMS ein großes Potential hinsichtlich des Schutzes und der Verwaltung digitaler Güter. Zum gegenwärtigen Zeitpunkt besitzen DRMS im Bereich des Musik- und Filmvertriebs in Deutschland jedoch nur geringe Bedeutung. Sowohl die Offline- als auch die Online-Distribution von Musik- und Filmwerken mittels DRMS steckt noch in den Kinderschuhen. Es ist schwer abzusehen, ob den DRM-Systemen die Marktdurchdringung gelingt. DRMS sind noch längst nicht so ausgereift, wie manche Lobbyisten und Autoren behaupten. Vielmehr haben derartige Systeme erst noch ihre Feuertaufe in der Praxis zu bestehen. Damit es soweit kommt, müssen einige Probleme und Ungereimtheiten aus dem Weg geräumt werden.

Zu den Hauptproblemen zählt, dass es sich bei DRMS um proprietäre Technologien handelt, welche eine effiziente Integration und robuste Lösung erschweren. Es handelt sich meist um in sich geschlossene Systeme. Da die Standardisierung noch nicht sehr weit fortgeschritten ist, können die verschiedenen Lösungen nicht miteinander operieren.[191] Des Weiteren ist zu bedenken, dass DRMS durch ihre totale Kontrolle über den Zugang zu Inhalten Innovation und Forschung wesentlich behindern können.[192] Der Zugang zu digitalen Inhalten ist nur durch eine Kopie möglich (z.B. am Bildschirm des Computers). Die Kontrolle über eine Kopie führt somit zu einer umfassenden Kontrolle der Informationsbeschaffung.[193] Problematisch sind überdies die hohen Kosten für DRMS. So wird vielfach darauf hingewiesen, dass sowohl die Urheber selbst als auch Kleinproduzenten etc. aufgrund der hohen Produktions- bzw. Lizenzkosten wirtschaftlich und ökonomisch nicht in der Lage sind, die Systeme selbst anzuwenden.[194] Sie seien daher auf Großverwerter bzw. Telekommunikationsunternehmen angewiesen, die ihnen entsprechende Dienstleistungen anbieten.[195] DRM könnte auf diese Weise den Wettbewerb behindern und die Vielfalt reduzieren.[196]

Bislang ungeklärt sind auch Probleme des Datenschutzes. Im Rahmen von DRMS müssen sich die Nutzer anmelden und persönliche Daten hinterlassen. Beim Kauf einer CD oder einer DVD in einem Geschäft entfällt dies. Dieser Umstand birgt ein hohes Risiko von Verletzungen des Datenschutzes und der Privatsphäre Das Urheberrecht hat in der Vergangenheit nie einen Anspruch des Rechteinhabers gekannt, wissen zu dürfen, wer, was, wann, wo und wie lange nutzt, solange die Nutzung rechtmäßig erfolgte.[197] Es muss sichergestellt sein, dass DRMS die Privatsphäre und das allgemeine Persönlichkeitsrecht des Nutzers respektieren.

---

[190] Bechtold, „Vom Urheber- zum Informationsrecht", S. 312 f.

[191] Bechtold, „Vom Urheber- zum Informationsrecht", S. 143.

[192] Vgl. den Bericht von Stefan Krempl, „Das Copyright-Regime als Innovationsblocker" in TP vom 03.03.2004.

[193] Informationen der Uni Bern, Lehrstuhl für Wirtschaftsinformatik, abrufbar unter http://www.ie.iwi.unib.ch/forschung/drm/grundlagen.php.

[194] So Stickelbrock in GRUR 2004, 736, 743.

[195] Vgl. Pfennig in ZUM 2004, 198, 200.

[196] So Grassmuck in ZUM-Sonderheft 2003, 1014, 1015.

[197] Vgl. Michel in ZUM-Sonderheft 2003, 1047, 1049.

Eines der Hauptprobleme von DRMS ist bislang der große Umfang der Kontrollmöglichkeiten. Gegenläufige Interessen der Nutzer und der Allgemeinheit werden nicht hinreichend gewahrt. So ist bislang völlig unklar, wie die Anbieter von DRMS dem Nutzer die Durchsetzung der Privilegierungstatbestände gemäß § 95 b UrhG ermöglichen wollen. Die Anbieter haben bislang keine praktischen Wege aufgezeigt, wie sie bspw. die Möglichkeit der Kopieanfertigung zum wissenschaftlichen Gebrauch gewährleisten wollen.[198] Auch hier bleibt die weitere Entwicklung abzuwarten.
Der entscheidende Grund für die geringe Marktdurchdringung von DRMS ist aber wohl in der fehlenden Nutzerakzeptanz zu sehen. Die Einschränkungen durch DRMS werden von den Konsumenten als zu rigide betrachtet. Die Unattraktivität von DRM-Angeboten ist vor allem auf die fehlende Möglichkeit zurückzuführen, die Produkte auf verschiedenen Endgeräten abspielen zu können. Die Produkte können entweder im heimischen Wohnzimmer oder im Auto gehört werden. Andererseits bringen sie kaum einen Mehrwert für den Nutzer: sie sind weder preiswerter noch qualitativ hochwertiger als gängige Musik- und Filmwerke. Ob sich DRMS überhaupt irgendwann gegen illegale Internet-Tauschbörsen durchsetzen können erscheint daher sehr ungewiss.

D. Lobbyarbeit auf allen Ebenen: Die Interessenvertretung der beteiligten Akteure

Bei der Auseinandersetzung mit dem vorliegenden Thema trat die intensive Lobbyarbeit der beteiligten Interessengruppen im besonderen Maße zu Tage. Viele als wissenschaftliche Studien bezeichnete Arbeiten stellten sich bei näherer Betrachtung als „Partei-Gutachten“ heraus. Je nach Auftraggeber variieren die Ergebnisse und Schlussfolgerungen. Nicht selten wird bereits in den Überschriften bzw. Untertiteln deutlich, welchem Lager der Autor zuzurechnen ist. Mit polemischen Titeln wie „Das Copyright-Regime als Innovationsblocker“[199] oder „Copy kills Music“[200] wird die einseitige Beeinflussung des Lesers initiiert. Die Erarbeitung von objektiven und allgemeingültigen Lösungsansätzen wurde dadurch nicht gerade erleichtert.
Um die Hintergründe der Diskussionen um die notwendigen Reformen des Urheberrechts verstehen zu können und die unterschiedlichen Interessenlagen zu kennen, sollen nachfolgend die beteiligten Lobbygruppen näher dargestellt werden. Hinsichtlich der Diskussion um die notwendigen Änderungen des Urheberrechts bezüglich der digitalen Vervielfältigung im privaten Bereich lassen sich insbesondere folgende Interessengruppen unterscheiden:

---

[198] Zur Durchsetzung der Schrankenbestimmungen der §§ 45 f. UrhG schlägt Bechtold ein sog. „key escrow-System“ vor, „Vom Urheber- zum Informationsrecht“, S. 407-416. Danach soll sich der Nutzer bei einer zentralen Schlüsselhinterlegungs-Instanz die Möglichkeit zur privilegierten Nutzung verschaffen können. Die Gefahr einer Verkomplizierung der Nutzungsvorgänge liegt hierbei auf der Hand.
[199] So der Titel eines Aufsatzes von Krempl in Telepolis vom 3.03.2004, abrufbar unter http://www.telepolis.de/deutsch/special/copy/16870/1.html.
[200] Bei der „COPY KILLS MUSIC“ Kampagne handelt es sich um eine Gemeinschaftsinitiative Musikschaffender in Deutschland.

I. Die Nutznießer der Privatkopieschranke: Die Konsumenten

Nutznießer der Zulassung der Privatkopie sind in erster Linie die Konsumenten von Musik- und Filmwerken. Durch die Zulässigkeit der Privatkopie kommen sie in den Genuss der kostengünstigen und praktikablen Herstellung von privaten Kopien. Ihre Interessen werden zuvorderst von nahe stehenden Printmedien (Computerzeitschriften und deren Online-Ablegern)[201] und Verbraucherschutzinitiativen[202] wahrgenommen. Die einschlägigen Computerzeitschriften übertreffen sich beispielsweise gegenseitig in der Berichterstattung über Umgehungsmöglichkeiten für Kopierschutzsysteme oder in Statements pro Privatkopiefreiheit. Dabei ist deren Bedeutung und Einflussnahme nicht zu unterschätzen. Sie stellen für den Großteil der Internet-Nutzer die einzige Informationsquelle im Bereich des Urheberrechts dar. Durch die von ihnen propagierte großzügige Auslegung urheberrechtlicher Bestimmungen weichen sie das Unrechtsbewusstsein ihrer Leser in großem Maße auf. Über illegale Tauschbörsen wird in Computerzeitschriften oftmals positiv und ohne kritische Anmerkungen berichtet. Viele Nutzer von Tauschbörsen finden in diesen Berichten sowohl die moralische als auch rechtliche Rechtfertigung für ihr Handeln.

Ein Zusammenschluss von Verbraucherinitiativen hat unter dem Titel „Kompensation ohne Kontrolle“ eine Stellungnahme zum zweiten Korb der Novellierung des Urheberrechtsgesetzes vorgelegt.[203] Dieser Koalition gehören insbesondere die Initiative privatkopie.net, der Chaos Computer Club (CCC) und die Attac - AG Wissensallmende und freier Informationsfluss an.

II. Die Nutznießer des massenhaften Trends zur Umgehung von Kopierschutzmaßnahmen: Die Anbieter von Umgehungssoftware für Kopierschutz und DRMS

In der Diskussion um die Urheberrechtsnovelle meldet sich insbesondere ein Unternehmen immer wieder lautstark zu Wort: die Firma S.A.D. Sie vertreibt verschiedene Softwaretools zur Umgehung von Kopierschutz.[204] Aufgrund des neu eingeführten Verbots der Umgehung von technischen Schutzmaßnahmen gem. den §§ 95 a ff. UrhG ist es S.A.D. nicht mehr gestattet ihre Programme in Deutschland zu vertreiben. Die Firma setzt sich daher vehement für die Durchsetzung der Privatkopie gegenüber technischen Schutzmaßnahmen im zweiten Korb der Novelle ein. In diesem Fall dürften die Nutzer weiterhin auf die S.A.D.-Programme zurückgreifen, um sich ihre Privatkopie zu erstellen. Als Beispiel für die Lobbyarbeit sei das von ihnen finanzierte Gutachten zur Frage der Verfassungsmäßigkeit des neuen Urheberrechts von Prof. Dr. Holznagel, LL.M. vom Institut für Informations-, Telekommunikations- und Medienrecht

---

[201] Als Beispiel für eine konsumentenfreundliche Computerzeitschrift mit populärer Internetpräsenz kann das C't-Magazin genannt werden. Sowohl die Autoren der Printausgabe als auch der Online-Präsenz unter http://www.heise.de ergreifen überwiegend die Partei der Nutzer, vgl. bspw. das Editorial aus C't 12/2004 mit dem Titel „Digitales Restriktions-Management“.

[202] Bspw. der Verbraucherzentrale Bundesverband e.V., s. deren Stellungnahme in ZUM Sonderheft 2003, S. 1027 f..

[203] Die Stellungnahme ist abrufbar unter http://www.privatkopie.net/files/BerlinDeclaration-ACS-PM.pdf.

[204] Bsp. sind „Movie Jack“ und „Game Jack“.

(ITM) in Münster genannt.[205] Aufgrund einer verfassungskonformen Auslegung der Schutzvorschrift des § 95a UrhG sollen danach digitale Kopierschutzmechanismen zur Herstellung einer Privatkopie umgangen werden dürfen. Zudem betreibt S.A.D. eine Informationskampagne gegen den Kopierschutz und pro Privatkopie im Internet.[206]

III. Die Profiteure der Geräte- und Leermedienabgabe nach den §§ 54 ff.: Die Urheber und die Verwertungsgesellschaften

Die Verwertungsgesellschaften kassieren die Einnahmen aus dem pauschalen Abgabensystem und geben sie an die Urheber, bspw. die ausübenden Künstler, weiter. Sie wehren sich gegen Forderungen nach der Abschaffung des pauschalen Abgabensystems und der gesetzlichen Förderung von Verfahren der Einzellizenzierung wie den DRMS.[207] Diese Position beruht auf folgenden Erwägungen: Im Falle von unmittelbaren Einzellizenzierungen für Musik- und Filmwerke durch die Medienindustrie gegenüber den Konsumenten mittels DRMS wird die pauschale Geräteabgabe obsolet. Die Nutzung eines Werkes kann konkret abgerechnet und vom Konsumenten eingefordert werden. Im Anwendungsbereich von DRMS verlieren die Verwertungsgesellschaften und in der Konsequenz die Urheber ihre bisherigen Einnahmen aus dem Abgabensystem. Sie befürchten zudem, dass der Einnahmeverlust in der Regel nicht durch ein höheres Lizenzhonorar von Seiten der Musik- und Filmproduzenten aufgefangen würde. Sie fordern daher auch für den Fall, dass der Einsatz von DRMS die Erzielung von Einnahmen für private Vervielfältigungen einschränkt, dass den Urhebern im Sinne von § 11 Abs. 2 UrhG i.V.m. § 32 UrhG ein erhöhter Vergütungsanspruch für die Primärlizenzierung durch die Produzenten zustehen muss.[208]

Überdies plädieren die Urheber und die Verwertungsgesellschaften grundsätzlich auch für die Aufrechterhaltung der Zulässigkeit der Privatkopie. Denn nur, wenn die private Vervielfältigung zulässig bleibt, kann als Kompensation die Geräteabgabe gefordert werden. Für ein illegales Verhalten lässt sich schließlich keine Abgabepflicht begründen. Aus diesem Grund haben sich diese Gruppen auch gegen die im ersten Korb der Urheberrechtsnovelle eingeführte Einschränkung des § 53 Abs. 1 gewährt, wonach die private Vervielfältigung nicht aus einer offensichtlich rechtswidrigen Quelle erfolgen darf. Benutzt der Kopierende eine offensichtlich rechtswidrige Quelle, handelt er illegal, was zwangsläufig zur Folge hat, dass keine Abgabe von ihm verlangt werden kann. Die Verwertungsgesellschaften befürchten aufgrund dieser Einschränkung bereits schwerwiegende Einnahmeverluste.[209] Zur Sicherstellung einer angemessenen Vergütung für die massenhafte digitale Vervielfältigung propagieren die Verwertungsgesellschaften vielmehr eine Erhöhung der gesetzlichen Vergütungssätze der Geräte- und Leermedienabgabe nach den §§ 54 f. UrhG.[210]

---

[205] Veröffentlicht unter dem Titel „Das Digital Rights Management nach dem ersten Korb der Urheberrechtsnovelle" in MMR 2003, S. 767 ff..

[206] Näheres hierzu unter http://www.copy-is-right.de.

[207] Vgl. Kreile, Vorsitzender der GEMA, in ZUM Sonderheft 2003, S. 1018 ff..; Pfennig, Vorsitzender der VG Bild-Kunst, in ZUM 2004, S.198 ff..

[208] So Pfennig, Vorsitzender der VG Bild-Kunst, in ZUM 2004, 198, 199.

[209] Pfennig, Vorsitzender der VG Bild-Kunst, in ZUM 2004, 198, 202.

[210] So Kreile, Vorsitzender der GEMA, in ZUM Sonderheft 2003, 1018, 1019.

IV. Die finanziell Geschädigten: Die Musik- und Filmindustrie

Die Musik- und Filmindustrie ist grundsätzlich an der wirksamen Bekämpfung der privaten digitalen Vervielfältigung interessiert, da sie darin den Hauptgrund für enorme Einnahmeverluste in den letzten Jahren sieht. Insofern fordern sie das generelle Verbot der digitalen Privatkopie und wehren sich gegen eine Durchsetzung des Anspruchs auf die Privatkopie gegenüber technischen Schutzmaßnahmen.[211] Zu diesem Zweck sprechen sie sich auch für die Stärkung von DRMS aus, die private Vervielfältigungen individuell zulassen können. Die digitale Privatkopie soll demnach in ein Exklusivrecht zurückgeführt werden.[212]

Die deutsche Musikindustrie wird insbesondere durch den Bundesverband der phonographischen Wirtschaft und die deutsche Landesgruppe der „International Federation of the phonographic Industry (IFPI)" repräsentiert.[213] Die deutsche Filmwirtschaft wird insbesondere durch die Spitzenorganisation der Filmwirtschaft (Spio)[214] und die Film 20 Interessensgemeinschaft Filmproduktion e.V. vertreten. Sie fordern hinsichtlich der Zulässigkeit der Privatkopie eine Ausnahme für den Film dahingehend, dass Kinofilme auf digitale Datenträger erst ein Jahr nach Kinostart vervielfältigt werden dürfen.[215] Diese Verbände unternehmen u.a. auch Aufklärungskampagnen zur Steigerung des Unrechtsbewusstseins bezüglich „Musikpiraterie"[216] und „Raubkopien"[217].

V. Die durch das Abgabensystem finanziell Belasteten: Die deutsche Geräteindustrie

Als weitere einflussreiche Interessengruppe in der Diskussion um die Zukunft von Privatkopie und pauschalem Abgabensystem ist die deutsche Geräteindustrie zu nennen.[218] Aufgrund der finanziellen Belastung von Bild- und Tonaufzeichnungsgeräten, aber auch Scannern, Druckern etc., liegt es auf der Hand, dass die Geräteindustrie für

---

[211] Vgl. Stellungnahme des Bundesverbandes der Phonographischen Wirtschaft und der deutschen Landesgruppe der International Federation of the Phonographic Industry (IFPI) zum Fragenkatalog der Bundesregierung zum zweiten Korb der Urheberrechtsnovelle, im Internet abrufbar unter http://www.urheberrecht.org/topic/Korb-2/st/refentw/IFPI-RefEntw.pdf; Stellungnahme der Filmwirtschaft auf den Fragenkatalog der Bundesregierung zum zweiten Korb der Urheberrechtsreform, http://www.spio.de/Stellungnahme_Urheberrecht_010104.pdf.

[212] Vgl. Gebhardt, Vorsitzender des Bundesverbandes der phonographischen Wirtschaft, in ZUM Sonderheft 2003, S. 1022 ff..

[213] Der Bundesverband der Phonographischen Wirtschaft und die Deutsche Landesgruppe der International Federation of the Phonographic Industry (IFPI) vertreten die Interessen von rund 1000 Tonträgerherstellern in Deutschland. Beide Verbände sind zentrale Ansprechpartner für Bundes- und Landesregierungen, Parlamente, Behörden und Institutionen in allen Fragen der Musikwirtschaft im Tonträgerbereich.

[214] Die Spitzenorganisation der Filmwirtschaft e.V. ist der Dachverband von derzeit 16 Berufsverbänden der deutschen Film-, Fernseh- und Videowirtschaft, die insgesamt über 1.100 Mitgliedsfirmen repräsentieren.

[215] So die Stellungnahme der Filmwirtschaft auf den Fragenkatalog der Bundesregierung zum zweiten Korb der Urheberrechtsreform, http://www.spio.de/Stellungnahme_Urheberrecht_010104.pdf.

[216] Vgl. den Internetauftritt http://www.pro-music.org, welcher von der IFPI organisiert wird.

[217] Verschiedene Mitgliedsverbände der SPIO sind Träger der Kampagne „Raubkopierer sind Verbrecher". Mehr hierüber unter http://www.hart-aber-gerecht.de.

[218] Wichtiger Repräsentant ist insbesondere der Bundesverband Informationswirtschaft, Telekommunikation und neue Medien e.V. (BITKOM).

die generelle Abschaffung des pauschalen Abgabensystems bzw. die Verminderung der gesetzlichen Vergütungssätze gemäß den §§ 54 d UrhG eintritt. Zu diesem Zwecke setzen sich ihre Interessenverbände massiv und lautstark für die gesetzliche Stärkung von DRMS ein.[219] Sie versuchen mit großem Einsatz an Lobbyarbeit auf allen Ebenen die Vorteile der Einzellizenzierung mittels DRMS gegenüber dem pauschalen Abgabensystem herauszustellen. So hat die BITKOM bislang eine Reihe von Studien über das Potential von DRMS und deren technische Reife finanziert. Wenig verwunderlich sind folglich die Ergebnisse dieser Studien. Sie bescheinigen DRMS ausnahmslos beste Einsatz- und Entwicklungsmöglichkeiten.[220] Andere Studien sollen die Unausgewogenheit des pauschalen Abgabensystems belegen.[221] Die BITKOM hat sich mit den führenden deutschen Druckerherstellern zu einer Interessengemeinschaft gegen Urheberrechtsabgaben zusammengeschlossen.[222]

---

[219] So u.a. Rohleder, Vorsitzender der Geschäftsführung von BITKOM, in ZUM Sonderheft 2003, S. 1061 ff.; Stellungnahme der BITKOM zum Fragenkatalog der Bundesregierung zum 2. Korb der Urheberrechtsnovelle, http://www.urheberrecht.org/topic/Korb-2/st/2003/BITKOM-24-09-2003.pdf.

[220] S. Studie der TÜV Informationstechnik GmbH Essen (TÜViT) im Auftrag der BITKOM Servicegesellschaft. Im Internet abrufbar unter http://www.bitkom.org/publikationen. Danach sind Digital-Rights-Management-Systeme sicher, gebrauchsfreundlich, bieten ausgereifte Lösungen für unterschiedliche Einsatzbereiche und ermöglichen die kostengünstige Nutzung von digitalen Werken.

[221] So die Studie „Pauschalabgaben - Ein inkonsequenter Kompromiss zum Nachteil der Urheber" von Ulbricht im Auftrag der BITKOM, abrufbar unter http://www.druck-gegen-abgaben.de/data/studie_ulbricht.pdf.

[222] Näheres unter http://www.druck-gegen-abgaben.de. Ziel dieses Zusammenschlusses ist es offiziell, Öffentlichkeit und Politik über die schädlichen Auswirkungen zusätzlicher Urheberrechtsabgaben auf IT-Geräte für Wirtschaft und Verbraucher zu informieren.

Teil 2: Die Regelungen des deutschen Urheberrechts zur privaten Vervielfältigung und zum pauschalen Abgabensystem

A. Einordnung digitaler Nutzungsvorgänge als Eingriffe in die ausschließlichen Verwertungsrechte des Urhebers nach den §§ 15 ff. UrhG

Wie im ersten Teil dargestellt, treten die unterschiedlichsten Formen digitaler Vervielfältigung von Musik- und Filmwerken auf. Zudem sind digitale Vervielfältigungen oftmals nur möglich, weil digitale Vorlagen über das Internet öffentlich zugänglich gemacht werden. Damit diese unterschiedlichen Nutzungshandlungen urheberrechtlich erfasst und gewürdigt werden können, ist in einem ersten Schritt zunächst deren Einordnung unter die Verwertungsrechte der Urheber nach den §§ 15 f. UrhG erforderlich.

§ 15 Abs. 1 S. 1 UrhG räumt dem Urheber das ausschließliche Recht ein, sein Werk in körperlicher Form zu verwerten. Dieses Recht umfasst insbesondere das Vervielfältigungsrecht aus den §§ 15 Abs. 1 Nr. 1, 16 UrhG und das Recht auf öffentliche Zugänglichmachung aus den §§ 15 Abs. 2 Nr. 2, 19 a UrhG.

I. Das Vervielfältigungsrecht, §§ 15 Abs. 1 Nr. 1, 16 UrhG

Dem Urheber steht gemäß § 16 UrhG das ausschließliche Vervielfältigungsrecht an seinen Werken zu. Unter Vervielfältigung i.d.S. versteht man jede körperliche Festlegung des Werkes, die geeignet ist, das Werk den menschlichen Sinnen auf irgendeine Weise unmittelbar oder mittelbar wahrnehmbar zu machen.[223] Erforderlich ist jedenfalls eine körperliche Fixierung, durch die sich die Vervielfältigung von den Fällen der unkörperlichen Wiedergabe nach § 15 Abs. 2 UrhG unterscheidet.[224] Obwohl für das analoge Umfeld geschaffen, umfasst der Vervielfältigungsbegriff des § 16 UrhG auch digitale Vorgänge.[225] Das Vervielfältigungsrecht soll dem Urheber ein Entgelt für die erweiterten Nutzungshandlungen sichern, welche aufgrund der Vervielfältigung unabhängig von dem Original erfolgen. Durch die Vervielfältigung tritt ein Multiplikationseffekt ein, durch den der Werkgenuss einem sehr viel größeren Personenkreis ermöglicht wird.[226]

1. Digitale Vervielfältigung im Offline-Bereich

Das dauerhafte Abspeichern von Musik- und Filmwerken in digitalisierter Form stellt eine Vervielfältigung i.S.v. § 16 UrhG dar. Als Speichermedien für die nötige körperliche Fixierung kommen alle bekannten Datenträger, wie bspw. Computerfestplatten, Disketten, CDs oder DVDs in Betracht.[227] Eine Vervielfältigung findet insbesondere beim sog. Brennen einer CD/DVD auf eine andere CD/DVD[228] oder auch einzelner Musik-/Filmstücke auf eine CD/DVD statt.

---

[223] So schon BGHZ 17, 267, 269 f. – Grundig-Reporter. Amtl. Begr. BT-Drs. IV/270, S. 47.
[224] Amtl. Begr. BT-Drs. IV/270, S. 47; Fromm/Nordemann/*Nordemann*, § 16 Rn. 1.
[225] in Fromm/Nordemann/*Nordemann*, § 16 Rn. 2; Schricker/*Loewenheim*, § 16, Rn 16.
[226] Schricker/*Loewenheim*, § 16, Rn 1.
[227] Dreier/Schulze/*Schulze*, § 16, Rn 7.
[228] LG Stuttgart ZUM 2001, 614, 616 – CD-Brenner.

2. Digitale Vervielfältigung per Download aus dem Internet

Eine digitale Vervielfältigung von Musik- und Filmwerken Internet findet insbesondere beim sog. Filesharing statt.[229] Hier kommt es zum sog. Downloading und Uploading von Dateien. Unter Download bzw. Upload versteht man den Vorgang, eine auf einem beliebigen Computer vorhandene Datei über das Internet zu übertragen, wobei diese in viele kleine Pakete aufgeteilt wird und über sog. *Router* ans Ziel übermittelt wird. Dort werden die Pakete wieder in der richtigen Reihenfolge zusammengefügt, so dass *eine einzige dauerhafte Kopie* der Ursprungsdatei auf der Festplatte entsteht.[230]

Derjenige, der die Datei *zu sich* überträgt, lädt sie aus dem Netz herunter (to *download*), derjenige, der sie im Internet als *verfügbar bereitstellt* oder sie auf einen Server, von dem der Download durchgeführt werden kann, überträgt, lädt sie ins Netz hoch (to *upload*). Bei zentralen Filesharing-Systemen wird hierbei ein *Server* (ein die Datei öffentlich anbietender, mit dem Internet verbundener Computer) zwischengeschaltet, auf den die Datei hochgeladen wird und von dem aus danach der Download erfolgt.[231] Bei dezentralen P2P-Filesharing-Systemen entfällt dieser Zwischenschritt jedoch, da jeder mit dem Internet verbundene Rechner Daten freigeben und somit als Server fungieren kann. Im letzteren Fall stellt das bloße Übertragen der Datei *in* das Internet für den bereitstellenden User den *Upload* und das zeitgleiche Herunterladen des empfangenden Benutzers der Datei *aus* dem Internet den *Download* dar, ohne dass ein (zusätzlicher) Server hieran beteiligt ist.

Der Download stellt regelmäßig eine Vervielfältigung im Sinne des § 16 UrhG dar.[232] Beim Upload ist die Qualifizierung davon abhängig, ob eine Datei auf einem separaten Server gespeichert wird oder zum Upload lediglich auf dem Anbieterrechner verbleibt. Im letzteren Fall findet jedenfalls keine Vervielfältigung im Sinne des § 16 UrhG statt.

3. Vorübergehende Speicherungen

Vor allem bei der digitalen Werkvermittlung über das Internet findet häufig eine Vielzahl vorübergehender Vervielfältigungen statt. Beispiele hierfür sind das „Browsing" oder das „Caching". „Browsing" bedeutet das bloße Umsehen im Internet (en. *to browse* = stöbern, sich umsehen, schmökern). Beim „Caching" erfolgt eine zeitlich begrenzte Zwischenspeicherung der bereits aufgerufenen Netzinhalte auf dem Server des Anbieters, um so einen schnelleren Zugriff des Nutzers auf diese Netzinhalte bei erneutem Abruf zu gewährleisten und zugleich das Netz zu entlasten.[233] Kurzfristige Speicherungen fallen ebenso beim sog. „Streaming", der Übertragung von Musik- oder

---

[229] Vgl. hierzu näher oben in Teil 1, A V.

[230] Obwohl beim Routing die einzelnen Datenpakete zwischengespeichert werden, findet hier keine selbstständige Vervielfältigung statt. Die Datenpakete sind mangels schöpferischer Eigenart, individueller Prägung und ohne einen mit menschlichen Sinnen wahrnehmbaren Inhalt keine geschützten Werkteile, vgl. Kreutzer in Schwerdtfeger, „Cyberlaw: Grundlagen, Checklisten und Fallbeispiele zum Online-Recht", S. 240.

[231] Zur Funktionsweise von Filesharing-Systemen allgemein s. Teil 1, A V.

[232] Schricker/*Loewenheim*, § 16, Rn 22; Fromm/Nordemann/*Nordemann*, § 16 Rn 2; Dreier/Schulze/*Schulze*, § 16, Rn 7.

[233] So die Amtl. Gesetzesbegründung in BT-Dr. 15/38, S. 18.

Videosequenzen in Echtzeit auf den Computer des Nutzers (bspw. beim sog. Internetradio), an.[234]

All diese ephemeren Speicherungen fallen grundsätzlich unter das ausschließliche Vervielfältigungsrecht der Urheber aus § 16 UrhG.[235] Dies ergibt sich insbesondere aus Art. 2 Info-RL, wonach der Vervielfältigungsbegriff grundsätzlich auch flüchtige und technisch bedingte Kopien erfasst.[236]

4. Digitalisierung und Komprimierung von Dateien

Auch die Digitalisierung, also die Transformation eines analogen Werkes in ein digitales[237], stellt nach herrschender Auffassung in der Literatur eine Vervielfältigung i. S. v. §§ 15 Abs. 1 Nr. 1, 16 UrhG dar.[238] Dies soll jedenfalls dann gelten, wenn mit der Digitalisierung eine körperliche Festlegung der digitalisierten Fassung auf einen Datenträger einhergeht.[239] Dies ist allerdings nicht immer zwingend. Vielmehr beschreibt der Begriff der „Digitalisierung" lediglich den Transformationsprozess von einem analogen zu einem digitalen Werk. Eine Festlegung des digitalisierten Werkes im Wege der Speicherung auf einen Datenträger ist hiervon gedanklich und technisch sauber zu trennen. Nicht der technische Vorgang der Digitalisierung, sondern erst die zeitlich getrennte Festlegung des Werkes stellt bei näherer Betrachtung eine Vervielfältigung dar.[240] Da jedoch die Digitalisierung eines Werkes regelmäßig mit der Festlegung auf ein Speichermedium verbunden ist, kommt dieser Differenzierung praktisch kaum eine Relevanz zu.[241]

Ebenso verhält es sich mit der Komprimierung von Musik- und Filmwerken.[242] Zwar ist auch hier grundsätzlich zwischen dem Komprimierungsvorgang und der darauf zeitlich folgenden Speicherung der komprimierten Datei zu differenzieren, jedoch fallen diese Vorgänge in der Praxis regelmäßig zusammen.[243]

---

[234] Leupold/Demisch, ZUM 2000, 379, 386. Hier müssen die übertragenen Daten kurzfristig auf der Festplatte des Nutzers gespeichert werden, um sie für den menschlichen Sinn wahrnehmbar zu machen.

[235] Spindler in JZ 2002, 60, 61; Schack in ZUM 2002, 497, 498; Dreier/Schulze/*Dreier*, § 44a, Rn 1.

[236] Wortlaut des Art. 2 Info-RL: „ [...] die unmittelbare oder mittelbare, vorübergehende oder dauerhafte Vervielfältigung auf jede Art und Weise und in jeder Form [...]".

[237] Zum Begriff der Digitalisierung näher oben in Teil 1, A II.

[238] Schack in ZUM 2002, 497, 498; Schricker/*Loewenheim*, § 16, Rn 18; Dreier in Schricker, Informationsgesellschaft, S. 110.

[239] Schricker/*Loewenheim*, § 16, Rn 18; Dreier in Schricker, Informationsgesellschaft, S. 110.

[240] Vgl. Ahrens in ZUM 2000, 1029, Fn 32.

[241] So auch Wiegand, „Die Geräteabgabe", S. 183. Eine Qualifizierung als Bearbeitung eines Werkes gem. § 23 S. 1 UrhG scheitert daran, dass keine wesentliche Veränderung des Originalwerkes erfolgt. Vielmehr will die Digitalisierung als solche das Werk trotz der technischen Umwandlung der menschlichen Wahrnehmung unverändert zukommen lassen, vgl. Schricker/*Loewenheim*, § 23, Rn 6; Dreier in Schricker, Informationsgesellschaft, S. 110; Spindler in JZ 2002, 60, 63.

[242] Vgl. zu dem technischen Vorgang des Komprimierens Teil 1, A III.

[243] Eine Qualifizierung als Bearbeitung i.S.v. § 23 S. 1 UrhG scheitert ebenfalls am Fehlen einer wesentlichen Veränderung des Werkes, vgl. oben zur Digitalisierung und Spindler in JZ 2002, 60, 63.

II. Recht der öffentlichen Zugänglichmachung, §§ 15 Abs. 2 Nr. 2, 19 a UrhG

§ 19 a UrhG behält dem Urheber mit dem Recht der öffentlichen Zugänglichmachung das ausschließliche Recht vor, sein geschütztes Werk dadurch zu nutzen, dass es in Netzwerken – dem Internet wie auch in anderen Netzwerken – Mitgliedern der Öffentlichkeit zugänglich gemacht wird.[244]

Dieses Verwertungsrecht hat insbesondere Bedeutung für Werke, die ein Nutzer in Filesharing-Systemen dem öffentliche Zugriff anderer Teilnehmer auf seinem PC bereithält.[245] Wie oben in Teil 1 A. V. beschrieben, erfolgt der Austausch von Daten in Tauschbörsen sowohl bei zentralisierten als auch bei dezentralisierten Tauschbörsen ausschließlich zwischen den Nutzern. Eine Zwischenspeicherung der Werke auf einem Server eines Filesharing-Dienstes erfolgt nicht. Damit eine Datei für einen Teilnehmer zugänglich wird, muss der Anbieter diese in einen Ordner auf seiner Festplatte verschieben, der für den Download freigegeben ist.[246] Für einen Download ist zudem erforderlich, dass der anbietende Tauschpartner das Filesharing-Programm aufruft und mit dem Internet verbunden ist. Somit besitzt der Anbieter jederzeit die Kontrolle darüber, ob er Dateien zum Download in Tauschbörsen zur Verfügung stellt oder nicht.

Vor Inkrafttreten des ersten Korbes der Urheberrechtsnovelle war es umstritten, ob sich der Anbieter von Medien in Tauschbörsen urheberrechtswidrig verhielt.[247] Dies lag daran, dass dem Urheber nach § 15 Abs. 2 UrhG a.F. nur das ausschließliche Recht an der öffentlichen Wiedergabe zustand. Die Download-Offerte stellt jedoch keine öffentliche Wiedergabe, sondern eine öffentliche Zugänglichmachung dar. Diese war daher nicht vom Ausschließlichkeitsrecht der Urheber an ihren Werken erfasst. Ihre Einbeziehung konnte nur über eine extensive Auslegung bzw. eine Analogie zu § 15 Abs. 2 UrhG a.F. erlangt werden.[248]

Der Gesetzgeber hat dieses Hemmnis inzwischen durch die Änderung des § 15 Abs. 2 UrhG und die Einführung des § 19 a UrhG im ersten Korb der Urheberrechtsnovelle beseitigt. Gemäß § 15 Abs. 2 Nr. 2 UrhG umfasst das ausschließliche Recht an der öffentlichen Wiedergabe nunmehr auch ausdrücklich das Recht der öffentlichen Zugänglichmachung nach § 19 a UrhG. Dieses Recht wird in § 19 a UrhG beschrieben als „das Recht, das Werk drahtgebunden oder drahtlos der Öffentlichkeit in einer Weise zugänglich zu machen, dass es Mitgliedern der Öffentlichkeit von Orten und zu Zeiten ihrer Wahl zugänglich ist." „Öffentlich" bedeutet nach § 15 Abs. 3 S. 2 UrhG, dass nur noch durch persönliche Beziehungen verbundene Personen ausgeschlossen bleiben. Internet-Tauschbörsen sind für jedermann anonym zugänglich. Die Nutzer kennen sich untereinander - bis auf einige Einzelfälle - nicht. Eine „persönliche Beziehung" kann insofern nicht angenommen werden.[249] Der Anbieter von urheberrechtlich geschützten Werken in Internet-Tauschbörsen verstößt somit gegen das ausschließli-

---

[244] Dreier/Schulze/*Dreier*, § 19 a Rn 1.

[245] Dreier/Schulze/*Dreier*, § 19 a Rn 6.

[246] In manchen Tauschbörsen ist eine derartige Freigabe Pflicht, in anderen optional.

[247] Vgl. dazu Spindler in JZ 2002, 64 f.; Kreutzer in GRUR 2001, 193 f; Braun in GRUR 2001, 1106 f.

[248] Spindler in JZ 2002, 64 f.

[249] Vgl. RegEntw. des Gesetzes zur Regelung des Urheberrechtes in der Informationsgesellschaft, BT-Dr. 15/38, S. 17; Lehmann in CR 2003, 554, 556; Heghmanns in MMR 2004, 14, 15; Nordemann/Dustmann in CR 2004, 380.

che Recht der Urheber auf öffentliche Wiedergabe in Form der öffentlichen Zugänglichmachung aus § 15 Abs. 2 Nr. 2, 19 a UrhG.[250]
Vor Inkrafttreten der Urheberrechtsnovelle 2003 war zudem umstritten, ob sich derjenige, der Werke anderer unentgeltlich in einem P2P-Netz zur Verfügung stellt, auf die Schranke der unentgeltlichen öffentlichen Wiedergabe gemäß § 52 UrhG a.F. berufen konnte.[251] Danach war die öffentliche Wiedergabe eines Werkes gestattet, wenn sie keinen Erwerbszwecken dient. Gemäß § 52 Abs. 3 UrhG a.F. entfiel diese Privilegierung nur hinsichtlich öffentlicher Auf- und Vorführungen, sowie Funksendungen. Inzwischen ist § 52 Abs. 3 UrhG jedoch dahingehend ergänzt worden, dass auch öffentliche Zugänglichmachungen stets nur mit Einwilligung des Berechtigten zulässig sind. Somit handelt der Anbieter nach geltendem Recht auch dann rechtswidrig, wenn er unentgeltlich und ohne Gegenleistung tätig wird.

B. Die gesetzlichen Regelungen des deutschen Urheberrechts zur privaten digitalen Vervielfältigung

I. Die dogmatischen Grundlagen der Schranke der privaten Vervielfältigung

1. Urheberrechte als „geistiges" Eigentum i.S.d. Art. 14 Abs. 1 S.1 GG

Das geschaffene Werk und die darin verkörperte geistige Leistung stellen nach ständiger Rechtsprechung des BVerfG Eigentum i.S.d. Art. 14 Abs. 1 S.1 GG dar.[252] Das Urheberrecht wird daher auch vielfach als „geistiges" Eigentum bezeichnet.[253] Das bedeutet für das Urheberrecht: Die Verfassung fordert die grundsätzliche Zuordnung des wirtschaftlichen Wertes der schöpferischen Leistung an den Urheber und dessen Freiheit, in eigener Verantwortung über die wirtschaftlichen Werte verfügen zu können.[254]
Das Urheberrecht trägt diesem Grundsatz umfassend Rechnung. Die Rechte der Urheber sind generalklauselartig auf alle Rechtsbeziehungen (§ 11 UrhG) und Verwertungsrechte (§ 15 ff. UrhG) erstreckt.

2. Die Sozialbindung des „geistigen" Eigentums

Parallel zur Anerkennung des Urheberrechts als „geistiges" Eigentum entwickelte sich die Erkenntnis, dass dieses Eigentum – wie Sacheigentum auch – im Interesse der Allgemeinheit einer Sozialbindung unterliegt.[255] Soziale Bindung bedeutet, dass die Herrschaft über geistige Schöpfungen durch überwiegende Bedürfnisse der Allgemeinheit begrenzt wird.
Die Eigentumsgarantie des Art. 14 GG verlangt im Wesentlichen den Schutz seines Kernbestandes. Das BVerfG zählt hierzu die grundsätzliche Zuordnung der Vermö-

---

[250] Ebenso rechtswidrig handelt derjenige, der Dateien zum Download auf jederzeit und jedermann zugänglichen Websites bereitstellt, vgl. Lehmann in CR 2003, 554 f.
[251] Dafür bspw. Kreutzer in GRUR 2001, 199, 202; dagegen Braun in GRUR 2001, 1106, 1108.
[252] BVerfG GRUR 1972, 485, 486 – Bibliotheksgroschen; GRUR 1972, 487, 487 – Schulfunksendungen; GRUR 1980, 44 , 46 – Kirchenmusik.
[253] Kritisch zu dieser Bezeichnung Leinemann, „Die Sozialbindung des geistigen Eigentums", S. 25.
[254] BVerfGE 31, 229, 240 – Kirchen- und Schulgebrauch.
[255] Schricker/*Melichar*, Vor § 45 ff., Rn 1.

genswerte der schöpferischen Leistung an den Urheber.[256] Dies bedeute jedoch nicht, dass jede nur denkbare Verwertungsmöglichkeit verfassungsrechtlich gesichert sei.[257] Das Eigentum erfährt eine Relativierung in den verfassungsrechtlich festgelegten Beschränkungen des Art. 14 Abs. 1 S. 2 und Abs. 2 GG. Gemäß Art. 14 Abs. 1 S. 2 ist es Aufgabe des Gesetzgebers, den Inhalt des Eigentums und seine Schranken entsprechend seiner gesellschaftlichen, sozialen und wirtschaftlichen Bedeutung auszugestalten.[258] Der Gesetzgeber darf hierbei aber nicht beliebig verfahren, sondern muss den verfassungsrechtlich garantierten Anspruch auf eine angemessene Nutzung der schöpferischen Leistung einerseits und die schutzwürdigen Belange der Allgemeinheit andererseits in einen gerechten Ausgleich und ein ausgewogenes Verhältnis zu einander bringen.[259] So muss der Urheber insbesondere dort freien Zugang zu seinen Werken gewähren, wo dies unmittelbar der Förderung der geistigen und kulturellen Werte dient, die ihrerseits Grundlage für sein Werkschaffen sind.[260]
Im Rahmen der Abwägung zwischen Urheber- und Allgemeininteresse ist jedoch immer zu berücksichtigen, dass es sich bei dem in Frage stehenden Eigentumsrecht nicht um einen bloß unverdienten Vermögenszuwachs handelt, sondern um das Ergebnis der geistigen und persönlichen Leistung des Urhebers.[261]

a) Die Schranken des Urheberrechts in den §§ 44a ff. als Ausdruck der sozialen Bindung des Eigentums

Der Gedanke der Sozialbindung des geistigen Eigentums findet seine Berücksichtigung in den Schrankenbestimmungen der §§ 44a ff. UrhG. Sämtliche Schranken dienen den Interessen der Allgemeinheit. Dabei hat der Gesetzgeber den Versuch unternommen einen Kompromiss zwischen den Interessen der Allgemeinheit und denen des Urhebers herbei zu führen.
Zu den schutzwürdigen Belangen der Allgemeinheit zählen bspw. die Belange der Rechtspflege und öffentlichen Sicherheit (§ 45), das Interesse der Erleichterung des Schulbetriebes (§§ 46 und 47, sowie in § 53 Abs. 3), der Schutz der Informationsfreiheit (in §§ 48-50), etc. Überdies wird allgemein davon ausgegangen, dass auch die Privilegierung des privaten und sonstigen eigenen Gebrauchs einen Teilbereich des Allgemeininteresses darstellt.[262]
Die einzelnen Schranken erfolgen mittels verschieden intensiver Eingriffe in das ausschließliche Urheberrecht.[263] Den schwersten Eingriff stellt die ersatzlose Aufhebung des ausschließlichen Nutzungsrechts dar. In diesen Fällen darf das Werk zustimmungs- und vergütungsfrei genutzt werden (bspw. §§ 46, 47, 49 UrhG). Bei der gesetzlichen Lizenz ist die Nutzung des Werkes zwar ebenfalls ohne die Einwilligung

---

[256] BVerfGE 31, 229, 240 – Schul- und Kirchengebrauch.
[257] BVerfGE 31, 229, 241 – Schul- und Kirchengebrauch.
[258] BVerfGE 31, 229, 240 – Schul- und Kirchengebrauch.
[259] BVerfGE 31, 229, 240 – Schul- und Kirchengebrauch.; BVerfG GRUR 1980, 44, 46 – Kirchenmusik.
[260] Amtl. Begr., BT-Drucks. IV/270, vor § 45.
[261] BVerfG GRUR 1980, 44, 48 - Kirchenmusik. S. auch Nordemann in ZUM 1985, 57, 60.
[262] Vgl. Schricker/*Melichar*, Vor §§ 45, Rn 4.
[263] Vgl. hierzu Schricker/*Melichar*, Vor §§ 45 ff. Rn 6.

des Berechtigten zulässig, diesem ist hierfür jedoch eine Vergütung zu zahlen (insbesondere im Falle der privaten Vervielfältigung nach den § 53 i.V.m. § 54 UrhG). Die gesetzliche Lizenz erscheint überall dort als das geeignete Instrument, wo aufgrund der Massenhaftigkeit urheberrechtsrelevanter Vorgänge und/oder der unüberschaubaren Zahl der betroffenen Rechteinhaber und/oder Nutzer eine Kontrolle nicht möglich ist und Einzelverhandlungen zu umständlich bzw. zu langwierig wären.[264] Im Falle der Zwangslizenz befreit das Gesetz nicht von der Verpflichtung zur Einholung einer Einwilligung für die Nutzung des Werkes, sondern es verpflichtet den Urheber zum Abschluss eines entsprechenden Nutzungsvertrages (§ 42 a UrhG: Zwangslizenz zur Herstellung von Tonträgern). Die schwächste Form des Eingriffs stellt die Verwertungsgesellschaftspflichtigkeit dar (§ 20b Abs. 1 UrhG: Kabelweitersendung).

b) Die Ausformung der Privatkopieschranke gemäß § 53 UrhG als gesetzliche Lizenz
Die Schranke der privaten Vervielfältigung hat der Gesetzgeber 1965 als gesetzliche Lizenz ausgestaltet. Sie stellt einen Kompromiss zwischen den Interessen der Allgemeinheit und den Urhebern dar, der bis dahin weltweit einmalig war.[265] Der Gesetzgeber sah es als gerechtfertigt an, das Verbotsrecht des Urhebers aufgrund von praktischen und rechtlichen Überlegungen einzuschränken, diesem aber gleichzeitig einen gesetzlichen Vergütungsanspruch einzuräumen.
Dabei beruhte die Entscheidung gegen ein Verbotsrecht des Urhebers seinerzeit in erster Linie auf dem sog. Marktversagen, welches darin besteht, dass individuelle Transaktionen im bisherigen analogen Umfeld nicht möglich und wegen des damit verbundenen Eingriffs in die Privatsphäre auch nicht erwünscht waren.[266] Im Klartext: Ein Verbotsanspruch der Rechteinhaber war in der Praxis wegen des Schutzes der Privatsphäre nicht durchsetzbar. So führte der Gesetzgeber in der Begründung für den Entwurf des UrhG 1965 aus, dass ein Verbot der privaten Vervielfältigung nur möglich wäre, wenn Kontrolleure der GEMA die Wohnungen jedes einzelnen Staatsbürgers nach Vervielfältigungsgeräten durchsuchen würden, was jedoch dem in Art. 13 des Grundgesetzes ausgesprochenen Grundsatz der Unverletzlichkeit der Wohnung widerspräche.[267] Von besonders schützenswerten Gemeinwohlbelangen, die einen Eingriff in das ausschließliche Vervielfältigungsrecht der Urheber rechtfertigen könnten, war an dieser Stelle nicht die Rede.[268]
Erst später, im Zuge der Reform des Urheberrechts im Jahre 1985, kommen auch Gründe des Gemeinwohls zur Geltung. In der Gesetzesbegründung führt der Gesetzgeber zur Schranke der privaten Vervielfältigung aus, „dass jeder Urheber in seinen Kulturkreis eingebunden sei und auf dem Kulturschaffen anderer Urheber aufbaue.

---

[264] Dreier/Schulze/*Dreier*, vor §§ 44 a ff., Rn 14.
[265] Das deutsche Vergütungssystem war das erste seiner Art und ist international viel bewundert worden, vgl. Fromm/Nordemann/*Nordemann*, Vor §§ 45 Rn 7.
[266] Dreier/Schulze/*Dreier*, § 53, Rn 1.
[267] S. Amtl. Begr. Reg-Entwurf 1962, BT-Drs. IV/270, S. 290; s. hierzu ausführlich unten in Teil 2, B II. 2.
[268] Das Interesse der Allgemeinheit am ungehinderten Zugang zu Kulturgütern wird lediglich im allgemeinen Teil erwähnt, ohne ausdrückliche Bezugnahme auf die Schranke der privaten Vervielfältigung, vgl. Begr. zum Regierungsentwurf des UrhG 1965, BT-Drucks. IV/270 S. 30.

Andererseits sei er auf die Annahme und Aufnahme seines Werkes durch seine Zeitgenossen angewiesen. Kulturelle Schöpfung bedarf deshalb stets eines gegenseitigen Austausches, eines Gebens und Nehmens. Dem Recht des Urhebers an der Nutzung seines Werkes stehe daher das Recht der Allgemeinheit an dem ungehinderten Zugang zu den Kulturgütern gegenüber."[269] Der Gesetzgeber brachte hiermit die Idee des „free flow of information" deutlich zum Ausdruck. Hinter diesen Ideen steht die Überlegung, dass ein Verbot der privaten Vervielfältigung ein gesundes Geistesleben und einen weiteren kulturellen Geistesaustausch verhindere.[270] Der einzelne würde, wenn er jedes Exemplar kaufen müsste, das er für sich und seine geistige Entfaltung benötigt, von dem Großteil geistiger Güter abgeschnitten.[271] Der Zugang zu Geistesschöpfungen soll jedermann möglichst einfach gewährleistet sein, da anderenfalls die geistige Entwicklung blockiert wäre.[272] Die private Vervielfältigung stellt in diesem Kontext ein notwendiges Mittel dar, um dieses Ziel zu unterstützen. Allerdings muss sie dort ihre Grenze finden, wo die Vervielfältigung und die damit einhergehende Beeinträchtigung, insbesondere des Primärmarktes, zu einer erheblichen Gefahr für die Existenz des Urhebers und seiner schöpferischen Tätigkeit werden.[273]

Die Gewährleistung der privaten Vervielfältigung gegen Zahlung einer Vergütung gemäß den §§ 53, 54 UrhG beruht somit nicht, wie vielfach angenommen, ausschließlich auf der mangelnden Durchsetzbarkeit eines Verbotes. Zumindest in der Gesetzesbegründung zur Urheberrechtsreform 1985 sah der Gesetzgeber die Gestattung der Privatkopie ausdrücklich auch aufgrund der Ideen von kulturstaatlicher Offenheit und von einem freien kulturellen Austausch unter den Bürgern als gerechtfertigt an. Inwieweit diese Überlegungen im Zeitalter der digitalen Vervielfältigung noch zur Rechtfertigung der Privatkopie herangezogen werden können, ist jedoch zweifelhaft und soll zu einem späteren Zeitpunkt erschöpfend diskutiert werden.[274]

Andererseits berücksichtigte der Gesetzgeber mit der Einführung und Aufrechterhaltung der Geräteabgabe aber auch zu jeder Zeit die Eigentumsfreiheit des Urhebers aus Art. 14 Abs. 1 GG. Grundlage für die Einführung der Geräteabgabe war 1965 die vorangegangene Rechtsprechung des BGH zur angemessenen wirtschaftlichen Beteiligung der Urheber. Dieser hatte bereits frühzeitig die Forderung aufgestellt, dass dem Urheber grundsätzlich die Möglichkeit gewährt werden müsse, den wirtschaftlichen Nutzen aus seinem Werk ziehen zu können.[275] Nicht zuletzt die Personalausweis-Entscheidung des BGH zeigte dem Gesetzgeber dann die Geräteabgabe als praktikablen Lösungsweg auf, um dem Urheber als Ausgleich für den Verzicht auf das Verbotsrecht eine angemessene finanzielle Entschädigung zu garantieren.[276] In der Gesetzesbegründung zur Urheberrechtsreform 1985 führte der Gesetzgeber unter Berufung auf

[269] S. amtl. Begr. z. UrhG 1985, BT-Drucks. 10/837, S. 9.
[270] Hubmann, „Das Recht des schöpferischen Geistes", S. 122.
[271] Hubmann, „Das Recht des schöpferischen Geistes", S. 122.
[272] Vgl. Pahud, „Die Sozialbindung des Urheberrechts", S. 33.
[273] Hubmann, „Das Recht des schöpferischen Geistes", S. 123.
[274] S.u. Teil 2, B VII. 2. a).
[275] BGH in GRUR 1954, 216, S. 219 – Lautsprecherübertragung; BGH in GRUR 1982, 104, S. 106 – Tonfilmgeräte.
[276] BGH in GRUR 1965, 104, S. 108 – Personalausweis.

die sog. Schulbuchentscheidung des BVerfG[277] zudem aus, dass Erwägungen des Gemeinwohls, die sich auf einen ungehinderten Zugang zu urheberrechtlich geschützter Literatur richteten, zwar den Ausschluss des Verbietungsrechtes rechtfertigen könnten, sie aber in der Regel nicht ausreichen, auch eine Vergütungsfreiheit zuzulassen.[278]
Das BVerfG hat die verfassungsrechtliche Zulässigkeit diverser Schranken wiederholt ausgelotet.[279] Eine Prüfung der Schranke der privaten Vervielfältigung erfolgte indes bislang noch nicht. So hat das BVerfG die Frage, ob der Gesetzgeber im Hinblick auf die verfassungsrechtliche Garantie des geistigen Eigentums verpflichtet war, den Urhebern für den Bereich der privaten Vervielfältigung ein Ausschließungsrecht einzuräumen, ausdrücklich offen gelassen.[280] In derselben Entscheidung betont das BVerfG aber, dass die Regelung des § 53 Abs. 5 aF (Geräteabgabe) verfassungsrechtlich unbedenklich ist, da dieser Anspruch ein Ausgleich für die Beschränkung des Vervielfältigungsrechts ist.
Jedoch lassen sich anhand der anderen Entscheidungen des BVerfG grundsätzliche Leitlinien für die Einschränkungen des ausschließlichen Vervielfältigungsrechtes des Urhebers ermitteln. Für die Ausschließung des Verbotsrechtes hält es bedeutsame Interessen der Allgemeinheit für ausreichend.[281] Soweit jedoch über das Verbotsrecht hinaus auch der Vergütungsanspruch des Urhebers eingeschränkt bzw. aufgehoben werden soll, ist ein gesteigertes öffentliches Interesse erforderlich.[282] Dem Interesse der Allgemeinheit, Zugang zu einem Werk zu haben, wird durch den Ausschluss des Verbotsanspruches bereits genüge getan; damit alleine schon ist die Sozialbindung des geistigen Eigentums konkretisiert. Aus der Sozialbindung lässt sich aber grundsätzlich nicht herleiten, dass der Urheber seine Leistung der Allgemeinheit unentgeltlich zur Verfügung stellen muss.[283] Das Aufeinandertreffen gegenläufiger Rechtspositionen des geistigen Eigentümers und des in seiner Privatheit geschützten Nutzungswilligen führt zu einer Grundrechtskollision, die grundsätzlich durch einen schonenden Ausgleich unter den Grundrechten zu lösen ist. Deshalb verdrängt nicht ein Grundrecht das andere, sondern ist so auf den Garantiegehalt des anderen abzustimmen, dass beide Rechtspositionen im Kern noch zur Geltung kommen.[284]

II. Die historische Entwicklung der Privatkopieschranke

Die rechtliche Behandlung der Privatkopie ist eng mit dem technischen Fortschritt bei den Vervielfältigungstechniken verknüpft. Der deutsche Gesetzgeber sah sich daher auch erst mit der Entwicklung von massentauglichen und qualitativ hochwertigen Ver-

[277] BVerfGE 31, 229, 240 ff. – Kirchen- und Schulgebrauch.
[278] Begr. z. UrhG 1985, BT-Drucks. 10/837, S. 11.
[279] S. BVerfGE 31, 229 ff. – Kirchen- und Schulgebrauch; BVerfG GRUR 1972, 485 ff. – Bibliotheksgroschen; BVerfG GRUR 1972, 487 ff. – Schulfunksendungen; BVerfG GRUR 1980, 44 ff. – Kirchenmusik;
[280] BVerfGE 31, 255 – Tonbandvervielfältigung.
[281] S. BVerfGE 31, 229 ff. – Kirchen- und Schulgebrauch; BVerfG GRUR 1972, 485 ff. – Bibliotheksgroschen; BVerfG GRUR 1972, 487 ff. – Schulfunksendungen; BVerfG GRUR 1980, 44 ff. – Kirchenmusik;
[282] BVerfGE 31, 229, 240 ff. – Kirchen- und Schulgebrauch; Schricker/*Melichar*, Vor §§ 45 ff. Rn 11.
[283] BVerfGE 31, 229, 244 – Kirchen- und Schulgebrauch; BVerfGE 49, 382/400 – Kirchenmusik.
[284] BVerfGE 25, 256, S. 264 f.; BVerfGE 30, 173, S. 198 f..

vielfältigungstechniken zur Einführung von restriktiven Bestimmungen hinsichtlich der Privatkopie gezwungen.
Somit blickt das deutsche Urheberrecht auch auf eine vergleichsweise junge Geschichte zurück. Von Anfang an widmete sich der Gesetzgeber dabei auch dem Recht auf die Privatkopie. Als erste Gesetze trafen das Literaturhebergesetz (LUG) in § 15 II LUG und das Kunsturhebergesetz (KUG) in § 18 I KUG Regelungen zur privaten Vervielfältigung. Die Vorschriften ließen Abschriften zum privaten Gebrauch zu, soweit sie nicht den Zweck hatten, aus dem Werk Einnahmen zu erzielen.
Das LUG trat 1901 in Kraft. Dem Gesetzgeber war zu diesem Zeitpunkt die Möglichkeit, die Aufführung eines Werkes der Tonkunst auf mechanische Vorrichtungen festzuhalten, bekannt.[285] Er sah jedoch von der Einführung eines Kopieverbotes oder einer Vergütungspflicht wegen der Bedeutungslosigkeit dieser Kopien ab. Der Grund hierfür war, dass damals die Möglichkeit Musikstücke oder Printmedien im häuslichen Bereich zu vervielfältigen nicht bestand. Erst nach dem Ende des zweiten Weltkriegs kamen sog. Magnettongeräte auf den Markt, die eine private Vervielfältigung ermöglichten.[286] Kopiergeräte für Printmedien standen im Übrigen zum damaligen Zeitpunkt nur dem Gewerbe zur Verfügung.
Wie sich aus der Gesetzesbegründung ergibt, hatte der Gesetzgeber bei der Einführung dieser Norm vor allem an Mitglieder von Gesang- und Theatervereinen gedacht, die sich für unentgeltliche Aufführungen Abschriften und Auszüge von Noten und Rollen eines Bühnenwerkes anfertigen wollten.[287] Dabei konnte der Gesetzgeber seinerzeit davon ausgehen, dass bei den Vervielfältigungsarten, die bei Schaffung des Gesetzes allein für eine nichtgewerbliche Vervielfältigung in Betracht kamen, die Freigabe der privaten Vervielfältigung keine ins Gewicht fallende Beeinträchtigung der wirtschaftlichen Interessen des Urhebers zur Folge haben würde. Denn die Notenabschriften konnten wegen ihrer schlechten Lesbarkeit nicht ernsthaft mit Druckexemplaren in Wettbewerb treten.[288]
In dieser Beschränkung des ausschließlichen Vervielfältigungsrechts des Urhebers kam ein Prinzip zur Geltung, welches in der juristischen Lehre zum Ende des 19. Jahrhunderts entwickelt wurde: **das Prinzip der Sozialbindung des geistigen Eigentums.** Soziale Bindung des geistigen Eigentums bedeutet, dass die Herrschaft über geistige Schöpfungen durch überwiegende Bedürfnisse der Allgemeinheit begrenzt wird.[289] Die Lehre von der Sozialbindung des geistigen Eigentums dominierte das deutsche

---

[285] Vgl. Verhandlungen des Reichstages XII. Legislaturperiode, II. Session, Anlagen zu den stenographischen Berichten/Aktenstück Nr. 341 S. 1789.
[286] Mediger in GRUR 1951, 382, 385.
[287] vgl. Verhandlungen des deutschen Reichstages 1900/1902, 10. Legislaturperiode, II. Session, 2. Anlagenband Aktenstück 214, S. 1282
[288] BGHZ 17, 285 – Grundig-Reporter.
[289] Die Lehre von der Sozialbindung des geistigen Eigentums geht auf verschiedene Autoren zurück. Vgl. hierzu im einzelnen *Leinemann*, „Die Sozialbindung des geistigen Eigentums“, S. 35 ff.

Urheberrecht bis in die Nachkriegszeit. Sie erlangte insbesondere unter den Nationalsozialisten einen hohen Stellenwert.[290]
Entscheidende Bedeutung für die weitere Entwicklung des Urheberrechtes in Deutschland kam in der Nachkriegszeit dann jedoch den technischen Neuerungen zur Vervielfältigung von Ton- und Bildwerken zu. Erst die massenhafte Verbreitung des sog. Magnettongerätes und die Zunahme von fotomechanischen Vervielfältigungen Anfang der fünfziger Jahre zwangen zunächst die Rechtsprechung und später auch den Gesetzgeber zum Handeln. An dieser Stelle sei angemerkt, dass die juristische Lehre und die Rechtsprechung bis zu diesem Zeitpunkt kaum auf nennenswerte technische Neuentwicklungen reagieren mussten. Die privaten Vervielfältigungsmöglichkeiten waren bis dahin sehr eingeschränkt. Eine massenhafte Vervielfältigung von Werken im Privatbereich war nicht möglich. Hieraus erklärt sich auch die rein dogmatische Diskussion über die Schranken des Urheberrechtes in den Dreißiger und Vierzieger Jahren des letzten Jahrhunderts. In der Praxis war die Privatkopieschranke des § 15 II LUG eher unbedeutend. Der private Benutzer war zum käuflichen Erwerb eines Vervielfältigungsstückes gezwungen, wodurch die finanzielle Beteiligung des Urhebers gesichert war.[291]

1. Die Rechtsprechung des BGH zu Magnettonbandgeräten und reprographischer Vervielfältigung (Fotokopie)

Der BGH hatte sich im Jahre 1955 gleich mit zwei technischen Neuentwicklungen auseinanderzusetzen, die zu einer wahren Revolution im Bereich der privaten Vervielfältigung führten. Wegweisend für die weitere Behandlung der Privatkopie wurde die **Magnettonband-Entscheidung** des Bundesgerichtshofs vom 18. Mai 1955.[292]
Das Gericht hatte eine Klage der GEMA gegen die Fa. Grundig zu entscheiden. Die Fa. Grundig hatte Jahre zuvor den sog. „Grundig-Reporter“ auf den Markt gebracht. Dabei handelte es sich um ein sog. Magnettonbandgerät, mit dem der Nutzer in der Lage war Musikstücke aus dem Radio auf ein Magnettonband aufzunehmen, um es anschließend beliebig oft abspielen zu können. Die Klägerin beantragte u.a., dem Beklagten zu untersagen, die von ihr hergestellten Geräte zu vertreiben, ohne den Empfängern der Geräte die Verpflichtung aufzuerlegen, sie zur Aufnahme oder Vervielfältigung von Musikwerken des Repertoires der Klägerin nur mit deren Einwilligung zu benutzen. Die Beklagte vertrat u.a. den Standpunkt, dass die Benutzer der Geräte aufgrund ihres Rechts auf die private Vervielfältigung aus § 15 II LUG keiner Einwilligung von Seiten der Klägerin bedürfen und sie die Benutzer daher auch nicht auf eine Einwilligung der Klägerin aufmerksam machen müssten.
Die entscheidende Frage war, ob Aufnahmen von Magnettongeräten noch in den Anwendungsbereich des § 15 Abs. 2 LUG fallen. Der BGH verneinte dies mit Verweis auf den Sinn und Zweck der Vorschrift und deren Entstehungsgeschichte. Der BGH verwies auf die Gesetzesbegründung zu § 15 Abs. 2 LUG, wonach es dem Gesetzge-

[290] Gegründet auf dem deutschen Rechtssprichwort „Gemeinnutz geht vor Eigennutz“ vertrat die nationalsozialistische Ideologie den Standpunkt, dass die Allgemeininteressen den Einzelinteressen gleich-, wenn nicht übergeordnet werden müssen, vgl. Merk in FS Schultze, S. 519 f.
[291] Schricker/*Loewenheim*, § 53 Rn 3.
[292] BGHZ 17, 266 – Grundig-Reporter.

ber seinerzeit im wesentlichen nur darum gegangen sei, aus sozialen Gründen einem beschränkten Kreis kapitalschwacher Musikausübender die gebührenfreie Vervielfältigung von Noten mittels Abschriften zu ermöglichen. Dagegen habe der Gesetzgeber die Möglichkeit der massenhaften mechanischen Vervielfältigung nicht vorhersehen können.[293]

Der BGH sah die Gefahr, dass das Magnettonband aufgrund seiner Vortragsdauer, der größeren Belastbarkeit gegenüber der Schallplatte und der Möglichkeit, das bespielte Band jederzeit zu löschen und andere Werke auf das Band zu übertragen, mit den Schallplatten in ernstlichen Wettbewerb treten könne. In der Folge könne es zu einer Verringerung der Schallplattenumsätze kommen, was zu einer Existenzgefährdung des Komponisten führe.[294] Daher nahm er die Magnettonbänder aus dem Anwendungsbereich des § 15 Abs. 2 UrhG heraus.

Der BGH erteilte überdies dem Einwand, die Herstellung von Magnettonbandaufnahmen im häuslichen Bereich entziehe sich jeder Kontrollmöglichkeit durch die Urheberberechtigten, eine klare Absage. Dieser Einwand stelle gegenüber der Aufgabe des Gerichts, dasjenige zu ermitteln was rechtens sei, eine sachfremde Erwägung dar. Das Bestehen eines Rechtsanspruches kann nicht vom Grade seiner Durchsetzbarkeit abhängen.[295] Diese Argumentation des BGH erscheint vor dem Hintergrund, dass der Gesetzgeber diesen Einwand später im Rahmen der Reform des UrhG im Jahre 1965 als Begründung für das Recht auf die Privatkopie anführen wird, besonders bemerkenswert. Im Übrigen stellte der BGH auch klar, dass das Urheberrecht grundsätzlich nicht vor der Privatsphäre der Bürger halt mache.[296]

Im Ergebnis hält der BGH in den Leitsätzen der Entscheidung u.a. fest, dass neue Nutzungsmöglichkeiten für Urhebergut, die die Entwicklung der Technik erschließt, in der Regel in das Ausschließlichkeitsrecht des Urhebers einzubeziehen sind. Überdies gebühre dem Urheber im Grundsatz ein Entgelt für jede Nutzung seines Werkes, mag diese auch keinen unmittelbaren wirtschaftlichen Ertrag abwerfen.[297]

Diese Entscheidung des BGH wird allgemein zu Recht als richtungweisend für die weitere Handhabung der Privatkopie im deutschen Recht angesehen. Sie ebnete den Weg für die Reform des Urheberrechtsgesetzes 1965. Als erste Entscheidung musste sie sich mit den nach dem zweiten Kriege entwickelten neuen Vervielfältigungstechniken auseinandersetzen.

Besonders auffällig ist, dass der BGH mit keinem Wort von der „Sozialbindung des geistigen Eigentums" spricht. Überhaupt erachtet es der BGH nicht für nötig eine Abwägung mit Allgemeinwohlbelangen vorzunehmen. Gründe für ein Recht des Bürgers auf Herstellung einer Kopie zur persönlichen Verwendung wurden nicht genannt. Argumente für das Recht auf die private Kopie, wie sie heute vielfach genannt werden: Der Anspruch der Allgemeinheit auf „freien Zugang zu Informationen" oder die These, dass kulturelle Schöpfung auf einem „Geben und Nehmen" basiere, sucht der Leser vergeblich.

---

[293] BGHZ 17, 285.
[294] BGH 17, 289.
[295] BGH 17, 290.
[296] BGHZ 17, 266, 280.
[297] BGH 17, 266, 267.

Die erste Reaktion der Rechtsprechung auf die Möglichkeit der massenhaften privaten Vervielfältigung von Urhebergut fiel somit klar und unmissverständlich aus. Die Erwerbschancen der Künstler wurden vor einer Aushöhlung durch die massenhafte Anfertigung qualitative gleichwertige Kopien geschützt.
Seine Rechtsauffassung bestätigte der BGH im Übrigen kurze Zeit später in einem Urteil zur fotomechanischen Vervielfältigung.[298] Zwar wurde die Frage der Zulässigkeit der Privatkopie mittels Fotokopiegeräten mangels Bedeutung für die Entscheidung offengelassen, allerdings betonte der BGH, dass der Interessenkonflikt zwischen Urhebern und Nutzern nicht zu Lasten ersterer gelöst werden dürfe, sondern die bloße Möglichkeit der Beeinträchtigung der Urheberechte bereits verhindert werden müsste.[299]

2. Der Regierungsentwurf für ein Urheberrechtsgesetz von 1962
Im Regierungsentwurf zum Urheberrechtsgesetz griff der Gesetzgeber 1962 die Rechtsprechung des BGH teilweise auf.[300] Unter Bezugnahme auf die Magnettonband-Entscheidung des BGH wurden die bestehenden Schranken des Urheberrechts nach § 15 Abs. 2 LUG und 18 Abs. 2 KUG als zu weitgehend kritisiert. So stellte der Gesetzgeber fest, dass die Tendenz unverkennbar sei, dass sich mittels Tonbandverfahren ein bisher ausschließlich dem gewerblichen Bereich und damit dem Urheberrecht unterworfenes Vervielfältigungsverfahren zunehmend in den privaten Bereich verlagere.[301] Ihm war bewusst, dass die Erfindungen des Magnettonbandgeräts, der Mikrokopie und der verbesserten Fotokopie bisher ungekannte Gefahren für die Absatzchancen von Werken der Literatur und der Tonkunst herbeiführten. Ein Festhalten an der Vervielfältigungsfreiheit zum persönlichen Gebrauch könnte somit allmählich zu einer teilweisen Aushöhlung des Urheberrechts führen.[302]
Im Gegensatz zur Rechtsprechung des BGH wurde die Vervielfältigung zum persönlichen Gebrauch jedoch ohne Rücksicht auf die Art des Vervielfältigungsverfahrens grundsätzlich zugelassen. Als Ausgleich wurde dem Urheber für die private Aufnahme auf Bild- und Tonträger ein Vergütungsanspruch gegen den Vervielfältigenden oder seinen Auftraggeber zugestanden.[303] Dieser Überlegung lagen folgende Erwägungen zugrunde:

a) Ein Verbot der privaten Vervielfältigung könne in der Praxis nicht durchgesetzt werden.
Dies wäre nur möglich, wenn Kontrolleure der GEMA die Wohnungen jedes einzelnen Staatsbürgers nach Vervielfältigungsgeräten durchsuchen würden, was jedoch dem in Art. 13 des Grundgesetzes ausgesprochenen Grundsatz der Unverletzlichkeit der Wohnung widerspräche. Übertretungen eines Verbots könnten daher nur durch Zufall oder Denunziation bekannt werden. Dem Gesetzgeber erschien es jedoch damals als

---

[298] BGHZ 18, 43 f. – Fotokopie.
[299] BGHZ 18, 43 f. – Fotokopie.
[300] Amtl. Begr. BT-Drucks. IV/270, abgedruckt in UFITA 45, S. 240 ff.
[301] Amtl. Begr. BT-Drucks. IV/270, UFITA 45, S. 240, 288.
[302] Amtl. Begr. BT-Drucks. IV/270, UFITA 45, S. 240, 288.
[303] BT-Drucks. IV/270, UFITA 45, S. 287.

rechtspolitisch bedenklich, unter diesen Umständen ein gesetzliches Verbot auszusprechen.[304]

b) Die Urheber selbst seien nicht an einem Verbot der Privatkopie interessiert, sondern nur an einer angemessenen Zahlung einer Vergütung für die Vervielfältigung.
Der Gesetzgeber erkannte die Gefahr, dass sich der Musikfreund durch private Aufnahmen mehr und mehr selbst mit mechanischer Musik versorgt und damit den Absatz der Schallplatten beeinträchtigt.[305] Daher erschiene in diesem Fall ein Anspruch auf angemessene Vergütung gerechtfertigt.
Es sei hier eine Grundsatzentscheidung durch den Gesetzgeber zu treffen: Entscheide man sich für die uneingeschränkte Vervielfältigungsfreiheit in der Privatsphäre, so sei dieser Schritt später kaum rückgängig zu machen, da sich dann die Allgemeinheit an diesen Zustand gewöhnt habe.[306] Führe man dagegen jetzt die Vergütungspflicht ein, so sei zu erwarten, dass sich allmählich auf breiter Basis das Rechtsbewusstsein bilde, dass dem Urheber für die Nutzung seines Werkes auch im privaten Bereich ein angemessenes Entgelt gebühre.
Daher sah das Gesetz in Abs. 3 einen Vergütungsanspruch für die private Vervielfältigung vor. Die Vergütung sollte von demjenigen zu entrichten sein, der die Vervielfältigung vornimmt oder in Auftrag gibt. Von einer Zahlungsverpflichtung der Hersteller von Magnettonbändern wurde abgesehen, da sie keine Vervielfältigung vornehmen würden, sondern nur eine Ware verkauften, die nicht nur zur Vervielfältigung geschützter Werke, sondern auch zur Aufnahme von Diktaten, Verhandlungen usw. benutzt werden könnten.[307]
Auch von einer Vergütungspflicht für Vervielfältigungen mittels Mikrokopie und Fotokopie wurde abgesehen, da durch diese Vervielfältigungsverfahren im privaten Bereich der Absatz gedruckter Werke bislang noch nicht beeinträchtigt wurde.[308]

3. Die Personalausweis-Entscheidung des BGH von 1964
Wichtige Bedeutung für die endgültige Fassung des Urheberrechtsgesetzes von 1965 kam der sog. Personalausweis-Entscheidung des BGH zu.[309]
Der BGH hatte sich mit der Frage auseinander zu setzen, ob die GEMA von den Händlern von Tonbandgeräten verlangen konnte, diese nur gegen Vorlage der Personalausweise der Käufer zu veräußern, sowie Name und Anschrift der Käufer an die GEMA weiterzugeben. Der BGH sah hierin eine ungeeignete Maßnahme zur Verfolgung des Ziels, eine angemessene Vergütung zu erlangen. Ziel der Identifizierung der Nutzer könne letztlich nur sein, dass die GEMA in der persönlichen häuslichen Sphäre der

[304] BT-Drucks. IV/270, UFITA 45, S. 287; Im Übrigen mit dem Hinweis, dass ein Vergleich mit der Gebühreneintreibung für den Rundfunk durch die Post fehlgehe, da es sich bei dem Genehmigungszwang für den Rundfunkempfang um ein Fernemeldehoheitsrecht handele, welches auch hoheitlich beigetrieben werden dürfe.
[305] BT-Drucks. IV/270, UFITA 45, S. 288.
[306] BT-Drucks. IV/270, UFITA 45, S. 288.
[307] BT-Drucks. IV/270, UFITA 45, S. 288.
[308] BT-Drucks. IV/270, UFITA 45, S. 288.
[309] BGH GRUR 1965, 104 ff.

Nutzer Kontrollmaßnahmen durchführe, um etwaige Rechtsverstöße feststellen zu können. Eine solche Vorgehensweise würde indes unangemessene Eingriffe in das Grundrecht der Unverletzlichkeit der Wohnung aus Art. 13 GG nach sich ziehen.[310] Im Übrigen sei nicht sicher, dass der Käufer das Tonbandgerät auch selber nutze, es könne schließlich zu unerwünschten Strohmanngeschäften führen.[311] Die Identifizierung der Käufer belaste den Geschäftsverkehr und die Hersteller wegen ihrer Ungeeignetheit zur Sicherstellung einer angemessenen Vergütung für die Urheber in unzumutbarer Weise.[312]
Zur Lösung der Problematik schlug der BGH vor, dass die GEMA die Hersteller der Tonbandgeräte unmittelbar verpflichten könne, die Geräte nur gegen Zahlung eines angemessenen Pauschalentgeltes zu vertreiben. Schließlich seien die Hersteller grundsätzlich nach den §§ 1004, 823, 830 BGB für etwaige Urheberrechtsverletzungen der Nutzer (mit-) verantwortlich.[313]

4. Das Urheberrechtsgesetz von 1965
Die endgültige Fassung des Urheberrechtsgesetzes von 1965 beherzigte diesen Vorschlag des BGH aus der Personalausweis-Entscheidung. Im Übrigen wurde an den Überlegungen des Gesetzesentwurfes festgehalten.
Die Regelungen des § 15 Abs. 2 LUG und § 18 Abs. 1 KUG wurden durch die §§ 53, 54 UrhG ersetzt. Gemäß § 54 wurde die Vervielfältigung von Werken ohne Erlaubnis des Urhebers für „persönliche" Zwecke zugelassen. Mit Rücksicht auf die Personalausweis-Entscheidung des BGH wurde jedoch von einem gesetzlichen Anspruch der Urheber unmittelbar gegenüber der vervielfältigenden Privatperson abgesehen. Vielmehr wurde den Urhebern gemäß § 53 Abs. 5 UrhG (1965) ein Anspruch auf Vergütung gegen die Hersteller und Importeure von Ton- und Bildaufzeichnungsgeräten gewährt. Gemäß § 53 Abs. 5 S. 1 UrhG (1965) war Voraussetzung der Vergütungspflicht, dass die Geräte geeignet sind, Vervielfältigungen zum persönlichen Gebrauch vorzunehmen.[314] Gemäß § 53 Abs. 5 S. 5 HS 2 UrhG (1965) wurde die Geräteabgabe auf 5 % des Herstellerabgabepreises nach oben hin begrenzt.[315]
Der Gesetzgeber traf überdies eine gesonderte Regelung zu Vervielfältigungen zum sonstigen eigenen Gebrauch in § 55 UrhG (1965). Danach wurden Vervielfältigungen zum wissenschaftlichen Gebrauch (Abs. 1 Nr. 1), zur Aufnahme in ein eigenes Archiv (Abs.1 Nr. 2), zur eigenen Unterrichtung über Tagesfragen durch Aufnahme aus dem Rundfunk (Abs. 1 Nr. 3), von kleinen Teilen eines erschienenen Werkes (Abs. 1 Nr. 4) und von vergriffenen Werken (Abs. 1 Nr. 5) ohne Vergütungspflicht zugelassen. Der Gesetzgeber nahm den Standpunkt ein, dass die in diesen Bereichen bestehende tatsächliche Übung gesetzlich anerkannt werden müsse, um Hemmungen im Wirtschaftsleben und im Austausch wissenschaftlicher Erkenntnisse zu vermeiden.[316]

---

310 BGH GRUR 1965, 104, 107.
311 BGH GRUR 1965, 104, 108.
312 BGH GRUR 1965, 104, 108.
313 BGH GRUR 1965, 104, 108.
314 Abgedruckt bei Schulze, Materialien zum Urheberrechtsgesetz, Bd. 1, S. 620.
315 Abgedruckt bei Schulze, Materialien zum Urheberrechtsgesetz, Bd. 1, S. 620.
316 BT-Drucks. IV/270, UFITA 45, S. 289.

5. Die Urheberrechtsnovelle von 1985

Die weitere technische Entwicklung im Bereich der Vervielfältigungsverfahren führte dazu, dass die Bestimmungen des UrhG von 1965 nicht mehr ausreichten, um einen wirksamen Schutz der Urheberrechte zu gewährleisten. Insbesondere die zunehmende Verbreitung des Kassetten- und des Videorecorders, sowie die Entwicklung neuartiger Fotokopiegeräte führten zu einem starken Anstieg an Vervielfältigungen von Musik-, Film- und Schriftwerken.[317] Zudem erwies sich die Höhe des Vergütungsanspruchs von 5 % des Herstellerabgabepreises für die Vervielfältigungsgeräte als zu gering, da die Gerätepreise seit der Einführung des Kassettenrecorders stark gesunken waren.[318]
Als Reaktion hierauf war der Gesetzgeber gezwungen, die Vergütungsregelungen des bisherigen § 53 Abs. 5 UrhG neu zu taxieren. Das Vergütungssystem wurde ausgebaut und um die Abgabe für Leerkassetten (§ 54 Abs. 1 Nr.2 UrhG 1985) und die kombinierte Geräte-/Großbetreiberabgabe für fotomechanische Vervielfältigungen (§ 54 Abs. 2, heute § 54 a) ergänzt.[319] Zudem wurde der Anwendungsbereich der Geräteabgabe nach § 54 Abs. 1, 2 UrhG 1985 begrenzt. Für die Frage nach einer Vergütungspflicht kam es nun nicht mehr auf die Eignung des Gerätes bzw. Trägers für die Vervielfältigung, sondern vielmehr nur noch darauf an, ob die Geräte erkennbar zur Vornahme von Vervielfältigungen von urheberrechtlich geschützten Werken bestimmt sind.[320] Überdies wurde die Geräteabgabe nicht mehr an den Herstellerpreis gekoppelt, sondern nach festen Vergütungssätzen in einer Anlage zu § 54 d UrhG bestimmt.
Im Übrigen wurde eine äußere Umgestaltung vorgenommen. Die Vervielfältigungen zum privaten (nun nicht mehr „persönlichen“[321]) und sonstigen eigenen Gebrauch wurden nun in § 53 UrhG (1985) geregelt. § 54 UrhG (1985) regelte nun gesondert die Geräteabgabe.

6. Weitere Änderungsgesetze 1990, 1993,1994, 1997

Das Produktpirateriegesetz von 1990 führte die Pflicht ein, in Rechnungen auf urheberrechtliche Vergütungen hinzuweisen (§ 54 Abs. 4 S. 2 aF, jetzt § 54 e). Zudem wurde die doppelte Vergütungspflicht im Falle unrichtiger Auskunft durch die Geräte- und Leermedien-Hersteller eingeführt (§ 54 Abs. 5 S. 3 aF; jetzt § 54 g Abs. 3).[322]
In Umsetzung der Software-Richtlinie 91/250/EWG erfolgte eine weitere Änderung des UrhG im Jahre 1993. Durch das 2. UrhGÄndG vom 9.6.1993 (BGBl. I S. 910) wurde § 53 Abs. 4 S. 2 aufgehoben und die Vervielfältigung von Computerprogrammen nunmehr in den §§ 69c-69e geregelt.[323]

---

[317] S. Schricker/*Loewenheim*, § 53 Rn 6. Laut amtl. Begründung zum UrhG 1985, BT-Drucks. 10/837, S. 10, wurden 1981 allein 85 Millionen Leerkassetten verkauft, von denen 95 % zur Aufnahme von Musik verwendet wurden.
[318] S. Schricker/*Loewenheim*, § 53 Rn 6.
[319] S. zum Ganzen Möller, „Die Urheberrechtsnovelle 1985“.
[320] § 54 Abs. 1 UrhG v. 24.06.1985, abgedruckt bei Schulze, Bd. 1, S.725.
[321] Laut Amtl. Begr. BT-Drucks. 10/837, S. 16, geschah dies aus Gründen der besseren Verständlichkeit.
[322] Schricker/*Loewenheim*, § 53 Rn 7.
[323] Schricker/*Loewenheim*, § 53 Rn 7.

Aufgrund des Gesetzes zur Änderung des Patentgebührengesetzes und anderer Gesetze vom 24.071995 (BGBl. I S. 1739) wurde der bisherige § 54 UrhG in die §§ 54 bis 54 h UrhG aufgespaltet. Dadurch wurden insbesondere die Regelungen für Bild-/Tonträger und Fotokopiegeräten der Übersicht halber voneinander getrennt.[324]
In Umsetzung der Datenbankrichtlinie 96/9/EG in das IuKDG vom 22.07.1997 (BGBl. I S. 1870) wurde in § 53 Abs. 5 UrhG das Verbot der Vervielfältigung von Datenbanken eingefügt.

III. Die Vorgaben der EU-Richtlinie zum Urheberrecht in der Informationsgesellschaft für die Schranke der privaten Vervielfältigung und das Vergütungssystem

Grundlage der weiteren Entwicklung des deutschen Urheberrechts ist die EU-Richtlinie zur Harmonisierung bestimmter Aspekte des Urheberrechts und der verwandten Schutzrechte in der Informationsgesellschaft[325]. Sie fügt sich ein in eine Reihe von EU-Richtlinien zur Harmonisierung des europäischen Urheberrechts.[326] Erklärtes Ziel der Info-RL ist es zuvorderst, gemeinsame Regeln für den Schutz des Urheberrechts und der Leistungsschutzrechte im Rahmen des freien Waren- und Dienstleistungsverkehrs im europäischen Binnenmarkt zu schaffen.[327]

1. Überblick

Die Richtlinie lässt sich in drei große Blöcke einteilen.[328] In einem ersten Block (Artikel 2-4) werden die Verwertungsrechte der Urheber und der Inhaber verwandter Schutzrechte grundsätzlich bestimmt. Der zweite Regelungsabschnitt (Art. 5) befasst sich mit den unterschiedlichen Schranken der Urheberrechte. In einem dritten Abschnitt (Art. 6-13) werden zahlreiche ergänzende Bestimmungen getroffen, insbesondere zum Schutz von technischen Schutzmaßnahmen (Art. 6)[329].
Aus dem Erkenntnisinteresse dieser Arbeit erwächst die nachfolgende Konzentration auf die nähere Auseinandersetzung mit den Vorgaben zur Schranke der privaten Vervielfältigung sowie zum Schutz von technischen Schutzmaßnahmen gegen Umgehung.

---

324 Schricker/*Loewenheim*, § 53 Rn 7. S. hier auch Erläuterungen zu weiteren Änderungen, die für die vorliegende Betrachtung jedoch keine Bedeutung besitzen.

325 Richtlinie 2001/29 des Europäischen Parlaments und des Rates vom 20.5.2001, ABl. EG Nr. L 167 v. 22.06.2001, 10 ff., im Folgenden Informations-Richtlinie (Info-RL). Die Richtlinie wird vielfach auch als „Multimedia-Richtlinie", „Harmonisierungs-Richtlinie", „Urheberrechtsrichtlinie" oder „Copyright-Directive" bezeichnet.

326 So die Richtlinien zu Computerprogrammen (RL 91/250 EWG des Rates v. 14.5.1991), zum Vermiet- und Verleihrecht (RL 92/100 EWG des Rates v. 19.11.1992), zum Satellitenrundfunk und zur Kabelverbreitung (RL 93/83 EWG des Rates v. 27.9.1993) etc..

327 S. Erwägungsgründe 1 bis 9 der Info-RL. Daneben bezweckt sie zudem auch die Vorbereitung der Ratifikation der Verpflichtungen aus den beiden WIPO-Verträgen WCT und WPPT auf Gemeinschaftsebene.

328 Vgl. hierzu Bayreuther in ZUM 2001, S. 828 f.

329 Hierzu s. unten Teil 4.

2. Schrankenregelungen der Info-RL gemäß Art. 5
Nach heftigen Diskussionen um die Ausgestaltung der Schrankenbestimmungen[330] sieht die Info-RL in Art. 5 insgesamt 22 Schrankenregelungen vor.
Zwingend umzusetzen ist dabei gemäß Art. 5 Abs. 1 lediglich, in den nationalen Rechtsordnungen eine Ausnahme vom Vervielfältigungsrecht für vorübergehende, technische bedingte Vervielfältigungshandlungen vorzusehen. Alle übrigen Schrankenregelungen in Art. 5 Abs. 2 und 3 sind fakultativ und verpflichten die Mitgliedsstaaten somit nicht zur Umsetzung. Gleichzeitig ist der Katalog jedoch abschließend, d.h. die Mitgliedssaaten können über ihn hinaus keine weiteren Schranken einführen.[331]
Die Kataloge der möglichen Schrankenbestimmungen sind sehr umfangreich und weit ausgestaltet.[332] Daher wird der Harmonisierungsgrad der Richtlinie in Bezug auf die Schrankenbestimmungen auch als sehr gering eingestuft; er eröffne dem deutschen Gesetzgeber einen sehr weiten Umsetzungsspielraum.[333]

3. Die Schranke der privaten Vervielfältigung
Die den Mitgliedsstaaten gestattete Ausnahme zur Vervielfältigung zum privaten Gebrauch findet sich in Art. 5 Abs. 2 lit. b. Hiernach ist eine **Vervielfältigung auf beliebigen Trägern durch eine natürliche Person zum privaten Gebrauch, die weder direkten noch indirekten kommerziellen Zwecken dient, unter der Bedingung zulässig, dass die Urheber und Leistungsschutzberechtigten einen gerechten Ausgleich erhalten.**

a) „Beliebige Träger": Streit um die Einbeziehung der digitalen Kopie
In der Zulassung der Vervielfältigung „auf beliebigen Trägern" kommt zum Ausdruck, dass die Richtlinie grundsätzlich nicht zwischen analogen und digitalen Kopien unterscheidet.[334] Diese Bestimmung war im Gesetzgebungsverfahren heftig umstritten. Parlament und Kommission wollten ursprünglich zwischen analogen und digitalen Vervielfältigungen unterscheiden, der Rat hat die Vorschläge hierzu jedoch nicht übernommen.[335]
Ungeachtet dieser prinzipiellen Gleichstellung der beiden Vervielfältigungsverfahren weist der Rat jedoch in den Erwägungsgründen 38, 39 und 44 des Richtlinienvorschlags auf grundlegende Unterschiede zwischen der digitalen und analogen Technik hin. Art. 38 lautet:

---

[330] Die Auseinandersetzung unter den verschiedenen Mitgliedsländern hatte ihre Ursache vor allem darin, dass die derzeitigen nationalen Schrankenbestimmungen in der EU erheblich divergieren und oft auch Ausdruck der nationalen Kultur- und Rechtstradition sind, vgl. Bayreuther in ZUM 2001, 828, 829. Zudem sah sich das EU-Parlament diesbezüglich „in einem bislang beispiellosen Maß dem massiven Druck von Lobbyisten ausgesetzt", so Binnenmarkt-Kommissar Bolkestein in einer Presseerklärung vom 14.02.2001.
[331] Erwägungsgrund Nr. 32.
[332] Schippan in ZUM 2003, 378, 380.
[333] Schippan in ZUM 2003, 378, 380.
[334] So auch Mayer in CR 2003, 274, 277; Flechsig in ZUM 2002, 1, 9; Bayreuther in ZUM 2001, 828, 831.
[335] Kröger in CR 2001, 316, 320.

„Die Mitgliedsstaaten sollten die Möglichkeit erhalten, unter Sicherstellung eines gerechten Ausgleichs eine Ausnahme oder Beschränkung in Bezug auf das Vervielfältigungsrecht für bestimmte Arten der Vervielfältigung von Ton-, Bild- und audiovisuellem Material zu privaten Zwecken vorzusehen. Dazu kann die Einführung oder Beibehaltung von Vergütungsregelungen gehören, die Nachteile für Rechtsinhaber ausgleichen sollen. Wenngleich die zwischen diesen Vergütungsregelungen bestehenden Unterschiede das Funktionieren des Binnenmarktes beeinträchtigen, dürfen sie sich, soweit sie sich auf die analoge private Vervielfältigung beziehen, auf die Entwicklung der Informationsgesellschaft nicht nennenswert auswirken. Die digitale private Vervielfältigung dürfte hingegen eine weitere Verbreitung finden und größere wirtschaftliche Bedeutung erlangen. **Daher sollte den Unterschieden zwischen digitaler und analoger privater Vervielfältigung gebührend Rechnung getragen und hinsichtlich bestimmter Punkte zwischen ihnen unterschieden werden.**“
Erwägungsgrund Nr. 39 lautet:
„Bei der Anwendung der Ausnahme oder Beschränkung für Privatkopien sollten die Mitgliedsstaaten die technologischen und wirtschaftlichen Entwicklungen, insbesondere in Bezug auf die digitale Privatkopie und auf Vergütungssysteme, gebührend berücksichtigen, wenn wirksame technische Schutzmaßnahmen verfügbar sind. Entsprechende Ausnahmen oder Beschränkungen sollten weder den Einsatz technischer Maßnahmen noch deren Durchsetzung im Falle einer Umgehung dieser Maßnahmen behindern.“
Die Sätze 3 und 4 des Erwägungsgrundes 44 lauten:
„Die von den Mitgliedsstaaten festgelegten Ausnahmen oder Beschränkungen sollten insbesondere die gesteigerte wirtschaftliche Bedeutung, die solche Ausnahmen oder Beschränkungen im neuen elektronischen Umfeld erlangen können, angemessen berücksichtigen. **Daher ist der Umfang bestimmter Ausnahmen oder Beschränkungen bei bestimmten neuen Formen der Nutzung urheberrechtlich geschützter Werke und sonstiger Schutzgegenstände möglicherweise noch enger zu begrenzen.**“
Angesichts dieser Vorgaben sind einige Autoren im juristischen Schrifttum der Auffassung, dass hieraus konkrete Forderungen an den deutschen Gesetzgeber abzuleiten sind, das Recht auf die digitale Privatkopie einzuschränken.[336] So genüge eine einschränkungslose Zulässigkeit der digitalen Privatkopie diesen Erfordernissen nicht.[337] Demgegenüber vertreten andere Autoren die Auffassung, dass sich hieraus keine konkreten Handlungsanweisungen für den Gesetzgeber ergäben.[338] Ihrer Auffassung nach sind die Erwägungsgründe lediglich allgemeiner Natur. Beispielweise lasse die Formulierung in Erwägungsgrund Nr. 38, „es sei hinsichtlich bestimmter Punkte zwischen analoger und digitaler Kopie zu unterscheiden“ vollkommen offen, welche Punkte gemeint seien.
Für diese Auffassung spricht, dass sich der Erwägungsgrund Nr. 38 mit den Vergütungsregelungen für private analoge und digitale Kopien beschäftigt. Insofern ist da-

---

[336] So Schippan in ZUM 2003, 378, 383.
[337] So Schippan in ZUM 2003, 378, 383.
[338] So Schack in ZUM 2002, 497, 499.

von auszugehen, dass der Rat hiermit lediglich Differenzierungen auf der Sekundärebene – also der Vergütungsebene – anregt.[339] Darüber hinaus spricht hierfür, dass die Schrankenkataloge in Art. 5 Abs. 2 und 3 der Info-RL bloße Optionen darstellen und den Mitgliedsstaaten freie Hand lassen, ob sie von den Schranken überhaupt Gebrauch machen.[340] Gleichzeitig ergibt sich aus der gewährleisteten Freiheit jedoch auch, dass den Mitgliedsländern grundsätzlich gestattet ist, die digitale Privatkopie zu verbieten.[341]

b) Natürliche Person/privater Gebrauch

Mit der Formulierung „durch eine natürliche Person zum privaten Gebrauch" wird die private Vervielfältigung durch und für eine natürliche Person gestattet. Somit deckt die Formulierung auch die Anfertigung einer Kopie durch eine natürliche Person für die privaten Zwecke einer anderen natürlichen Person.[342] Konsequenterweise solle es einer Person somit auch gestattet sein, eine andere Person mit der Herstellung einer Kopie zu beauftragen.[343] Hiermit soll die Anfertigung einer Privatkopie auch den Personen ermöglicht werden, die sich keine technischen Geräte zur Herstellung von Kopien leisten können. Durch den Begriff „natürliche Person" wird demgegenüber das gewerbsmäßige Vervielfältigen geschützter Werke innerhalb von Organisationen oder Firmen für Zwecke der Organisation/Firma für unzulässig erklärt.

c) Kein kommerzieller Zweck

Diese Formulierung stellt klar, dass die private Vervielfältigung weder direkt noch indirekt kommerziellen Zwecken dienen darf.

d) Gerechter Ausgleich

Schließlich gestattet Art. 5 Abs. 2 lit. b der Info-RL die private Vervielfältigung nur unter der Bedingung, dass die Rechteinhaber einen gerechten Ausgleich erhalten. Hiermit bezieht der Rat Stellung zum zwingenden finanziellen Beteiligungsanspruch des Urhebers bei der Verwertung seines Werkes.

Gemäß dem Erwägungsgrund Nr. 38 kann der Ausgleich mit der Einführung oder Beibehaltung von Vergütungsregelungen, die Nachteile für die Rechteinhaber ausgleichen sollen, geregelt werden. Somit sind die unterschiedlichen Vergütungsregeln in den einzelnen Ländern grundsätzlich zulässig.[344]

Aus Erwägungsgrund Nr. 39 (s.o.) lässt sich jedoch entnehmen, dass bei der Ausgestaltung der Vergütungssysteme für digitale Kopien die Entwicklung von wirksamen technischen Schutzmaßnahmen „gebührend" zu berücksichtigen sein soll. Zudem stellt

---

339 Ebenso Mayer in CR 2003, 274, 277; Freiwald in „Die private Vervielfältigung", S. 96.

340 So Schack in ZUM 2002, 497, 499.

341 Dies ergibt sich bereits daraus, dass Schranken des Vervielfältigungsrechts „zulässig" und nicht verpflichtend sind. A.A. insoweit Freiwald, „Die private Vervielfältigung", S. 97/98, der im Hinblick auf die ausdrückliche Formulierung „auf beliebigen Trägern" davon ausgeht, dass ein Verbot der digitalen Privatkopie nicht von der Info-RL gedeckt wäre.

342 Spindler in GRUR 2002, 105, 112; Reinbothe in ZUM 2002, 43, 49; Kröger CR 2001, 828, 831.

343 Reinbothe in ZUM 2002, 43, 49; Begründung des Rates, Nr. 24, zweiter Spiegelstrich (S. 17).

344 Flechsig in ZUM 2002, 1, 9.

der Erwägungsgrund Nr. 39 S. 2 ausdrücklich klar, dass Vergütungssysteme weder den Einsatz technischer Maßnahmen noch deren Durchsetzung im Falle einer Umgehung dieser Maßnahme behindern sollen. Diese Interpretationshilfe ist nicht anders zu verstehen, als dass pauschale Vergütungssysteme eine Behinderung von technischen MaOßnahmen darstellen können, sobald diese ausreichenden Schutz gewährleisten. Hintergrund dieser Überlegung waren Forderungen, in Anbetracht der fortschreitenden Entwicklung die pauschalen Vergütungssysteme durch Digital-Rights-Management-Systeme zu ersetzen.[345] Zwar konnte sich diese Forderung letztlich im Rat nicht durchsetzen, jedoch griff der Richtliniengeber diesen Gedanken zumindest in den Erwägungsgründen dem Grunde nach auf.
Hieraus ergibt sich für das pauschale Vergütungssystem nach deutschem Urheberrecht, dass es mit fortschreitender Entwicklung und Etablierung der technischen Schutzmaßnahmen (insbesondere individueller Abrechnungsverfahren, wie dem DRM) immer mehr in Frage gestellt werden muss.[346] Eine änderungslose Aufrechterhaltung des deutschen Pauschalabgabensystems steht angesichts des massenhaften Einsatz von Kopierschutztechniken und vermehrter Implementierungen von DRMS insofern bereits heute in Konflikt mit den Vorgaben der Info-RL.[347]
Im Übrigen ist darauf hinzuweisen, dass der Begriff „gerechter Ausgleich" nicht identisch mit dem Begriff „angemessene Vergütung" i.S.d. § 54 Abs. 1 UrhG ist. Durch einen „gerechten Ausgleich" sollen lediglich Nachteile für Rechteinhaber ausgeglichen werden.[348] Insofern darf davon ausgegangen werden, dass die „angemessene Vergütung" bereits mehr als einen „gerechten Ausgleich" für die Nutzung von Werken gewährleistet.[349] Diesbezüglich ergibt sich für das deutsche Urheberrecht somit kein Änderungsbedarf.

IV. Die Schranke der privaten Vervielfältigung gemäß § 53 Abs. 1 UrhG nach dem ersten Korb der Urheberrechtsnovelle (geltendes Recht)

1. Die Umsetzung der Vorgaben der Info-RL in § 53 Abs. 1 UrhG

Die Umsetzung der Info-RL in deutsches Recht erfolgt durch zwei zeitlich und inhaltlich voneinander getrennte Reformgesetze („zwei „Körbe"). Mit dem Gesetz zur Regelung des Urheberrechts in der Informationsgesellschaft, welches am 13.09.2003 in Kraft getreten ist („erster Korb"), wurden zunächst nur die zwingenden, fristgebundenen Vorgaben der Richtlinie sowie die verbindlichen Vorgaben der beiden WIPO-Verträge umgesetzt.[350] Zahlreiche weitere Gesetzesänderungen wurden von der Bundesregierung zunächst in einen späteren sog. „zweiten Korb" der Urheberrechtsnovelle verschoben. Im Oktober 2004 legte das Bundesjustizministerium einen Referentenentwurf für diesen 2. Korb vor. Am 22.03.2006 folgte sodann ein Gesetzesentwurf.

---

[345] Spindler in GRUR 2002, 105, 112.
[346] So auch Spindler in GRUR 2002, 105, 112.
[347] In diesem Sinne auch Bayreuther in ZUM 2001, 828, 833.
[348] Erwägungsgrund Nr. 35, S. 2 f.: die Höhe und Form des gerechten Ausgleichs soll von den Umständen des Einzelfalls abhängig gemacht werden. Als Kriterium ist der sich aus der Handlung für den Rechtsinhaber ergebende Schaden heranzuziehen.
[349] So Kröger in CR 2001, 316, 320; Reinbothe in ZUM 2002, 43, 49.
[350] So die Zieldefinition des Gesetzes laut Begründung, BT-Dr. 15/38, S. 1.

Die Regelungsvorschläge des Referenten- und des Gesetzesentwurfes werden nachfolgend in Teil 2 B. V., VI. und C. III., IV. dargestellt.
Der „erste Korb“ der Urheberrechtsnovelle basiert im Wesentlichen auf dem Gesetzesbeschluss des Bundestages vom 11.04.2003.[351] Eine wichtige Änderung erfuhr der Entwurf jedoch durch das Verfahren vor dem Vermittlungsausschuss. Der Bundesrat hatte in seiner Sitzung am 23.Mai 2003 mit insgesamt vier Änderungsanträgen den Vermittlungsausschuss gemäß Art. 77 Abs. 2 GG angerufen.[352] Letztlich fand nur ein Änderungsantrag Eingang in das Ergebnis des Vermittlungsausschusses. In Bezug auf Vervielfältigungen zum privaten Gebrauch hatte der Bundesrat eine Fassung des § 53 Abs. 1 UrhG vorgeschlagen, wonach die Privatkopie nur noch zulässig sein sollte, wenn „zur Vervielfältigung eine rechtmäßig hergestellte Vorlage verwendet wird“.[353] Hierdurch versprach sich der Bundesrat eine bessere Handhabe gegen Raubkopien. Im Übrigen sollten die durch die Herstellung von Raubkopien verursachten Rechtsverletzungen nicht dadurch perpetuiert werden, dass darauf aufbauende Privatkopien legalisiert werden.[354] Demgegenüber vertrat die Bundesregierung während des gesamten Gesetzgebungsverfahrens den Standpunkt, dass die Durchsetzung einer entsprechenden Bestimmung tatsächlich unmöglich sei. In ihrer Gegenäußerung auf die Stellungnahme des Bundesrates war die Bundesregierung sogar soweit gegangen, dass sie ausführte, das Erfordernis einer „legalen Quelle“ in § 53 Abs. 1 UrhG liefe de facto auf ein Verbot der Herstellung von Kopien zum privaten Gebrauch hinaus, da der Nutzer die Rechtmäßigkeit der Kopiervorlage häufig nicht erkennen könne.[355]
Im Vermittlungsausschuss einigte man sich später auf eine Kompromissformel, wonach die Vervielfältigung unzulässig ist, wenn eine „offensichtlich rechtswidrig hergestellte Vorlage“ verwendet wird. Der Kompromiss blieb somit deutlich hinter dem Antrag des Bundesrates zurück.[356]
Im Übrigen blieb die Regelung des § 53 Abs. 1 UrhG inhaltlich unverändert. Die Änderungen im Wortlaut des § 53 Abs. 1 UrhG betrachtet der Gesetzgeber als bloße Klarstellung wie auch als Ausgestaltung der Vorgaben der Info-RL.[357]

---

[351] BT-Dr. 271/03.
[352] BT-Dr. 15/1066 vom 27.Mai 2003. Die Änderungsanträge betrafen
a) den Wortlaut des § 53 Abs. 1 – Forderung der „legalen Quelle“ als Vorlage der Vervielfältigung, und Forderung der Einschränkung des § 53 Abs. 1 S. 2 UrhG,
b) die Streichung der Ausdehnung des Urheberrechtsschutzes auf private Normwerke,
c) die Konkretisierung der Vergütungspflicht beim Zusammenwirken mehrerer Vervielfältigungsgeräte auf die Geräte, die dazu bestimmt sind , als Vervielfältigungsgerät eingesetzt zu werden,
d) die Anwendung des § 95 c UrhG auf Computerprogramme.
[353] Vorschläge des Bundesrates im Vermittlungsausschuss vom 23. Mai 2003. Dieser Vorschlag entspricht der Stellungnahme des Bundesrates zum Gesetzesentwurf der Bundesregierung, BT-Dr.648/02.
[354] BRat in BT-Dr. 15/1066, S. 2 l. Sp.
[355] Gegenäußerung der Bundesregierung zur Stellungnahme des Bundesrates vom 27. 09. 2002 zum Entwurf eines Gesetzes zur Regelung des Urheberrechtes in der Informationsgesellschaft. Im Internet abrufbar unter http://www.urheberrecht.org/topic/Info-RiLi/. Vgl. näher zu der Diskussion um die Neufassung unter Teil 2, B IV d).
[356] So Schippan in ZUM 2003, S. 678.
[357] So die Begründung des Gesetzesentwurfes der Bundesregierung zu Nr. 15 (§ 53) in BT-Dr. 15/38 S. 20 f.

2. Inhalt der Schrankenbestimmung des § 53 Abs. 1 UrhG nach dem ersten Korb der Urheberrechtsnovelle

§ 53 Abs. 1 UrhG in der Fassung des ersten Korbs der Novelle lautet: „Zulässig sind einzelne Vervielfältigungsstücke eines Werkes durch eine natürliche Person zum privaten Gebrauch auf beliebigen Trägern, sofern sie weder unmittelbar noch mittelbar Erwerbszwecken dienen, soweit nicht zur Vervielfältigung eine offensichtlich rechtswidrig hergestellte Vorlage verwendet wird. Der zur Vervielfältigung Befugte darf die Vervielfältigungsstücke auch durch einen anderen herstellen lassen, sofern dies unentgeltlich geschieht oder es sich um Papier oder einen ähnlichen Träger mittels beliebiger photomechanischer Verfahren oder anderer Verfahren mit ähnlicher Wirkung handelt."

a) Privater Gebrauch

Ein privater Gebrauch im Sinne des § 53 Abs. 1 UrhG liegt vor, wenn das Vervielfältigungsstück in der Privatsphäre zur Befriedigung rein persönlicher Bedürfnisse verwendet wird.[358] Von der Privatsphäre umfasst sind Familienmitglieder, Freunde und Partner, als durch ein persönliches Band verbundene Personen[359]. Dagegen gehören beliebige Personen, mit denen der Vervielfältigende lediglich ein Gemeinschaftsgefühl teilt, nicht mehr dazu.[360] Der private Zweck darf keinen kommerziellen Zwecken dienen, so dass die Vervielfältigung zu beruflichen Zwecken nicht mehr umfasst ist.[361] Solche dürfen auch nicht gleichzeitig neben den privaten Zweck treten. Der private Gebrauchszweck muss der ausschließliche sein.[362] Da nur natürliche Personen überhaupt ein Privatleben haben können, kommt das Privileg auch nur ihnen zugute. Juristische Personen können sich daher allenfalls auf Abs. 2 („sonstiger **eigener** Gebrauch") berufen.[363]

Die nachträgliche Zweckänderung einer ursprünglich zum privaten Gebrauch erstellten Kopie ändert nichts an ihrer Zulässigkeit. Sie wird nicht nachträglich unzulässig. Wer jedoch eine Kopie von vornherein zu dem Zweck macht, sie zu verbreiten oder bspw. über das Internet verfügbar zu machen, ist von § 53 UrhG gar nicht erst privilegiert.[364] Gemäß § 53 Abs. 6 S. 1 dürfen die Vervielfältigungsstücke weder verbreitet, d.h. der Öffentlichkeit angeboten oder in Verkehr gebracht (§ 17 Abs. 1 UrhG), noch zur öffentlichen Wiedergabe (§ 15 Abs. 2 UrhG) benutzt werden. Folglich darf der private Nutzer seine rechtmäßige Privatkopie nicht in Internet-Tauschbörsen zum Download anbieten.[365] Dagegen untersagt § 53 Abs. 6 UrhG nicht, dass von einer Privatkopie unter den Voraussetzungen von § 53 UrhG weitere Kopien angefertigt werden.[366]

---

[358] BGH GRUR 1978, 474 – Vervielfältigungsstücke.

[359] BGH GRUR 1978, 474 – Vervielfältigungsstücke.

[360] Flechsig in GRUR 1993, 532, 535.

[361] Fromm/Nordemann/*Nordemann*, § 53 Rn 2, mit Verweis auf BGH GRUR 1993, 899 – Dia-Duplikate.

[362] BGH GRUR 1993, 899, 900 – Dia-Duplikate; Möhring/Nicolini/*Decker*, § 53 , Rn 13.

[363] Fromm/Nordemann/*Nordemann*, § 53 Rn 2.

[364] Fromm/Nordemann/*Nordemann*, § 53 Rn 13.

[365] S. Schack in ZUM 2002, 497, 501.

[366] S. Schack in ZUM 2002, 497, 501.

Gleiches gilt für die Weitergabe und die entgeltliche Veräußerung einer Privatkopie an einen Dritten auf nicht-öffentliche Weise.

b) Einzelne Vervielfältigungsstücke

Unter einem Vervielfältigungsstück wird jede körperliche Fixierung eines Werkes oder eines Teiles davon verstanden, die geeignet ist, das Werk den menschlichen Sinnen auf irgendeine Art mittelbar oder unmittelbar wahrnehmbar zu machen.[367]

Als Zielmedium der Kopie kommt ausdrücklich jeder **beliebige Träger** in Betracht. Die Formulierung wurde aus Art. 5 Abs. 2 lit. b) Info-RL übernommen und soll ausdrücklich klarstellen, dass keine Differenzierung nach der verwendeten Technik erfolgt. Zur Begründung führt die Bundesregierung an, dass eine Kontrolle der gegenteiligen Lösung praktisch unmöglich wäre.[368] Aufgrund der immer geringeren Bedeutung der analogen Kopie würde die Schranke der Privatkopie zudem in Zukunft weitgehend leer laufen, wenn diese nicht auch auf digitale Kopien angewandt würde.[369]

Die Menge der erlaubten Vervielfältigungsstücke ist auf „einzelne" begrenzt. Diese Formulierung bestand bereits vor der Reform des Gesetzes im Jahre 2003 und ist seit jeher Gegenstand einer dauerhaften Auseinandersetzung. Einigkeit besteht insoweit, als dass hiermit nur wenige Stücke gemeint sein können. Wie viele Stücke letztlich von der Regelung umfasst sind, ist weder in der Rechtsprechung noch in der Literatur abschließend geklärt. Der BGH setzte die Höchstzahl in einer richtungweisenden Entscheidung auf maximal sieben Kopien fest.[370] Dabei war das Gericht letztlich jedoch wegen des Klageantrages daran gehindert, eine engere Begrenzung vorzunehmen.[371] Nicht zuletzt deswegen wird eine starre Orientierung an der Zahl Sieben für unangemessen gehalten. Maßgeblich für die Anzahl der Stücke sollte vielmehr richtigerweise der mit der Vervielfältigung verfolgte Zweck sein, wobei die Obergrenze im Regelfall bei drei Stücken liegen soll, wenn das Wort „einzelne" noch zutreffen soll.[372]

c) Herstellung durch natürliche Personen und Dritte

Auch nach dem ersten Korb der Urheberrechtsnovelle bleibt es nach § 53 Abs. 1 S. 2 gestattet, die Herstellung eines Vervielfältigungsstücks auch durch einen Dritten unentgeltlich herstellen zu lassen. Sinn der Regelung ist es, auch denjenigen, die etwa aus finanziellen Gründen nicht in der Lage sind, eigene Kopiergeräte zu besitzen, die Nutzung der Privatkopieschranke zu ermöglichen.[373] Im Focus des Gesetzgebers von

---

[367] BGHZ 17, 266 – Grundig-Reporter.

[368] Begründung des Gesetzesentwurfes der Bundesregierung zu Nr. 15 (§ 53) in BT-Dr. 15/38 S. 20 f.

[369] Begründung des Gesetzesentwurfes der Bundesregierung zu Nr. 15 (§ 53) in BT-Dr. 15/38 S. 20 f.

[370] BGH GRUR 1978, 474 – Vervielfältigungsstücke.

[371] So Fromm/Nordemann/*Nordemann*, § 53 Rn 3; Wandtke/Bullinger/*Lüft*, ErgBand zum UrhG-Komm., § 53 Rn 10; Möhring/Nicolini/*Decker*, § 53 Rn 8.

[372] So auch Fromm/Nordemann/*Nordemann*, § 53 Rn 3; Wandtke/Bullinger/*Lüft*, ErgBand zum UrhG-Komm., § 53 Rn 10.

[373] Amtl. Begr. BT-Drucks. IV/270, S. 72, 74; Amtl. Begr. RefE v. 18.03.2002, S. 34; Amtl. Begr. RegE v. 31.07.2002, S. 48.

1965 standen dabei in erster Linie die bis dato für den Privathaushalt meist unerschwinglichen Fotokopiermaschinen.[374]
Vor dem ersten Korb der Urheberrechtsnovelle 2003 wurde teilweise gefordert, die Vorschrift aufgrund der simplen Vervielfältigungstechnik für digitale Kopien aufzuheben.[375] Insbesondere der Bundesrat hatte sich im Gesetzgebungsverfahren für eine Beschränkung der Herstellung durch Dritte auf analoge Kopien ausgesprochen.[376] Da Vervielfältigungsgeräte für digitale Kopien - wie CD-Brenner - praktisch für jedermann erschwinglich und weit verbreitet seien, bestehe die Gefahr, dass die Beschränkung der zulässigen Vervielfältigung für den engen Familien- und Bekanntenkreis praktisch leerliefe. Die Bundesregierung vertrat dagegen den Standpunkt, dass es praktisch unmöglich sei, eine gegenteilige Lösung zu überwachen.[377] Die Diskussion ist im Rahmen des zweiten Korbes erneut entbrannt und wird an späterer Stelle ausführlich dargestellt.[378]
Neben der Unentgeltlichkeit ist indes weitere Voraussetzung, dass sich die Tätigkeit des Dritten auf die technisch-mechanische Vervielfältigung beschränkt und er sich im Rahmen einer konkreten Anweisung zur Herstellung des bestimmten Vervielfältigungsstückes des vom Gesetz begünstigten Nutzers hält.[379]
Entgeltliche Herstellung von Kopien durch einen Dritten ist gemäß § 53 Abs. 1 S. 2 UrhG nur erlaubt, wenn es sich um Papier oder einen ähnlichen Träger mittels beliebiger fotomechanischer Verfahren oder anderer Verfahren mit ähnlicher Wirkung handelt.

d) Keine „offensichtlich rechtswidrig hergestellte Vorlage"

Wie bereits erörtert, hat der Gesetzgeber mit der Einführung dieses Merkmals die einzige inhaltliche Veränderung gegenüber § 53 Abs. 1 a.F. vorgenommen. Privatkopien sind nach § 53 Abs. 1 nunmehr verboten, wenn zu der Vervielfältigung eine **„offensichtlich rechtswidrig hergestellte Vorlage"** verwendet wird. Die Formulierung hat insbesondere große Bedeutung für die Beurteilung der Rechtmäßigkeit der Vervielfältigung von herunter geladenen Musik- und Filmwerken aus Internet-Tauschbörsen. Auch die Bundesregierung sieht in den sog. Tauschbörsen im Internet den zentralen Anwendungsbereich für den neugefassten § 53 Abs. 1 UrhG.[380]

---

[374] Amtl. Begr. BT-Drucks. IV/270, S. 72, 74.

[375] Vgl. Schack in ZUM 2002, 497, 501; Dreier in Schricker, Informationsgesellschaft, 1997, S.166, 179 (=im November 1996 abgeschlossenes Gutachten im Auftrag des Bundesministeriums der Justiz, vgl. die Zusammenfassung des gesamten Gutachtens von Dreier in GRUR 1997, 859-866); Loewenheim in Hoeren/Sieber, Hdb. Multimediarecht (Loseblatt, Stand Dez. 2000), Teil 7.4., Rn 48 f.

[376] Vgl. BT-Drucks. 15/1066, S. 2.

[377] Amtl. Begr. RegE BT-Dr. 15/38, 20.

[378] Vgl. Teil 2, B VII 3. c).

[379] So BGHZ 134, 250 – CB-Infobank I; BGH GRUR 1997, 464 – CB-Infobank II.

[380] So die ausdrückliche Erklärung der Bundesjustizministerin, die Ergänzung von § 53 Abs. 1 sei „insbesondere für den Download im Rahmen von Internettauschbörsen von Bedeutung", vgl. Pressemitteilung des Bundesministeriums der Justiz Nr. 58/03 vom 11. Juli 2003. abrufbar unter http://www.bmj.bund.de/ger/service/pressemitteilungen.

(aa) Vorlage

Unter einer „Vorlage" sind sämtliche körperlichen (bspw. CDs/DVDs) und unkörperlichen Quellen (u.a. auch Tauschbörsen im Internet, „Filesharing") zu verstehen, die zur Herstellung von Vervielfältigungsstücken dienen können.[381]

Hingewiesen sei an dieser Stelle indes auf die ausgenommenen Werke in den übrigen Absätzen des § 53 Abs. 1 UrhG, insbesondere grafische Aufzeichnungen der Musik (Abs. 4), vollständige Vervielfältigungen von Büchern und Zeitschriften (Abs. 4) etc. Besondere Beachtung verdienen zudem die Sonderbestimmungen für elektronische Datenbankwerke (Abs. 5), für Datenbanken i.S.d. § 87a UrhG (§87 c UrhG) und für Computerprogramme (§§ 69 d und 69 c UrhG). Auf diese Werke findet § 53 Abs. 1 UrhG ebenfalls keine Anwendung, was vor dem Hintergrund, dass es sich bei ihnen um digitale Werke handelt, bemerkenswert erscheint.[382]

(bb) Rechtswidrige Herstellung

Zunächst ist festzustellen, dass unter der „Herstellung" einer Kopievorlage ausschließlich die Anfertigung eines Werkes zu verstehen ist. Entgegen einer Ansicht in der Literatur gehört die bloße Verbreitung bzw. Wiedergabe eines Werkes keinesfalls dazu.[383] Dagegen spricht vor allem der eindeutige Wortlaut des § 53 Abs. 1 UrhG.[384] Zudem spricht auch der Sinn und Zweck der Formulierung gegen eine derartige Überdehnung des Begriffs „Herstellen". Mit dieser Einschränkung soll die Perpetuierung des rechtswidrigen Zustands bei Raubkopien verhindert werden. Eine Perpetuierung kann indes überhaupt nur bei einer erneuten Vervielfältigung einer Raubkopie eintreten, nicht bereits schon im Wege ihrer öffentlichen Zugänglichmachung.

Eine Kopiervorlage ist rechtswidrig hergestellt worden, wenn der Hersteller kein Nutzungsrecht für die Vervielfältigung eingeholt hat, sich nicht auf eine der Schranken der §§ 44 a ff. UrhG stützen kann.

i) körperliche Vorlagen

Bei körperlichen Vorlagen, wie CDs/DVDs, ist es zwar oft möglich, Kopien von Original-Vorlagen zu unterscheiden; dies gilt insbesondere für Kopien, bei denen nicht zugleich der Originalaufdruck mitkopiert worden ist, oder die nicht vom Originalbooklet begleitet sind.[385]

Allerdings kann aus der Tatsache, dass es sich um eine Kopie handelt, nicht zwangsläufig darauf geschlossen werden, dass diese auch rechtswidrig hergestellt wurde. So kann eine Kopie ohne weiteres legitim unter Berufung auf die Privatkopieschranke angefertigt worden sein. Dies ist bspw. der Fall, wenn der Verbraucher zunächst eine Kopie zu rein privaten Zwecken erstellt und erst zu einem späteren Zeitpunkt den Be-

---

[381] Vgl. Jani in ZUM 2003, 842, 846; Czychowski in NJW 2003, 2409, 2411.

[382] S. hierzu näher in Teil 2, B. IV. 3. b) und d).

[383] A.A. Jani in ZUM 2003, 842, 847, welcher auch die Verbreitung und öffentliche Zugänglichmachung unter den Herstellungsbegriff subsumiert.

[384] So auch Berger in ZUM 2004, 257, 260; Heghmanns in MMR 2004, 14, 15; Pichlmaier in CR 2003, 910, 911; Wandtke/Bullinger/*Lüft*, ErgBand zum UrhG-Komm., § 53 Rn 13.

[385] So die Gegenäußerung der Bundesregierung, BT-Drucks. 15/38, S. 39.

schluss fasst, diese über seinen privaten Kreis zu verbreiten.[386] Hier liegt eben kein Fall der rechtswidrigen Herstellung, sondern nur eine Fall der rechtswidrigen Veröffentlichung vor. Rechtswidrig handelt dagegen ein Verbraucher, wenn er ein Vervielfältigungsstück unter Berufung auf die Privatkopieschranke anfertigt, jedoch von Anfang an das Ziel verfolgt, diese Kopie später an fremde Personen zu vertreiben. In diesem Fall überschreitet der Verbraucher die Grenze der Zweckbestimmung zum „privaten Gebrauch".[387]

Fraglich erscheint, ob auch eine mittels Umgehung von technischen Schutzmaßnahmen im Sinne des § 95 a Abs. 1 UrhG hergestellte Privatkopie, eine rechtswidrig hergestellte Vorlage darstellt.[388] Die Umgehung von Kopierschutzmaßnahmen zur Anfertigung einer digitalen Privatkopie gemäß § 53 Abs. 1 UrhG ist nach § 95a Abs. 1 UrhG unzulässig. Der Gesetzgeber hat im Gegensatz zu anderen Schrankenbestimmungen davon abgesehen, die Schranke der privaten Vervielfältigung gegenüber technischen Schutzmaßnahmen durchzusetzen.[389] Insoweit besteht auch kein Selbsthilferecht, kein „right to hack", der einzelnen Nutzer.[390] Die von einigen Autoren vertretene Gegenmeinung[391] verkennt, dass schon kein Recht und auch kein Anspruch des Nutzers auf die private Vervielfältigung besteht, welcher mittels Kopierschutzmechanismen vereitelt werden könnte.[392] Im Übrigen verfolgt der Gesetzgeber erkennbar den Zweck, einen umfassenden Schutz der technischen Schutzmaßnahmen vor Umgehung zu erzielen. Die Gewährung eines „right to hack" würde diese grundlegende Zielrichtung des Gesetzgebers durch die Hintertür wieder aushebeln.

Die Berechtigung zur Erstellung von Vervielfältigungsstücken zum privaten Gebrauch findet daher ihre Grenze dort, wo der Rechteinhaber die Möglichkeit zur Vervielfältigung des Werkstückes beschränkt oder ausgeschlossen hat.[393] Folglich stellen Vervielfältigungsstücke, die unter Umgehung eines Kopierschutzes hergestellt wurden, rechtswidrig hergestellte Vorlagen im Sinne des § 53 Abs. 1 UrhG dar.[394] Zwar ist der eigentliche Kopiervorgang gemäß § 53 Abs. 1 S. 1 UrhG zulässig, nicht aber die dazu

---

[386] So auch Heghmanns in MMR 2004, 14, 15.

[387] Wandtke/Bullinger/*Lüft*, ErgBand zum UrhG-Komm., § 53 Rn 36; Jani, in ZUM 2003, 842, 848.

[388] Zum Regelungsgehalt des Schutzes technischer Maßnahmen nach den §§ 95 ff. s. Teil 4.

[389] So ist den Begünstigten bestimmter Schranken wie denen der §§ 45, 45 a, 46, 46 etc. gemäß § 95 b UrhG die Umgehung des entsprechenden Schutzes zu ermöglichen. Die Bundesregierung erteilt der Durchsetzung der Privatkopieschranke auch im RefE zum zweiten Korb der Urheberrechtsnovelle eine klare Absage, vgl. unten Teil 4, G.

[390] So auch Jani in ZUM 2003 S. 842 f; Pleister/Ruttig in MMR 2003, 763, 765; Schippan in ZUM 2003, 678, 679.

[391] Insb. Heghmanns in MMR 2004, 14, 15.

[392] Vgl. hierzu näher unten in Teil 4, G. I. und II.

[393] Jani in ZUM 2003, 842, 848.

[394] Ebenso Berger in ZUM 2004, 257, 260; Jani, ZUM 2003, S. 842, 848; Pleister/Ruttig in MMR 2003, 763, 765; Peukert in Loewenheim, Hdb. des Urheberrechts, 2003, § 82, Rn 21; Wandtke/Bullinger/*Wandtke/Ohst*, ErgBand zum UrhG-Komm., § 95 a Rn 89; A.A. Arlt in MMR 2005, 148, 151, der die Beurteilung einer „rechtswidrigen Herstellung" nur nach den Vorschriften über die urheberrechtlichen Verwertungsrechte gemäß den §§ 15 ff. UrhG sowie den korrespondierenden Schranken gemäß den §§ 44a ff. UrhG vorgenommen wissen will. Die Umgehung technischer Schutzmaßnahmen und deren rechtliche Würdigung gem. der §§ 95 a ff. UrhG sei eine hiervon strikt abzuschichtende Frage.

notwendige Umgehung der Schutzmaßnahmen. Die Umgehung der Schutzmaßnahme und der Vervielfältigungsakt sind als ein einheitlicher Vorgang zur „Herstellung" einer Kopie zu betrachten.[395]

ii) unkörperliche Vorlagen

Auch die Beurteilung der Rechtswidrigkeit von Vorlagen aus Internet-Tauschbörsen erscheint längst nicht so unproblematisch, wie vielfach behauptet wird.[396] Im Folgenden wird aufgezeigt, dass sich mit Blick auf die unterschiedliche Herkunft und Herstellung der zum Tausch angebotenen Werke pauschale Bewertungen verbieten.

Zunächst stellt sich die Frage nach dem anwendbaren Recht. Die in Internet-Tauschbörsen angebotenen Werke sind nicht nur weltweit abrufbar, sondern stammen auch aus den verschiedensten Regionen der Welt. Es stellt sich somit grundsätzlich die Frage, nach welchem Recht sich die Rechtswidrigkeit der Herstellung einer Kopievorlage bemisst. Mit der überwiegenden Meinung ist vom sog. Schutzlandprinzip auszugehen. Danach findet die rechtliche Beurteilung anhand des Urheberrechtes des Staates statt, für dessen Gebiet Rechtsschutz in Anspruch genommen wird.[397] Es kommt also in den hier zu beurteilenden Fällen nur darauf an, ob die Herstellung einer Vorlage im Ausland aus der Perspektive des deutschen Urheberrechts rechtswidrig war.[398]

Im Übrigen weist die Beurteilung der rechtswidrigen Herstellung von in Tauschbörsen angebotenen Files besondere Schwierigkeiten auf. Wie bereits erörtert, kann hierbei nur auf den Herstellungsakt, nicht jedoch auf den Akt der öffentlichen Zugänglichmachung, abgestellt werden. Insofern ergeben sich an dieser Stelle die gleichen Probleme, wie sie auch im Rahmen der körperlichen Vorlagen auftreten. Das angebotene Werkstück kann durchaus rechtmäßig hergestellt sein. Dies gilt insbesondere für den Fall, dass ein Nutzer zunächst eine Werkkopie im komprimierten MP3-Format für private Zwecke hergestellt hat und diese erst später über seinen Computer einer Tauschbörse zugänglich macht.[399] Derartige Vorgänge sind nicht selten. In den meisten Fällen verfügt der Nutzer doch bereits schon vor seiner Teilnahme an einer Tauschbörse über eine umfangreiche Musiksammlung, die vielfach auch bereits auf dem Computer im komprimierten MP3-Format gespeichert war.[400] So kann es zu dem - auf den ersten Blick merkwürdigen - Ergebnis kommen, dass zwar das Angebot der Datei in der Tauschbörse rechtswidrig, die Herstellung der Datei dagegen rechtmäßig erfolgte.

---

[395] Ebenso Berger in ZUM 2004, 257, 260.

[396] So aber bspw. Schippan in ZUM 2003, 678, 679, der meint, dass durch die neue Regelung nunmehr sämtliche Vorlagen aus Tauschbörsen als zulässige Quellen einer Vervielfältigung ausscheiden. Ebenso Pleister/Ruttig in MMR 2003, 763, 765.

[397] Wandtke/Bullinger/*Bullinger*, ErgBand zum UrhG-Komm., § 96 Rn 6. Möhring/Nicolini/*Lütje*, § 96 Rn 13. Nach dem „Schutzlandprinzip" sollen sich Schutzlücken im ausländischen Urheberrecht nicht nachteilig auf seinen Rechtsschutz in Deutschland auswirken.

[398] So Berger in ZUM 2004, 257, 259; i.E. auch Jani in ZUM 2003, 842, 849.

[399] In der Praxis kann dieser Vorgang bspw. durch die Verschiebung des Werkstückes auf der Festplatte von einem neutralen Ordner in einen sog. Filesharing-Ordner, welcher der Öffentlichkeit im Rahmen einer Tauschbörse zugänglich gemacht wird, erfolgen. Vgl. hierzu Heghmanns, MMR 2004, 14, 16.

[400] So auch Heghmanns, MMR 2004, 14, 16.

Andererseits gilt auch für Vorlagen aus Tauschbörsen, dass sie ihre Privilegierung als Privatkopie für den Fall verlieren, dass sie von Anfang an zum Zwecke der öffentlichen Zugänglichmachung angefertigt wurden. Dieser Vorgang ist im Rahmen von Musiktauschbörsen häufig anzutreffen, da die herunter geladenen Werke meist automatisch wiederum für den „Download" durch andere Teilnehmer freigegeben werden.[401]
Im Übrigen wird vereinzelt darauf aufmerksam gemacht, dass manche Plattenfirmen und Künstler ihre Musikstücke zu Marketingzwecken kostenlos ins Internet stellen.[402] Hiermit versuchen insbesondere unbekannte Bands und junge Künstler auf sich aufmerksam zu machen. Die Nutzung oder Weitergabe der Werke wird dabei vielfach in keiner Weise reglementiert, so dass deren Vervielfältigung und anschließende Veröffentlichung in Tauschbörsen nicht rechtswidrig ist. Letztlich nehmen derartige Werke jedoch nur einen Bruchteil der in Tauschbörsen angebotenen Files ein. Der weit überwiegende Teil der in Tauschbörsen angebotenen Werke stammt von bekannten und erfolgreichen Künstlern, die ihre Werke gewöhnlich nicht zur freien Verfügung ins Internet stellen.[403]
Letztlich sind somit einige Situationen vorstellbar, in denen zum Tausch in Internet-Börsen angebotene Werke rechtmäßig hergestellt sein können. Die voreilige Annahme, bei sämtlichen in Tauschbörsen angebotenen Files handele es sich um rechtswidrig hergestellte Vorlagen[404], erweist sich somit bei näherer Betrachtung als falsch. Insoweit kommt es für die weitere Prüfung entscheidend auf die „Offensichtlichkeit" der Rechtwidrigkeit einer Quelle aus Tauschbörsen an.

(cc) „Offensichtlichkeit" der Rechtswidrigkeit

Der unbestimmte Rechtsbegriff der „Offensichtlichkeit" ist recht schwammig und birgt folglich ein erhebliches Maß an Auslegungsspielraum und damit Rechtsunsicherheit in sich.
So verwundert es auch nicht, dass die Auslegung des Begriffs der „Offensichtlichkeit" in der juristischen Literatur bislang höchst unterschiedlich erfolgt. Der Begriff wird als „Dreh- und Angelpunkt" für die künftige Anwendungspraxis von § 53 Abs. 1 UrhG bezeichnet.[405] Da dieser Einschub erst nachträglich im Rahmen des Vermittlungsverfahrens eingeführt wurde, bieten die Gesetzesmaterialien keine erläuternden Hinweise darauf, was der Gesetzgeber unter „Offensichtlichkeit" verstanden wissen möchte.
Teilweise wird davon ausgegangen, dass der Begriff objektiv zu verstehen sei.[406] Entscheidend sei, ob die Rechtswidrigkeit in einem objektiven Sinne von jedermann er-

---

[401] Die Freigabe kann jedoch in vielen Filesharing-Systemen unterbunden werden.
[402] Vgl. Freiwald, „Die private Vervielfältigung", S. 152.
[403] Ein von *Freiwald* genanntes Beispiel der bekannten amerikanischen Rockband „Metallica", die einen Teil ihrer Werke im Internet kostenlos und zur freien Verfügung überliess, stellt insoweit eine absolute Ausnahme dar, „Die private Vervielfältigung", S. 152.
[404] So Jani, ZUM 2003, S. 842, 851/852.
[405] so Jani, ZUM 2003, S. 842, 851/852.
[406] Jani, ZUM 2003, 842, 850; Czychowski in NJW 2003, 2409, 2411; Stickelbrock in GRUR 2004, 736, 738, mit dem Hinweis auf die milden Rechtsfolgen einer verschuldensunabhängigen Vervielfältigung von offensichtlich rechtswidrig hergestellten Vorlagen nach § 98 UrhG: lediglich die Vernich-

kennbar sei.[407] „Offensichtlich" sei die Rechtswidrigkeit danach, wenn sie sich dem Durchschnittsnutzer ohne weitere Nachforschungen aus der Anschauung der Vorlage bzw. den Begleitumständen unmittelbar erschließen könne. Es komme darauf an, wie der durchschnittlich verständige und informierte Nutzer die Vorlage würdigt. Als Durchschnittsnutzer sei derjenige anzusehen, der die für die jeweilige Vervielfältigung erforderliche Technik (beispielsweise einen CD-Brenner einschließlich der entsprechenden Software) laienhaft beherrscht.[408]
Andere stellen demgegenüber auf die subjektive Sicht des Nutzers ab.[409] Sie argumentieren, dass es schon keine objektiven Kriterien der „Offensichtlichkeit" gäbe.[410] Vielmehr müssten von außen erkennbare Umstände auf eine rechtswidrige Herstellung der Datei hindeuten.[411] „Offensichtlichkeit" sei gegeben, wenn die Grenzen des Privatkopierprivilegs nachweislich und in vorwerfbarer Weise überschritten werden.[412] Beim umstrittenen Tausch kopierter Audio-Dateien im Internet bestünden indes keinerlei Anhaltspunkte für den Nutzer, die ihm eine Entscheidung über eine offensichtliche Rechtmäßigkeit oder Rechtswidrigkeit der Vorlage ermöglichen würden.[413] Diese Auffassung vertrat zunächst auch die Bundesregierung. In der Gesetzesbegründung heißt es, dass sich die rechtliche Qualität einer Vorlage dem Nutzer oftmals nicht erschließe und dem von § 53 Abs. 1 begünstigten Nutzer eine unzumutbare und oftmals nicht erfüllbare Nachforschungspflicht aufgebürdet würde.[414] Erstaunlicherweise ist die Bundesregierung von dieser Auffassung inzwischen abgerückt, da sie laut einer Pressemitteilung des Bundesministeriums der Justiz vom 11. Juli 2003 in den sog. Tauschbörsen im Internet den zentralen Anwendungsbereich für den neugefassten § 53 Abs. 1 sieht.[415]
In dieselbe Richtung geht der Vorschlag, die Kriterien der groben Fahrlässigkeit bei der Bestimmung der „Offensichtlichkeit" heranzuziehen.[416] Da das Merkmal der „Offensichtlichkeit" den Hersteller einer Privatkopie in seinem Vertrauen auf die Rechtmäßigkeit seiner Handlung schützen solle, sei es mit dem Schutz des redlichen Besitzers im Eigentümer-Besitzer-Verhältnis vergleichbar. Zum Schadensersatz ist demnach nur derjenige verpflichtet, der vorsätzlich oder fahrlässig sein Besitzrecht verkannt hat (§ 990 Abs. 1 BGB).

---

tung und Überlassung der Vervielfältigungsstücke an den Rechtsinhaber. Diese Rechtsfolge verlange keine Verschuldenshaftung.
[407] Jani, ZUM 2003, 842, 850.
[408] so Jani, ZUM 2003, S. 842, 850.
[409] So Wandtke/Bullinger/*Lüft*, ErgBand zum UrhG-Komm., § 53 Rn 13; Heghmanns, MMR 2004, 14, 15; Poll/Braun in ZUM 2004, 266, 273.
[410] So Wandtke/Bullinger/*Lüft*, ErgBand zum UrhG-Komm., § 53 Rn 13.
[411] Heghmanns, MMR 2004, 14, 15.
[412] Pichlmaier in CR 2003, 910, 912.
[413] Abdallah/Gercke/Reinert in ZUM 2004, 31, 33.
[414] BT-Dr. 15/38, S. 39.
[415] So die ausdrückliche Erklärung der Bundesjustizministerin, die Ergänzung von § 53 Abs. 1 sei „insbesondere für den Download im Rahmen von Internettauschbörsen von Bedeutung". Pressemitteilung des Bundesministeriums der Justiz Nr. 58/03 vom 11. Juli 2003. abrufbar unter http://www.bmj.bund.de/ger/service/pressemitteilungen.
[416] So Berger in ZUM 2004, 257, 260.

Richtigerweise ist bei der Beurteilung der „Offensichtlichkeit" ein subjektiver Maßstab anzulegen. Eine objektive Bestimmung des Wissensstandes eines durchschnittlichen Nutzers lässt sich schon gar nicht ermitteln.[417] Welchen Wissensstand soll denn ein durchschnittlicher Tauschbörsennutzer aufweisen? Warum soll er mehr über die im privaten Bereich vorgenommene Herstellung von dortigen Angeboten wissen als ein Durchschnittsbürger? Nicht zuletzt würde eine derartige Betrachtungsweise in vielen Fällen zu ungerechten Ergebnissen führen. Sinn und Zweck der Formulierung ist der Schutz des gutgläubigen Vervielfältigenden.[418] Er soll grundsätzlich auf die rechtmäßige Herstellung der Kopiervorlage vertrauen dürfen. Nur, wenn die Begleitumstände eindeutig auf die Illegalität der Vorlage hinweisen, soll ihm ein Vorwurf gemacht werden können. Die Rechtswidrigkeit der Herstellung muss anhand äußerer Umstände eindeutig erkennbar sein.
Mit *Dreier*[419] ist daher davon auszugehen, dass Vervielfältigungsstücke nur dann offensichtlich hergestellt sind, wenn die Möglichkeit einer Erlaubnis durch den Rechteinhaber sowie einer irgend gearteten Privilegierung aller Wahrscheinlichkeit ausgeschlossen werden kann.

i) „Offensichtlichkeit" bei körperlichen Trägern

Eine „offensichtlich rechtswidrige" Herstellung der Vorlage ist bei körperlichen Trägern vielfach nur schwerlich feststellbar. Dies gilt zunächst in den Fällen professioneller Produktpiraterie. Hier kann oftmals schon nicht festgestellt werden, ob es sich bei dem Piraterieprodukt um das Original handelt. Professionelle Piraterieprodukte von CDs und DVDs werden heutzutage derart originalgetreu hergestellt, dass oftmals noch nicht einmal die Einzelhändler merken, dass sie einer Fälschung erlegen sind.[420]
Besonders schwierig ist die Feststellung überdies in den Fällen, in denen eine Privatkopie als Vorlage genutzt wird. Eine Kopie ist anhand der vorgenannten Voraussetzungen u.a. dann rechtswidrig hergestellt, wenn sie mittels Umgehung von Kopierschutzmechanismen oder nicht zum privaten Gebrauch erstellt wurde. Die seinerzeitige Umgehung von Kopierschutz ist aber nicht ohne weiteres zu erkennen. Da bislang nicht alle in Deutschland vertriebenen CDs/DVDs mit einem Kopierschutz ausgerüstet sind, muss der Vervielfältigende auch nicht zwangsläufig von deren Vorhandensein bei dem kopierten Original ausgehen. Evidente Spuren oder Hinweise auf einen ursprünglich vorhandenen Kopierschutz werden auf einer kopierten Vorlage selten vorhanden sein. Kopierschutzmechanismen sind grundsätzlich lediglich auf dem Originalträger ersichtlich und werden dort vielfach durch Siegel und Hinweise besonders ausgewiesen.[421] Überdies kann Privatkopien von körperlichen Trägern in keiner Weise angesehen werden, unter welcher subjektiven Zweckbestimmung – zum privaten oder

---

417 So aber Jani, ZUM 2003, 842, 851, der meint, dass derjenige als Durchschnittsnutzer anzusehen sei, der die für den jeweiligen Vervielfältigungsvorgang notwendigen Techniken laienhaft beherrsche.
418 So auch Wandtke/Bullinger/*Lüft*, ErgBand zum UrhG-Komm., § 53, Rn 13.
419 Dreier/Schulze/*Dreier*, § 53 Rn 12.
420 Wiegand, „Die Geräteabgabe", S. 224, der darauf hinweist, dass professionelle Fälschungen einem Produktpiraten oftmals erst dann zugeordnet werden können, wenn die CD mit Hilfe spezieller Geräte vergrößert wird, um so kleinste Fehler, die einem Original nicht anhaften, ausfindig zu machen.
421 Vgl. zur Erkennbarkeit von Kopierschutz Volpe/Bär in C't 7/2003, S. 144 f.

gewerblichen Zweck - sie angefertigt wurden. Die Zweckbestimmung kennt nur der seinerzeit Vervielfältigende, so dass Schutzbehauptungen Tür und Tor geöffnet sind. Evident kann die Rechtswidrigkeit mitunter nur bei Kopien von Kinofilmen sein, die entweder bislang in deutschen Kinos noch gar nicht angelaufen sind oder zum Zeitpunkt der Vervielfältigung noch im Kino laufen. In diesen Zeiträumen kann es aufgrund der Auswertungsphasen dieser Filme noch keine zulässigen Privatkopien geben. Kopierfähige DVDs kommen erst mit der Verwertung in Videotheken in Umlauf. Demgegenüber dürfte das Vorhandensein von Kopierschutz auf sämtlichen DVDs (sog. Content Scrambling System / CSS) nicht für die Feststellung einer „offensichtlich rechtswidrigen" Herstellung genügen. Schließlich können viele aktuelle Filme auch zulässigerweise aus dem Fernsehen kopiert werden.

ii) Offensichtlichkeit bei unkörperlichen Vorlagen
Ähnlich schwer zu beurteilen ist die „Offensichtlichkeit" der rechtswidrigen Herstellung bei in Online-Tauschbörsen angebotenen Vorlagen. Die dort angebotenen Dateien bieten meist keinerlei Hinweise auf die Art und Weise ihrer Herstellung. Insbesondere kann ihnen nicht angesehen werden, ob sie mittels Umgehung von Kopierschutzmechanismen erstellt wurden. Etwas anderes gilt hier ebenfalls nur für den Fall, dass ein Spielfilm vor oder während seiner Veröffentlichung im Kino bereits in der Tauschbörse angeboten wird. In diesen Fällen ist schlichtweg keine legale Herstellungsweise vorstellbar.

e) Die Vervielfältigung zum sonstigen Gebrauch, § 53 Abs. 2 und 3 UrhG
Die Vervielfältigung zum privaten Gebrauch muss von der Vervielfältigung zum eigenen Gebrauch gemäß § 53 Abs. 2 und 3 UrhG abgegrenzt werden. Im Gegensatz zu Abs. 1 erfasst Abs. 2 auch berufliche und erwerbswirtschaftliche Zwecke, sowie juristische Personen.[422] Der private Gebrauchszweck darf hier überschritten werden. Der eigene Gebrauch ist grundsätzlich dadurch definiert, dass Vervielfältigungsstücke zur eigenen Verwendung und nicht zur Weitergabe an Dritte hergestellt werden.[423]
Zusätzlich zur eigenen Verwendung verlangt das Gesetz die in den Nr. 1 bis 3 genannten Nutzungszwecke, sowie die in Nr. 4 genannte Nutzungsweise:
- gemäß § 53 Abs.2 S. 1 Nr. 1 werden Vervielfältigungen **zum eigenen wissenschaftlichen Gebrauch** freigestellt. Hiermit soll sichergestellt werden, dass die wissenschaftliche Tätigkeit, die auch in der Auseinandersetzung mit Werken anderer Urheber besteht, nicht durch die sonst notwendige ständige Einholung von Nutzungserlaubnissen behindert wird.[424]
- Abs. 2 S. 1 Nr. 2 erlaubt die Herstellung von einzelnen Vervielfältigungsstücken eines Werkes **zur Aufnahme in ein eigenes Archiv**, soweit die Vervielfältigung hierdurch geboten ist und ein **eigenes**, im Eigentum des Archivbetreibers stehende Werkstück als Vorlage verwendet wird. Zur Begründung wurde angeführt, dass eine Biblio-

---

[422] Schricker/*Loewenheim*, § 53 Rn 17.
[423] Amtl. Begr. BT-Dr. 10/837, 9.
[424] Vgl. Wandtke/Bullinger/*Lüft*, ErgBand zum UrhG-Komm., § 53 Rn 22.

thek ihre Bestände auf Mikrofilm aufnehmen können soll, um Platz zu sparen oder vor Katastrophen schützen zu können.[425]
- Abs. 2 S. 1 Nr. 3 gestattet die Vervielfältigung eines durch Funk gesendeten Werkes zur eigenen Unterrichtung über Tagesfragen. Im Zuge der Umsetzung der Info-RL wurde Abs. 2 S. 1 Nr. 3 neu aufgenommen. Danach sind Vervielfältigungen nach Abs. 2 S. 1 Nr. 3 nur noch zulässig, wenn die Vervielfältigungen auf Papier oder einem ähnlichen Träger mittels beliebiger fotomechanischer Verfahren oder anderer Verfahren mit ähnlicher Wirkung vorgenommen werden oder ausschließlich eine analoge Nutzung stattfindet. Eine Vervielfältigung eines gesendeten Werkes durch Aufnahme auf einen digitalen Datenträger ist folglich nicht zulässig.[426] Die Regelung dient dem Informationsinteresse und will die zeitversetzte Wiedergabe von aufgezeichneten Sendungen zur eigenen Unterrichtung rechtlich ermöglichen.[427]
- Abs. 2 S. 1 Nr. 4 UrhG lässt die Herstellung einzelner Vervielfältigungen generalklauselartig ohne Beschränkung auf den Verwertungszweck zu, jedoch wiederum nur für den eigenen Gebrauch. Die Beschränkung nach Abs. 2 S. 3 gilt auch hier. Vervielfältigt werden dürfen nur **kleine Teile eines erschienenen Werkes**. Als Obergrenze werden 20 % eines Werkes angesehen.[428] Die Obergrenze ist in jedem Fall überschritten, wenn der vervielfältigte Anteil das Werk ersetzen kann. Die Vorschrift soll es dem Benutzer ersparen, ein ganzes Werk zu erwerben, wenn er nur einen kleinen Teil benötigt.[429]
Nach Nr. 4 a ist überdies die Vervielfältigung von **einzelnen Beiträgen zum eigenen Gebrauch, die in Zeitungen oder Zeitschriften erschienen sind**, zulässig.
Abs. 2 S. 1 Nr. 4 b erlaubt die Herstellung einzelner Vervielfältigungsstücke von Werken aller Art zum eigenen Gebrauch, **wenn das vervielfältigte Werk seit mindestens 2 Jahren vergriffen ist.**
- Abs. 3 gestattet aus bildungspolitischen Erwägungen Vervielfältigungen **von kleinen Teilen eines Druckwerks oder Zeitungs- und Zeitschriftenbeiträgen für den Unterrichts- und Prüfungsgebrauch** in der erforderlichen Anzahl.

f) Freistellung von bloß vorübergehenden (ephemeren) Speicherungen gem. § 44a UrhG

In Umsetzung der Info-RL ist § 44 a in das UrhG eingefügt worden.[430] Danach sind vorübergehende Vervielfältigungen, die flüchtig oder begleitend sind und einen integralen und wesentlichen Teil eines technischen Verfahrens darstellen und deren alleiniger Zweck es ist, 1. eine Übertragung in einem Netz zwischen Dritten durch einen Vermittler oder 2. eine rechtmäßige Nutzung eines Werkes oder eines sonstigen Schutzgegenstandes zu ermöglichen, ohne eine eigene wirtschaftliche Bedeutung zu erlangen, zulässig. Es werden hiermit solche Vervielfältigungshandlungen den ausschließlichen Verwertungsrechten der Urheber aus den §§ 15, 16 UrhG entzogen, die

---

[425] Amtl. Begr. BT-Dr. IV/270, 73.
[426] Vgl. Wandkte/Bullinger/*Lüft*, ErgBand zum UrhG-Komm., § 53 Rn 27.
[427] Schricker/Loewenheim, 2. Aufl., § 53 Rn 29.
[428] Vgl. Wandtke/Bullinger/*Lüft*, ErgBand zum UrhG-Komm., § 53 Rn 29.
[429] Amtl. Begr. BT-Dr. IV/270, 73.
[430] Die Vorschrift setzt Art. 5 Abs. 1 der Info-RL so gut wie wörtlich um.

für eine Übermittlung digitaler Daten technisch notwendig sind, die aber keine weitere Verwertung der Werke ermöglichen, da sie keine eigenständige wirtschaftliche Bedeutung haben dürfen.[431]

Erwägungsgrund 33 der Info-RL nennt als Beispiele für derartige „ephemere" Speicherungen etwa das „Browsing" oder das „Caching".[432] Ebenso hierunter fallen kurzfristige Speicherungen im Arbeits- oder Bildschirmspeicher des Computers. Diese fallen bspw. an, wenn Musik-CDs oder Film-DVDs auf dem PC abgespielt werden. Die hierbei anfallenden Vervielfältigungen dienen ausschließlich dem einmaligen „rezeptiven" Werkgenuss. Der rezeptive Werkgenuss unterfällt nach der Systematik des deutschen Urheberrechts nicht den Ausschließlichkeitsrechten des Urhebers. Derartige Zwischenspeicherungen ermöglichen keine weitere Verwertung der empfangenen Werke, insbesondere auch keine spätere dauerhafte Speicherung auf der Festplatte des Computers oder körperlichen Trägermedien. Insofern besitzen sie auch keine eigenständige wirtschaftliche Bedeutung, so dass den Urhebern hierfür keine Vergütung zusteht.[433]

Gleiches gilt für das sog. „Streaming", die Übertragung von Musik- oder Videosequenzen in Echtzeit auf den Computer des Nutzers (bspw. beim sog. Internetradio). Auch die hierbei erfolgenden Zwischenspeicherungen stellen keine Beeinträchtigung der wirtschaftlichen Interessen der Berechtigten dar.[434]

g) Unzulässige Verbreitung von Vervielfältigungsstücken und öffentliche Wiedergabe

Wie bereits erwähnt, ist die Verbreitung der nach § 53 Abs. 1 bis 4 in zulässigerweise hergestellten Vervielfältigungsstücke unzulässig. Wird ein Vervielfältigungsstück nicht nur zum privaten oder sonstigen eigenen Gebrauch hergestellt, sondern beabsichtigt der Vervielfältigende von Beginn an auch dessen Veröffentlichung, liegen die Voraussetzungen der privilegierten Tatbestände des § 53 Abs. 1 bis 4 UrhG bereits schon nicht vor.

Ausgenommen von diesem Verbot ist gemäß Abs. 6 S. 2 jedoch der Verleih von rechtmäßig hergestellten Vervielfältigungsstücken von Zeitungen und vergriffenen Werken, sowie von solchen Vervielfältigungsstücken, bei denen kleine beschädigte oder abhanden gekommene Teile durch Vervielfältigungsstücke ersetzt worden sind.

3. Vervielfältigungsverbote

Die Ausschließlichkeitsrechte der Urheber, insbesondere das Verbotsrecht hinsichtlich der Vervielfältigung ihrer Werke, sind für bestimmte Werke aufrechterhalten. Die betroffenen Werke werden im Folgenden dargestellt. Bei dieser Betrachtung wird ein besonderes Gewicht auf die Begründung der Vervielfältigungsverbote gelegt. Die Gründe sind im Hinblick auf die Frage nach einer Sonderbehandlung der Privatkopie von besonderem Interesse.

---

431 Vgl. Schippan in ZUM 2003, 378, 380.
432 Vgl. zu diesen Begriffen oben in Teil 2, A I. 3.
433 Spindler in GRUR 2002, 105, 111; ders. in JZ 2002, 60, 62.
434 Ebenso Wiegand, „Die Geräteabgabe", S. 218.

a) Noten, vollständige Bücher und Zeitschriften, § 53 Abs. 4 UrhG

Die Vervielfältigung von Noten sowie eines im Wesentlichen vollständigen Buches oder einer im Wesentlichen vollständigen Zeitschrift ist ohne Genehmigung des Rechtsinhabers nur zur Aufnahme in eine eigenes Archiv nach Abs. 2 Nr. 2 oder für den eigenen Gebrauch zulässig, falls das Werk seit mindestens 2 Jahren vergriffen ist. Ergänzend sind Vervielfältigungen zum privaten oder sonstigen eigenen Gebrauch i.S.d. Abs. 1 bis 3 zulässig, wenn die betreffenden Werke abgeschrieben werden.

Die Vorschrift ist mit der Urheberrechtsnovelle 1985 ins UrhG aufgenommen worden. Der Gesetzgeber sah sich seinerzeit gezwungen, auf die qualitative und quantitative Entwicklung im Bereich der Fotokopien mittels Reprographie zu reagieren. Er erkannte die Gefahr, dass sowohl Noten als auch ganze Bücher und Zeitschriften massenweise schnell und kostengünstig kopiert werden konnten.[435] Gerade die Herstellung von Notensätzen sei sehr teuer, weshalb sich die private Vervielfältigung an dieser Stelle besonders nachteilig auswirke. In sämtlichen Fällen erblickte der Gesetzgeber eine erhebliche Gefahr für die Verwertungsrechte der Urheber. Die Gestattung der Vervielfältigung ohne Zustimmung des Rechteinhabers hätte eine erhebliche Schädigung der Primärliteratur zur Folge.[436] Sinn des Verbots war es somit, das Einsparen der Anschaffung zu verhindern.[437]

b) Datenbanken gemäß § 53 Abs. 5 UrhG[438]

Nach § 53 Abs. 5 UrhG dürfen elektronisch zugängliche Datenbankwerke weder zum privaten Gebrauch noch zur Aufnahme in ein eigenes Archiv, zur Unterrichtung von Tagesfragen oder dem sonstigen eigenen Gebrauch (Abs. 2 Nr. 2 bis 4) vervielfältigt werden. Zugelassen ist deren Vervielfältigung nur zum eigenen wissenschaftlichen Gebrauch i.S.d. Abs. 2 S.1 Nr. 1, wenn dieser nicht gewerblichen Zwecken dient. Hinzuweisen ist in diesem Zusammenhang aber auf § 55 a UrhG, wonach die Bearbeitung oder Vervielfältigung von Datenbankwerken durch den Eigentümer oder Nutzungsberechtigten insoweit erlaubt ist, als dies für eine allgemein übliche Verwendung notwendig ist.[439] Hiermit wird dem Umstand Rechnung getragen, dass bei der Nutzung elektronischer Datenbanken ungewollt technisch bedingte Speicherungen auftreten können.

Ein elektronisch zugängliches Datenbankwerk ist gem. § 4 Abs. 2 UrhG ein Sammelwerk, dessen Elemente systematisch oder methodisch angeordnet und einzeln mit Hilfe elektronischer Mittel zugänglich sind. Filmwerke und Musik-CDs fallen im Hinblick auf die insoweit eindeutigen Erwägungsgründe 17 und 19 der EU-

---

[435] Vgl. Amtl. Begr. UrhG 1985, BT-Dr. 10/837, S. 17, im Internet abrufbar unter http://www.urheberrecht.org/law/normen/urhg/1985-06-24/materialien/ds_10_837_I.php3.

[436] Vgl. Amtl. Begr. UrhG 1985, BT-Dr. 10/837, S. 17, im Internet abrufbar unter http://www.urheberrecht.org/law/normen/urhg/1985-06-24/materialien/ds_10_837_I.php3.

[437] Fromm/Nordemann/*Nordemann*, § 53, Rn 11.

[438] Die Vorschrift wurde in Umsetzung des Art. 6 Abs. 2 a) und b) der EU-Datenbankrichtlinie 96/9/EG eingeführt.

[439] Möhring/Nicolini/*Decker*, § 53, Rn 53.

Datenbankrichtlinie nicht unter den Begriff der Datenbanken i.S.d. § 53 Abs. 5 UrhG.[440]
Zur Begründung des Vervielfältigungsverbot weist der EU-Gesetzgeber zum einen daraufhin, dass der Aufbau von Datenbanken die Investition erheblicher Mittel erfordere, Datenbanken aber zu einem Bruchteil der Entwicklungskosten kopiert oder abgefragt werden könnten.[441] Die unerlaubte Vervielfältigung könne schwerwiegende „wirtschaftliche und technische Folgen" haben. Zum anderen seien Datenbanken für die Entwicklung des Informationsmarktes in der Gemeinschaft und anderer Bereiche von großer Bedeutung, Investitionen in den Aufbau „fortgeschrittener Informationsmanagementsysteme" daher aufgrund der exponentiellen Zunahme von Daten, die alljährlich in allen Bereichen des Handels und der Industrie erzeugt und verarbeitet würden, zunehmend erforderlich. Dabei erkannte der EU-Gesetzgeber insbesondere elektronische, also digitale, Datenbankwerke als besonders schutzbedürftig.[442]

c) Öffentliche Vorträge oder Aufführungen, Pläne zu Werken der bildenden Künste, § 53 Abs. 7 UrhG

Ohne Zustimmung des Berechtigten dürfen auch bei Vorliegen der sonstigen Voraussetzungen des § 53 weder öffentliche Vorträge noch öffentliche Aufführungen oder Vorführungen auf Bild- und Tonträger aufgenommen werden. Erfasst vom Verbot der Aufnahme ist die sog. Erstfixierung. Hierzu gehört insbesondere die zunehmende Aufnahme von Kinofilmen mittels Digital-Kameras aus dem Zuschauersaal oder das Mitschneiden eines Musikkonzerts im Konzertsaal. Anders als das Mitschneiden eines Konzerts im Konzertsaal ist die Aufnahme eines im Radio gesendeten Livemitschnitts desselben Konzerts bei Vorliegen der sonstigen Voraussetzungen des § 53 UrhG indes zulässig.[443]
Sinn und Zweck dieser Vorschrift ist es, die durch eine Erstfixierung ermöglichten weiteren Nutzungshandlungen, wie Verbreitung und Vervielfältigung, zu unterbinden. Überdies findet die Aufnahme öffentlicher Aufführungen oder Vorführungen regelmäßig nicht in der Privat- oder Betriebspähre, sondern in der Öffentlichkeit statt.[444] Diesen Bereich wollte der Gesetzgeber von dem Einwilligungserfordernis durch den Berechtigten aber nicht freistellen.[445]

d) Computerprogramme, § 69 c Nr. 1 S. 1 UrhG

Nach § 69 c Nr. 1 S. 1 UrhG steht dem Rechtsinhaber das ausschließliche Vervielfältigungsrecht an geschützten Computerprogrammen zu. Gem. § 69 d Abs.2 UrhG darf durch den Berechtigten, also etwa Käufer oder Lizenznehmer, ausnahmsweise eine Vervielfältigung zur Erstellung einer Sicherheitskopie angefertigt werden, wenn sie

---

440 Nach Flechsig in ZUM 1997, 577, 580 können derartige Werke aber grundsätzlich unter den Datenbankbegriff subsumiert werden.
441 Vgl. Erwägungsgründe 7-12 der RL.
442 Vgl. die Erwägungsgründe 2, 13 und 38 der RL.
443 Schricker/*Loewenheim*, § 53 Rn 23.
444 Amtl. Begr. BT_DR. IV/270, S. 71; Schricker/*Loewenheim*, § 53 Rn 53.
445 Amtl. Begr. BT_DR. IV/270, S. 71.

zur Sicherung der künftigen Benutzung erforderlich ist.[446] Ein Rückgriff auf § 53 Abs. 1 UrhG soll dem Nutzer aber in jedem Fall verwehrt sein.[447]
Die Vorschrift wurde im Zuge der Umsetzung der EU-Computerprogramm-Richtlinie[448] von 1991 eingeführt. Die Begründung für das Verbot der privaten Vervielfältigung von Computerprogrammen weist einige Parallelen zu der Begründung für das Vervielfältigungsverbot von Datenbanken auf. In den Erwägungsgründen Nr. 2 und Nr. 3 der Computerprogramme-Richtlinie wird hervorgehoben, dass die Entwicklung von Computerprogrammen eine erhebliche Investition „menschlicher, technischer und finanzieller Mittel" erfordere. Die Entwicklung von Computerprogrammen sei zudem von grundlegender Bedeutung für die industrielle Entwicklung der Gemeinschaft. Eine besondere Gefahr sei insbesondere darin zu sehen, dass die Computerprogramme zu einem Bruchteil der zu ihrer Entwicklung erforderlichen Kosten kopiert werden könnten.

e) Zwischenbetrachtung

Bei näherer Betrachtung der verschiedenen Vervielfältigungsverbote wird deutlich, dass die jeweiligen Begründungen größtenteils auf identischen Motiven aufbauen. Dies gilt vor allem für die Rechtfertigung der Vervielfältigungsverbote von Noten, Büchern und Zeitschriften, sowie Datenbanken und Computerprogrammen. Ausschlaggebend für ein Verbot sind letztlich jeweils die hohen Herstellungskosten der betroffenen Werke und die schwerwiegenden Gefahren für die Erstverwertung durch simple und kostengünstige Vervielfältigungsverfahren.
Nun handelt es sich bei diesen – mitunter zu Recht angestellten – Überlegungen jedoch nicht um Phänomene, welche ausschließlich bei diesen Werkarten auftreten. Vielmehr treffen sie entsprechend auf die digitale Vervielfältigung von Film- und Musikwerken zu. Zum einen kann festgestellt werden, dass die Herstellungskosten für viele Kinofilme oder Musikproduktionen oftmals genauso hoch oder sogar erheblich höher sind, als diejenigen für Notensätze, Bücher, Datenbanken und Computer-Software.[449] Überdies lässt sich feststellen, dass digitale Film- und Musikwerke heute genauso leicht und kostengünstig, wenn nicht sogar leichter und kostengünstiger, kopierbar sind, als die vorgenannten Werke.[450] Hinzu tritt der Umstand, dass heutige Digitalkopien von Film- und Musikwerken den Originalen in Sachen Qualität nahezu in nichts mehr nachstehen. Insoweit tritt die digitale Kopie in ernsthaften Wettbewerb zu dem Original, wodurch die einträgliche Erstverwertung gefährdet ist.[451]

---

[446] Schricker/*Loewenheim*, § 69 d Rn 17.
[447] Möhring/Nicolini/*Decker*, § 53 Rn 40.
[448] Richtlinie 96/9/EG vom 11.03.1996 über den Rechtsschutz von Computerprogrammen. ABl. Nr. L 122, S. 42.
[449] So auch Freiwald, „Die private Vervielfältigung", mit Verweis auf die Kosten des Michael-Jackson-Albums „Invincible", die sich auf 30 Mio. US-Dollar belaufen haben sollen.
[450] So dauert die Vervielfältigung eines ganzen Buches mittels modernem Scanner oder klassischem Fotokopierer aufgrund des notwendigen Seitenumschlags deutlich länger, als die Kopie einer CD/DVD. Mit Blick auf die Kosten für das verwandte Papier ist sie auch teurer.
[451] So auch Däubler-Gmelin in ZUM 1999, 769, 773.

Vorgenannte Argumente könnten heute daher genauso gut zur Rechtfertigung eines Verbots der privaten digitalen Vervielfältigung von Musik- und Filmwerken herangezogen werden. Schließlich scheinen den Gesetzgeber bei der Einführung des Kopieverbots für die genannten Werke auch die praktischen Probleme hinsichtlich der Durchsetzung in der Praxis wenig gestört zu haben. Dies ist im Hinblick darauf, dass sich die Vervielfältigung von Software und Datenbanken genauso in der - wegen Art. 13 GG schwer zu kontrollierenden - Privatsphäre abspielt, wie die Vervielfältigung von Musik- und Filmwerken, besonders bemerkenswert.
Fraglich ist nun, welche Schlüsse man aus diesen Parallelen zieht. Einerseits kann man den Standpunkt vertreten, dass der Gesetzgeber mit dem Vervielfältigungsverboten den weiteren Umgang mit digitalen Werken vorgezeichnet hat. So wird teilweise vorgebracht, dass es in Anbetracht der bestehenden Kopieverbote für (digitale) Software und elektronische Datenbanken nur folgerichtig wäre, die Kopie von digitalen Werken gänzlich zu verbieten.[452] Die Interessenlage scheint bei den meisten im UrhG statuierten Vervielfältigungsverboten auch tatsächlich mit derjenigen bei digitalen Kopien von Film- und Musikwerken vergleichbar. So sind die Gefahren für die Erstverwertung von Büchern und Zeitschriften durch die massenhafte Fotokopie nicht höher als die Gefahren für die Erstverwertung von Film- und Musikwerken durch digitale Vervielfältigungen.
Andererseits bleibt jedoch zu gegenwärtigen, dass in den Vervielfältigungsverboten für Software und Datenbanken keine grundsätzliche Entscheidung des Gesetzgebers für das Kopierverbot von digitalen Werken zum Ausdruck kommt. Beide Verbote erfolgten in zwingender Umsetzung von EU-Richtlinien. Der deutsche Gesetzgeber besaß in diesen Fällen schon gar keinen Entscheidungsspielraum für einen nationalen Sonderweg, wie er ihm nun im Rahmen der Info-RL gewährt wird. Hinweise auf den Willen des deutschen Gesetzgebers, digitale Werkformen aufgrund ihrer besonders einfachen Kopierbarkeit generell stärker zu schützen finden sich in den Gesetzesmaterialien nicht.[453] Daher handelt es sich bei diesen Vervielfältigungsverboten zu privaten Zwecken um spezifische Sonderfälle.[454] Die bestehenden Vervielfältigungsverbote besitzen im Ergebnis daher keine Aussagekraft für die Frage nach einem generellen Verbot der digitalen Vervielfältigung.
Unabhängig hiervon erscheinen die Vervielfältigungsverbote für Datenbanken und Computerprogramme als verfehlt.[455] Die Verbote sind in der Praxis - nicht anders als bei anderen Werkarten auch - nicht durchsetzbar. Trotz des Verbotes wird bspw. Software weiterhin massenhaft vervielfältigt.[456] Das Verbot hat somit letztlich vor allem eine Folge: die Urheber und sonstigen Schutzberechtigten werden um ihre Vergütungen aus dem pauschalen Abgabensystem nach den §§ 54 ff. gebracht und somit gegenüber anderen Urhebern benachteiligt.

---

452 Vgl. Berger in ZUM 2004, 257, 265.
453 Vgl. Freiwald, „Die private Vervielfältigung", S. 72.
454 So auch Freiwald, „Die private Vervielfältigung", S. 83.
455 Ebenso Freiwald, „Die private Vervielfältigung", S. 81 f.
456 So beziffert die Business Software Allianz (BSA) den Schaden durch Raubkopien in Deutschland für das Jahr 2001 auf 762 Millionen Euro, vgl. Meldung bei heise.de, abrufbar unter http://www.heise.de/newsticker/meldung/31003.

4. Kritische Würdigung

a) Die Forderung nach einer Einschränkung der Privatkopieschranke auf „rechtmäßige Vorlagen"

Die von dem Gesetzgeber in § 53 Abs. 1 UrhG getroffene Neufassung hat einen Streit über die Frage beendet, ob die Privatkopie nur von einer rechtmäßig hergestellten Vorlage gestattet sein darf. Dabei war wohl herrschende Meinung in der Literatur, dass nur legale Quellen als zulässige Quellen von Privatkopien in Frage kommen.[457] Vorlagen in Filesharing-Systemen würden insofern als zulässige Quellen der privaten Vervielfältigung entfallen, weil sie regelmäßig rechtswidrig seien.[458] Diese Auffassung vertrat zunächst auch der Bundesrat, wodurch es zur Anrufung des Vermittlungsausschusses kam.[459] Vertreter dieser Ansicht beriefen sich insbesondere darauf, dass die durch die Herstellung von Raubkopien verursachte Rechtsverletzung nicht dadurch perpetuiert werden dürfe, dass darauf aufbauende Privatkopien zugelassen würden.[460] Der Perpetuierungsgedanke fände insbesondere in § 96 Abs. 1 UrhG Ausdruck, wonach rechtswidrige Vervielfältigungsstücke weder verbreitet noch öffentlich wiedergegeben werden dürfen. Daraus ergäbe sich, dass für jede Nutzungshandlung ein rechtmäßiges Vervielfältigungsstück verwendet werden müsse.[461] Der Status des unrechtmäßigen Ausgangsmaterials setze sich an dem Vervielfältigungsstück fort.[462]
Die Gegenansicht verneinte das Erfordernis einer legalen Quelle insbesondere mit dem Hinweis auf den insoweit nicht eingeschränkten Wortlaut des § 53 Abs. 1 UrhG a.F. und mit dem Argument der fehlenden Erkennbarkeit der Herkunft einer Vorlage für den Nutzer.[463] Eine Beschränkung der Privilegierung auf rechtmäßig hergestellte Vorlagen würde jeden Nutzer zwingen, sich vorab über den rechtlichen Status der Kopiervorlage zu informieren, was bei der klassischen Produktpiraterie sehr schwierig und beim Download aus Filesharing-Systemen nahezu unmöglich sei.[464] Da es einen gutgläubigen Erwerb von urheberrechtlichen Nutzungsrechten mangels eines Publizitäts- und Rechtsscheintatbestandes nicht gibt[465], dürfe man nicht den Nutzer kriminalisieren, der die Legalität der Vorlage nicht erkennen könne.[466] Die Bundesregierung

---

[457] Schricker/*Loewenheim*, § 52 Rn 13; Fromm/Nordemann/*Nordemann*, § 53 Rn 4; Möhring/Nicolini/*Decker*, § 53 Rn 9. Loewenheim, Handbuch des Urheberrechts, § 31 Rn 20. Frey in ZUM 2001, 466 ff. Braun in GRUR 2001, 1106, 1107 (Syndikus des Verbandes der phongraphischen Wirtschaft).

[458] Leupold/Demisch in ZUM 2000, 379, 383 ff.; Braun in GRUR 2001, 1106, 1107 (Syndikus des Verbandes der phonographischen Wirtschaft).

[459] Vgl. Anrufung des Vermittlungsausschusses durch den Bundesrat, BT-Drucks. 15/1066, S. 2.

[460] Vgl. Möhring/Nicolini/*Decker*, § 53 Rn 9; Berger in ZUM 2004, S. 257, 259.

[461] Loewenheim in FS Dietz, 415, 420; Braun in GRUR 2001, 1106, 1107 (Syndikus des Verbandes der phonographischen Wirtschaft).

[462] Fromm/Nordemann/*Nordemann*, § 53 Rn 4; Möhring/Nicolini/*Decker*, § 53 Rn 9.

[463] Vgl. Monkemöller in GRUR 2000, 663, 667 f.; Schack in FS für Erdmann, S. 165 ff; Kreutzer in GRUR 2001, 193, 200.

[464] Kreutzer in GRUR 2001, 193, 200.

[465] Schricker/*Schricker*, Vor §§ 28 ff., Rn 63.

[466] Kreutzer in GRUR 2001, 193, 200; Spindler, JZ 2002, 60, 62; vgl. auch die Gegenäußerung der Bundesregierung zur Stellungnahme des Bundesrates v. 27.09.2002, BR-Dr. 684/02. Im Internet abrufbar unter http://www.urheberrecht.org/topic/Info-RiLi/.

schloss sich dieser Auffassung an und wies darauf hin, dass eine Norm so ausgestaltet sein müsse, dass die Normadressaten die Norm auch befolgen werden.[467] Im Vermittlungsausschuss einigten sich Bundestag und Bundesrat letztlich auf die Kompromisslösung, wonach lediglich „offensichtlich rechtswidrig hergestellte Vorlagen" als Vervielfältigungsquellen ausscheiden.
Die Einfügung des Tatbestandsmerkmals der „Offensichtlichkeit" ist zu begrüßen. Wie die Erörterung in Teil 2, B IV. 2. d) gezeigt hat, haben die Verbraucher in einer Vielzahl von Fällen keinerlei Möglichkeit festzustellen, ob eine Vorlage rechtmäßig oder rechtswidrig hergestellt wurde. Dies gilt sowohl für den Offline- als auch für den Online-Bereich. Dabei reicht es für die Feststellung der Rechtswidrigkeit einer Vorlage längst nicht aus, dass es sich nicht um das Original handelt. Denn auch Kopien können rechtmäßige Vorlagen für weitere Vervielfältigungen sein, so lange sie unter Rückgriff auf einen Privilegierungstatbestand, wie die Privatkopieschranke, erstellt worden sind.[468] Es wäre in der Tat unbillig, den Normadressaten mit unerfüllbaren und daher unzumutbaren Prüfungspflichten zu belasten und ihn damit in einer Vielzahl von Fällen unverschuldet in die Illegalität zu befördern.[469]
Zu kritisieren bleibt, dass sich der Gesetzgeber des unbestimmten Rechtsbegriffs der „Offensichtlichkeit" bedient hat, ohne in den Gesetzesmaterialien Hinweise auf seine Auslegung zu geben. So wird es der Rechtsprechung überlassen bleiben, Fallgruppen zu entwickeln.

b) Unzureichende Beschränkung auf „offensichtlich rechtswidrig hergestellte" Vorlagen

Die Neufassung des § 53 Abs. 1 UrhG ist allerdings unzureichend. Sie ist insbesondere zur wirksamen Bekämpfung des Filesharing ungeeignet. Wie in Teil 2, B IV. 2. d) umfassend dargestellt, wird ein Großteil der in Tauschbörsen angebotenen Werke nicht von der Formulierung der „offensichtlich rechtswidrig hergestellten" Vorlage erfasst. Dies ist darauf zurückzuführen, dass den in Tauschbörsen angebotenen Vorlagen in der Regel nicht angesehen werden kann, ob sie rechtmäßig oder rechtswidrig hergestellt wurden. Letztlich werden nur eklatante Fälle, wie ein Spielfilm, der bereits vor oder während seiner Aufführung im Kino in der Tauschbörse erscheint, als offensichtlich rechtswidrig hergestellte Vorlage gelten können.
Dagegen werden nahezu sämtliche in Tauschbörsen angebotenen Dateien gemäß §§ 15 Abs. 2 Nr. 2, 19 a UrhG rechtswidrig öffentlich zugänglich gemacht.[470] Der Anbieter eines urheberrechtlich geschützten Werkes wird von dem Rechteinhaber in der Regel nicht das Recht zur öffentlichen Zugänglichmachung erhalten haben. Meint es der Gesetzgeber mit der Bekämpfung des Filesharing ernst, so muss er generell offensichtlich rechtswidrig angebotene Dateien als Vorlagen für Privatkopien ausschließen. Der Gesetzgeber hat diese Notwendigkeit nunmehr im zweiten Korb der Urheberrechtsnovelle erkannt.

---

[467] So die Gegenäußerung der Bundesregierung zur Stellungnahme des Bundesrates v. 27.09.2002, BR-Drs. 684/02. Im Internet abrufbar unter http://www.urheberrecht.org/topic/Info-RiLi/.
[468] Dies scheint vielfach verkannt zu werden. Vgl. hierzu oben in Teil 2, B. IV. 2. d).
[469] Ebenso Kreutzer in GRUR 2001, 193, 200.
[470] Vgl. hierzu oben in Teil 2, A II..

V. Neuregelung der Privatkopieschranke nach dem Referentenentwurf zum 2. Korb der Urheberrechtsnovelle

Nachdem der deutsche Gesetzgeber mit dem ersten Korb der Urheberrechtsreform nach eigenem Bekunden lediglich die zwingenden und fristgebundenen Vorgaben der Info-RL umsetzte, will der Gesetzgeber im zweiten Korb alle offenen Fragen zur Schranke der Privatkopie abschließend regeln. Abgesehen von der Entscheidung der Frage nach der Durchsetzung der Privatkopieschranke gegenüber technischen Schutzmaßnahmen[471], macht er sich hierbei auch ausdrücklich zum Ziel, den Inhalt der Privatkopieschranke abschließend zu bestimmen.[472] Zu diesem Zweck wurde eine „Arbeitsgruppe Privatkopie" eingesetzt, die sämtliche Änderungsvorschläge der beteiligten Kreise in Ruhe und Sorgfalt diskutieren sollte.

Der am 27.09.2004 vorgelegte Referentenentwurf sieht von einem gänzlichen Verbot der Privatkopie ab. Sie erfährt lediglich eine Einschränkung dahingehend, dass die Privatkopie zukünftig auch dann unzulässig sein soll, wenn die Vorlage offensichtlich rechtswidrig im Internet zum Download angeboten, also öffentlich zugänglich gemacht wird.

1. Die Neuregelung des § 53 Abs. 1 UrhG nach dem Referentenentwurf zum zweiten Korb der Urheberrechtsnovelle

§ 53 Abs. 1 S. UrhG soll insoweit geändert werden, dass nach dem Wort „hergestellte" die Wörter „oder öffentlich zugänglich gemachte" eingefügt werden.[473]

Der Gesetzgeber reagiert mit dieser Änderung auf den lückenhaften Schutzumfang der bestehenden Regelung hinsichtlich der Vervielfältigung von Vorlagen aus Internet-Tauschbörsen. Er erkannte insoweit den misslichen Umstand, dass das Verbot der Nutzung „offensichtlich rechtswidrig hergestellter" Vorlagen bei einem Großteil der in Tauschbörsen angebotenen Werke - zumindest bei konsequenter und daher zutreffender Auslegung der Vorschrift - nicht greift.[474]

Mit der vorgeschlagenen Änderung unternimmt der Gesetzgeber den Versuch, diese Lücke zu schließen. Dabei ging er von folgender Überlegung aus: Das Angebot von Werken zum Download, d.h. die öffentliche Zugänglichmachung, ist ohne die erforderliche Zustimmung des Urhebers oder Rechtsinhabers, in jedem Fall unzulässig. Indem die Neuregelung generell den Download von „offensichtlich rechtswidrig öffentlich zugänglich gemachten" Vorlagen verbietet, soll der Großteil der in Tauschbörsen offerierten Werke als rechtmäßige Vorlage für private Vervielfältigungen endgültig ausscheiden. Hierdurch sollen Urheber und Rechtsinhaber in die Lage versetzt werden, gegen das Kopieren aus Filesharing-Systemen im Internet erfolgreich vorgehen zu können.[475]

---

[471] S. hierzu näher in Teil 4, G.

[472] Begr. RefEntw. zweiter Korb, S. 28, abrufbar unter http://www.bmj.bund.de/media/archive/760.pdf.

[473] Begr. RefEntw. zweiter Korb, S. 5, abrufbar unter http://www.bmj.bund.de/media/archive/760.pdf.

[474] Begr. RefEntw. zweiter Korb, S. 52, abrufbar unter http://www.bmj.bund.de/media/archive/760.pdf. Vgl. hierzu Teil 2, B IV. 2. d) bb) ii) und cc) ii).

[475] Begr. RefEntw. zweiter Korb, S. 52, abrufbar unter http://www.bmj.bund.de/media/archive/760.pdf.

2. Kritische Würdigung des § 53 Abs. 1 UrhG RefE

Mit dem Ausschluss der „offensichtlich rechtswidrig öffentlich zugänglich gemachten Vorlagen" aus der Privatkopieschranke hat der Gesetzgeber die eklatante Lücke geschlossen, welche eine wirksame Verfolgung von Urheberrechtsverletzungen in Online-Tauschbörsen bislang unmöglich machte. Der Großteil der in Tauschbörsen angebotenen Werke wird rechtswidrig öffentlich zugänglich gemacht. Darunter fallen sämtliche Werke, welche ohne Zustimmung des Rechteinhabers öffentlich angeboten werden, somit insbesondere urheberrechtlich geschützte Popsongs von bekannten Musikbands und Musikern, wie Madonna oder Britney Spears, oder kommerzielle Spielfilme.

Um den Verbraucher jedoch nicht mit unerfüllbaren Prüfungspflichten zu belasten, muss die Rechtswidrigkeit der öffentlichen Zugänglichmachung „offensichtlich" sein.[476] Der Gesetzgeber bediente sich dieses einschränkenden Tatbestandsmerkmales bereits im ersten Korb der Urheberrechtsnovelle hinsichtlich „rechtswidrig hergestellter" Vorlagen. Zur Vermeidung von Wiederholungen sei auf die Ausführungen zur Auslegung dieses unbestimmten Rechtsbegriffes in Teil 2, B IV. 2. d) cc) verwiesen. In entsprechender Anwendung der an dortiger Stelle entwickelten Definition, wird eine „offensichtliche Rechtswidrigkeit" der öffentlich Zugänglichmachung nur dann anzunehmen sein, wenn die Möglichkeit einer Zustimmung durch den Rechteinhaber aller Wahrscheinlichkeit nach ausgeschlossen werden kann. An die Prüfungspflicht des Nutzers werden hiermit nur sehr geringe Anforderungen gestellt. Das rechtswidrige Angebot eines Werkes muss ihm schon geradezu „ins Auge springen".

Dies wird bei dem Großteil der in Tauschbörsen angebotenen Musik- und Filmwerke anzunehmen sein. Zwar sind diverse Internetportale verfügbar, die auf legale Art und Weise – mit Zustimmung der Plattenfirmen - katalogartig kostenlose mp3-Dateien zum Download bereithalten oder auf entsprechende Angebote einen Link setzen.[477] Hier werden vereinzelt kostenlose Stücke von bekannten Musikern, wie Madonna, Depeche Mode, Eminem, Moby und anderen zu einem Zeitpunkt vorgestellt, als diese noch nicht mal offiziell auf Platte erschienen waren.[478] Überwiegend werden hier jedoch Songs von jungen und unbekannten Bands angeboten, die auf sich aufmerksam machen wollen.[479] Überdies sei auf vereinzelte Promotionsaktionen hingewiesen, in denen auch aktuelle Popsongs im Internet kostenlos zum Download angeboten werden.[480] Somit lässt sich zumindest festhalten, dass im Internet durchaus legale kostenlose Angebote von urheberrechtlich geschützten Werken verfügbar sind. Jedoch dürfen die in diesen Fällen angebotenen Songs immer nur auf den eigenen Rechner herunter geladen werden. Eine eigene öffentliche Zugänglichmachung durch den Verbraucher in Tauschbörsen oder privaten Homepages bleibt untersagt.

---

[476] So die Begr. zum RefE zum zweiten Korb, S. 53, abrufbar unter http://www.bmj.bund.de/media/archive/760.pdf.

[477] Vgl. etwa http://www.tonspion.de oder http://www.vitaminic.de.

[478] Vgl. Information unter http://www. tonspion.de/info.php.

[479] Vgl. Freiwald, „Die private Vervielfältigung" , S. 152.

[480] Bspw. die Aktion von „QS-Style", bei der in der Zeit vom 24.01.-20.03.2005 aktuelle Songs von Avril Lavigne, Alicia Keys, Max Mutzke etc. unter http://www.qs-style.de kostenlos zum Download zur Verfügung standen.

Daher erfolgt jedenfalls das Angebot von aktuellen Songs und Filmen von Privatpersonen in Tauschbörsen „offensichtlich" rechtswidrig. Es ist schlichtweg unvorstellbar, dass derartige Medien mit Zustimmung des Rechteinhabers öffentlich in Tauschbörsen angeboten werden. Eine Gefahr, dass der Verbraucher hier mit unerfüllbaren Prüfungspflichten belastet wird, ist nicht ersichtlich.[481] Eine solche wird gerade durch das Merkmal der „Offensichtlichkeit" ausgeschlossen.[482] Der Ausschluss von „offensichtlich rechtswidrig öffentlich zugänglich gemachten Vorlagen" führt somit im Ergebnis zu einem Verbot des Downloads von urheberrechtlich geschützten Werken aus Tauschbörsen.

Fraglich erscheint jedoch, ob und inwieweit dieses Verbot in der Praxis durchzusetzen ist. Eine Durchsetzbarkeit ist nur insoweit anzunehmen, wie der Download aus Internet-„Tauschbörsen" zu kontrollieren und überwachen ist. Von entscheidender Bedeutung ist hierbei, inwieweit die urheberrechtsverletzenden Tauschbörsennutzer überhaupt identifiziert und zur Verantwortung gezogen werden können. Problematisch ist, dass die Tauschbörsennutzer im Internet lediglich als IP-Adresse firmieren. Die sich dahinter verbergende Identität ist nur dem Zugangsvermittler zum Internet (Access-Provider) bekannt. Die Access-Provider sind derzeit allerdings lediglich den Strafverfolgungsbehörden gegenüber zur Auskunftserteilung über die Identität eines Tauschbörsennutzers verpflichtet.[483] Daher konzentrierten sich die betroffenen Rechteinhaber bislang zunächst auf die Strafverfolgung der Verletzer[484], wobei sie die im Wege der Akteneinsicht nach § 406e StPO bekannt gewordene Identität häufig zur anschließenden zivilrechtlichen Verfolgung ihrer Ansprüche benutzen. Die Staatsanwaltschaften nehmen die Ermittlungen jedoch nur in Einzelfällen auf, da ein öffentliches Interesse an der Strafverfolgung erst bei schwerwiegenden Vergehen in Betracht kommt. Folglich kann der Großteil der Urheberrechtsverletzer in Internet-„Tauschbörsen" derzeit und auch zukünftig weder straf- noch zivilrechtlich zur Verantwortung gezogen werden.

Nichtsdestotrotz ist davon auszugehen, dass bereits die Gefahr der strafrechtlichen Verfolgung eine abschreckende Wirkung auf eine Vielzahl von Tauschbörsennutzern erzeugt. So zeigt die massive und öffentlichkeitswirksame Klagewelle der amerikanischen Musikindustrie gegen die Nutzer von Internet-Tauschbörsen erste Wirkung: Im November und Dezember 2003 gaben nur noch 14 Prozent aller Internet-Nutzer in den USA an, sich auf diesem Weg mit Musik zu versorgen. Im Mai 2003 hatten sich noch

---

481 Abwegig insofern der Stellvertretende Vorstand der Verbraucherzentrale Bundesverband e.V. *v. Braunmühl* in ZUM 2005, S. 109, 110.

482 Für die Entfernung des Begriffs der „Offensichtlichkeit" die Interessengruppe der Filmwirtschaft Film20 in ihrer Stellungnahme zum zweiten Korb der Urheberrechtsreform vom 12.11.2004, abrufbar unter http://www.urheberrecht.org/topic/Korb-2/, und deren Interessenvertreter Schwarz/Evers in ZUM 2005, 113, 116.

483 Zur Problematik der Auskunftsansprüche gegen Access Provider vgl. die ausführliche Erörterung in Teil 6.

484 So begann die deutsche Musikindustrie auch erst im Jahre 2004 mit 68 Muster-Verfahren gegen Tauschbörsennutzer, die eine große Zahl von Musikstücken in der Tauschbörse Kazaa angeboten hatten, vgl. die Meldung unter http://www.e-recht24.de/news/urheberrecht/221.html. So kam es im Juni 2004 zur ersten strafrechtlichen Verurteilung eines Tauschbörsennutzers, AG Cottbus Az. 95 DS 1653 Js 15556/04 (57/04).

29 Prozent zum Musik-Download in Tauschbörsen bekannt.[485] Der Nutzerrückgang macht sich in erster Linie bei den Filesharing-Systemen bemerkbar, die Hauptziel der juristischen Attacken waren.[486]
Insofern erscheint das Verbot der Vervielfältigung von „offensichtlich rechtswidrig öffentlich zugänglich gemachten Vorlagen“, welches letztlich auf ein Verbot des Downloads urheberrechtlich geschützter Dateien aus Internet-„Tauschbörsen“ hinausläuft, zwar bedingt durchsetzbar. Um eine effektive und flächendeckende Verfolgung von Urheberrechtsverstößen im Internet zu gewährleisten, erscheint allerdings die Gewährung eines zivilrechtlichen Anspruches der Rechteinhaber gegen die Access-Provider auf Auskunftserteilung über die Identität der Urheberrechtsverletzer in Tauschbörsen angezeigt.[487]

3. Änderungen in § 53 Abs. 2 UrhG RefE

§ 53 Abs. 2 S. 1 Nr. 1 UrhG wird dahingehend ergänzt, dass die Vervielfältigung zum wissenschaftlichen Gebrauch „weder unmittelbar noch mittelbar gewerblichen Zwecken“ dienen darf. Die vorgeschlagene Ergänzung dient der Klarstellung im Sinne von Art. 5 Abs. 3 a der Info-RL.[488]
In § 53 Abs. 2 S. 2 Nr. 3 wird die Bestimmung aufgenommen, dass Archive im öffentlichen Interesse tätig sein müssen. Die Änderung trägt dem Umstand Rechnung, dass die Archivschranke gegenüber dem Einsatz von technischen Schutzmaßnahmen durchsetzungsstark gestaltet ist (§ 95b Abs. 1 Nr. 6 Buchstabe c UrhG). Hiermit soll verhindert werden, dass nicht über den „Umweg“ der Archivregelung die Privatkopie gegen technische Schutzmaßnahmen durchgesetzt werden kann.[489]

---

[485] Zu diesem Ergebnis kommt die „Pew Internet & American Life Studie“, die das Marktforschungsinstitut „comScore“ gemeinsam mit dem Pew Internet & American Life Project erstellt hat und die auf der Befragung von mehr als 1300 Personen beruht. Demnach ging die Nutzung von Kazaa innerhalb eines Jahres bis November 2003 um 15 Prozent zurück, bei BearShare waren es 9 Prozent und bei Grokster sogar 59 Prozent, vgl. die Nachricht bei heute.de vom 6.01.2004, abrufbar unter http://www.heute.de/ZDFheute/inhalt/23/0,3672,2094039,00.html.

[486] Laut der „Pew Internet & American Life Studie“ soll das besonders populäre Filesharing-System Kazaa seit Beginn der Klagewelle knapp fünf Millionen aktive User verloren haben. Allerdings würden viele Nutzer auf weniger bekannte Plattformen, wie etwa BitTorrent und eMule, die früher vor allem von erfahreneren Nutzern frequentiert wurden, ausweichen. Aber auch eMule und BitTorrent gelten als rückverfolgbar und könnten demnächst in das Visier der Plattenindustrie geraten, vgl. hierzu die Meldung in der „Netzzeitung“ vom 27.04.2004, abrufbar unter http://www.netzeitung.de/internet/283720.html. Zu einem ähnlichen Ergebnis kommt eine Untersuchung des P2P-Beobachters *IT Innovations & Concepts* (ITIC). Demnach sei bei der Tauschbörse *Kazaa*, die besonders von der juristischen Verfolgung betroffen ist, ein Rückgang der Nutzeranzahl um 13 Prozent zu verfolgen, vgl. Meldung des Institutes für Urheber- und Medienrecht vom 8.11.2004, abrufbar unter http://www.urheberrecht.org/news/2066.

[487] Vgl. hierzu Teil 6.

[488] Begr. RefEntw. zweiter Korb, S. 53, abrufbar unter http://www.bmj.bund.de/media/archive/760.pdf.

[489] Begr. RefEntw. zweiter Korb, S. 53, abrufbar unter http://www.bmj.bund.de/media/archive/760.pdf.

VI. Die Privatkopieschranke nach dem Gesetzesentwurf zum 2. Korb der Urheberrechtsnovelle

Der Gesetzesentwurf zum 2. Korb der Urheberrechtsnovelle vom 22.03.2006 übernimmt den Vorschlag aus dem Referentenentwurf zur Neuregelung der Privatkopieschranke. Inhaltliche Modifikationen erfahren lediglich die §§ 53 Abs. 2 bis 5 UrhG.[490]

VII. Rechtfertigung der digitalen Privatkopieschranke und alternative Lösungsmodelle

Mit der grundsätzlichen Beibehaltung der Privatkopieschranke erteilt der Gesetzgeber den zahlreichen Forderungen im juristischen Schrifttum nach einem gänzlichen Verbot der digitalen Privatkopie von Musik- und Filmwerken und der Abschaffung des pauschalen Abgabensystems eine klare Absage. Andererseits folgt er aber auch nicht den Verfechtern einer völligen Freistellung der privaten Vervielfältigung. Zu einer eindeutigen Entscheidung für oder wider Privatkopieprivileg hat sich der Gesetzgeber somit nicht durchringen können. Fraglich erscheint, ob diese Reaktion der massiven Bedrohung der Urheberrechte durch die massenhafte digitale Vervielfältigung im privaten Bereich gerecht wird.

1. Angemessener Interessenausgleich zwischen Urhebern und Konsumenten?

Die vorangegangene Untersuchung im ersten Kapitel hat gezeigt, dass die digitale Technologie zu einer neuen Dimension der privaten Vervielfältigung geführt hat. Während der analogen Kopie von Musik- und Filmwerken immer noch eine schlechtere Aufnahmequalität als dem Original anhaftet und mit jeder Nutzung einem Qualitätsverfall unterliegt, ist bei digitalen Kopien kaum ein Qualitätsverlust spürbar. Überdies machen es Filesharing und Brennertechnologie heute möglich, Musik- und Filmwerke rasant, kostengünstig und massenhaft zu kopieren, sodass sog. Klone entstehen. In Teil I B wurde aufgezeigt, welche ökonomischen Bedrohungen daraus für die Erstverwertung von Musik- und Filmwerken entstehen.

Es stellt sich somit die Frage, ob die zur Zeit der analogen Vervielfältigung eingeführte Systematik der Privatkopieschranke und des pauschalen Abgabensystems im digitalen Kontext noch ihre Berechtigung beanspruchen kann. Die digitale Vervielfältigungstechnologie hat eine Neubewertung der Interessenlage zwischen Urhebern und Konsumenten erforderlich gemacht. Das System der Privatkopie gegen eine pauschale Geräteabgabe fußt auf einer Interessenabwägung zwischen den Eigentumsinteressen der Urheber und dem Interesse der Allgemeinheit, die Werke der Kunst möglichst ungehemmt zu genießen. Diese Interessen stellen indes keinen gleich bleibenden Faktor dar, sondern entwickeln sich entsprechend den jeweiligen tatsächlichen Umständen. Es muss daher überprüft werden, ob die getroffenen Regelungen noch eine angemessene Einschränkung der Eigentumsfreiheit der Urheber aus Art. 14 GG darstellen. Denn die gebotene Interessenbewertung verlangt, für jede Fallkonstellation und jede Technik der privaten Vervielfältigung gesondert zu prüfen, ob veränderte technische und sozia-

---

[490] Gesetzesentwurf zum zweiten Korb der Urheberrechtsnovelle, abrufbar unter http://www.urheberrecht.org/topic/Korb-2/bmj/1174.pdf.

le Umstände die Aufhebung der Schranke der §§ 53, 54 ff. UrhG und die Wiederherstellung des Ausschließlichkeitsrechtes erfordern.[491]
Die Eigentumsverfassung des Grundgesetzes ist nicht starr, sondern dynamisch.[492] Die Schranken des Art. 14 Abs. 1 GG sind insbesondere anhand des Abwägungsgebotes, des Grundsatzes der Verhältnismäßigkeit und der Wesensgehaltsgarantie ständig neu zu überprüfen. Der Grundsatz der Verhältnismäßigkeit verlangt dabei eine Güterabwägung im Einzelfall, die ein ausgewogenes Verhältnis zwischen Eingriffsschwere und Eingriffsnutzen ergeben muss. Das BVerfG hat daher die Forderung aufgestellt, dass je mehr eine gesetzliche Regelung einen grundgesetzlich geschützten Bereich einengt, desto erheblicher müssen auch die Gründe sein, die die Beschränkung rechtfertigen sollen.[493]

2. Ist ein Verbot der digitalen Privatkopie von Musik- und Filmwerken angezeigt?
Im Vorfeld des zweiten Korbes ist insbesondere von Seiten der phonographischen Wirtschaft, aber auch von der Geräteindustrie die Forderung nach einem Verbot der digitalen Privatkopie von Musik- und Filmwerken erhoben worden.[494] Diese Forderung ist strikt zu trennen von der Forderung nach einem generellen Verbot der digitalen Privatkopie, wie sie manchen Autoren wohl im Eifer des Gefechts allzu leicht von den Lippen bzw. von der Hand geht.[495] Es darf nicht außer Acht gelassen werden - was in der hitzigen Debatte der letzten Jahre leider häufiger vorkam - dass die Privatkopieschranke in einem erheblichen Maße auch zur Vervielfältigung von digitalen Textwerken mittels PC in Anspruch genommen wird.[496] Eine Würdigung der allgemeinen Privatkopieschranke muss auch diesen Vervielfältigungszweck zwingend berücksichtigen. Nachfolgend befasst sich diese Arbeit indes ausdrücklich nur mit der Forderung nach einem Verbot der Privatkopie von Musik- und Filmwerken. Dabei wird zunächst erörtert, mit welcher Begründung sich die Privatkopieschranke für digitale Musik- und Filmwerke im Zeitalter der digitalen Vervielfältigung noch rechtfertigen lässt.

a) Ungehinderter Zugang zu Kulturgütern und Informationen aufgrund der Informationsfreiheit aus Art. 5 Abs. 1 S. 1 Hs. 2 GG als Rechtfertigungsgrund einer Privatkopieschranke für digitale Musik- und Filmwerke?
Wie bereits mehrfach erwähnt, wird als Argument für die Freistellung der Privatkopie oftmals das Postulat des freien und ungehinderten Informationszugangs (free flow of Information) genannt.[497] Dabei stützen sich die Vertreter dieser Auffassung vor allem auf verschiedentliche Aussagen des Gesetzgebers. Dieser wies mehrfach darauf hin,

---

[491] So auch Däubler-Gmelin in ZUM 1999, S. 769, 772.
[492] Vgl. Maunz/Dürig/Herzog/Scholz/*Papier*, Art. 14 GG, Rn 253.
[493] BVerfG GRUR 1980, 44, 48 – Kirchenmusik.
[494] Vgl. Stellungnahme des Bundesverbandes der phonographischen Wirtschaft und der deutschen Landesgruppe der IFPI zum zweiten Korb der Urheberrechtsreform vom 29.10.2003, S. 3, abrufbar unter http://www.urheberrecht.org/topic/Korb-2/; Vgl. auch Berger in ZUM 2004, S. 257, 265.
[495] Vgl. nur Berger in ZUM 2004, 257 f.
[496] Vgl. GfK-Studie im Auftrag der VG Wort, abrufbar unter www.vgwort.de/files/GFK04.htm.
[497] Vor allem die Informationswissenschaft wird nicht müde, die Sicherstellung des „free flow of Information" anzumahnen, vgl. nur Grassmuck in ZUM 2005, 104 f.

dass den Urhebern die „berechtigten Interessen der Allgemeinheit an dem ungehinderten Zugang zu den Kulturgütern gegenüberstehe".[498] So bedürfe kulturelle Schöpfung stets eines gegenseitigen Gebens und Nehmens.[499] Jeder Urheber sei in seinen Kulturkreis eingebunden und baue auf dem Kulturschaffen anderer Urheber auf; ebenso müsse er auch anderen die Benutzung seiner Werke in gewissem Rahmen gestatten.[500] Auch der Bundesgerichtshof wies mehrfach auf die Bedeutung der Privatkopieschranke für das Interesse der Allgemeinheit an einem ungehinderten Zugang zu Informationen hin.[501]

Als widerstreitendes Verfassungsrecht wird insofern die Informationsfreiheit aus Art. 5 Abs. 1 S. 1 Hs. 2 GG angeführt.[502] Sie stellt ein Individualrecht dar, sein Wissen zu erweitern und damit seine Persönlichkeit zu entfalten, welches zugleich eine zentrale Voraussetzung für eine freie und möglichst gut informierte demokratische Öffentlichkeit schafft.[503]

Der Bedeutung der Informationsfreiheit wird in der derzeitigen Diskussion um die Privatkopieschranke allerdings höchst unterschiedliches Gewicht beigemessen. Dies mag mitunter daran liegen, dass bislang keine höchstrichterliche Rechtsprechung zu den verfassungsrechtlichen Grundlagen der Privatkopieschranke ergangen ist. Ausschlaggebender ist jedoch, dass die in der jüngeren Literatur häufig anzutreffende Forderung, § 53 Abs. 1 UrhG sei im Lichte der überragenden Bedeutung der Informationsfreiheit zu betrachten, meist vage bleibt. Hier ist genauer zu untersuchen, welchen Allgemeinwohlzwecken § 53 Abs. 1 UrhG im Einzelnen dient. Dies stellt eine schwierige Aufgabe dar, ist doch der durch § 53 Abs. 1 UrhG gestiftete Nutzen meist diffus über eine Vielzahl von Vervielfältigungsvorgängen verteilt und lässt sich somit nur schwer konkretisieren. Eine genaue Betrachtung der Privatkopieschranke muss überdies auch nach dem vervielfältigten Medium unterteilen. So muss zwischen der Vervielfältigung von digitalen Unterhaltungsmedien (Musik/Film) einerseits und digitalen Printmedien (Online-Publikationen von Spiegel, FAZ etc.) andererseits unterschieden werden. Innerhalb der Unterhaltungsmedien muss zudem zwischen körperlichen (CD/DVD) und

---

[498] Vgl. Amtl. Begr. zum Urheberrechtsgesetz 1965 BT-Drs. IV/270, 30; ebenso die Begründung zum UrhG 1985, BT-Dr. 10/837, S. 9.

[499] So die amtl. Begr. zur Urheberrechtsnovelle 1985, BT-Drucks. 10/837, S. 9.

[500] Schricker/*Loewenheim*, UrhG, § 53 Rn 1. Ähnlich die amtl. Begr. zur Urheberrechtsnovelle 1985, BT-Drucks. 10/837, S. 9.

[501] Dabei hatte er jedoch die Vervielfältigung von Printmedien im Blick, vgl. BGH in GRUR 1999, 707, 712 – Kopienversanddienst. Ebenso BGH GRUR 1997, 459, 463 – CB-Infobank I, wonach § 53 UrhG dem Interesse der Allgemeinheit verpflichtet ist, im Rahmen der Entwicklung der modernen Industriegesellschaft, zu vorhandenen Informationen und Dokumentationen „unkomplizierten" Zugang zu haben. In diesem Sinne auch Schricker/*Loewenheim*, § 53, Rn 1; ähnlich Möhring/Nicolini/*Decker* zu § 53 Rn 1: besondere Bedeutung der Schranke für die Wahrung der Interessen an Kommunikation, Teilhabe und Weiterentwicklung in kreativen Schaffensprozessen. Ebenso Dreier/Schulze/*Dreier*, § 53, Rn 1.

[502] S. Kröger in MMR 2002, S. 18, 19 f..; Senftleben in CR 2003, S. 914, 916 f.; Holznagel/Brüggemann in MMR 2003, S. 767, 768 f.; Löffler in NJW 1980, S. 874 f.; das Grundrecht auf Informationsfreiheit wird zudem von den Verbraucherverbänden als das Hauptargument in der derzeitigen Diskussion um die Zukunft der Privatkopie eingesetzt.

[503] BVerfGE 27, 71 (81 f.).

unkörperlichen (bspw. MP3-Files in Filesharing-Systemen) Medienangeboten differenziert werden.
Als weiterer Gesichtspunkt tritt hinzu, dass die berechtigten Informationsinteressen im Falle der Vervielfältigung von Werken zum wissenschaftlichen Gebrauch (§ 53 Abs. 2 S. 1 Nr. 1), zur Unterrichtung über Tagesfragen (§ 53 Ab. 2 S, 1 Nr. 3), zur Nutzung im Schulunterricht (§ 53 Abs.3 Nr. 1) etc. viel deutlicher zu Tage treten, als im Bereich der Vervielfältigung zu privaten Zwecken. Hier ist auf den ersten Blick nur schwerlich zu erkennen, worin der Informationsmehrwert bestehen soll, wenn der Bürger Kopien von Informationsquellen anfertigt. Dies gilt in besonderem Maße für Kopien von Musik- und Filmwerken. So war es auch zunächst nur das Problem der mangelnden Durchsetzung eines Vervielfältigungsverbots, welches den Gesetzgeber 1965 zur Freistellung der Privatkopie im Wesentlichen auf dem Gebiet musikalischer Werke bewegte. Erst später kam im Zuge der Neuregelung der Reprographieabgabe wegen der Zunahme der privaten Vervielfältigung von Sprachwerken als zusätzlicher Rechtfertigungsgrund das Gemeinwohl in Form der Gewährung eines freien Zugangs zu Informationen hinzu.[504]
Die Informationsfreiheit gewährleistet grundsätzlich die Freiheit, sich aus allgemein zugänglichen Quellen ungehindert zu unterrichten. Dabei dient sie grundsätzlich auch dem Interesse der Allgemeinheit am Zugang zu Kulturgütern.[505] Einigkeit besteht zunächst darin, dass die Informationsfreiheit zwar grundsätzlich staatsgerichtet wirkt, aber in ihrer objektiv-rechtlichen Funktion auch Ausstrahlungswirkung auf den Privatrechtsverkehr hat.[506] So besitzt die Information grundlegende Bedeutung für die individuelle Freiheitsgestaltung wie für die demokratische Willensbildung und wirkt so auf eine informationelle Grundversorgung hin.[507] Daher sei es Aufgabe des Gesetzgebers, den Zugang des Bürgers zu den für die individuelle und gesellschaftliche Selbstverständigung erforderlichen Informationen sicherzustellen.[508] Demgemäß muss die Rechtsordnung derart ausgestaltet sein, dass der Bedeutung von Informationen für die Inanspruchnahme individueller wie gesellschaftlicher Freiheit hinreichend nachgekommen wird.[509] Daraus lässt sich für das Urheberrecht die Verpflichtung ableiten, den Kommunikationsprozess offen zu halten und gesellschaftlichen Informationsungleichgewichten entgegenzuwirken.[510]

aa) Digitale Musik- und Filmmedien als Informationsquellen

Sämtliche digitalen Musik- und Filmmedien, seien es CDs/DVDs, oder auch komprimierte MP3-/DivX-Dateien, welche über das Internet verbreitet werden, sind Träger

---

504 Vgl. oben Teil 2, B I. 2. b).; Däubler-Gmelin in ZUM 1999, S. 769, 772.
505 So ausdrücklich die Begr. des RefE zum zweiten Korb, S. 35, abrufbar unter http://www.bmj.bund.de/media/archive/760.pdf.
506 Fechner, „Geistiges Eigentum und Verfassung", S. 349.
507 Wendt in v.Münch/Kunig, 5.Aufl., Art. 5 Rn 28; Hoffmann-Riem in Alternativ-Kommentar zum GG, Art. 5 Rn 98.
508 Kröger in MMR 2002, S. 18, 19.
509 Hoffmann-Riem in Alternativ-Komm. zum GG, Art. 5 Rn 98; Wendt in v. Münch/Kunig, Art. 5 Rn. 28; *Schulze-Filietz* in Dreier, GG-Komm. Bd. 1 1996, Art. 5, Rn 166, 173.
510 Vgl. Trute, VVDStRL 57 (1998), S. 216, 250.

von kulturellen Inhalten und stellen damit grundsätzlich Informationsquellen i.S.d. Art. 5 Abs. 1 S. 1 2.HS GG dar.[511]

bb) Allgemeine Zugänglichkeit

Zweifel treten indes hinsichtlich der Allgemeinzugänglichkeit der Medienangebote auf. Diese bestimmt sich allein aus der tatsächlichen Verfügbarkeit der Information für die Allgemeinheit.[512] Die digitalen Unterhaltungsmedien werden dem einzelnen Bürger vom Urheber in der Regel gegen Bezahlung eines Kaufpreises zugänglich gemacht, so dass die Allgemeinzugänglichkeit grundsätzlich gegeben ist.[513]
Fraglich ist jedoch, ob auch **kopiergeschützte Medien** eine „allgemein zugängliche Quelle" darstellen. Dies könnte mit dem Hinweis darauf verneint werden, dass hierdurch gerade einem Großteil der Nutzer der Zugang zu Informationen verwehrt wird. Eine derartige Sichtweise verkennt indes, dass Kopierschutzmaßnahmen in erster Linie gerade nicht den Zugang zu Informationen verwehren sollen. Der Zugang zu den im Werk verkörperten Informationen bleibt weiterhin dadurch sichergestellt, dass jedermann das Werk problemlos im Handel erwerben kann. Letztlich soll mittels Kopierschutz lediglich die kostenlose **Vervielfältigung** eines Werkes verhindert werden. Der Umstand, dass hierdurch gleichzeitig Dritten, insbesondere demjenigen, der kostenlos eine Kopie erstellen will, der kostenlose Zugang zu Informationen verwehrt werden kann, lässt den Schutzbereich der Informationsfreiheit nicht entfallen. Nach der herrschenden Meinung in der öffentlich-rechtlichen Literatur ist eine Information auch dann für die Allgemeinheit bestimmt, wenn sie von vornherein nur auf einen bestimmten Ausschnitt der Allgemeinheit gerichtet ist.[514] Dies ist mitunter auch dann der Fall, wenn der Informationsempfang von bestimmten Zugangsvoraussetzungen – technischer (z.B. mittels Decoder) oder finanzieller (Pay-TV) Art abhängig gemacht wird.[515] In diesen Fällen können die Voraussetzungen grundsätzlich von einem unbestimmten, nur allgemein bestimmbaren Personenkreis erfüllt werden.[516] Kopiergeschützte Medien sind zumindest an deren Käufer adressiert. Gleiches gilt auch für Medien, deren Zugang mittels DRM-Systemen kontrolliert wird. Auch hier wird der Zugang zu den Werken grundsätzlich gegen ein Entgelt jedermann gewährt.

---

[511] Vgl. Holznagel/Brüggemann in MMR 2003, S. 769, mit Verweis auf Jarass in Jarass/Pieroth, Art. 5 Rn 15.

[512] Maunz/Dürig/Herzog/Scholz/*Herzog*, Art. 5 I, II Rn 90.

[513] Nach *Berger* führen Ausschließlichkeitsrechte an Informationen per se dazu, dass eine Quelle nicht mehr allgemein zugänglich sei, s. ZUM 2004, S. 257, 264, mit Verweis auf Wendt in v.Münch/Kunig, Komm. zum GG, 5. Aufl. 2000, Art. 5 Rn 29. Letztlich jedoch inkonsequent, da er in seiner weiteren Prüfung von der Einschlägigkeit der Informationsfreiheit für den Bereich der privaten Vervielfältigung ausgeht. Ebenso Kröger, „Informationsfreiheit und Urheberrecht", S. 331.

[514] Holznagel/Brüggemann in MMR 2003, 767, 769, mit Verweis auf Lerche in Jura 1995, 561, 565;

[515] So auch der RefEntw. 2. Korb vom 27.09.2004, S. 36, abrufbar unter http://www.bmj.bund.de/media/archive/760.pdf.

[516] So Holznagel/Brüggemann in MMR 2003, 767, 769, mit Verweis auf Degenhart in Bonner Komm. zum GG, Bd. 1, Stand: 102. Ergänzungslieferung November 2002, Art. 5 Abs. 1 und 2, Rn 324.

cc) Ungehinderte Unterrichtung

Die Informationsfreiheit umfasst ihrem Schutzbereich nach das Recht sich „ungehindert zu unterrichten". Dem Bürger soll der ungehinderte Zugang zu Informationen bzw. Kulturgütern ermöglicht werden. Fraglich erscheint insofern, ob die Vervielfältigung von Werken überhaupt vom Schutzbereich der Informationsfreiheit erfasst wird. Dies wäre nur dann anzunehmen, wenn die Vervielfältigung eines Werkes, in Form der Speicherung von Informationen, auch einen Zugang zu Kulturgütern eröffnet.
Dies soll nach der überwiegenden Meinung in der Literatur zumindest dann der Fall sein, wenn die Speicherung zur dauerhaften Auseinandersetzung mit den im Werk enthaltenen Informationen notwendig ist.[517] Die Informationsfreiheit schützt demnach nicht nur die flüchtige Entgegennahme von Informationen, sondern auch deren spätere Aufbereitung.[518] Dem ist grundsätzlich zuzustimmen. Eine freie Meinungsbildung bedarf der Möglichkeit einer längerfristigen Auseinandersetzung mit Informationen. Daher schützt die Informationsfreiheit insbesondere auch die Methoden der Informationsbeschaffung, bspw. das Speichern von Radio- und Fernseh-Sendungen.[519] Demgegenüber ist eine dauerhafte Auseinandersetzung mit den im Werk enthaltenen Informationen unproblematisch gewährleistet, wenn der Kommunikator dem Rezipienten ein dauerhaftes Speichermedium mitliefert.[520] Dies ist insbesondere dann der Fall, wenn der Bürger eine Zeitung oder aber auch eine CD/DVD erwirbt. Hier besteht grundsätzlich kein Bedürfnis für eine ergänzende Speicherung, welche von der Informationsfreiheit geschützt sein sollte. So entsteht kein Informationsmehrwert, wenn eine erworbene Musik-CD vervielfältigt wird, um sie stets im Wohnzimmer und im Auto zur Verfügung zu haben.[521] Hier verschafft eine Privatkopie keinen Zugang zu Informationen, sondern verdoppelt lediglich die bereits bekannten.[522] Anders liegt der Fall jedoch wiederum, wenn eine Vervielfältigung einer CD nicht für dessen Inhaber, sondern für eine andere Person vorgenommen wird. Diese kann durch die Anfertigung eines Vervielfältigungsstückes in den dauerhaften Genuss eines Werkexemplars kommen. Insofern gewährleistet die Vervielfältigung auch hier den dauerhaften Zugang zu Informationen.[523] Die Vervielfältigung von Musik- und Filmwerken stellt daher eine mögliche Form der Informationsbeschaffung dar und fällt somit in den Gewährleistungsbereich der Informationsfreiheit.

---

[517] Wendt in v.Münch/Kunig, Art. 5 Rn. 26: Degenhart in Bonner Komm. zum GG, Art. 5 Rn 349; Schultze-Filietz in Dreier, GG-Komm. Bd. 1 1996, Art. 5, Rn 62; Jarass in Jarass/Pieroth, Art. 5 Rn 15; aus der urheberrechtlichen Literatur ebenso Wand, „Technische Schutzmaßnahmen und Urheberrecht", 2001, S. 178 f.; Stickelbrock in GRUR 2004, 736, 741.

[518] So Hoffmann-Riem in Alternativ-Komm. zum GG, Art. 5 Rn 94.

[519] Vgl. Schultze-Filietz in Dreier, GG-Komm. Bd. 1 1996, Art. 5, Rn 62.

[520] Vgl. Hoffmann-Riem in Alternativ-Komm. zum GG, Art. 5 Rn 94.

[521] Vgl. Bornkamm ZUM 2003, 1010, 1012; Ebenso Pichlmaier in CR 2003, 910, 913.

[522] So das Bundesjustizministerium in seiner Pressemitteilung zu den Eckpunkten des zweiten Korbes der Urheberrechtsnovelle: „Urheberrecht in der Wissensgesellschaft", S. 2, abrufbar unter http://www.urheberrecht.org/topic/Korb-2/bmj/749.pdf.

[523] Gleiches gilt für den Download aus Internet-Tauschbörsen. Auch hier stellt erst die dauerhafte Speicherung des Werkes auf der Festplatte des PCs einen dauerhaften Zugang zum Inhalt des Werkes sicher.

Fraglich ist jedoch, ob die digitale Vervielfältigung von Musik- und Filmwerken auch notwendig ist, um einen **„ungehinderten"** Zugang zu den Kulturgütern sicherzustellen. Schließlich kann die dauerhafte Beschaffung von Musik- und Filmwerken auch jederzeit problemlos mit dem käuflichen Erwerb einer CD/DVD oder dem kostenpflichtigen Download eines Musikstückes aus Download-Angeboten im Internet sichergestellt werden. Einer Vervielfältigung von CDs/DVDs oder eines kostenlosen Downloads aus Internet-Tauschbörsen bedarf es hierfür grundsätzlich nicht. An dieser Stelle ist jedoch die kulturökonomische Bedeutung der privaten Vervielfältigung zu beachten, die sich hinter dem Gedanken eines möglichst ungehinderten und breiten kulturellen Austausches unter den Bürgern verbirgt. Es stellt sich die Frage, welche Kosten für Informations- und Kulturgüter wie CDs/DVDs noch sozialadäquat erscheinen, um einen möglichst unkomplizierten Zugang der Bevölkerung zu Informationen und kulturellen Gütern zu gewährleisten. So muss beachtet werden, dass die Kosten für die Anschaffung eines Werkstückes für manche Bürger eine unüberwindbare Hürde darstellen, die ihnen einen käuflichen Erwerb des Werkes und somit einen dauerhaften Zugang zu den darin enthaltenen Informationen verwehren. Der einzelne würde, wenn er jedes Exemplar kaufen müsste, das er für sich und seine geistige Entfaltung benötigt, von dem Großteil geistiger Güter abgeschnitten.[524] Ein Verbot der privaten Vervielfältigung mitsamt einer flächendeckenden Einführung von Einzellizenzierungen würde für eine Vielzahl der Bürger, wenn nicht eine gänzliche „Verhinderung", so doch jedenfalls eine erhebliche „Behinderung" des Zugangs zu kulturellen Inhalten darstellen. Daher wird teilweise gefordert, dass der kostengünstige Zugang zu Kulturgütern im Wege der Privatkopie gesichert werden müsse.[525] Die private Vervielfältigung stelle in diesen Fällen ein notwendiges Mittel dar, um die Beteiligung eines Großteils der Bürger an dem kulturellen Gedankenaustausch und einem gesunden Geistesleben zu ermöglichen.[526]

Dieses Interesse der Allgemeinheit an einem möglichst ungehinderten Zugang zu Informationen und Kulturgütern kann jedoch keinesfalls einen Anspruch auf kostenlose Vervielfältigungen begründen. Es sei hier in aller Deutlichkeit festgestellt, dass das Grundrecht auf Informationsfreiheit in sämtlichen Konstellationen letztlich nicht verlangt, dass der Zugang zu Informationen kostenlos zu gewähren sei. Das Merkmal des „ungehinderten" Zugangs bedeutet insoweit frei von jeglicher staatlicher Kontrolle und Zensur, sowie von unzumutbarer Verzögerung.[527] „Ungehindert" bedeutet dagegen nicht, dass das Recht auf Zugang zu Informationen auch kostenlos gewährleistet werden muss.[528] Eine Abhängigkeit des Informationserhalts von Leistungsentgelten ist

---

[524] So schon Hubmann, „Das Recht des schöpferischen Geistes", S. 122. Vgl. hierzu bereits die allgemeinen Ausführungen zu den dogmatischen Grundlagen der Privatkopieschranke in Teil 2, B I. 2. b).

[525] So Metzger/Kreutzer in MMR 2002, S. 139.

[526] Hubmann, „Das Recht des schöpferischen Geistes", S. 122.

[527] v.Münch in v.Münch/Kunig, Art. 5 Rn 18, 19.

[528] Vgl. OLG Köln, DVBl 1979, 523, 524, Ulmer-Eilfort in FS Nordemann 1999, 285, 286; Schack in ZUM 2002, 497, 499; Berger in ZUM 2004, S. 257, 264; Fechner, „Geistiges Eigentum und Verfassung", S. 349; v.Münch in v.Münch/Kunig, Komm. zum GG, 5. Aufl. 2000, Art. 5 Rn 19; v.Diemar in GRUR 2002, 587, 592. So jetzt auch ausdrücklich der RefEntw. zum zweiten Korb, S. 36, abrufbar unter http://www.bmj.bund.de/media/archive/760.pdf..

ausdrücklich ohne Belang, ebenso der technische Aufwand für ihre Erschließung.[529] Denn der „ungehinderte Zugang zu den Kulturgütern" rechtfertigt es längst noch nicht, die Urheber nicht nur ihres Verbotsrechts, sondern zugleich jeglicher Vergütung zu berauben.[530] „Free flow of information" bedeutet nicht „Flow of free information".[531] Die Informationsfreiheit wird vielfach nur vorgeschoben, um eine unentgeltliche Nutzung zu rechtfertigen.[532] An dieser Stelle sei zudem auf die vorgenannte Rechtsprechung des BVerfG und des BGH zur angemessenen wirtschaftlichen Beteiligung des Urhebers an der Verwertung seines Werkes verwiesen.[533]
Letztlich muss von staatlicher Seite lediglich sichergestellt sein, dass der Bürger einen möglichst unkomplizierten Zugang zu Informationen erhält.[534] Der Bürger soll sich lediglich auf eigene Kosten aus allgemein zugänglichen Quellen bedienen können.[535] Wer ein Buch lesen oder entleihen, eine Schallplatte oder Kassette hören, Fernsehsendungen empfangen will, muss die tatsächlichen Voraussetzungen dieser Freiheitsausübung entgeltlich erwerben.[536] Berücksichtigung muss in diesem Zusammenhang zudem finden, dass ein kostenloser Zugang zu Musik- und Filmwerken letztlich zu Lasten der kulturellen Vielfalt geht. Geringere Erwerbsmöglichkeiten der Künstler und Verwerter führen zu einer Verlagerung zu Massenprodukten und Vermarktung von bereits etablierten Künstlern, die mit dem geringsten wirtschaftlichen Risiko betrieben werden kann.[537] Kostenloser Zugang führt daher im Ergebnis zu einem reduzierten Angebot an Werken.
Im Ergebnis wird man die derzeitigen Kosten für Musik- und Filmwerke als sozialadäquat ansehen können, um einen breiten Zugang der Bevölkerung zu den Kulturgütern zu gewährleisten.[538] Im Übrigen existieren heute mehr Quellen für den Genuss geschützter Inhalte als je zuvor: Neben der Möglichkeit des legalen Erwerbs einer CD oder der Nutzung eines legalen Online-Angebotes denke man nur an das omnipräsente Radio, die Webcasting-Angebote im Internet mit einer Vielzahl verschiedener Musikprogramme sowie die zahlreichen unverschlüsselten Fernsehprogramme.[539] Um Zugang zu den Kulturgütern erlangen zu können, sind die Verbraucher insofern kaum auf die Anfertigung einer CD-Kopie oder den Download aus Internet-Tauschbörsen angewiesen.[540] Letztlich erscheint das Interesse der Allgemeinheit an einem preisgünstigen

---

[529] Vgl. RefEntw. zum zweiten Korb, S. 36, abrufbar unter http://www.bmj.bund.de/media/archive/760.pdf..
[530] Schack in ZUM 2002, 497, 499.
[531] Berger, in ZUM 2004, 257, 264.
[532] So Schulze, „Free flow of information", in FS Uchtenhagen 1987, S. 91-96, 95.
[533] BVerfGE 31, 229, 240 – Kirchen- und Schulgebrauch.
[534] So BGHZ 134, 250, 263 – CB-Infobank I.
[535] v. Diemar in GRUR 2002, 587, 592.
[536] Vgl. Nordemann, ZUM 1985, S. 57/58.
[537] So auch Däubler-Gmelin, ZUM 1999, 769, 773.
[538] Ebenso v. Diemar in GRUR 2002, 587, 592.
[539] Vgl. Stellungnahme der IFPI zum zweiten Korb der Urheberrechtsnovelle vom 29.10.2003, abrufbar unter http://www.urheberrecht.org/topic/Korb-2/.
[540] Demgegenüber erscheint der digitale Mitschnitt von Radio- und Fernsehsendungen der öffentlich-rechtlichen Sendeunternehmen mittels CD/DVD-Recorder durch besonders wichtige Informationsinteressen der Allgemeinheit gerechtfertigt, da den Bürgern eine zeitversetzte Auseinandersetzung mit

Zugang zu den Kulturgütern zumindest so lange gewahrt, wie dem Nutzer Möglichkeiten zur analogen Vervielfältigung – bspw. mittels Kassetten- oder Videorecorder – offen bleiben.[541] Von Verfassungs wegen lässt sich jedenfalls nicht begründen, dass einem Nutzer unbedingt die bequemste und billigste Art der Privatkopie ermöglicht werden muss.[542] Dies gilt verstärkt mit Blick auf die massiven Bedrohungen, die von der digitalen Privatkopie für die wirtschaftliche Verwertung von digitalen Medien, insbesondere Musik- und Filmmedien, ausgehen.

dd) Fazit

Die Privatkopieschranke für digitale Musik- und Filmwerke lässt sich nicht mit berechtigten Informationsinteressen der Konsumenten rechtfertigen. Für die Gewährleistung eines „ungehinderten Zugangs zu Kulturgütern" bedarf es nicht der digitalen Privatkopie. Vielmehr erscheint ein breiter Zugang der Bevölkerung zu Musik- und Filmwerken sowohl durch deren kommerziellen Vertrieb als auch durch das omnipräsente Radio- und Fernsehangebot sichergestellt. Soweit man berechtigte Informationsinteressen der Bürger anerkennen will, die in erster Linie auf eine umfassende Teilnahme am Geistes- und Kulturleben abzielen, erscheint überdies die Möglichkeit der analogen Speicherung und Vervielfältigung der Kulturwerke ausreichend. Die Gestattung der digitalen Privatkopie von Musik- und Filmwerken ist dagegen nicht nur unnötig, sondern führt im Ergebnis zu einer massiven Bedrohung der Urheberrechte.

b) Fehlende Kontrollierbarkeit der digitalen Privatkopie?

Fraglich bleibt, ob das traditionelle Argument der fehlenden Durchsetzbarkeit eines Verbotes der privaten Vervielfältigung auch zum heutigen Zeitpunkt noch seine Berechtigung findet. Wie zuvor erörtert, ist eine Kontrolle des – zumindest nach § 53 Abs. 1 UrhG RefE illegalen –Kopierens urheberrechtlich geschützter Werke aus Filesharing-Systemen mit Einschränkungen möglich.[543] Eine effektive Kontrolle von Vervielfältigungen ist überdies bei den Medien möglich, die mittels technischer Schutzmaßnahmen, wie Kopierschutzverfahren und Digital Rights Management Systemen, vertrieben werden. Wie in Teil 1, C. II. umfassend erörtert, sind Kopierschutzverfahren in der Lage, dem Großteil der Konsumenten die Vervielfältigung von CDs/DVDs unmöglich zu machen.[544] Gleiches gilt für Digital Rights Management Systeme, die einen sicheren Online-Vertrieb von Musik- und Filmwerken und eine Einzellizenzierung von Online-Kopien ermöglichen.[545] Zwar konnten sämtliche Verfahren bislang

---

dem Programminhalt ermöglicht werden sollte. In diesem Sinne wohl auch der RefE zum zweiten Korb, S. 31, abrufbar unter http://www.bmj.bund.de/media/archive/760.pdf..

[541] So auch Wand, „Technische Schutzmaßnahmen und Urheberrecht", S. 178 f.; Berger in ZUM 2004, 257, 265; ebenso Stickelbrock in GRUR 2004, S. 736, 741.

[542] Schack in ZUM 2002, 497, 505.

[543] Vgl. oben Teil 2, B. V. 2.

[544] Noch nicht hinreichend ausgereift sind demgegenüber die Möglichkeiten der Einzelabrechnung der Werknutzung von CDs/DVDs mittels Verfahren des Digital Rights Managements, s. hierzu näher oben in Teil 1, C. III. 3. a). Hierfür ist erforderlich, dass das Abspielgerät, also die Hardware, DRM tauglich ist. Dies ist heute jedoch nur in den wenigsten Fällen gewährleistet.

[545] S. Teil 1, C. III.

immer ausgehebelt und in der Folge auch von einer Vielzahl der Konsumenten umgangen werden, so dass ein 100%-iger Schutz vor digitaler Vervielfältigung wohl kaum erzielt werden kann. Es ist jedoch davon auszugehen, dass die Einführung des Umgehungsverbotes technischer Schutzmaßnahmen in den §§ 95 a ff. UrhG im ersten Korb der Urheberrechtsnovelle 2003 die Mehrzahl der Verbraucher von einer Umgehung von Kopierschutzverfahren abhalten wird. Zwar findet die Umgehung von technischen Schutzmaßnahmen regelmäßig im häuslichen Bereich statt und ist einer effektiven staatlichen Überwachung wegen des Schutzes der Privatsphäre entzogen. Allerdings wird das Verbot des Vertriebs von Umgehungstechnologie der Masse der Konsumenten bereits die Zugriffsmöglichkeit auf Umgehungssoftware nehmen.
Letztlich muss jedoch Berücksichtigung finden, dass technische Schutzmaßnahmen die große Masse der bislang in den Verkehr gebrachten ungeschützten Werke nicht mehr erfassen können. Sämtliche Werke, die bislang in ein Filesharingnetzwerk eingebracht wurden oder diejenigen, welche bis heute auf einem ungeschützten Datenträger in Umlauf gebracht wurden und werden, sind für alle Zeiten einer technischen Vervielfältigungskontrolle entzogen.[546] Der Verbraucher kann diese Werke ungehemmt in seinem Privatbereich vervielfältigen. Ein Verbot kann hier wegen der Massenhaftigkeit derartiger Vervielfältigungshandlungen und des Schutzes der Privatsphäre aus Art. 2 GG und Art. 13 GG nicht überwacht werden. Im Übrigen ist auch zukünftig keineswegs gewährleistet, dass nur noch geschützte Tonträger auf den Markt kommen werden.[547] Schließlich sind in letzter Zeit diverse Plattenfirmen dazu übergegangen, ihre CDs wieder ohne Kopierschutz zu vertreiben, um somit auf den wachsenden Unmut der Konsumenten zu reagieren.[548] Im Übrigen ist auch nicht absehbar, ob die kommerzielle Online-Distribution mittels Digital Rights Management Systemen von den Verbrauchern angenommen wird.[549] Solange der Gesetzgeber die Plattenfirmen nicht zum umfassenden Einsatz von technischen Schutzmaßnahmen zwingt – was angesichts der hohen Kosten ihrer Implementierung insbesondere bei kleineren Produktionen kaum vertretbar wäre – muss berücksichtigt werden, dass ein Großteil der Musik- und Filmwerke auch zukünftig nicht mit technischen Schutzmaßnahmen ausgestattet und der digitalen Privatvervielfältigung somit schutzlos ausgeliefert sein wird. Es liegt auf der Hand, dass für derartige Kopiervorgänge weiterhin die traditionelle Lösung der Pauschalabgabe notwendig ist.
Ein Verbot der digitalen Vervielfältigung erscheint folglich nur hinsichtlich der Werke durchsetzbar, die mittels technischer Schutzmaßnahmen vor unerwünschten Vervielfältigungen geschützt werden, sowie - unter Vorbehalt - hinsichtlich Medien in Internet-„Tauschbörsen". Im Hinblick darauf würde sich ein generelles Verbot der digitalen Privatkopie von Musik- und Filmwerken zum heutigen Zeitpunkt als rechtspolitisch verfehlt darstellen. So muss berücksichtigt werden, dass eine Regelung, die nur die analoge Privatkopie zuließe, den Verbrauchern kaum vermittelbar wäre. Insoweit kann

---

[546] Ebenso Begr. RefEntw. zum zweiten Korb, S. 31, abrufbar unter http://www.bmj.bund.de/media/archive/760.pdf; Freiwald, „Die private Vervielfältigung", S. 178.
[547] So auch die Begr. RefEntw. zum zweiten Korb, S. 31, abrufbar unter http://www.bmj.bund.de/media/archive/760.pdf.
[548] S. hierzu oben in Teil 1, C. II. 3.
[549] S. hierzu oben in Teil 1, C. III. 5. und 6.

von einer „normativen Kraft des Faktischen" gesprochen werden. Der Gesetzgeber kann schlecht die einfachste, beste und gebräuchlichste Vervielfältigungstechnik verbieten.[550] Digitale Vervielfältigungsgeräte, zu denen auch der heimische PC zu rechnen ist[551], sind heute in nahezu jedem Haushalt verfügbar. Ein generelles Verbot der digitalen Privatkopie würde die soziale Realität ignorieren und die Autorität und Glaubwürdigkeit der Rechtsordnung untergraben.[552] Es fände in der Bevölkerung wenig Akzeptanz. Die Verbraucher haben sich über Jahrzehnte an die Gestattung der Privatkopie gewöhnt und empfänden ein Verbot als ungerecht und unbeachtlich.[553] Insofern hat das traditionelle Argument für die Privatkopie und die Pauschalvergütung auch heute keineswegs an Tragfähigkeit verloren: Es muss erlaubt bleiben, was sich nicht verhindern lässt, und es sollte kassiert werden, wo nicht geschützt werden kann.[554]

c) Verbot würde Einnahmen der Urheber erheblich verringern

Überdies muss berücksichtigt werden, dass ein generelles Verbot der digitalen Privatkopie die Abschaffung der pauschalen Abgabenpflicht auf digitale Aufnahmegeräte und Speichermedien zwingend nach sich zöge. Schließlich ist ein Abgabensystem, welches bewusst am Rechtsbruch der Endnutzer partizipiert, nicht vorstellbar.[555] Dies hätte jedoch zur Folge, dass die Urheber einer wichtigen Einnahmequelle beraubt würden. Ohne Rücksicht auf ein Verbot würden die Bürger weiterhin massenhaft digital kopieren und die hierzu notwendigen Geräte und Speichermedien kaufen. Eine wirtschaftliche Beteiligung der Urheber an dem gesamten Umfang der insoweit illegalen - aber nicht zu verhindernden – digitalen Privatvervielfältigung fände nicht mehr statt. Ein Verbot der digitalen Privatkopie ginge insofern zu Lasten der Urheber.[556] Diese würden ihren verfassungsmäßig gesicherten Anspruch auf finanziellen Ausgleich für die privaten Vervielfältigungen verlieren. Dies kann nicht gewollt sein.

---

550 Schack in ZUM 2002, 497, 500.

551 Vgl. hierzu unten in Teil 2, C. I. 3. b) und III. 2. f).

552 So auch die Begr. RefEntw. zum zweiten Korb, S. 31, mit dem zutreffenden Hinweis darauf, dass digitale Vervielfältigungsgeräte im Falle eines Verbotes der digitalen Privatkopie für überwiegend rechtswidrige Zwecke angeboten und genutzt würden, abrufbar unter http://www.bmj.bund.de/media/archive/760.pdf.. S. auch Schack in FS Erdmann, 165, 170. Fechner, Medienrecht, 4. Aufl. (2003), Rn 309, geht überdies davon aus, dass ein Verbot, das von der Bevölkerung überwiegend missachtet wird und auch vom Staat nicht durchzusetzen ist, lediglich dem Ansehen des Rechtsstaates abträglich sei.

553 Demgegenüber wird teilweise vertreten, dass es mehr Sinn mache, nicht allein auf Sanktionen zu vertrauen, sondern mit klaren Bestimmungen zum Schutze geistigen Eigentums auf eine Stärkung des Bewusstseins in der Bevölkerung hinzuwirken, dass man sich an fremdem Eigentum vergreift, vgl. Stickelbrock in GRUR 2004, 736, 737. Auch Hoeren fordert die Wiedergewinnung eines gesellschaftlichen Normbewusstseins, MMR 2003, 217, 218.

554 Ebenso Hucko in FS Nordemann (2004), S. 321 ff.; Häuser in CR 2004, 829, 831; Schack in ZUM 2002, 497, 500; Pichlmaier in CR 2003, 910, 911. Kritisch dagegen Wagner in ZUM 2004, 723, 729, Rn 31.

555 Häuser in CR 2004, 829, 831/832.

556 Vgl. die Begr. RefEntw. zweiter Korb, S. 31, abrufbar unter http://www.bmj.bund.de/media/archive/760.pdf.

d) Ergebnis

Der Gesetzgeber hat richtig entschieden, die digitale Privatkopie nicht generell zu verbieten. Ein solches Verbot wäre auch heute nicht flächendeckend durchsetzbar. Da ein Verbot der digitalen Privatkopie zwingend die Abschaffung des pauschalen Abgabensystems für digitale Privatkopien nach sich ziehen würde, würden die Urheber zudem ihres verfassungsmäßig gesicherten Anspruches auf finanziellen Ausgleich für digitale Vervielfältigungen von Musik- und Filmwerken beraubt.

3. Spartenspezifische Lösungen

Im Vorfeld des zweiten Korbes ist überdies eine Vielzahl von Vorschlägen erhoben worden, welche bereichsspezifische Einschränkungen der Privatkopieschranke fordern. Der Gesetzgeber lehnt sie im Referenten-sowie im Gesetzesentwurf zum „zweiten Korb“ allesamt ab. Im Folgenden wird untersucht, inwieweit sie als Alternativlösungen zur geltenden Privatkopieschranke in Betracht kommen.

a) Gestattung der Privatkopie nur von eigenem Original

Teilweise wird vorgeschlagen, lediglich die Herstellung eines einzelnen Vervielfältigungsstückes hinsichtlich der Überspielung von Ton- und Bildträgern vom eigenen Original zuzulassen.[557] Hiermit könne insbesondere der „Pyramideneffekt“ vermieden werden, der dadurch entsteht, dass ein Großteil der Kopierer fremde Vorlagen, bspw. geliehene CDs oder bereits mit Musik bespielte Rohlinge, benutze.[558] Andererseits blieben Sicherungskopien vom Original gestattet, was für den Verbraucher eine klare und verständliche Regelung darstelle.[559]

Die Forderung nach der Einschränkung der Privatkopieschranke auf Originalvorlagen geht in dieselbe Richtung, wie die Forderung nach der Rechtmäßigkeit der Kopiervorlage, wie sie bereits vor Inkrafttreten des ersten Korbes diskutiert wurde.[560] Die Bundesregierung lehnte diesen Vorschlag seinerzeit mit dem Argument ab, dass sich sowohl beim Online- als auch beim Offline-Zugriff die Rechtmäßigkeit der Kopiervorlage oftmals nicht beurteilen ließe.[561] Mit einer ähnlichen Begründung lehnt sie nunmehr auch die Beschränkung auf Originalvorlagen ab: Der Verbraucher könne in der digitalen Welt beim gegenwärtigen Stand der Technik nicht zweifelsfrei ermitteln, ob die Kopiervorlage ein Original ist.[562] Bei Offline-Medien, wie etwa CDs sei in der Regel allein das Booklet, nicht aber der Tonträger selbst geeignet, die Originalität der Vorlage zu belegen. Das sei auch der Grund, weshalb nach den Angaben des Handels bei

---

[557] Vgl. Stellungnahmen des Bundesverbandes der phonographischen Wirtschaft und der deutschen Landesgruppe der IFPI vom 1.11.2004, S. 2; ebenso der Börsenverein des deutschen Buchhandels, vgl. dessen Stellungnahme vom 8.11.2004, S. 3; alle abrufbar unter http://www.urheberrecht.org/topic/Korb-2/

[558] So der Syndikus der deutschen Landesgruppe des IFPI Braun in ZUM 2005, 100, 102, mit Hinweis auf die Ergebnisse der GfK-Brennerstudie 2003.

[559] So der Syndikus der deutschen Landesgruppe des IFPI Braun in ZUM 2005, 100, 102, mit Hinweis auf die Ergebnisse der GfK-Brennerstudie 2003.

[560] Hierzu s. oben in Teil 2, B IV. 4. a).

[561] Vgl. Gegenäußerung der Bundesregierung in BT-Drucks. 15/38, S. 39.

[562] Vgl. die Begr. RefEntw. zweiter Korb, S. 31, abrufbar unter http://www.bmj.bund.de/media/archive/760.pdf.

Tonträgerhändlern eben diese Booklets, weniger aber die Tonträger selbst gestohlen werden.[563]
Dem Gesetzgeber ist darin zuzustimmen, dass insbesondere bei professionellen Piraterieprodukten oftmals kaum festzustellen ist, ob es sich um das Original oder eine Fälschung handelt.[564] Insoweit würde man den Verbraucher bei körperlichen Werkträgern wiederum mit unzumutbaren Prüfungspflichten beschweren, die sein Verhalten in vielen Fällen unnötigerweise illegal werden lassen. Überdies ist zu berücksichtigen, dass eine derartige Beschränkung wiederum praktisch nicht kontrollierbar wäre. Es wäre dem Verbraucher auch kaum zu vermitteln, dass er zwar eine Kopie von der Original-CD seines Bekannten anfertigen darf, jedoch nicht von dem bereits hergestellten Vervielfältigungsstück, welches der Bekannte im CD-Player seines Autos bei sich führt. Insofern muss auch hier davon ausgegangen werden, dass eine derartige Beschränkung die soziale Realität ignorieren und die Autorität und Glaubwürdigkeit der Rechtsordnung untergraben würde.[565]
Im Übrigen ist eine Einschränkung der Privatkopie auf Originalvorlagen für den Online-Bereich nicht notwendig, da bereits der geplante Ausschluss „offensichtlich rechtswidrig öffentlich zugänglich gemachter" Vorlagen ebenso weitreichend ist. Hiermit werden nahezu sämtliche in Filesharing-Systemen angebotene Dateien als Vorlagen für die Privatkopie ausscheiden.[566]

b) Verbot der Privatkopie im Online-Bereich

Ein weiterer Vorschlag geht dahin, die Privatkopie für den gesamten Online-Bereich zu verbieten.[567] Sie gründet auf der Überlegung, dass die Privatkopieschranke im Internet keinen Anwendungsbereich habe. Entweder der Rechteinhaber mache Inhalte im Internet mit der Erlaubnis öffentlich zugänglich, sie kostenlos herunter zu laden und zu kopieren, oder die Inhalte werden offensichtlich ohne Zustimmung des Rechteinhabers öffentlich zugänglich gemacht, so dass nach § 53 Abs. 1 UrhG i.d.F. des zweiten Korbes keine legale Privatkopie erstellt werden könne.[568] Wenn Inhalte vom Rechteinhaber mit Zugangscodes oder sonstigen Schutzmaßnahmen versehen wurden und nur gegen den kostenpflichtigen Erwerb einer Lizenz genutzt werden können (bspw. Mu-

---

[563] Vgl. die Begr. RefEntw. zweiter Korb, S. 31, abrufbar unter http://www.bmj.bund.de/media/archive/760.pdf.

[564] Wiegand, „Die Geräteabgabe", S. 224, weist darauf hin, dass oftmals selbst der Einzelhändler einer Fälschung erliegt.

[565] So auch die Begr. RefEntw. zweiter Korb, S. 31, mit dem zutreffenden Hinweis darauf, dass digitale Vervielfältigungsgeräte im Falle eines Verbotes der digitalen Privatkopie für überwiegend rechtswidrige Zwecke angeboten und genutzt würden, abrufbar unter http://www.bmj.bund.de/media/archive/760.pdf. So auch bereits Schack in FS Erdmann, 165, 170.

[566] S. hierzu die kritische Würdigung in Teil 2, B. V. 2.

[567] Vgl. Stellungnahme der BITKOM zum Referentenentwurf zum zweiten Korb der Urheberrechtsreform vom 12.11.2004, S. 3, abrufbar unter http://www.urheberrecht.org/topic/Korb-2/. Diese Forderung ist eng verknüpft mit der Ablehnung einer Vergütungspflicht für PCs aufgrund ihrer Eignung zu vergütungspflichtigen Vervielfältigungen aus dem Internet im Sinne der Privatkopieschranke, vgl. hierzu unten in Teil 2, C. I. 3. b) und III. 2. f).

[568] Vgl. Stellungnahme der BITKOM zum Referentenentwurf zum zweiten Korb der Urheberrechtsreform vom 12.11.2004, S. 3, abrufbar unter http://www.urheberrecht.org/topic/Korb-2/.

sikdownloadservices, Spiegelartikel etc.), sei der Anwendungsbereich des § 53 UrhG ebenfalls nicht eröffnet.
Diese Auffassung verkennt jedoch, dass nicht jeder, der ein Werk in das Internet stellt oder seine Zustimmung dazu erteilt, damit automatisch seine Zustimmung zur kostenlosen Vervielfältigung der Werke gibt. Vielfach wird sich der Urheber vielmehr darauf verlassen, dass er auch und gerade dann, wenn sein Werk im Internet privat vervielfältigt werden kann, einen Ausgleich über die gesetzlichen Vergütungsregelungen erhält.[569] Dies gilt auch in den Fällen, in denen Musikverlage Teile ihres aktuellen Repertoires im Internet zu Werbe- und Präsentationszwecken zum kostenlosen Download zur Verfügung stellen.[570] Soweit der Rechteinhaber mit der Einstellung seines Werkes in das Internet nicht gleichzeitig eine Vergütung beansprucht, gelangt damit nur zum Ausdruck, dass sich eine solche Vergütung gegenüber den individuellen Nutzern faktisch nicht durchsetzen lässt.[571] Überdies widerspräche die Annahme eines konkludenten Abgabenverzichts dem verfassungsmäßig gesicherten Grundsatz, dass der Urheber an jeder wirtschaftlichen Nutzung seines Werkes angemessen zu beteiligen ist. Im Übrigen ist für einen konludenten Rechtsverzicht dort kein Raum, wo die Rechteinhaber einer Veröffentlichung ihrer Werke im Internet nicht widersprechen können. Dies gilt vor allem für das Webradio. Die Sendung des Webradios erfolgt auf Grundlage des sog. Sendeprivilegs gemäß § 78 Abs. 1 Nr. 2, Abs. 2 Nr. 1 und § 86 UrhG, wonach die Sendung erschienener Musikstücke in Radio und Internet uneingeschränkt erlaubt ist und lediglich einen Vergütungsanspruch für die ausübenden Künstler auslöst. Vervielfältigungen von Webradio-Sendungen unterfallen eindeutig der Privatkopieschranke des § 53 Abs. 1 UrhG und sind daher vergütungspflichtig im Sinne der §§ 54 UrhG ff. RefE. Insofern besitzt die Privatkopie gemäß § 53 Abs. 1 UrhG auch im Internet einen großen Anwendungsbereich.

c) Verbot der Vervielfältigung durch Dritte?

Bereits vor Inkrafttreten des ersten Korbes der Urheberrechtsnovelle wurde diskutiert, ob die Gestattung der Vervielfältigung durch Dritte gemäß § 53 Abs. 1 S. 2 UrhG im digitalen Zeitalter noch zweckmäßig ist. Insbesondere der Bundesrat hatte sich im Gesetzgebungsverfahren für eine Beschränkung der Herstellung durch Dritte auf analoge Kopien ausgesprochen.[572] Die Bundesregierung wies diese Forderung mit der Begründung ab, dass es praktisch unmöglich sei, eine derartige Lösung zu überwachen.[573]

---

569 So auch die Begr. RefEntw. zweiter Korb, S. 33, abrufbar unter http://www.bmj.bund.de/media/archive/760.pdf, mit Hinweis auf den Einigungsvorschlag der Schiedsstelle beim Deutschen Patent und Markenamt vom 31. Januar 2003 zur Vergütungspflicht von PCs, Az Sch-Urh-8/2001; ebenso Winghardt in ZUM 2002, 349, 357; A.A. Schricker/*Loewenheim*, § 16 Rn 24; Schwarz in GRUR 1996, 836, 840, 841; Waldenberger in ZUM 1997, 176, 179; Paul/Naskret in CR 2003, 473, 476, wonach der Rechteinhaber Schutzmaßnahmen ergreifen müsse, die eine Vervielfältigung seiner Werke verhindern oder es ihm im Rahmen der Individuallizenzierung ermöglichen, die Nutzung seiner Werke zu verwalten und zu kontrollieren, wenn er die Vervielfältigung hier nicht möchte. vgl. hierzu auch die Diskussion um die Abgabenpflicht für PCs nach dem „zweiten Korb“ in Teil 2, C. III. 2. f).

570 Bspw. auf http://www.tonspion.de oder http://www.vitaminic.de.

571 So Winghardt in ZUM 2002, 349, 357, 358.

572 Vgl. BT-Drucks. 15/1066, S. 2.

573 Amtl. Begr. RegE BT-Dr. 15/38, 20.

Im Vorfeld des zweiten Korbes ist die Forderung nach einem Vervielfältigungsverbot durch Dritte erneut erhoben worden.[574] Deren Verfechter verweisen insbesondere darauf, dass die Privatkopie über die Drittvervielfältigung zunehmend zu einer „öffentlichen" Vervielfältigung würde.[575] Wenn Dritte im großen Stil Vervielfältigungsstücke für viele private Nutzer legal herstellen dürften, wandele sich eine geringfügige individuelle Nutzung in eine Massennutzung des Werkes, die das Urheberrecht in seinem Kern aushöhle.[576]
Der Kritik an der Vorschrift des § 53 Abs.1 S. 1 ist teilweise zuzustimmen. Die Gestattung der Vervielfältigung durch Dritte kann heute insbesondere nicht damit begründet werden, die Privatkopie auch solchen Nutzern zu ermöglichen, die sich die zur Herstellung erforderliche Hardware nicht leisten können.[577] Abgesehen davon, dass es schon keinen Anspruch des Verbrauchers auf kostenlosen Zugang zu Informationen gibt[578], ist zu berücksichtigen, dass die Bürger heute digitale Vervielfältigungsgeräte, wie CD-Brenner, kostengünstig erwerben können. Dementsprechend weit sind digitale Vervielfältigungsgeräte heute auch verbreitet.[579] Hierin liegt ein wesentlicher Unterschied zu 1965, als Fotokopiergeräte für Privatpersonen noch unerschwinglich waren. Insofern hat das traditionelle Argument für die Drittvervielfältigung seine Berechtigung verloren.[580]
Allerdings muss mit dem Gesetzgeber wiederum davon ausgegangen werden, dass sich ein Verbot der Drittvervielfältigung praktisch nicht durchsetzen lässt. Zum einen kann ein Verbot wegen des Schutzes der Privatsphäre aus Art. 2 GG und Art. 13 GG nicht überwacht werden. Zum anderen kann dem Bürger auch nicht vermittelt werden, warum er die - nicht kopiergeschützte – CD eines Freundes ausleihen und für sich kopieren darf, jedoch die Vornahme durch den Freund selbst unzulässig sein sollte.[581]

d) Begrenzung der Privatkopieschranke bei Internetsendungen auf das sog. „Time-Shifting"

Insbesondere von der phonographischen Wirtschaft wird ferner gefordert, im Hinblick auf Internet-Sendungen nur noch das sogenannte Time-Shifting zu gestatten.[582] Hier-

---

[574] Vgl. Stellungnahme des Börsenvereins des deutschen Buchhandels zum zweiten Korb vom 8.11.2004, S. 3, abrufbar unter http://www.urheberrecht.org/topic/Korb-2/; ebenso der Syndikus des Verbandes der phonographischen Wirtschaft *Braun* in ZUM 2005, 100, 102.

[575] So der Syndikus des Verbandes der phonographischen Wirtschaft *Braun* in ZUM 2005, 100, 102, der auf die Bedrohung durch öffentliche Kopieforen hinweist, in denen das Anfertigen von Kopien angeboten wird.

[576] Schack in ZUM 2002, 497, 501.

[577] So insbesondere noch die Amtl. Begr. zum UrhG 1965, BT-Drucks. IV/270, 72, 74; Ebenso Amtl. Begr. RefE v. 18.03.2002, S. 34; Amtl. Begr. RegE v. 31.07.2002, S. 48.

[578] Hierzu ausführlich oben in Teil 2, B. VII. 2. a).

[579] Vgl. oben Teil 1, A. VI.

[580] A.A. Stickelbrock in GRUR 2004, 736, 737.

[581] So auch die Begr. RefE zum zweiten Korb, S. 32, abrufbar unter http://www.bmj.bund.de/media/archive/760.pdf.

[582] Vgl. Stellungnahmen des Bundesverbandes der phonographischen Wirtschaft und der deutschen Landesgruppe der IFPI vom 1.11.2004, S. 2, abrufbar unter http://www.urheberrecht.org/topic/Korb-

durch könne wirksam gegen den massenhaften Download aus dem Internetradio vorgegangen werden, welches die primäre Auswertung von Musik erheblich beeinträchtige.[583] Durch spezielle Aufnahmesoftware sei es nämlich heute dem Nutzer möglich, mehrere Stunden Musikprogramme z.B. aus dem Internetradio auf der Festplatte zu speichern und anschließend automatisiert einzelne gewünschte Titel auszuwählen, die dann auf CD-Rohlinge gebrannt werden können.[584]
Dieser Vorschlag läuft im Ergebnis auf ein Verbot dieser intelligenten Aufnahmeprogramme hinaus, da das schlichte Speichern zum Zwecke des nachträglichen Werkgenusses möglich bleiben soll.[585] Es erscheint allerdings äußerst fraglich, wie ein derartiges Verbot ausgestaltet sein sollte. Einerseits müssten Programme, welche ein Herauslösen und Archivieren einzelner Programmbestandteile ermöglichen, verboten werden. Andererseits blieben Programme, die das Speichern von Webradio-Angeboten ermöglichen, ohne eine Herauslösung einzelner Titel zu ermöglichen, gestattet. Eine solche Differenzierung ist bereits aus technischen Gründen nicht angezeigt. So können digitalisierte Medien mittels PC auch ohne besondere Hilfsmittel in Einzelteile „zerlegt" werden. Intelligente Aufnahmesoftware erleichtert diesen Prozess lediglich. Folglich würde ein Verbot von Aufnahmesoftware die für den Verbraucher attraktiven Vervielfältigungen aus dem Internetradio lediglich erschweren, ohne sie gänzlich unterbinden zu können. In letzter Konsequenz würden die Normadressaten eine Begrenzung auf das „Time-Shifting" daher recht einfach umgehen können. Von einem Verbot ist folglich wiederum mit Blick auf die soziale Realität abzusehen.[586] Im Übrigen erscheint der Gesetzgeber überfordert, wenn er für jede einzelne und begrenzte Bedrohung der Urheberrechte einen Sondertatbestand einführen soll. Derartige Einzelfallbestimmungen erscheinen angesichts des technischen Fortschritts insbesondere in der IT-Branche schnell überholt und müssten beständig angepasst werden. Stattdessen könnte daran gedacht werden, das Internetradio wegen seiner besonderen Gefahren für die Erstverwertung von Musikwerken generell zu untersagen, in dem es aus dem Anwendungsbereich des Sendeprivilegs gemäß § 78 Abs. 1 Nr. 2, Abs. 2 Nr. 1 und § 86 UrhG herausgelöst wird.[587] Ein deutscher Alleingang erschiene hier angesichts der Internationalität der Webradio-Angebote allerdings wenig erfolgversprechend.

2/. „Time-Shifting" bedeutet das Aufzeichnen einer Sendung, um diese zu einem späteren Zeitpunkt anhören bzw. ansehen zu können.

[583] So der Syndikus der deutschen Landesgruppe des IFPI *Braun* in ZUM 2005, 100, 101.

[584] Vgl. hierzu die Ausführungen des Syndikus der deutschen Landesgruppe des IFPI *Braun* in ZUM 2005, 100, 101. Populäre Aufnahmesoftware für das Webradio sind u.a. „Tobit ClipInc.", „Audio-Jack", „Stationripper".

[585] So wohl auch der Syndikus der deutschen Landesgruppe des IFPI *Braun* in ZUM 2005, 100, 101.

[586] So im Ergebnis auch der RefEntw zum zweiten Korb, S. 32, abrufbar unter http://www.bmj.bund.de/media/archive/760.pdf.

[587] Hierfür plädiert insbesondere die Musikindustrie, vgl. Braun in ZUM 2005, 100, 103. Sie verweist darauf, dass die als klassische „Zweitverwertung" angesehene Sendung die Erstverwertung von Tonträgern zu beeinträchtigen drohe. Insbesondere könne durch sog. „Near-on-Demand"-Mehrkanaldienste Musik auf verschiedenen Kanälen zielgruppenorientiert (z.B. nach Musikgenres) rund um die Uhr in Schleifen übertragen werden. Diese böten dem Hörer gegenüber dem „normalen" Radio aufgrund vielfältiger Einflussmöglichkeiten einen den Musikschaffenden zu vergütenden Mehrwert: Genannt werden etwa die „Skip"-Funktion, mit der ein Musiktitel übersprungen werden

e) Zeitfenster im Filmbereich

Von den Verbänden der Filmwirtschaft ist zum Schutz der für den Film typischen „Verwertungskaskade“ ein Zeitfenster von einem Jahr nach Beginn der Kinoauswertung angeregt worden, in dem die digitale Privatkopie ausgeschlossen sein sollte.[588] Ein derartiges Zeitfenster erscheint allerdings mit Blick auf geltendes Recht überflüssig. Soweit ein Film vor oder kurz nach der Kinoauswertung im Internet erscheint, ist eine Kopie schon jetzt nach § 53 Abs. 1 UrhG illegal.[589] Denn vor dem Verkauf unverschlüsselter Exemplare bzw. vor der Ausstrahlung des Films im frei empfangbaren Fernsehen sind alle Kopiervorlagen gegen den Willen des Rechtsinhabers zustande gekommen und damit offensichtlich rechtswidrig hergestellt.[590] Dem Gesetzgeber ist überdies darin zuzustimmen, dass ein einjähriges Zeitfenster nicht nur überflüssig, sondern auch nicht praktikabel wäre, weil für den Verbraucher der Kinostart von Filmen einige Monate nach Beginn der Kinoauswertung nicht mehr ohne weiteres zu ermitteln ist.[591]

Gegen ein Zeitfenster im Bereich der Unterhaltungsmusik spricht, dass ein solches praktisch kaum durchzusetzen wäre. Die Vervielfältigung von aktuellen Musikstücken besitzt für den Verbraucher einen besonderen Reiz. Der Versuch, den Verbraucher zum Verzicht auf aktuelle Popsongs zu bewegen und sich stattdessen mit älteren Titeln zu begnügen, erscheint von Anfang an zum Scheitern verurteilt.[592]

C. Das pauschale Abgabensystem der §§ 54 f. UrhG

I. Der Vergütungsanspruch de lege lata

Die §§ 54 – 54 h UrhG regeln die Vergütungsansprüche und ihre Durchsetzung für Werkvervielfältigungen nach § 53 Abs. 1-3 UrhG. Die Vergütungsansprüche verleihen dem Prinzip Geltung, dass die Urheber aufgrund der Sozialbindung des Eigentums zwar gewisse Einschränkungen ihrer Urheberrechte hinzunehmen haben, dies aber grundsätzlich nicht vergütungsfrei zu geschehen hat.[593] Der Gesetzgeber gestaltete den

---

kann, wenn er dem Hörer nicht gefällt oder Funktionen wie „Never Play It Again“ (ein angegebener Musiktitel wird nicht mehr gespielt) oder „Play It Again“ (ein angegebener Musiktitel ist im Programm immer wieder zu hören.

588 Vgl. Stellungnahme von SPIO und Film20 zum 6. Änderungsgesetz zur Regelung des Urheberrechts in der Informationsgesellschaft vom 29.10.2003, S. 17 ff., abrufbar unter http://www.urheberrecht.org/topic/Korb-2/.

589 RefE zum zweiten Korb, S. 32, 33, abrufbar unter http://www.bmj.bund.de/media/archive/760.pdf.

590 RefE zum zweiten Korb, S. 32, 33, abrufbar unter http://www.bmj.bund.de/media/archive/760.pdf. S. hierzu oben Teil 2, B. IV. 2. d) bb) ii) und cc) ii).

591 So im Ergebnis auch der RefE zum zweiten Korb, S. 32, 33. Der Gesetzgeber weist überdies darauf hin, dass ein Zeitfenster im Filmbereich ohne sachlichen Grund das Segment der Kinoauswertung in der Verwertungskaskade gegenüber den Fernsehsendern privilegieren würde. Denn ein nur einjähriges Zeitfenster würde für die nachgelagerte Stufe der Fernsehauswertung (insbesondere Bezahlfernsehen) nicht mehr gelten.

592 Im Ergebnis ebenso RefE zum zweiten Korb, S. 33, abrufbar unter http://www.bmj.bund.de/media/archive/760.pdf.

593 BVerfG GRUR 1972, 481, 483 f. – Kirchen- und Schulgebrauch; GRUR 1980, 44, 46 - Kirchenmusik.

Vergütungsanspruch für Vervielfältigungen zum eigenen Gebrauch im Wege der gesetzlichen Lizenz aus. Danach ist die Nutzung eines Werkes zwar ohne Einwilligung des Berechtigten zulässig, diesem ist für die Benutzung jedoch eine Vergütung zu zahlen.
Die Ansprüche richten sich allerdings nicht gegen den unmittelbar Vervielfältigenden, sondern gegen die Hersteller und Betreiber von Vervielfältigungsgeräten und Aufzeichnungsmaterial. Damit will der Gesetzgeber dem Umstand Rechnung tragen, dass die privaten Nutzer aus rechtlichen und praktischen Gründen nicht zur Rechenschaft gezogen werden können.[594] Letztlich geht der Gesetzgeber davon aus, dass die Hersteller und Betreiber die zu zahlende Vergütung über den Verkaufspreis an die Käufer abwälzen.[595] Letztlich sollen damit die Nutzer der Vervielfältigungsgeräte mittelbar erfasst und mit der Vergütungspflicht belastet werden.[596]

1. Entstehen des Vergütungsanspruchs für Bild- und Tonaufzeichnungen nach § 54 Abs. 1 UrhG

Der Vergütungsanspruch für Musik- und Filmwerke ist in § 54 Abs. 1 UrhG geregelt.[597] Danach hat der Urheber eines Werkes gegen den Hersteller von Geräten und von Bild- und Tonträgern einen Anspruch auf angemessene Vergütung, wenn nach der Art eines Werkes zu erwarten ist, dass es durch Aufnahme von Funksendungen auf Bild- und Tonträger oder durch Übertragungen von einem Bild- oder Tonträger auf einen anderen nach § 53 Abs. 1 oder 2 vervielfältigt wird, wobei die eingesetzten Geräte und Bild- und Tonträger erkennbar zur Vornahme solcher Vervielfältigungen bestimmt sein müssen.
Der Begriff „Funksendung" umfasst die in § 20 UrhG genannten Sendeformen, insbes. Hör- und Fernsehfunk. Bild- oder Tonträger sind gemäß der Definition in § 16 Abs. 2 UrhG Vorrichtungen zur wiederholbaren Wiedergabe von Bild- und Tonfolgen. Diese Definition umfasst nicht nur analoge Speichermedien, wie Musikkassetten, Tonbänder, Schallplatten, Videobänder, sondern auch digitale Speicher wie CD-Roms, DVDs, Disketten und Computerfestplatten.[598]
Der Vergütungsanspruch wird für die durch die Veräußerung des Gerätes bzw. des Bild- und Tonträgers geschaffene Vervielfältigungsmöglichkeit gewährt. Folglich entsteht der Anspruch bereits im Zeitpunkt der Veräußerung durch den Hersteller, Händ-

[594] BGH GRUR 1955, 492, 499 – Grundig-Reporter; BVerfG GRUR 1972, 488, 489 – Tonbandvervielfältigungen.
[595] Amtl. Begr. BR-Drs. 218/94, S. 17.
[596] So amtl. Begr. für Urheberrechtsnovelle 1985 BT-Dr. 10/837, S. 18; Schricker/*Loewenheim*, § 54 Rn 1; Wiegand, „Die Geräteabgabe", S. 243, der einen Vergleich zur gesetzlichen Mehrwertsteuer zieht, welche der Gewerbebetrieb lediglich für das Finanzamt einnimmt, letztlich jedoch vom Endkunden getragen wird.
[597] Dagegen richtet sich der Vergütungsanspruch für Reprographien nach § 54 a Abs. 1 und 2 UrhG.
[598] Wandkte/Bullinger/*Lüft*, ErgBand zum UrhG-Komm., § 54 Rn 2; Möhring/Nicolini/*Gass*, § 54 Rn 18.

ler oder die Einfuhr durch den Importeur, da die Vervielfältigungsmöglichkeit bereits ab diesem Zeitpunkt gegeben ist.[599]

2. Vergütungspflichtige Werke

Nur solche Werke sollen einen Vergütungsanspruch rechtfertigen, bei denen die Vervielfältigung zu erwarten ist, § 54 Abs. 1 S. 1 UrhG. Die Beurteilung dieses Merkmals erfolgt generell nach der Art des jeweiligen Werkes. Grundsätzlich kommt die Vervielfältigung bei sämtlichen in § 2 UrhG genannten Werkarten in Betracht. Da bei vielen Werken jedoch keinerlei Interesse der Nutzer an Vervielfältigungen besteht[600], wendet der Gesetzgeber einen Wahrscheinlichkeitsmaßstab an.[601]

Als hinreichend wahrscheinlich gilt insbesondere die Vervielfältigung von Musikstücken, Filmen sowie dramaturgischen und choreographischen Werken.[602]

3. Erfasste Geräte, Bild- und Tonträger

Nach § 54 Abs. 1 erfasst die Pflicht zur Zahlung der angemessenen Vergütung nur Geräte und Bild- und Tonträger, die **erkennbar** zur Vornahme der in Satz 1 beschriebenen Vervielfältigungen von geschützten Werken **bestimmt** sind.

§ 53 Abs. 5 i.d.F. des UrhG 1965 gewährte den Vergütungsanspruch noch bei der bloßen Eignung zur Vervielfältigung. Im Rahmen der Reform des Urheberrechtsgesetzes 1985 fasste der Gesetzgeber den Anwendungsbereich der Norm jedoch bewusst enger. Mit der Begrenzung auf die erkennbare Zweckbestimmung sollte klargestellt werden, dass der Hersteller eines konfektionierten, für den Endverbraucher bestimmten Bild- und Tonträgers vergütungspflichtig ist, nicht aber der Hersteller des Rohbandes, da dieses auch für zahlreiche andere Zwecke (z.B. in Datenspeichern und Computern) eingesetzt werden könne.[603]

Die Zweckbestimmung zur Vervielfältigung soll dann vorliegen, wenn das Gerät oder der Träger **zur Vervielfältigung technisch geeignet** ist und eine entsprechende **Zweckbestimmung** – zumindest auch – vorliegt.[604] Die Zweckbestimmung beurteilt sich u.a. danach, ob mit Wahrscheinlichkeit anzunehmen ist, dass urheberrechtlich geschützte Werke mit den Geräten vervielfältigt werden.[605] Indizien für die objektive Zweckbestimmung können insbesondere Werbeäußerungen, Prospekte oder das Be-

---

[599] BGH in GRUR 1985, 280, 282; Schricker/*Loewenheim*, § 54, Rn 4; Rehbinder, Urheberrecht, Rn 263; a.A. Diemar in GRUR 2002, 587, 588, die meint, dass der Vergütungsanspruch erst mit Vornahme der Vervielfältigungshandlung entstehe.

[600] So bspw. bei Stadtplänen oder Adressbüchern, Werken der bildenden Kunst oder Bauwerken, Schricker/*Loewenheim*, § 54 Rn 5.

[601] Schricker/*Loewenheim*, § 54 Rn 5.

[602] Schricker/*Loewenheim*, § 54 Rn 5.

[603] Aml. Begr. BT-Dr. 10/837, S. 19.

[604] BGH in NJW 1993, 2118 f. – Readerprinter; BGH in ZUM 1999, 649, 651 – Telefaxgeräte; BGH in NJW 2002, 964, 965 – Scanner.

[605] Schricker/*Loewenheim*, § 54 a Rn 7. Letztlich stellt diese Anforderung nur den Umkehrschluss aus der Regelung des § 54 c UrhG dar, wonach die Vergütungspflicht entfällt, wenn eine Vervielfältigung unwahrscheinlich ist.

dienungshandbuch darstellen.[606] Eine bestimmungsgemäße Nutzung scheidet nur dann aus, wenn die Verwendung für die vergütungspflichtige Vervielfältigungshandlung eine dem Produktzweck zuwiderlaufende Nutzung darstellte und nur in Einzelfällen vorgenommen würde.[607]
Aufgrund der vorausgesetzten Zweckbestimmung ist einerseits klargestellt, dass ein Gerät oder ein Bild- und Tonträger, welcher eine Vervielfältigung lediglich ohne weiteres ermöglicht, nicht von der Vergütungspflicht erfasst sein soll.[608] Andererseits stellt die Vergütungspflicht aber nur auf die **bloße Nutzungsmöglichkeit zur Vervielfältigung** ab. Daher kommt es auf die tatsächliche Nutzung der Geräte und Träger zur Vervielfältigung nicht an.[609] Im Übrigen wäre eine Regelung, die auf die konkrete Verwendung beim einzelnen Geräteinhaber abstellt, auch nicht praxistauglich.[610]
Die Geräte und Bild- und Tonträger müssen **nicht ausschließlich zur Aufzeichnung geschützter Werke bestimmt** sein.[611] Der Gesetzgeber hat bewusst in Kauf genommen, dass auch Geräte und Träger erfasst werden, die im konkreten Fall nicht oder nur wenig für die Aufnahme bzw. zur Übertragung i.S.d § 54 Abs. 1 UrhG verwendet werden. So sollen laut der Gesetzesbegründung ausdrücklich auch solche Geräte erfasst werden, die den Tatbestand des § 53 ABs.1 und 2 UrhG in geringerem Maße als etwa reine Musikaufzeichnungsgeräte verwirklichen.[612] In der Folge werden von der Vergütungspflicht auch grundsätzlich **Multifunktionsgeräte** erfasst. Dies ist auch verfassungsrechtlich unbedenklich.[613] Ebenso können auch einzelne **Geräte aus Funktionseinheiten** vergütungspflichtig sein. Der BGH weist in ständiger Rechtsprechung darauf hin, dass es unerheblich ist, ob die einzelnen Geräte die nach §§ 54, 54 a UrhG notwendige Vervielfältigung autonom oder nur im Zusammenwirken mit anderen Geräten erfüllen können.[614] Im Falle des Zusammenspiels mehrerer Geräte in einer Funktionseinheit sollen jedoch nicht sämtliche Geräte der Vergütungspflicht unterfallen, sondern nur das Gerät, welches am „deutlichsten" dazu bestimmt ist, als Vervielfältigungsgerät eingesetzt zu werden.[615]
Da die Schrankenregelung des § 53 UrhG selbst nicht nach der eingesetzten Vervielfältigungstechnik differenziert, finden die §§ 54 ff. grundsätzlich auch auf digitale Vervielfältigungsgeräte Anwendung.[616]

---

606 Aml. Begr. BT-Dr. 10/837, S. 19; BGH in NJW 1993, 2118 – Readerprinter; Schiedsstelle beim DPMA in ZUM 1996, 909, 910 – Scanner.
607 Daher sind insbesondere Diktiergeräte, die bestimmungsgemäß nur Inhalte aufzeichnen, die nicht urheberrechtlich geschützt sind, vergütungsfrei, vgl. OLG München in ZUM 1991, 257.
608 So Schricker/*Loewenheim*, § 54 Rn 7; a.A. Fromm/Nordemann/*Nordemann*, §§ 54, 54 a, Rn 2; ebenso Schiedsstelle beim DPMA in ZUM 1996, 909, 910 – Scanner.
609 BGH in NJW 1993, 2118 f. – Readerprinter; BGH in GRUR 1981, 355, 359 – Videorecorder; Schricker/*Loewenheim*, § 54 Rn 8.
610 So BGH in NJW 1993, 2118 f. – Readerprinter.
611 BGH in NJW 1993, 2118 f. – Readerprinter; LG Stuttgart in ZUM 2001, 614, 617 – CD-Brenner.
612 S. amtl. Begr. zur Novelle 1985, BT-Dr. 10/837, S. 18.
613 BVerfG in GRUR 1972, 488, 490.
614 BGH in GRUR 1981, 355, 358 – Video-Recorder; BGH in CR 2002, 176 – Scanner.
615 BGH in CR 2002, 176, 177 – Scanner.
616 Schricker/*Loewenheim*, § 54 Rn 9.

a) Vergütungspflichtige Geräte

In den §§ 54, 54 a UrhG findet sich keine Auflistung der Geräte, die der Vergütungspflicht unterliegen sollen. Eine detaillierte gesetzliche Festlegung wäre aufgrund der stetig voranschreitenden Technik auch nicht sinnvoll. Stattdessen erfolgt die Einordnung unter die Vergütungspflicht entweder aufgrund entsprechender Vergütungsvereinbarungen zwischen den Verwertungsgesellschaften mit den Herstellern oder aufgrund gerichtlicher Entscheidung. Nach § 14 Urheberrechtswahrnehmungsgesetz setzt ein gerichtliches Verfahren die Durchführung eines Schiedsverfahrens vor der Schiedsstelle des deutschen Patent- und Markenamtes voraus. In seltenen Fällen kann die Vergütungspflicht für Geräte und Träger auch unproblematisch festgestellt werden. Im analogen Bereich unterfallen der Vergütungspflicht unproblematisch Kassettenrecorder, Tonbandgeräte oder Videorecorder. Aufgrund des neutralen Gesetzeswortlauts können jedoch grundsätzlich auch digitale Kopiergeräte erfasst werden.[617] Unstreitig unterfallen heute folgende digitale Vervielfältigungsgeräte der Vergütungspflicht: DAT-Recorder[618], Minidisc-Recorder[619], DCC-Recorder[620], CD-Brenner[621], DVD-Brenner[622] und DVD-Recorder[623].

Die Vergütungspflicht für MP3-Player ist umstritten. Zwar versucht die ZPÜ seit 1999 Vergütungsansprüche gegenüber den Herstellern geltend zu machen. Bislang folgte der Zahlungsaufforderung jedoch nur die Gruppe der freien, nicht gesamtvertragszu-

---

[617] Schricker/*Loewenheim*, § 54 Rn 9.

[618] DAT steht für „Digital Audio Tape". Es ermöglicht die digitale Aufzeichnung von Magnettonbändern. Aufgrund des hohen Preises und systembedingter Nachteile wird es heute fast ausschließlich in gewerblichen Tonstudios eingesetzt.

[619] Die „Minidisc" stellt letztlich eine verkleinerte CD dar.

[620] DCC steht für „Digital Compact Cassette". Sie stellt eine Weiterentwicklung der herkömmlichen analogen Musikkassette (MC) dar. Sie konnte sich jedoch zu keinem Zeitpunkt auf dem Markt durchsetzen.

[621] Nachdem bereits ein Einigungsvorschlag der Schiedsstelle beim DPMA und zwei Gerichtsentscheidungen des LG (CR 2001, 545) und OLG Stuttgart (CR 2001, 817) die Vergütungspflicht für CD-Brenner festgestellt hatten, schlossen die „Zentralstelle für private Überspielungsrechte" (ZPÜ) und die BITKOM einen Gesamtvertrag für CD-Brenner ab. Danach beträgt die Vergütung für CD-Brenner sechs Euro pro Gerät für BITKOM-Mitglieder rückwirkend zum 01.07.2001. Vgl. hierzu das Merkblatt der GEMA im Internet, unter http://www.gema.de/kunden/zpue/information/verguetungspflicht-cd.shtml.

[622] Die ZPÜ und die BITKOM schlossen am 11.08.2003 einen Gesamtvertrag, wonach für DVD-Brenner und CD-DVD-Combo-Brenner rückwirkend zum 01.01.2003 eine Vergütung von 9,21 € pro Gerät vereinbart wurde, vgl. GEMA-Merkblatt zur Vergütungspflicht von DVD-Brennern im Internet unter http://www.gema.de/kunden/zpue/information/merkblatt_verguetungspflicht.shtml.

[623] Der DVD-Recorder ist von seinem Anwendungsbereich her mit dem analogen Video-Recorder vergleichbar. Er unterscheidet sich vom DVD-Brenner dadurch, dass er nicht an einen PC, sondern an einen Fernseher angeschlossen wird. Damit eignet er sich einerseits für die Aufnahme von Fernsehsendungen, andererseits oftmals auch zur Überspielung von analogen Video-Cassetten auf digitale DVDs. Mittels eines DVD-Brenners ist der Nutzer dagegen in der Lage, Musikdateien von der Festplatte eines Computers auf eine DVD zu brennen. Der DVD-Recorder wird von der GEMA beanstandungslos als „Bildaufzeichnungsgerät mit oder ohne Tonteil" eingestuft und muss entsprechend vergütet werden, vgl. hierzu Merkblatt der GEMA zu den vergütungspflichtigen Geräten, im Internet abrufbar unter http://www.gema.de/kunden/zpue/information/verguetungspflicht.shtml.

gehörigen Hersteller und Importeure.[624] Fraglich ist, ob der MP3-Player nur ein Abspiel- oder auch ein Speichergerät darstellt. Ein handelsüblicher MP3-Player kann mit einem PC verbunden werden. Mittels der integrierten Software können dann Musikstücke von dem PC auf den Festplattenspeicher des MP3-Players übertragen werden. Diese Übertragung stellt grundsätzlich eine Vervielfältigung im Sinne des § 16 UrhG dar. Dabei wird die Vervielfältigungsleistung von der Software des MP3-Players erbracht. Der angeschlossene PC dient lediglich als Eingabemedium (Empfangsgerät). Moderne MP3-Player besitzen Festplatten (Media Cards) mit bis zu 60 Gigabyte an Speicherkapazität und sind somit in der Lage, Tausende von Musikstücken zu speichern. Aufgrund der Kombination von Software und Speichermedium muss der MP3-Player daher als Aufzeichnungsgerät klassifiziert werden.[625] Soweit ein MP3-Player einen fest eingebauten Festplattenspeicher besitzt, was der Regelfall ist, muss er nach Ziff. I N. 2 der Anlage zu § 54 d UrhG als Tonaufzeichnungsgerät, für dessen Betrieb nach seiner Bauart gesonderte Träger nicht erforderlich sind, eingeordnet werden.[626] Die Speicherkarten der MP3-Player (Media Cards) unterliegen, soweit sie separat vertrieben werden, der Vergütungspflicht für Tonträger.[627]

b) Der Computer (PC, Laptop) als abgabepflichtiges Gerät?

Schon seit geraumer Zeit ist höchst umstritten, ob auch der PC der Vergütungspflicht der §§ 54 ff. UrhG unterfallen soll. Dies hatte die Bundesregierung bereits im Jahre 2000 ausdrücklich gefordert.[628] Nachdem die Verwertungsgesellschaften eine pauschale Abgabe pro PC in Höhe von 30, - EURO verlangten, schlug die Schiedsstelle beim deutschen Patent- und Markenamt eine Abgabe von 12,- Euro pro Gerät vor[629]. Eine außergerichtliche Einigung zwischen den Verwertungsgesellschaften auf der einen und den Vertretern der Computerindustrie (insbesondere die BITKOM) auf der anderen Seite erscheint angesichts der verhärteten Fronten derzeit unwahrscheinlich. So scheiterten denn auch die am 01.03.2002 vom Bundesjustizministerium vermittelten Gespräche zwischen der BITKOM und den Verwertungsgesellschaften zu diesem Thema.[630] Das LG München hat in seinem Urteil vom 23. Dezember 2004 die Vergütungspauschale für PCs auf 12,- Euro pro in Deutschland verkauftem Gerät festgelegt.[631]

---

[624] S. Wiegand, „Die Geräteabgabe“, S. 248, der darauf hinweist, dass es sich bei der Gruppe der Zahlungsunwilligen im Wesentlichen um die Mitgliedsfirmen des Fachverbandes Consumer Elektrotechnik- und Elektroindustrie e.V. (ZVEI) handelt. Die Verweigerungshaltung hält bis heute an.

[625] Ebenso Wiegand, „Die Geräteabgabe“, S. 248.

[626] So auch die Einordnung der ZPÜ, s. Merkblatt zur Vergütungspflicht unter http://www.gema.de/kunden/zpue/information/verguetungspflicht.shtm (Stand 01.08.03).

[627] Vgl. hierzu unten Teil 2, C. I. 3. d).

[628] S. den 2. Bericht der Bundesregierung über die Entwicklung der urheberrechtlichen Vergütung gem. den §§ 54 ff. UrhG v. 5.7.2000, S. 50, http://www.bmj.bund.de.

[629] Vgl. Pressemitteilung des DPMA vom 06.02.2003.

[630] Vgl. Pressemitteilung des BMJ Nr. A 7/02 v. 01.03.2002. abrufbar unter http://www.bmj.bund.de/ger/service/pressemitteilungen

[631] LG München in CR 2005, 217, allerdings auf Grundlage der Reprographieabgabe nach § 54 a UrhG.

Die herrschende Meinung sieht PCs bereits nach geltendem Recht als vergütungspflichtig an.[632] Hierfür spricht, dass der PC zur privaten Vervielfältigung im Sinne des § 53 Abs. 1 UrhG geeignet und auch erkennbar zweckbestimmt benutzt wird. Mittels der im PC integrierten Festplatte und der Speicherchips können digitale Werke aller Art in großem Maße abgespeichert werden.[633] Die Festplattenspeicher eines neuartigen PCs besitzen heute üblicherweise mehr als 50 GB an Speicherkapazität.[634] Hiermit lassen sich tausende von Musikstücken im MP3-Format und mehrere Dutzend Kinofilme im DivX-Format abspeichern. Im Übrigen enthält ein handelsüblicher PC heute alle notwendigen Komponenten, die ihm das Herunterladen von Musik und Filmen aus dem Internet ermöglichen.[635] Dabei handelt es sich bei dem Großteil der aus dem Internet heruntergeladenen Kopien um private Vervielfältigungen im Sinne des § 53 UrhG.[636]

Die bestimmungsgemäße Nutzung soll schließlich nur dann entfallen, wenn die Verwendung für die vergütungspflichtige Vervielfältigungshandlung eine dem Produktzweck zuwiderlaufende Nutzung darstellt und nur in Einzelfällen vorkommen würde.[637] PCs werden heute massenweise und in großem Umfang zur Speicherung von Film- und Musikwerken genutzt.[638] Zum Zwecke der Speicherung sind die Computer

---

[632] So Fromm/Nordemann/*Nordemann*, Urheberrecht, 9.Aufl., §§ 54, 54 a, Rn 2; Wandkte/Bullinger/*Lüft*, ErgBand zum UrhG-Komm, § 54 a Rn 5; Schricker/*Loewenheim*, § 54 Rn 9; Möhring/Nicolini/*Gass* § 54 Rn 27; LG Stuttgart in CR 2001, 581; Wandtke in GRUR 2002, 1, 7; Winghardt in ZUM 2002, 349. A.A. Paul/Naskret in CR 2003, S. 473 ff.; Poll in CR 2002, 178, 179; Freiwald, „Die private Vervielfältigung", S. 185, 186; Wiegand, „Die Geräteabgabe", S. 247 f..

[633] So auch der 2. Bericht der Bundesregierung über die Entwicklung der urheberrechtlichen Vergütung gem. den §§ 54 ff. UrhG v. 5.7.2000, S. 50, http://www.bmj.bund.de, der von Abspeichern ganzer Musiksammlungen spricht. Ein handelsüblicher PC ist aufgrund seiner vielseitigen Komponenten einerseits in der Lage Musik- und Filmwerke aus dem Internet herunterzuladen und auf der Festplatte abzuspeichern. Andererseits kann er auch Musik- und Filmwerke von CDs/DVDs mittels des integrierten CD-ROM- bzw. DVD-Laufwerkes „einlesen" und problemlos dauerhaft auf der Festplatte abspeichern. Dies erfolgt im Wege des sog. Rippens (oder „Grabbens").

[634] Moderne PCs bzw. einzelne Festplatten bieten inzwischen bis zu 250 GB Speicherkapazität.

[635] Vgl. Winghardt in ZUM 2002, S. 349, 353. Die Zugangsmöglichkeit zum Internet wird heute üblicherweise über interne Modems sichergestellt. Fehlt ein internes Modem, kann die Verbindung zum Internet unproblematisch über ein externes Modem hergestellt werden. Auch die benötigte Software gehört zur standardmäßigen Grundausstattung. So verfügen alle Windows-Betriebssysteme über einen Microsoft-Internet-Explorer, der die Navigation im Internet ermöglicht.

[636] Der Rechteinhaber wird in aller Regel keine konkludente Zustimmung zum vergütungspflichtigen Download seiner Online-Angebote erteilen, so allerdings Paul/Naskret in CR 2003, 473, 476. Vgl. hierzu ausführlich unten in Teil 2, C. III. 2. f). Überdies sind private Vervielfältigungen aus Internet-Tauschbörsen gemäß § 53 Abs. 1 UrhG de lege lata in einem gewissen Rahmen noch zulässig, vgl. oben Teil 2, B IV. 2. d) bb) ii) und cc) ii). Im Übrigen handelt es sich auch bei der dauerhaften Speicherung von Musik-CDs auf der Festplatte des Computers um zulässige Privatkopien, solange die Anfertigung der Kopie ohne Umgehung von Kopierschutzmaßnahmen erfolgte.

[637] So OLG München in ZUM 1991, 257.

[638] Realitätsfern insoweit Wiegand, „Die Geräteabgabe", S. 251, der davon ausgeht, dass die dauerhafte Speicherung von Musik-CDs auf Computern wegen der geringen Speicherkapazitäten wenig wahrscheinlich sei. Gängige PCs sind wahre Alleskönner. Neben der Aufzeichnung und dem Abspielen von Medien, können moderne Multimedia-PCs sogar Fernsehen und Video-Recorder unnötig machen,

heute ganz bewusst mit großen Speicherkapazitäten ausgerüstet. Die immense Größe einer gängigen Festplatte findet ihren Zweck ausschließlich in der Ermöglichung der massenhaften Speicherung von Daten aller Art. Dagegen ist sie zum Zwecke der Datenverarbeitung unnötig. Im Übrigen kann nicht in Abrede gestellt werden, dass PCs mit entsprechenden Internetanschlüssen und der Verbindung mit Eingabe- /Ausgabegeräten „bestimmungsgemäß" zum Download von Werken aus dem Internet - sowohl nach dem Verständnis der Hersteller und Vertreiber als auch der angesprochenen Verkehrskreise - benutzt werden.[639]

Vollständigkeitshalber sei darauf hingewiesen, dass der PC zudem auch der Reprographieabgabe gemäß § 54 a UrhG unterliegt. Der PC ist zur Vornahme von in § 54 a Abs.1 UrhG angesprochenen privaten Vervielfältigungen technisch geeignet. Zwar kann er nicht zur Vornahme von „Ablichtungen" verwendet werden, jedoch zu Verfahren vergleichbarer Wirkung.[640] So ermöglicht der PC bspw. das Herunterladen und Abspeichern eines Textes (Bildes) aus dem Internet auf seine Festplatte. Hierbei handelt es sich in der Regel um private Vervielfältigungen im Sinne des § 53 Abs. 1 UrhG, da der Rechteinhaber den Nutzern in der Mehrzahl der Fälle kein – konkludentes - Nutzungsrecht an den öffentlich zugänglich gemachten Werken einräumt.[641] Überdies ermöglicht der PC auch das Einlesen eines Textes oder Bildes von einem digitalen Speichermedium wie einer CD-ROM in den Arbeitsspeicher und das spätere Abspeichern auf der Festplatte zu privaten Zwecken. Der PC ist für die Vervielfältigung von Texten und Bildern auch ersichtlich zweckbestimmt.[642]

c) Bedeutung der „Scanner-Entscheidung" des Bundesgerichtshofs

Letztlich mag auch der vielfach geäußerte Einwand, die „Scanner"-Entscheidung des BGH stehe einer Vergütungspflicht für den PC entgegen, nicht überzeugen.[643] Der BGH stellte darin lediglich die Forderung auf, dass in Funktionseinheiten, in denen ein Gerät nur im Zusammenwirken mit anderen Geräten die Funktion eines Vervielfälti-

---

vgl. hierzu den Bericht über Windows XP Media Center Edition unter http://www.heise.de/newsticker/meldung/40736.

[639] Ebenso LG München in CR 2005, 217, 219 – PC-Urheberrechtsabgabe.

[640] Ebenso LG München I in CR 2005, 217, 219.

[641] Vgl. hierzu die ähnlich gelagerte Problematik hinsichtlich der Vergütungspflicht von PCs nach § 54 Abs. 1 UrhG in Teil 2, C. III. 2. f). Zwar finden sich einige Zeitschriften und Textautoren, die Abhandlungen zur freien und kostenlosen Verwendung der Nutzer im Internet veröffentlichen. So gestattet bspw. der SPIEGEL ausdrücklich das Abspeichern der Texte seiner Online-Publikationen auf www.spiegel.de in Datenbestände, die ausschließlich für den privaten Gebrauch eines Nutzers bestimmt sind, vgl. bspw. das Impressum von www.spiegel.de, abgerufen am 21.03.2005. In einer Vielzahl der Fälle erfolgt jedoch keine Zustimmung zur Vervielfältigung der Online-Publikationen, dies gilt bspw. für die Online-Texte auf www.faz.net oder www.focus.de.

[642] LG München I in CR 2005, 217, 219. Zur Standardausrüstung eines PC zählt entsprechende Software, um die Wiedergabe, Speicherung und Bearbeitung von textlichen, graphischen und bildlichen Inhalten zu ermöglichen. Vgl. Winghardt in ZUM 2002, 349, 357, der insbesondere auf den in jedem Windows-Betriebssystem vorhandenen Internet-Explorer hinweist, der die Sichtbarmachung, das Aufladen und Herunterladen der im Internet abrufbaren Texte, Bilder und Graphiken ermöglicht. Zur Standardausrüstung eines PC zählt entsprechende Software, um die Wiedergabe, Speicherung und Bearbeitung von textlichen, graphischen und bildlichen Inhalten zu ermöglichen

[643] So aber Paul/Naskret in CR 2003, 473, 475 f.; Freiwald, „Die private Vervielfältigung", S. 185 f.

gungsgerätes erfülle, nicht alle Geräte mit einer Abgabe belastet werden dürfen.[644] Vielmehr soll die Vergütungspflicht nur für das Gerät entstehen, welches am deutlichsten zur Vervielfältigung von Werken bestimmt ist. Zur Begründung führte der BGH auf, dass eine derartige Aufteilung der Vergütungspflicht der gesetzlichen Regelung zuwiderliefe, da im Gesetz feste Vergütungssätze vorgesehen seien. Im Übrigen sei es für eine derartige Funktionseinheit typisch, dass nicht für jedes Gerät in derselben Weise davon ausgegangen werden könne, es sei im Sinne von § 54 a Abs. 1 S. 1 UrhG zur Vornahme von Vervielfältigungen bestimmt.[645]

Die „Scanner"-Entscheidung bezog sich aber konkret auf eine Funktionseinheit aus Scanner, PC und Drucker. In dieser Konstellation bewertete der BGH den Scanner als das Gerät, welches am deutlichsten zur Vervielfältigung bestimmt sei. Der BGH ließ an dieser Stelle ausdrücklich offen, ob sonstige vom PC selbständig durchgeführte Vervielfältigungen unter die Vergütungspflicht fallen sollen.[646] Die Entscheidung hat somit lediglich Bedeutung für Funktionseinheiten. Ein gängiger PC ist jedoch, wie zuvor erörtert, auch ohne externe Zusatzgeräte in der Lage, Vervielfältigungen von Musik- und Filmwerken vorzunehmen (Abspeichern von Musikstücken auf der Festplatte).

Im Hinblick auf die „Scanner"-Entscheidung kann man daher höchstens daran denken, den handelsüblichen PC nicht pauschal als ein Gerät, sondern ebenfalls als Funktionseinheit zu betrachten. Schließlich beinhaltet ein handelsüblicher PC unterschiedliche Einzelkomponenten, die ihm im Zusammenspiel sowohl die körperliche, als auch die unkörperliche Vervielfältigung von Werken ermöglichen. Hierzu gehören u.a. Festplatten, Arbeitsspeicher, Netzwerkkarten, Modems, CD-ROM-, DVD- und Floppy Disk-Laufwerke. Im Rahmen einer solchen Betrachtung ließe sich stets eine spezielle Einzelkomponente des PCs finden, die am deutlichsten zur speziellen Vervielfältigung dient.[647] Anstelle des Gesamtproduktes PC könnte demnach diese Einzelkomponente vergütungspflichtig gemacht werden. Auf den ersten Blick erscheint eine derartige Betrachtung insbesondere unter dem Gesichtspunkt sinnvoll, dass es *den* Standard-PC gar nicht gibt. Viele PCs werden heute nach dem Baukastenprinzip angeboten. Sie werden auf Wunsch des Käufers individuell zusammengestellt. So kann ein Computersystem auch ohne Monitor oder ohne Festplatte geordert werden.

In Betracht zu ziehen ist insofern insbesondere eine selbstständige Vergütungspflicht für PC-Festplatten. Festplatten werden sowohl als integraler Bestandteil eines PC als auch isoliert im Einzelhandel vertrieben. So werden sie zu Austauschzwecken, zur „Aufrüstung" des Computers und - was heute häufig der Fall ist - als externer Speicher[648] genutzt. Würde man nur den PC und nicht die Festplatte der Vergütungspflicht

[644] BGH in CR 2002, 176, 177 – Scanner.
[645] BGH in CR 2002, 176, 177 – Scanner.
[646] BGH in CR 2002, 176, 177 – Scanner.
[647] So auch Freiwald, „Die private Vervielfältigung", S. 185.
[648] Externe Festplatten werden an den PC angeschlossen und ermöglichen die Übertragung von Daten der PC-Festplatte auf die externe Festplatte. Dies ist insbesondere dann sinnvoll, wenn die PC-Festplatte selbst über nur wenig Speicherplatz verfügt. Aufgrund ihrer Portabilität sind externe Festplatten flexibel einsetzbar und ermöglichen den umfangreichen Datentausch zwischen verschiedenen

unterstellen, blieben separat vertriebene Festplatten von der Abgabenpflicht verschont. Festplatten stellen jedoch kein Vervielfältigungsgerät dar, sondern ein Speichermedium. Der Vervielfältigungsvorgang wird von dem PC mittels seines Prozessors und Betriebssystems sowie entsprechender Software gesteuert.[649] Die Festplatte ist vielmehr als ein Bild- und Tonträger im Sinne des § 54 Abs. 1 UrhG zu qualifizieren.[650] Allerdings müsste darauf geachtet werden, dass keine unzulässigen Doppelbelastungen stattfinden. So dürfte für einen PC mit Festplatte nur eine (erhöhte) Abgabe erhoben werden. Demgegenüber müsste für PCs ohne Festplatte sowie für Festplatten, welche isoliert im Handel vertrieben werden, jeweils eine selbständige Abgabe erhoben werden.[651] Aufgrund dieser Überlegungen könnte und sollte daher sowohl für den PC als Aufnahmegerät als auch für die Festplatte als Speichermedium eine Abgabe gefordert werden.[652]

Fraglich bleibt, ob weitere Hardwarekomponenten einer selbständigen Vergütungspflicht unterliegen sollten. Vereinzelt wird gefordert, anstelle des Computers die Eingabegeräte (Modem, Netzwerkkarten) vergütungspflichtig zu machen.[653] Letztlich seien es diese Geräte, die am deutlichsten zur Vervielfältigung von Werken bestimmt sind, da sie erst den Empfang von urheberrechtlich geschützten Werken ermöglichen.[654] Eine derartige Betrachtung überzeugt jedoch nicht. Ein Modem ermöglicht keine Vervielfältigung im Wege der Speicherung von Werken, sondern lediglich den Zugang zu Werken im Internet. Die Speicherung ermöglicht erst der PC mittels seines Laufwerks und Prozessors im Zusammenspiel mit seiner Festplatte. Der Gesetzgeber hat die Vergütungspflicht – im Hinblick auf die Geräteabgabe – auch ersichtlich nur an

---

Computern. Im Vergleich zu CDs/DVDs besitzen Festplatten eine deutlich höhere Speicherkapazität (bis zu 250 GB).

[649] Insoweit kann der PC mit Cassetten- und Video-Recordern verglichen werden, mit dem Unterschied, dass letztere zur Vervielfältigung auf externe Speichermedien (Audio- und Video-Cassetten) zurückgreifen müssen.

[650] So auch Winghardt in ZUM 2002, S. 349, 359.

[651] De lege lata ist eine solche Differenzierung problemlos möglich. Schließlich kann nach der Anlage zu § 54 d UrhG zwischen Ton- und Bildaufzeichnungsgeräten, welche den Träger bereits in sich vereinen und solchen, für die ein gesonderter Träger erforderlich ist, unterschieden werden. Demnach kann ein PC mit Festplatte als ein Bildaufzeichnungsgerät gemäß der Anlage zu § 54 d Abs. 1 UrhG klassifiziert werden, für dessen Betrieb ein gesonderter Träger nicht erforderlich ist. Eine gesondert erworbene Festplatte kann den gewöhnlichen Bildträgern untergeordnet werden, wobei die Abgabenhöhe aufgrund der enormen Speicherkapazitäten deutlich anzuheben wäre, vgl. hierzu Winghardt in ZUM 2002, 349, 360.

[652] Ebenso Winghardt in ZUM 2002, 349, 360; a.A. dagegen Freiwald, „Die private Vervielfältigung", S. 186; Kreutzer in Stellungnahme der IFROSS zum 2. Korb vom 30.10.2003, abrufbar unter http://www.urheberrecht.org/topic/Korb-2/, S. 6. Sie wollen die Vergütungspflicht nur auf die Festplatte erstreckt wissen. Dabei gehen sie jedoch von der irrigen Annahme aus, dass ein PC ohne integrierte Festplatte nicht der Vergütungspflicht unterfiele, da ein solcher nicht zur Anfertigung von dauerhaften Kopien geeignet wäre. Der BGH hat allerdings schon früh festgestellt, dass auch ein bloßes Aufnahmegerät ohne integriertes Speichermedium, wie der Video-Recorder, der Vergütungspflicht unterfällt, BGH in GRUR 1981, 358 – Video-Recorder.

[653] Paul/Naskret in CR 2003, 473, 476, mit Bezug auf die Reprographieabgabe gem. § 54 a UrhG. Die Überlegungen treffen jedoch letztlich genauso auf die Geräteabgabe gem. § 54 UrhG zu.

[654] Paul/Naskret in CR 2003, 473, 476.

das Aufnahmegerät geknüpft.[655] Nach der Rechtsprechung des BGH ist für die Abgabepflicht die objektive Eignung des Gerätes zur Vervielfältigung entscheidend, unabhängig davon, ob zur Vornahme der Aufzeichnung noch weitere (Zusatz-) Einrichtungen erforderlich sind.[656] Dem kann entnommen werden, dass etwa Computerperipheriegeräte, Zubehör oder integrale Bestandteile eines PC keiner gesonderten Abgabepflicht ausgesetzt werden, die nur als Zusatzeinrichtung dazu dienen, die bereits einer anderen Komponente zugeordneten und von dieser als Geräteabgabe erfassten Vervielfältigung zu ermöglichen.[657] Statt einer uferlosen Ausweitung der Geräteabgabe, die mitunter zu Überschneidungen und ungerechtfertigten Doppelbelastungen führen kann, sollte die Vergütungspflicht letztlich auf das Multifunktionsgerät PC konzentriert werden. Der handelsübliche PC stellt schließlich ein endfertiges Gerät dar, welches verschiedene Einzelkomponenten, die eine Vervielfältigung ermöglichen oder erleichtern, in sich vereint.
Aus denselben Gründen ist auch eine Vergütungspflicht für sonstige Hardwarekomponenten, wie Netzwerkkarten, ISDN-Anlagen, Laufwerke, Prozessoren oder Mainboards abzulehnen.[658]
Die gelegentlich anzutreffende Forderung nach einer Vergütungspflicht für Kopiersoftware (auch „Ripper"-Software) überzeugt ebenfalls nicht.[659] In Frage käme eine Vergütungspflicht schon nur für Kopiersoftware, deren Anwendung trotz des Verbots der Umgehung von Kopierschutz gemäß § 95 a UrhG de lege lata noch gestattet ist. Letztlich bedarf es einer Abgabe auf Kopiersoftware aber auch deswegen nicht, weil die Vergütung für den Urheber bereits durch die Abgabe auf den CD- bzw. DVD-Brenner und – nach zutreffender Ansicht - den PC sichergestellt ist. Die Abgaben auf Brenner decken die Vervielfältigung im Wege der Herstellung eines neuen körperlichen Werkstückes hinreichend ab. Die hier geforderte PC-Abgabe deckt zudem die unkörperlichen Kopien von Musikstücken auf dem Computer ab, die mittels „Ripper"-Software angefertigt werden. Dies gilt ebenso für Vervielfältigungen mittels Tauschbörsen-Software, deren Verwendung ohne einen PC nicht denkbar wäre.

d) Vergütungspflicht für Trägermedien

Derzeit besteht, abgesehen von analogen Video- und Audiokassetten, Einigkeit hinsichtlich der Abgabenpflicht für Digital Audio Tapes (DAT), Digital Compact Cassettes (DCC), Mini Discs (MDs), Audio und Data CD-ROMs (CD-R/-CD-RW) und DVD-R/-RWs.[660]

---

[655] S. BGH in GRUR 1981, 358 – Video-Recorder. Winghardt in ZUM 2002, 349, 360, weist in diesem Zusammenhang richtigerweise darauf hin, dass auch das Magnettonband-Gerät seinerzeit zum Empfang von Musikwerken an ein Zusatzgerät angeschlossen sein musste. Auf die Idee, auch das Empfangsgerät mit einer Abgabe zu belasten, ist man damals jedoch nicht gekommen.
[656] S. BGH in GRUR 1981, 356 – Video-Recorder.
[657] Vgl. Winghardt in ZUM 2002, 349, 360.
[658] Ebenso Winghardt in ZUM 2002, 349, 360; Wiegand, „Die Geräteabgabe", S. 253.
[659] A.A. Wiegand, „Die Geräteabgabe", S. 252.
[660] Vgl. Merkblatt der ZPÜ zu den vergütungspflichtigen Geräten und Trägermedien unter http://www.gema.de/kunden/zpue/information/verguetungspflicht.shtm und der Pressemitteilung bzgl. der Vergütungspflicht für CDs/DVDs vom 9.01.03 unter http://www.gema.de/kommunikation/pressemitteilungen/pm20030109_02.shtml.

Sämtliche Träger stellen die korrespondierenden Speichermedien zum Aufzeichnungsgerät (CD-/DVD-Brenner, Video-Recorder etc.) dar. Wie zuvor umfassend erörtert, sollten auch PC-Festplatten als Trägermedien abgabepflichtig sein. Hinsichtlich der Behandlung von MP3-Cards tritt dieselbe Problematik wie bei PC-Festplatten auf. Sie dienen als Speichermedien in MP3-Playern. Da auch MP3-Player grundsätzlich vergütungspflichtig sein sollten[661], müssen auch die korrespondierenden Speichermedien, die Media Cards, abgabepflichtig sein. Um eine Doppelvergütung zu verhindern, dürfen sie jedoch nur insoweit einer Vergütungspflicht unterliegen, als sie auch unabhängig von einem MP3-Player veräußert werden. Werden sie als integraler Bestandteil eines MP3-Players veräußert, gilt der MP3-Player gemäß Ziffer I. 2. der Anlage zu § 54 d Abs. 1 UrhG als Aufzeichnungsgerät, für dessen Betrieb nach seiner Bauart kein gesonderter Träger erforderlich ist. Da in diesem Fall ein verdoppelter Vergütungssatz verlangt wird, ist für eine zusätzliche Abgabe auf den Träger kein Raum.
Aufgrund ihrer geringen Speicherkapazität ist die herkömmliche 3,5 Zoll-Diskette nicht dazu geeignet, Musik- oder Filmwerke zu speichern. Insofern unterliegt sie auch nicht der Vergütungspflicht.[662]

4. Höhe der Vergütung

Gemäß den §§ 54 Abs. 1, 54 a Abs. 1 und 2 UrhG schuldet der Vergütungspflichtige dem Urheber (der Verwertungsgesellschaft) eine angemessene Vergütung. Gemäß § 54 d Abs. 1 UrhG gelten die in der Anlage zum selbigen Paragraphen bestimmten Sätze als angemessen. Die Sätze wurden im Zuge der Urheberrechtsnovelle 1985 durch den Gesetzgeber festgelegt und bis heute nicht angepasst. Allerdings können die Vergütungssätze gemäß § 54 d Abs. 1 2. HS auch vorrangig zwischen den Verwertungsgesellschaften und den Anspruchsgegnern vereinbart werden. Der Gesetzgeber ging seinerzeit davon aus, dass zwischen den Verwertungsgesellschaften und staatlichen oder privaten Organisationen geschlossene Gesamtverträge der Regelfall sein werden.[663] Da das Gesetz jedoch bereits angemessene Tarife bestimmt, sind die Abgabeverpflichteten nicht verpflichtet höhere Sätze zu akzeptieren. Es verwundert daher auch nicht, dass sich die Abgabepflichtigen nicht freiwillig auf eine höhere Vergütung einlassen. Dies erklärt, warum es in der Vergangenheit kaum zu individuellen Anpassungen der Vergütungssätze gekommen ist.[664]
Die Anlage selbst ist mit Gesetzesrang ausgestattet und kann daher nur vom Gesetzgeber geändert werden.[665] Ursprünglich sah der Regierungsentwurf für die Novelle 1985 vor, dass die Höhe der Vergütung durch Rechtsverordnung festgelegt und geändert werden könne. Letztlich sah der Gesetzgeber jedoch von dieser Möglichkeit ab, da der Änderung der Vergütungssätze erhebliche wirtschaftliche Bedeutung zukomme und er

---

[661] Vgl. oben Teil 2, C. I. 3. a).
[662] So auch Wiegand, „Die Geräteabgabe", S. 256.
[663] Vgl. Schricker/*Loewenheim*, § 54 d, Rn 9, mit Verweis auf amtl. Begr. BT-Dr. 10/837, S. 41. Den Abschluss von Gesamtverträgen regelt § 12 UrhWG.
[664] Vgl. Fromm/Nordemann/*Nordemann*, § 54 d, Rn 1.
[665] Möhring/Nicolini/*Gass*, § 54 d, Rn 2.

sich der Einschätzungsprärogative nicht durch die Ermächtigung zum Erlass einer Rechtsverordnung entledigen wolle.[666]
In der Anlage wird bezüglich Vervielfältigungsgeräten gem. § 54 Abs. 1 UrhG zwischen Ton- und Bildaufzeichnungsgeräten unterschieden. Für ein Tonaufzeichnungsgerät wird nach Ziff. I Nr. 1 ein Betrag von 1,28 EUR, für Bildaufzeichnungsgeräte mit oder ohne Tonteil nach Ziff. I Nr. 3 EUR 9,21 veranschlagt. Dieser Satz verdoppelt sich jeweils, wenn für eine Aufnahme kein gesonderter Träger erforderlich ist, vgl. Ziff. I Nr. 2 und 4.[667] Die höhere Belastung von Bildaufzeichnungsgeräten sieht der Gesetzgeber darin gerechtfertigt, dass mit diesem in größerem Umfang urheberrechtlich geschützte Werke in Anspruch genommen werden.[668]
Hinsichtlich der Trägermedien wird zwischen Ton- und Bildträgern differenziert. Der Vergütungssatz wird pro Stunde Spieldauer berechnet. Auf Tonträger entfällt je Stunde bei üblicher Nutzung gem. Ziff. I Nr. 3 ein Betrag von 0,0614 EUR und für Bildträger nach Ziff. I Nr. 4 ein Betrag von 0,0870 EUR. Die in der ZPÜ zusammengeschlossenen Verwertungsgesellschaften haben mit dem Informationskreis AufnahmeMedien (IM) mit Wirkung zum 01.01.03 eine einvernehmliche Regelung über die Zahlung von Urhebervergütungen für DVDs mit einer nominellen Speicherkapazität von 4,7 GB getroffen.[669] Die Speicherkapazität von 4,7 GB entspricht danach einer Videoaufnahmekapazität von 120 Minuten.[670] Für Data-CD-Rs/RWs (CD-Rohlinge) wurde eine Vergütung von 0,072 EUR je Spielstunde vereinbart.[671]
Auf Multifunktionsgeräte, wie CD- und DVD-Brenner, die sowohl Ton- als auch Bildwerke vervielfältigen können, können die Vergütungssätze der Anlage zu § 54 d UrhG nicht angewandt werden. Diesbezüglich haben sich die Verwertungsgesellschaften jedoch inzwischen mit den Herstellern auf gesonderte Tarife geeinigt. Die in der ZPÜ zusammengeschlossenen Verwertungsgesellschaften sowie die Verwertungsgesellschaften VG-WORT und VG-BILD-KUNST haben im Juli 2002 mit dem Bundesverband Informationswirtschaft, Telekommunikation und neue Medien e.V. (BITKOM) und im Oktober 2002 mit dem Fachverband Consumer Electronics im ZVEI (ZVEI - FV CE) eine vergleichsweise Regelung über die Zahlung von Urheber-

---

666 Der Vorschlag des RegE sah vor, dass Bundesjustiz- und –wirtschaftsminister die Vergütungssätze einvernehmlich ändern, wenn dies zur Sicherstellung einer angemessenen Vergütung der Berechtigten erforderlich sei, Amtl. Begr. BT-Dr. 10/837, S. 5.

667 Ein Tonaufzeichnungsgerät incl. Träger stellt nach der hier und von der ZPÜ vertretenen Auffassung zum geltenden Recht bspw. der MP3-Player dar. Ein Bildaufzeichnungsgerät mit integriertem Träger stellt nach der hier vertretenen Auffassung bspw. der PC dar.

668 Amtl. Begr. BT-Dr. 10/837, S. 19.

669 S. Pressemitteilung der GEMA vom 09.01.2003 unter http://www.gema.de/kommunikation/pressemitteilungen/pm20030109_02.shtml .

670 Die angemessene Vergütung für vorgenannte DVD-Produkte zur Abgeltung aller Vergütungsansprüche nach § 54 UrhG beträgt somit gemäß Anlage zu § 54 d UrhG 0,087 EUR je Spielstunde, also EUR 0,174 je Stück.

671 Umstritten ist, ob jede angefangene Stunde relativ in Ansatz zu bringen ist (so Schricker/*Loewenheim*, § 54 d, Rn 4), oder aber jede angebrochene Stunde als volle Stunde zu berechnen ist (so u.a. Fromm/Nordemann/*Nordemann*, § 54 d, Rn 3). Für eine minutengenaue Abrechnung, die ohne weiteres möglich ist, sprechen Gerechtigkeitserwägungen (so auch Wiegand, „Die Geräteabgabe", S. 275).

vergütungen für CD-Brenner getroffen.[672] Der gesamtvertraglichen Regelung war eine rechtskräftige Entscheidung des LG Stuttgart zur Vergütungspflicht für CD-Brenner vorausgegangen.[673] Die Höhe der Vergütung für CD-Brenner zum Einbau oder Anschluss an PCs ist tariflich festgelegt mit 7,50 € als Vergütung für alle Rechteinhaber rückwirkend seit dem 1.7.2001. Die ZPÜ hat überdies im August 2003 mit der BITKOM eine Regelung über die Zahlung von Urhebervergütungen für DVD-Brenner getroffen. Die Höhe der Vergütung für DVD-Brenner zum Einbau oder Anschluss an PCs ist tariflich festgelegt mit 9,21 € als Vergütung für alle Rechteinhaber rückwirkend seit dem 01.01.2003.[674] Nachdem sich die Verwertungsgesellschaften und die Geräteindustrie lange Zeit nicht auf eine Abgabe für PCs einigen konnten, hat das LG München in seinem Urteil vom 23. Dezember 2004 die Vergütungspauschale für PCs auf 12,- € pro in Deutschland verkauftem Gerät festgelegt.[675]
Zusätzlich zu den in der Anlage aufgeführten Summen ist die jeweils geschuldete Mehrwertsteuer zu zahlen, da den Berechtigten die genannten Vergütungen ungekürzt zugehen müssen.[676]

II. Änderungsbedarf
Das bestehende pauschale Abgabensystem ist im Zeitalter analoger Kopievorgänge geschaffen worden und wurde bis heute nicht geändert. Im Folgenden wird aufgezeigt, warum das System mit der Entwicklung im Bereich der digitalen Vervielfältigungstechniken nicht Schritt halten konnte und welcher Reformbedarf besteht.

1. Kein adäquater finanzieller Ausgleich durch Abgabensystem
Das pauschale Abgabensystem fußt auf dem Beteiligungsgrundsatz. Danach ist der Urheber an jeder wirtschaftlich relevanten Verwertung seines Werkes angemessen zu beteiligen.[677] Auch die gesetzlichen Regelungen in §§ 54, 54 a UrhG, §§ 6 Abs. 1, 13 Abs. 3 UrhWG verlangen, dass die Rechteinhaber als Kompensation für die Gestattung der privaten Vervielfältigung nach § 53 UrhG angemessen zu entschädigen sind. Nach § 13 Abs. 3 UrhWG soll Berechnungsgrundlage für die Vergütungssätze der geldwerte Vorteil sein, der durch die Verwertung der urheberrechtlich geschützten Werke erzielt wird. Die heutigen Vergütungssätze können jedoch keinen adäquaten Ausgleich mehr gewährleisten und genügen diesen Voraussetzungen daher nicht

[672] S. Pressemitteilung der ZPÜ unter http://www.gema.de/kunden/zpue/information/verguetungspflicht-cd.shtml.
[673] LG Stuttgart in ZUM 2001, 614.
[674] S. Pressemitteilung der ZPÜ unter http://www.gema.de/kunden/zpue/information/merkblatt_verguetungspflicht.shtml .
[675] LG München I in CR 2005, 217.Damit folgte das Gericht dem Vorschlag der Schiedsstelle beim DPMA.
[676] Fromm/Nordemann/*Nordemann*, § 54 d, Rn 4.
[677] Der Beteiligungsgrundsatz ist ausdrücklich in § 11 S. 2 UrhG niedergelegt. Zudem wird er in ständiger Rechtsprechung des BGH und BVerfG gefordert, vgl. BVerfG GRUR 1972, 481 – Kirchen- und Schulgebrauch; GRUR 1980, 44 - Kirchenmusik; BGH GRUR 1955, 492 – Grundig-Reporter; BGH ZUM 2002, 144 – Kinderhörspiele.

mehr.[678] Sie sind im Zeitalter analoger Kopiervorgänge geschaffen worden und wurden bis heute nicht geändert[679]; es erfolgte nicht einmal ein Inflationsausgleich.[680]
Wie in Teil 1 A umfassend erörtert, wurden die Vervielfältigungsmöglichkeiten von Musik- und Filmwerken durch deren Digitalisierung enorm erweitert. Die digitale Vervielfältigung ist der analogen Vervielfältigung nicht nur in qualitativer, sondern auch in quantitativer Hinsicht weit überlegen. Während das pauschale Abgabensystem im analogen Zeitalter, dem Zeitalter von Büchern, Schallplatten, Musikkassetten oder Fotokopien, in der Lage war, einen angemessenen Ausgleich für den Umfang der privaten Vervielfältigung zu gewähren, wird es dieser Aufgabe im digitalen Zeitalter von Musiktauschbörsen im Internet und Brennersoftware für den heimischen Computer nicht annähernd gerecht. Zum einen stellt die digitale Kopie mangels Qualitätsverlust bei der Vervielfältigung der digitalen Daten nahezu einen vollwertigen Ersatz für das Original dar. Zum anderen werden heute aufgrund der digitalen Technologie deutlich mehr Kopien angefertigt als im analogen Zeitalter.
Die aktuelle GfK-Studie geht für das Jahr 2003 bspw. davon aus, dass in Deutschland Musik im Wert von rund 5,8 Milliarden EURO kopiert wurde.[681] Demgegenüber nahm die für Abgaben auf Tonmedien zuständige GVL im Jahre 2003 nur ca. 13,9 Mio. EURO aus dem pauschalen Vergütungssystem ein.[682] Geht man davon aus, dass es sich nur bei knapp einem Viertel der Musikkopien nicht um Raubkopien, sondern um legale und vergütungspflichtige Privatkopien handelt, müssten die Abgaben um mehr als das hundertfache erhöht werden, um eine volle Deckungshöhe zu erreichen. Dieses enorme Missverhältnis zwischen dem Wert der privaten Vervielfältigung von Musik- und Filmwerken und der Einnahmenhöhe aus dem Vergütungssystem offenbart den dringenden Änderungsbedarf am pauschalen Abgabensystem.
Fraglich erscheint überdies, ob das bisherige System überhaupt auf digitale Medien übertragbar ist. So weisen digitale Medien gegenüber analogen Medien einige Eigenarten auf. Das derzeitige Vergütungssystem unterscheidet zwischen Bild- und Tonträgern. Dies macht bei analogen Musik- und Video-Kassetten auch Sinn. Musik-Kassetten sind nur für die Aufnahme von Musik mittels Musik-Rekorder geeignet. Video-Kassetten dienen ausschließlich der Vervielfältigung von Filmen. Dagegen können die digitalen Speichermedien CDs/DVDs, aber auch PC-Festplatten sowohl mit Musik-, als auch Filmwerken bespielt werden. So reichen meistens 2 CDs für die Speicherung eines Films im komprimierten DivX-Format aus. Andererseits können auf eine gewöhnliche 4,7 GB DVD leicht 1000 Musikstücke im MP3-Format gespeichert werden. Eine Unterscheidung zwischen CDs/DVDs kann daher höchstens hinsichtlich der Speicherkapazität getroffen werden. Aber auch die Speicherkapazität erscheint

678 Diese Schlussfolgerung zog die Bundesregierung bereits im „Zweiten Bericht über die Entwicklung der urheberrechtlichen Vergütung gemäß den §§ 54 ff, UrhG", Stand Juni 2000, S. 45 ff.
679 Ausnahmen sind die erst kürzlich vertraglich vereinbarten Sätze für CD- und DVD-Brenner.
680 Möhring/Nicolini/*Gass*, § 54 d, Rn 3; Kreile, GEMA Jahrbuch 2001/2002, S. 102 f.
681 Brennerstudie 2004 – Studie zum Kopieren und Downloaden von Spielfilmen auf Basis der GfK-Sonderbefragung im März 2004, veröffentlicht unter http://www.ifpi.de/news/379/brennerstudie2004.pdf.
682 Vgl. das GEMA-Jahresbuch 2004/2005, S. 59, abrufbar unter http://www.gema.de/kommunikation/jahrbuch/jahr_04_05/.

aufgrund der Komprimierbarkeit digitaler Daten kein brauchbares Kriterium zu sein. So kann ein CD-Rohling mit 800 MB Speicherkapazität ca. 20 Musikstücke im WAV-Format speichern. Werden die Stücke jedoch ins MP3-Format komprimiert, finden ungefähr 10mal so viele Stücke auf der CD Platz. Insofern erscheinen die zwischen der ZPÜ und der BITKOM getroffenen Vereinbarungen über die Vergütungspflicht von CDs und DVDs willkürlich. Dies gilt insbesondere für die vereinbarte Umrechnungsquote von 4,7 GB = 2 Stunden Spieldauer. Dies mag für einen Film mit Überlänge, welcher im DivX-Format abgespeichert wird noch annähernd sachgerecht sein. Berücksichtigt man jedoch, dass auf einer derartigen DVD auch eintausend Musikstücke Platz finden, die viele tausend Spielminuten umfassen können, erscheint eine derartige Einordnung vollkommen unangemessen. Erhebliche Schwierigkeiten bereitet auch die Einordnung digitaler Aufnahmegeräte ins gegenwärtige Vergütungssystem. Moderne Vervielfältigungstechnologien sind zumeist multifunktional und nicht auf das Kopieren einer bestimmten Werkart – Musik- oder Filmwerk – beschränkt.[683] Probleme bereitet zudem die Bestimmung der Abgabenhöhe. So verlangt die ZPÜ beispielsweise für einen MP3-Player mit eingebauter 10-GB-Festplatte bereits geringere Abgaben als für einen herkömmlichen Kassettenrecorder mit 30 dazugehörigen Audiokassetten. Dabei lassen sich mit einem derartigen MP3-Player deutlich mehr Musikstücke in deutlich besserer Qualität abspeichern.[684]
Festzuhalten bleibt, dass die Vergütungssätze – zumindest für den Fall der Beibehaltung des pauschalen Abgabensystems[685] - angehoben werden müssen.[686] Hierbei muss insbesondere der in Erwägungsgrund 38 der Info-RL geforderten Unterscheidung zwischen analoger und digitaler Vervielfältigung gebührend Rechnung getragen werden. Im Rahmen einer Anhebung hat der Gesetzgeber jedoch auch potentiell vergütungsmindernde Faktoren zu berücksichtigen. Hierzu gehören insbesondere Kopierschutztechniken und Digital-Rights-Management-Systeme, soweit sie vergütungspflichtige Vervielfältigungen verhindern können.[687]

2. *Unflexibilität des Abgabensystems*

Wie zuvor erörtert, hat sich die gesetzliche Festlegung der Vergütungssätze nicht bewährt. Sie hat sich als zu unflexibel erwiesen, um auf neue technische Entwicklungen im Bereich der Vervielfältigung reagieren zu können.[688] Der Gesetzgeber hat es jahre-

---

[683] Kreutzer in ZUM-Sonderheft 2003, S. 1041, 1043.

[684] Beispiel von Ulbricht, „Pauschalabgaben – Ein inkonsequenter Kompromiss zu Lasten der Urheber“, S. 12, abrufbar unter http://www.druck-gegen-abgaben.de/data/studie_ulbricht.pdf.

[685] Zu diskutieren bleibt, ob das pauschale Abgabensystem nicht grundsätzlich zugunsten von Digital Rights Management Systemen weichen, bzw. eingeschränkt werden sollte. Dazu später in Teil 2, C. II. 3.

[686] So bereits der zweite Bericht der Bundesregierung über die Entwicklung der urheberrechtlichen Vergütung gemäß den §§ 54 ff, UrhG, Stand Juni 2000, S. 45 ff.; Däubler-Gmelin in ZUM 1999, 265, 272; Schricker/*Loewenheim*, § 54 d, Rn 2; Schack in ZUM 2002, 497, 500; Fromm/Nordemann/*Nordemann*, §§ 54, 54 a , Rn 3.

[687] S. hierzu in Teil 2, C. II. 4.

[688] Vgl. Kreutzer in ZUM-Sonderheft 2003, S. 1041, 1042; Dreier in Schricker, „Informationsgesellschaft“, S. 167; Fromm/Nordemann/*Nordemann*, § 54 d Rn 1; Däubler-Gmelin in ZUM 1999, 265, 272.

lang schlichtweg unterlassen, auf die technischen Neuentwicklungen zu reagieren und die Aufstellung von Geräten und Tarifen in der Anlage zu § 54 d UrhG zu ändern. Viele neuartige Geräte ließen sich nicht mehr in die Anlage zu § 54 d UrhG einordnen. In der Folge kam es zu jahrelangen Auseinandersetzungen über die Abgabepflicht zwischen den Verwertungsgesellschaften und den Herstellern. Exemplarisch sei der Einigungsprozesses über die Abgabenpflicht für CD-Brenner genannt.[689] Einer einvernehmlichen Lösung ging zunächst ein mühevoller und zeitaufwendiger Weg über die Schiedsstelle und das gerichtliche Verfahren voraus.
Die jahrelangen Streitigkeiten um die Einbeziehung von CD-Brennern oder PCs unter die Abgabenpflicht schufen eine hohe Rechtsunsicherheit unter den Beteiligten und zwangen sie zu erheblichen finanziellen Rückstellungen.

3. Abschaffung des pauschalen Abgabensystems aufgrund Kopierschutz und Möglichkeiten der Einzelabrechnung mittels Digital Rights Management Systemen?

Mit Blick auf die Entwicklung von Verfahren des Kopierschutzes und Digital Rights Management Systemen, welche die individuelle Abrechnung urheberrechtlich relevanter Nutzungen ermöglichen, wird heute bereits teilweise - zumindest für digitale Vervielfältigungen - die Abschaffung des pauschalen Abgabensystems gefordert.[690] Der umfassende Einsatz von Verfahren des Kopierschutzes könne bereits heute für eine weitgehende Verhinderung digitaler Privatkopien sorgen.[691] Da der Einsatz von Kopierschutz in Zukunft erheblich zunehmen und die Anfertigung privater Vervielfältigungen weitestgehend verhindern werde, bestünde keine Notwendigkeit mehr für die Freistellung der Privatkopie. Damit verliere auch das pauschale Abgabensystem seine Rechtfertigung.[692] Dieses System sei durch Verfahren der Einzellizenzierung zu ersetzen. Die Möglichkeit hierfür sei durch die modernen DRM-Systeme geschaffen.[693] Da die individuelle Lizenzierung die konkrete Abrechnung der tatsächlichen Nutzung eines Werkes ermögliche, sei sie der pauschalen Abrechnung nach dem bisherigen Abgabensystem vorzuziehen.[694] Diese Forderung ist eng verbunden mit der Forderung nach einem Verbot der digitalen Privatkopie von Musik- und Filmwerken. Denn nur

---

[689] Vgl. zum Einigungsprozess Pressemitteilung der ZPÜ unter http://www.gema.de/kunden/zpue/information/verguetungspflicht-cd.shtml.

[690] Insbesondere die Hersteller von Vervielfältigungsgeräten treten für eine Abschaffung des pauschalen Abgabensystems ein, vgl. Stellungnahme der BITKOM zum Fragenkatalog der Bundesregierung zum 2. Korb der Urheberrechtsnovelle, http://www.urheberrecht.org/topic/Korb-2/st/2003/BITKOM-24-09-2003.pdf, näher hierzu in Teil 1, D V.; für eine Abschaffung im Online-Bereich Rohleder, Vorsitzender der Geschäftsführung der BITKOM, ZUM Sonderheft 2003, S. 1061 f.; Vgl. zudem bspw. die Stellungnahme des Bundesrates BT-Dr. 15/38, 37; Spindler in GRUR 2002, 105, 112; Geerlings in GRUR 2004, S. 207, 209; für eine Abschaffung der Vergütung auf „digitale Hardware" Ulbricht in seinem Gutachten „Pauschalabgaben – Ein inkonsequenter Kompromiss zu Lasten der Urheber", abrufbar unter http://www.druck-gegen-abgaben.de/data/studie_ulbricht.pdf.

[691] Wiegand, „Die Geräteabgabe", S. 347; s. auch Wand, „Technische Schutzmaßnahmen", S. 178.

[692] Wiegand, „Die Geräteabgabe", S. 372.

[693] Wiegand, „Die Geräteabgabe", S. 355.

[694] Wand, „Technische Schutzmaßnahmen", S. 179; Bechtold in GRUR 1998, 18, 21; Wiegand, „Die Geräteabgabe", S. 356.

ein derartiges Verbot würde sicherstellen, dass das entgeltliche Nutzungsangebot nicht durch die private Vervielfältigung unterlaufen wird.[695]
Die Idee einer Aufhebung des pauschalen Abgabensystems zugunsten einer Einzellizenzierung im digitalen Bereich erscheint auf den ersten Blick äußerst verlockend. Eine Einzellizenzierung ist gegenüber einer pauschalen Abgabenpflicht deutlich preisgerechter. Nach dem Prinzip des „prizing for Information" muss der Nutzer letztlich nur für die Informationen ein Entgelt leisten, die er tatsächlich konsumiert. Nach dem pauschalen Abgabensystem hat er indes für eine abstrakte durchschnittliche Nutzung zu zahlen, unabhängig davon, ob sie tatsächlich erfolgt ist. Die Untersuchung im ersten Kapitel hat auch gezeigt, dass sowohl die Verfahren des Kopierschutzes als auch die DRM-Systeme grundsätzlich umfangreiche Schutz- und Abrechnungsmöglichkeiten im Bereich der privaten Vervielfältigung ermöglichen.[696]
Eine gänzliche Aufhebung des pauschalen Abgabensystems zum heutigen Zeitpunkt scheitert bei näherer Betrachtung jedoch an denselben Gründen wie ein Verbot der digitalen Privatkopie von Musik- und Filmwerken. Es ist weder zum gegenwärtigen Zeitpunkt noch in absehbarer Zeit möglich, jeden einzelnen Vervielfältigungsvorgang zu kontrollieren und einer Einzelabrechnung zu unterwerfen.[697] So hat die Untersuchung im ersten Kapitel gezeigt, dass sowohl die DRM-Systeme als auch die reinen Kopierschutzmechanismen zum heutigen Zeitpunkt nur begrenzt eingesetzt werden.[698] Zudem können diese Verfahren nachträglich nicht die große Menge der Werke erfassen, die vor dem Einsatz entsprechender Schutzmaßnahmen auf den Markt gekommen sind.[699] Bis zum heutigen Zeitpunkt steht der Großteil der digitalen Musikwerke ungeschützt zur Verfügung, sei es in Internet-Tauschbörsen oder auf ungeschützten CDs, ganz zu schweigen von allen analogen Musikaufzeichnungen. Diese Werke werden auch in Zukunft munter weiter vervielfältigt und stehen für eine individuelle Abrechnung nicht zur Verfügung. Diese Vervielfältigungen können nur über den Weg einer pauschalen Abgabenpflicht abgerechnet werden. Im Falle der Aufhebung der pauschalen Vergütungspflicht, würden die Urheber ihren verfassungsmäßig gesicherten Anspruch auf finanziellen Ausgleich für diese Vervielfältigungen verlieren.
Wie in Teil 1, C II. 3. und III. 5. ausführlich dargestellt, ist aber auch zukünftig nicht sichergestellt, dass die Medienindustrie ihre Produkte ausschließlich mittels technischer Schutzmaßnahmen vertreibt. Aufgrund der geringen Nutzerakzeptanz ist momentan eher davon auszugehen, dass ein flächendeckender Einsatz von DRMS noch einige Zeit in Anspruch nehmen wird. Die – durchaus wünschenswerte – Verbreitung von DRMS kann nur gelingen, wenn deren Attraktivität für den Nutzer gesteigert wird und gleichzeitig illegale Angebote (insbes. Filesharing) erheblich zurückgedrängt werden.[700] Im Übrigen sind diverse Plattenfirmen zwischenzeitlich dazu übergegangen,

[695] Vgl. Wiegand, „Die Geräteabgabe", S. 356.
[696] S. Teil 1, C.
[697] S. hierzu Teil 2, B. VII 2. b).
[698] S. Teil 1, C. II. 3. und III. 5.
[699] Vgl. Stickelbrock in GRUR 2004, S. 736, 743; Peukert in ZUM Sonderheft 2003, 1050, 1055.
[700] Vgl. hierzu i.E. oben Teil 1, C. III. 5. b).

ihre CDs wieder ohne Kopierschutz zu vertreiben, um somit auf den wachsenden Unmut der Konsumenten zu reagieren.[701]
Darüber hinaus muss ein weiterer Gesichtspunkt berücksichtigt werden, der in der derzeitigen Begeisterung über die Potentiale von technischem Schutz gegen Vervielfältigung oft übersehen wird. Der flächendeckende Einsatz von DRMS darf nur unter der Voraussetzung gestattet werden, dass grundsätzlich dem Urheber und nicht dem Verwerter die Verfügungsbefugnis über die Einnahmen aus der Einzellizenzierung zukommen.[702] Dies ist bislang jedoch nicht der Fall. Profiteure von DRMS sind bislang ausschließlich die Verwerter (z.B. die Musikwirtschaft). Sie genießen die Einnahmen, ohne sie an die Urheber entsprechend weiter zu reichen. Würde das pauschale Abgabensystem, welches bislang eine effiziente Verteilung der Abgaben an die Urheber sicherstellte[703], durch DRMS ersetzt, würde die Verfügungsbefugnis am geistigen Produkt umfassend den Verwertern zufallen. Die Urheber verlören ihr bislang wichtigstes Instrument, eine angemessene Beteiligung an den Erlösen durchzusetzen und ihre ideellen Interessen in Bezug auf ihr Geistesprodukt zu verfolgen.[704]
Aus den vorgenannten Gründen bedarf es daher, zumindest solange wie ungeschützte Werke in nennenswertem Umfang zur Vervielfältigung zur Verfügung stehen, eines Nebeneinanders von Verfahren der Einzellizenzierung und des pauschalen Abgabensystems. Es wäre erheblich verfrüht, das pauschale Abgabensystem zugunsten von Verfahren der Einzellizenzierung abzuschaffen.[705]

4. Anpassung des pauschalen Abgabensystems aufgrund des verstärkten Einsatzes von Kopierschutz und Digital Rights Management

Kann der Einsatz von Kopierschutz und DRMS heute zwar noch keine Abschaffung des pauschalen Abgabensystems rechtfertigen, so muss deren steigende Verwendung jedoch zumindest bei der Berechnung der Abgaben berücksichtigt werden. Schon heute sorgt der umfangreiche Einsatz von Verfahren des Kopierschutzes im Offline-Vertrieb von Musik- und Filmwerken als auch im Online-Vertrieb als Bestandteil von Digital Rights Management-Systemen dafür, dass ein Großteil der Musik- und Filmwerke nicht mehr kopiert werden kann. Da der Verwender von technischen Schutzmaßnahmen gemäß § 95 b UrhG auch nicht dazu verpflichtet ist, dem Nutzer die Anfertigung einer Kopie zu rein privaten Zwecken gemäß § 53 Abs. 1 UrhG zu ermöglichen, kann der Verbraucher keine rechtmäßige und somit vergütungspflichtige Privatkopie im Sinne der §§ 53 Abs. 1, 54 Abs. 1 UrhG anfertigen.
Somit stellt sich die Frage, warum der Nutzer für Vervielfältigungsgeräte und entsprechende Medien weiterhin eine pauschale Abgabe zahlen soll, wenn er diese Geräte und Medien nicht mehr (zumindest im bestehenden Umfang) für entsprechende Vervielfältigungen einsetzen kann. In diesen Fällen stellt sich die Zahlung der Pauschalvergütung nicht nur als ungerechtfertigt dar, oftmals kann es auch zu „Doppelzahlungen"

---

701 Vgl. hierzu oben in Teil 1, C. II. 3..
702 So Peukert in UFITA 2002, S. 689. 700.
703 Vgl. Hilty in ZUM-Sonderheft 2003, 981, 1000.
704 So Peukert in UFITA 2002, S. 689. 701.
705 Ebenso Schack in ZUM 2002, S. 497, 510; Stickelbrock in GRUR 2004, 736, 743; Peukert in ZUM Sonderheft 2003, S. 1050, 1055; Freiwald, „Die private Vervielfältigung", S. 180.

kommen.[706] Dies ist insbesondere dann der Fall, wenn der Nutzer bei dem Erwerb von Geräten und Leermedien eine Abgabe zahlt, er aber aufgrund des Einsatzes von DRM-Systemen die Möglichkeit einer Vervielfältigung erst bei Zahlung einer weiteren Individualvergütung erhält.[707]
Dieses Problem wurde bereits in der Info-RL erkannt. So gestattet Art. 5 Abs. 2 lit. b Info-RL die private Vervielfältigung nur „unter der Bedingung, dass die Rechtsinhaber einen gerechten Ausgleich erhalten, wobei berücksichtigt wird, ob technische Schutzmaßnahmen gemäß Art. 6 auf das betreffende Werk oder den betreffenden Schutzgegenstand angewendet wurden". Der deutsche Gesetzgeber hat diese Vorgabe in dem neuen § 13 Abs. 4 UrhWG umgesetzt. Die Einführung dieser Vorschrift hat ausdrücklich die Vermeidung einer Doppelvergütung zum Ziel.[708] Dieser Gedanke sei bei der Bestimmung der die Pauschalvergütungen konkretisierenden Tarife zwingend zu berücksichtigen. Als erlaubt und erforderlich wird die flexible Reaktion im Rahmen der entsprechende Tarife auf sich im Laufe der Zeit ändernde tatsächliche Verhältnisse im Bereich technischer Schutzmaßnahmen angesehen.[709]
Eine Reform des Abgabensystems hat somit auch den steigenden Einsatz von technischen Schutzmaßnahmen zu berücksichtigen und diesen als vergütungsmindernden Faktor bei der Gestaltung der Tarife zu verrechnen.

5. „Kultur-Flatrate" als alternatives Lösungsmodell?
Angesichts der praktischen Schwierigkeiten bei der Bekämpfung des illegalen Filesharings wird mitunter vorgeschlagen, den Zugang zum Internet vergütungspflichtig zu machen.[710] Zu diesem Zweck soll der Nutzer monatlich eine pauschale Nutzungsabgabe – bspw. 5,- € - an den Access Provider, also den Zugangvermittler ins Internet (T-Online, AOL, 1&1 etc.) bezahlen, die dieser an die Verwertungsgesellschaften abführt.[711] Auf diesem Wege könnten nicht nur die Interessen der Allgemeinheit an einem möglichst ungehinderten Zugang zu Informationen gewahrt, sondern auch die finanzielle Beteiligung der Urheber an der nicht zu verhindernden massenhaften Vervielfältigung in Tauschbörsen sichergestellt werden.[712]

---

[706] Vgl. Reinbothe in GRUR Int. 2001, 733, 739.
[707] Beispiel von Kreutzer in ZUM-Sonderheft 2003, 1041, 1044.
[708] Vgl. die amtl. Begr. in BT-Dr. 15/38, S. 71.
[709] Vgl. die amtl. Begr. in BT-Dr. 15/38, S. 71. Wie Kreutzer in ZUM-Sonderheft 2003, 1041, 1044, richtigerweise feststellt, können Vergütungen nur als Gegenleistung für die Gewähr einer gesetzlichen Lizenz zur privaten Vervielfältigung gefordert werden.
[710] Vgl. hierzu die Stellungnahme der Vereinigungen „privatkopie.net", „Netzwerk Neue Medien" und „Forum InformatikerInnen für Frieden und gesellschaftliche Verantwortung" (FIfF) zum RefE zum zweiten Korb vom 20.12.2004; Grassmuck in ZUM 2005, S. 104, 108; Moldenhauer im Spiegel-Interview unter http://www.spiegel.de/netzwelt/netzkultur/0,1518,309768-2,00.html; Dustmann, „Die privilegierten Provider", S. 234 ff.
[711] Vgl. hierzu Moldenhauer im Spiegel-Interview unter http://www.spiegel.de/netzwelt/netzkultur/0,1518,309768-2,00.html.
[712] Vgl. die Stellungnahme der Vereinigungen „privatkopie.net", „Netzwerk Neue Medien" und „Forum InformatikerInnen für Frieden und gesellschaftliche Verantwortung" (FIfF) zum RefE zum zweiten Korb vom 20.12.2004, S. 23, abrufbar unter http://www.urheberrecht.org/topic/Korb-2/. Das Mo-

Dieses Modell einer „Kultur-Flatrate" stellt sich auf den ersten Blick als die Patentlösung zur Wahrung der Interessen der Urheber dar. Eine Pauschalabgabe verbunden mit einer gesetzlichen Lizenz zur freien Vervielfältigung in Internet-Tauschbörsen würde dem Umstand Rechnung tragen, dass das Filesharing bislang nur stichprobenhaft kontrollierbar und infolgedessen auch nur unwesentlich eingeschränkt werden konnte. Schließlich stellt sich die gesetzliche Lizenz überall dort als das geeignete Instrument dar, wo aufgrund der Massenhaftigkeit der urheberrechtsrelevanten Vorgänge und/oder der unüberschaubaren Zahl der betroffenen Rechteinhaber und/oder Nutzer eine Kontrolle nicht möglich ist und Einzelverhandlungen zu umständlich bzw. zu langwierig wären.[713]
Einer allgemeinen Schranke für die Online-Nutzung stehen bei näherer Betrachtung jedoch wesentliche Aspekte entgegen. Zunächst würde sie gegen die Vorgaben der europäischen Info-RL verstoßen. So genießt der Urheber gemäß Art. 2 bis 4 Info-RL das Recht, sein Werk umfassend zu verwerten. Dies gilt insbesondere auch für eine Verwertung zum Abruf im Internet. Eine Schranke für die Online-Nutzung würde ihm diese Verwertungsmöglichkeit gänzlich nehmen.[714] Neuen Geschäftsmodellen zum kommerziellen Download von Musik- und Filmwerken würde die Grundlage entzogen, wenn der Verbraucher diese Werke auch zustimmungsfrei und kostengünstiger zum Pauschalpreis herunterladen kann. Insofern würde eine allgemeine Online-Schranke auch gegen den internationalen Dreistufentest gemäß Art. 9 Abs. 2 RBÜ verstoßen, da die normale Auswertung des Werkes im Internet unmöglich gemacht würde.[715]
Gegen eine derartige Forderung spricht zudem, dass eine pauschale Abgabe auch die Vielzahl von Nutzern belasten würde, die keine Werke aus dem Internet herunterladen. So sollen 30 Millionen Internetnutzer in Deutschland noch nie urheberrechtliche relevante Werke aus dem Internet heruntergeladen haben.[716] Die Mehrzahl von Internetnutzungen, insbesondere das bloße „Browsen", das „Umherstreunen" im Internet, ist urheberrechtlich nicht relevant.[717] Die hierdurch anfallenden kurzfristigen Speicherungen unterfallen als „ephemere" Speicherungen gemäß § 44a UrhG nicht dem Vervielfältigungsrecht des Urhebers.[718]

---

dell einer „Kultur-Flatrate" stellt die Hauptforderung der sog. „Berlin Declaration" dar, vgl. hierzu http://www.contentflatrate.org.

[713] Dreier/Schulze/*Dreier*, § 44a, Rn 14.

[714] So auch der RefE zum zweiten Korb, S. 33 f, abrufbar unter http://www.bmj.bund.de/media/archive/760.pdf.

[715] Vgl. hierzu die ausführliche Prüfung des Dreistufentests in Teil 3. Ebenso der RefE zum zweiten Korb, S. 33 f., abrufbar unter http://www.bmj.bund.de/media/archive/760.pdf.

[716] Vgl. Gebhardt, Vorsitzender der deutschen Phonoverbände, im Spiegel-Interview unter http://www.spiegel.de/netzwelt/politik/0,1518,316837,00.html.

[717] Vgl. oben Teil 2, A. I. 3.

[718] Zu weiteren Argumenten gegen die Internet-Zugangs-Abgabe vgl. Gebhardt, Vorsitzender der deutschen Phonoverbände, im Spiegel-Interview unter http://www.spiegel.de/netzwelt/politik/0,1518,316837,00.html. S. auch Braun, Syndikus des Bundesverbandes der phonographischen Wirtschaft, in „Kultur-Flatrate – Warum pauschale Vergütungen keine pauschalen Lösungen sind", abrufbar unter http://www.ifpi.de/recht/recht-528.htm.

An Stelle einer Freistellung der Online-Vervielfältigung sollte daher die Bekämpfung des illegalen Filesharing verstärkt werden.[719] Wie in Teil 2, B V. 2. erörtert, ist ein Vorgehen gegen die Urheberrechtsverletzer in Tauschbörsen durchaus möglich. Im Gegensatz zu dem Kopierer von CDs/DVDs, welcher im unkontrollierbaren Privatbereich handelt, tritt der Tauschbörsennutzer in die Öffentlichkeit. Er ist anhand seiner IP-Adresse identifizierbar. Da die Access-Provider derzeit jedoch lediglich den Strafverfolgungsbehörden zur Auskunftserteilung über die Identität eines Tauschbörsennutzers verpflichtet sind, ist eine effektive und umfassende Verfolgung der Urheberrechtsverletzer nicht möglich. Aus diesem Grunde sollte der Gesetzgeber die Möglichkeit zivilrechtlicher Auskunftsansprüche ins Auge fassen.[720]

III. Die Neuregelung des pauschalen Abgabensystems nach dem Referentenentwurf zum zweiten Korb der Urheberrechtsnovelle

Der Referentenentwurf zum 2. Korb der Urheberrechtsnovelle vom 27.09.2004[721] schlägt eine grundlegende Reform des bestehenden Vergütungssystems vor. Ihr ausdrückliches Ziel ist es, die pauschale Abgeltung der Privatkopie über Geräte und Speichermedien mit Blick auf neue Vervielfältigungstechniken flexibler zu gestalten.[722] Zu diesem Zweck wird den betroffenen Verwertungsgesellschaften und den Herstellern von Vervielfältigungsgeräten und Speichermedien die Bemessung der Vergütungssätze innerhalb gesetzlich definierter Rahmenbedingungen übertragen. Zudem wird versucht, die verstärkte Nutzung der individuellen Lizenzierung von Werken im digitalen Bereich mit der pauschalen Vergütung in Einklang zu bringen. Um eine rasche Klärung von Abgabenpflichten und effektiven Rechtsschutz herbeizuführen, werden die Verfahren zur Schlichtung und gerichtlichen Prüfung von Streitfällen über die Vergütung für Geräte und Speichermeiden deutlich gestrafft.[723]

1. Der Grundtatbestand der Vergütungspflicht, § 54 UrhG RefE

Der neue § 54 UrhG RefE fasst die bisherigen §§ 54, 54 a UrhG zusammen und regelt den generellen Grundtatbestand der Vergütungspflicht. Gemäß § 54 Abs. 1 UrhG RefE hat der Urheber eines Werkes gegen den Hersteller von Geräten und von Speichermedien, deren Typ allein oder in Verbindung mit anderen Geräten, Speichermedien oder Zubehör zur Vornahme von Vervielfältigungen im Sinne des § 53 Abs. 1 bis 3 UrhG in nennenswertem Umfang benutzt wird, Anspruch auf Zahlung einer angemessenen Vergütung.

---

[719] Abgesehen von rechtlichen Schritten kann eine Abschreckung der Tauschbörsennutzer auch durch das sog. „Spoofing" erfolgen. Hierunter versteht man die Sabotage von „Tauschbörsen" durch Dateien, die als Musik- oder Filmwerke bezeichnet sind, tatsächlich aber mit chaotischen Geräuschen oder Rauschen gefüllt sind. Insbesondere die amerikanische Musikindustrie setzt diese Methode seit längerer Zeit verstärkt ein.

[720] S. hierzu ausführlich Teil 6.

[721] RefEntw zum zweiten Korb, im Internet abrufbar unter http://www.bmj.bund.de/media/archive/760.pdf.

[722] Begr. des RefEntw S. 19, abrufbar unter http://www.bmj.bund.de/media/archive/760.pdf.

[723] Begr. des RefEntw S. 19, abrufbar unter http://www.bmj.bund.de/media/archive/760.pdf.

Entgegen den bisherigen Regelungen stellt die neue Regelung nicht mehr auf bestimmte Vervielfältigungsmethoden (bisher Aufnahme, Übertragung oder Ablichtung) und genauso wenig auf bestimmte Vervielfältigungsquellen (bisher Funksendungen und Bild- und Tonträger) ab. Als Begründung führt die Bundesregierung an, dass für die genannten Beschränkungen angesichts des Standes der Technik und des Nutzerverhaltens kein Grund mehr bestehe.[724] Mit modernen Vervielfältigungsgeräten und Speichermedien würden Sprachwerke, Filme, Musik oder Bilder gleichermaßen vervielfältigt. Auch mit Blick auf neue Quellen für Vervielfältigungen – wie etwa das Internet – sei es angezeigt, das Gesetz neutral zu formulieren. Die Zusammenlegung der §§ 54 und 54 a UrhG rechtfertige sich zudem daher, dass sie ohnehin dieselben Tatbestandsvoraussetzungen aufweisen.[725]

Eine wesentliche Änderung erfährt § 54 UrhG zudem insofern, dass nicht mehr auf die „erkennbare Bestimmtheit" der Geräte und Träger zur Vervielfältigung, sondern auf die tatsächliche nennenswerte Nutzung hierzu abgestellt wird. Dabei soll es nicht auf die jeweilige Nutzung der einzelnen Geräte oder Speichermedien, sondern darauf ankommen, ob diese typischerweise zu entsprechenden Vervielfältigungen benutzt werden.[726] Geräte und Speichermedien, die nur geringfügig für private Vervielfältigungen eingesetzt werden, sollen weiterhin vergütungsfrei bleiben.

Diese Neuregelung ist schon deswegen zu begrüßen, weil es unter der bisherigen Regelung zu jahrelangen Rechtsstreitigkeiten über die Vergütungspflicht von Geräten dem Grunde nach kam und die neue Regelung geeignet erscheint, diese Streitigkeiten für die Zukunft zu verhindern.[727] Mit Hilfe der Neuregelung kann jetzt insbesondere der PC eindeutig als vergütungspflichtig eingestuft werden.[728]

Die Neuregelung führt überdies den Begriff der ‚Speichermedien' ein. Nach der Begründung des RefE soll der Begriff alle physikalischen Informations- und Datenträger mit Ausnahme von Papier oder ähnlichen Trägern umfassen. Gemeint sind alle elektronischen (z.B. Smartcard, Memory Stick), magnetischen (z.B. Musikkassette, Magnetband, Festplatte, Diskette) und optischen (z.B. Film, DVD, CD-ROM, CD-R, CD-RW, Laserdisk) Speicher.[729]

Eine wichtige Klarstellung trifft die Neuregelung hinsichtlich der Vergütungspflicht für Geräte, die nur im Zusammenwirken mit anderen Geräten zur Vervielfältigung geeignet sind. Hiermit sind u.a. MP3-Player, aber auch Scanner und Drucker gemeint. Diese Geräte sollen auch dann vergütungspflichtig sein, wenn deren Programmsteuerung zwar keinen Vervielfältigungsbefehl enthält, dieser Befehl jedoch mit Hilfe eines externen Prozessors, wie er etwa auf dem Chip einer Smartcard enthalten sein kann, erteilt werden kann.[730] Richtigerweise soll dann allerdings nur das Gerät und nicht das

---

724 Begr. des RefEntw S. 58, abrufbar unter http://www.bmj.bund.de/media/archive/760.pdf.

725 Begr. des RefEntw S. 58, abrufbar unter http://www.bmj.bund.de/media/archive/760.pdf.

726 Begr. des RefEntw S. 23, abrufbar unter http://www.bmj.bund.de/media/archive/760.pdf.

727 So auch die Begr. des RefE, S. 23, abrufbar unter http://www.bmj.bund.de/media/archive/760.pdf.

728 Vgl. hierzu näher unten in Teil 2, C. III. 2. f).

729 Begr. des RefEntw zum zweiten Korb, S. 59, abrufbar unter http://www.bmj.bund.de/media/archive/760.pdf.

730 Begr. des RefEntw zum zweiten Korb, S. 59, abrufbar unter http://www.bmj.bund.de/media/archive/760.pdf.

Zubehör vergütungspflichtig sein.[731] Die gesetzliche Klarstellung der Vergütungspflicht für Geräte in Funktionseinheiten ist zu begrüßen. Sie berücksichtigt insbesondere die Scanner-Entscheidung des BGH, wonach auch die Geräte, die ihre Vervielfältigungsfunktion nur im Zusammenspiel mit anderen Geräten erfüllen können, vergütungspflichtig sind.[732]
Keine Vergütungspflicht soll zudem für Geräte bestehen, die ausschließlich im Rahmen von DRM-Systemen nutzbar sind, also nur vertraglich lizenzierte Vervielfältigungen gestatten.[733] Gleiches soll weiterhin auch für Geräte und Speichermedien gelten, die nur in geringem, nicht nennenswertem Umfang für urheberrechtlich relevante Vervielfältigungen genutzt werden.
§ 54 Absatz 2 UrhG RefE übernimmt die Regelung von § 54c des geltenden Rechts, mit der nach der Überschrift der „Wegfall der Vergütungspflicht bei Ausfuhr“ geregelt war. Geräte und Speichermedien, die exportiert werden, sollen nicht erfasst werden.

2. Die neuen Bestimmungen zur Vergütungshöhe, § 54 a UrhG RefE
Der neue § 54a RefE legt die grundlegenden Prinzipien für die Bestimmung der Vergütungshöhe fest. Damit soll konkretisiert werden, unter welchen Bedingungen die Vergütung angemessen im Sinne des § 54 UrhG RefE ist. Nach der Begründung des RefE soll diese Vorschrift den Verwertungsgesellschaften bei der Gestaltung der Tarife Orientierung bieten und gleichzeitig den gerichtlich nachprüfbaren Rahmen abstecken, an den sie sich zu halten haben, um nicht die wirtschaftliche Handlungsfreiheit der Vergütungsschuldner unverhältnismäßig einzuschränken.[734]

a) § 54 a Abs. 1 UrhG RefE
Das grundsätzliche Kriterium zur zukünftigen Bestimmung der Vergütungshöhe soll gemäß Absatz 1 das „Maß der tatsächlichen Nutzung der Geräte und Speichermedien für Vervielfältigungen nach § 53 Abs. 1 bis 3 des UrhG“ sein. Damit soll sichergestellt werden, dass die Hersteller nur insoweit zur Vergütung verpflichtet werden, als ihre Geräte und Speichermedien auch tatsächlich für private Kopien genutzt werden.[735] Diese Neuregelung ist zu begrüßen. Das Abstellen auf das Maß der „tatsächlichen Nutzung“ entspricht dem in § 13 Abs. 3 S. 1 UrhWG niedergelegten Grundsatz, dass

---

[731] Begr. des RefEntw zum zweiten Korb, S. 59, abrufbar unter http://www.bmj.bund.de/media/archive/760.pdf.
[732] Vgl. BGH in CR 2002, 176, 177 – Scanner; In diesem Sinne auch BGH GRUR 1981, 355, 358 – Video-Recorder.
[733] Begr. des RefEntw zum zweiten Korb, S. 59, abrufbar unter http://www.bmj.bund.de/media/archive/760.pdf. Ein Beispiel hierfür ist der iPod-Player von Sony.
[734] Begr. des RefEntw zum zweiten Korb, S. 60, abrufbar unter http://www.bmj.bund.de/media/archive/760.pdf.
[735] Die Begr. des RefEntw zum zweiten Korb führt hierzu aus, dass damit „der Höhe der Vergütung pro Gerät deutliche Grenzen gesetzt seien. Von den Verbrauchern solle nämlich nur die tatsächlich in Anspruch genommene Leistung vergütet werden. Würde z.B. ein Gerätetyp der Preisklasse 1000 € nach der empirischen Erhebung nur zu 10% zu urheberrechtlich relevanten Kopien genutzt, so wäre die Bezugsgröße für die angemessene Vergütung der Betrag von 100 €; nur hinsichtlich dieses Betrages könnte ein angemessener Prozentsatz (z.B. 5%) verlangt werden“, vgl. RefEntw S. 60, abrufbar unter http://www.bmj.bund.de/media/archive/760.pdf.

Berechnungsgrundlage für die Vergütungssätze der geldwerte Vorteil sein soll, der durch die Verwertung der urheberrechtlich geschützten Werke erzielt wird. Insofern muss sich der Vergütungssatz an dem Umfang der mit einem Gerät erstellten Kopien orientieren. Dieser Vorgabe entspricht die Neuregelung in Abs. 1 in weitaus höherem Maße, als die statische Festlegung der Tarife in der Anlage zu § 54 d Abs. 1 UrhG. Besonders erfreulich ist der Umstand, dass die tatsächliche Nutzung des jeweiligen Gerätetyps durch empirische Untersuchungen (Umfrage- und Verkehrsgutachten) der Verwertungsgesellschaften ermittelt werden soll.[736] Gemäß § 54 a Abs. 1 S. 2 UrhG RefE ist hierbei zwingend auch der Einsatz von technischen Schutzmaßnahmen zu beachten. Hiermit soll der Gefahr von Doppelbelastungen vorgebeugt werden, die dadurch entsteht, dass sich durch den Einsatz von technischen Schutzmaßnahmen der Anteil urheberrechtlich relevanter Kopien an der Gesamtzahl der Vervielfältigungen mit einem bestimmten Gerät verringert. Es kann davon ausgegangen werden, dass mit Hilfe der empirischen Untersuchungen, statt der bisherigen Pauschalen, deutlich preisgerechtere Vergütungssätze entwickelt werden. Dies gilt vor allem für die digitalen Vervielfältigungsgeräte wie CD- und DVD-Brenner, MP3-Player und PCs, die aufgrund technischer Schutzmaßnahmen zunehmend seltener zur Vervielfältigung geschützter Werke eingesetzt werden.[737] Die Durchführung regelmäßiger empirischer Untersuchungen gewährleistet somit eine flexible Anpassungsmöglichkeit der Vergütungssätze an den steigenden Einsatz von technischen Schutzmaßnahmen. Im Übrigen ermöglicht die Vorgabe in § 54 a Abs. 1 S. 2 UrhG den Rechteinhabern zwischen Pauschalvergütung und Systemen der Einzellizenzierung zu wählen, ohne dass es hierdurch zu einer Doppelvergütung zulasten von Verbrauchern und Elektronikindustrie käme.[738] Hiermit wird ein wesentliches Manko des alten Abgabensystems beseitigt.

b) § 54 a Abs. 2 UrhG RefE

Zu befürworten ist überdies die Neuregelung in Absatz 2. Danach werden die Verwertungsgesellschaften verpflichtet, bei der Tarifgestaltung insbesondere die Leistungsfähigkeit der Geräte und die Speicherkapazität und Mehrfachbeschreibbarkeit der Speichermedien zu berücksichtigen. Eine Unterscheidung nach der Leistungsfähigkeit erfolgte bereits nach bisherigem Recht in der Anlage zu § 54 d. Die Entwurfsbegründung stellt die Forderung auf, dass die Vergütung desto höher sein muss, je intensiver die Vervielfältigungsmöglichkeiten sind.[739] Bei der Beurteilung der Leistungsfähigkeit könne auf quantitative (etwa Anzahl der Kopien, die pro Zeiteinheit hergestellt werden können) und auf qualitative (Vervielfältigung von Tönen und Bildern, Farbkopien) Umstände abgestellt werden.[740] Die Neuregelung stellt sicher, dass den quantitativen und qualitativen Unterschieden zwischen analogen und digitalen Vervielfältigungsge-

---

[736] Begr. des RefEntw zum zweiten Korb, S. 61, abrufbar unter http://www.bmj.bund.de/media/archive/760.pdf.. An dieser Stelle werden auch grundsätzliche Anforderungen an diese Untersuchungen gestellt, wie deren Veröffentlichung. Die Durchführung der Untersuchungen wird in einem neuen § 13 a UrhWG den Verwertungsgesellschaften aufgegeben.

[737] Begr. des RefEntw, S. 61, abrufbar unter http://www.bmj.bund.de/media/archive/760.pdf.

[738] So Kreutzer in ZUM Sonderheft 2003, S. 1041, 1045.

[739] Begr. des RefEntw, S. 61, abrufbar unter http://www.bmj.bund.de/media/archive/760.pdf.

[740] Begr. des RefEntw, S. 61, abrufbar unter http://www.bmj.bund.de/media/archive/760.pdf.

räten und Speichermedien hinreichend Rechnung getragen wird. Letztere müssen daher zukünftig mit deutlich höheren Tarifen belegt werden.

c) § 54 a Abs. 3 UrhG RefE

Als äußerst problematisch stellt sich allerdings die gesetzliche Vorgabe zur Tarifbemessung in § 54 a Abs. 3 UrhG RefE heraus. Dort wird den Verwertungsgesellschaften vorgegeben, den Tarif in ein angemessenes Verhältnis zum Preisniveau des Geräts oder Speichermediums zu setzen. Diese Regelung bezweckt die Verhinderung einer Beeinträchtigung des Inlandsabsatzes der Geräte und Speichermedien, die dadurch entstehen kann, dass die urheberrechtliche Vergütung in den Nachbarstaaten nicht oder nicht in gleicher Höhe erhoben wird.[741] Die Bundesregierung weist auf Wettbewerbsverzerrungen auf dem deutschen Markt hin, die durch vermehrte Einkäufe der Verbraucher im europäischen Ausland und „Grauimporte" entstanden sind. Nachteile für deutsche Hersteller aufgrund der Geräteabgaben hält der Gesetzgeber insbesondere dann für möglich, wenn – wie in den letzten Jahren zu beobachten – die Preise für Vervielfältigungsgeräte und Speichermedien sukzessive fallen und damit der Anteil der Vergütung am Verkaufspreis steigt. Das alte System gesetzlich festgesetzter Vergütungssätze habe es nicht vermocht, auf solche Marktentwicklungen flexibel zu reagieren und so etwaigen Gefahren für den Absatz zu begegnen.[742] Im Zusammenspiel mit der neugefassten Vorschrift des Abs. 4 erhofft sich der Gesetzgeber eine angemessene Begrenzung der Belastungen pro Gerätetyp, die zum Teil unter denen liegen werden, die im Augenblick in Rede stehen.[743]

Die Koppelung der Tarife an den Kaufpreis eines Kopiergerätes oder Speichermediums stellt sich zunächst einmal als sachfremd dar.[744] Die hiermit bezweckte Verhinderung von Wettbewerbsverzerrungen auf dem deutschen Markt stellt eine industriepolitische Überlegung dar, der grundsätzlich keine urheberrechtliche Relevanz zukommt.[745] Die Bestimmungen zur pauschalen Abgabenpflicht sollen grundsätzlich den verfassungsrechtlich gebotenen wirtschaftlichen Ausgleich der Urheber für die Gewährung der Privatkopie und nicht die Absatzchancen der deutschen Industrie sicherstellen.

Überdies erscheint problematisch, dass diese sachfremde Tarifkopplung zu einem massiven Verfall der Vergütungssätze führen dürfte. So ist zu bedenken, dass die Produktpreise in der Vergangenheit in keiner anderen Branche so rapide gesunken sind wie in der Computer- und Informationstechnik.[746] Als Beispiel sei hier lediglich die Preisentwicklung bei Speichermedien genannt: 1992 kostete eine Festplatte mit 120 Megabyte 357,90 EUR, 2004 eine mit 20 Gigabyte 89,00 EUR; der Preis pro Megabyte Aufzeichnungskapazität ist damit in gut 12 Jahren von 2,983 EUR auf 0,004 EUR

---

[741] Begr. des RefEntw, S. 62, abrufbar unter http://www.bmj.bund.de/media/archive/760.pdf.

[742] Begr. des RefEntw, S. 62, abrufbar unter http://www.bmj.bund.de/media/archive/760.pdf.

[743] Begr. des RefEntw, S. 24, abrufbar unter http://www.bmj.bund.de/media/archive/760.pdf.

[744] Ebenso Schimmel in ZUM 2005, S. 121, 123.

[745] Ebenso Kreile in ZUM 2005, S. 112, 113.

[746] Vgl. Schimmel in ZUM 2005, S. 121, 123. Vgl. zur Preisentwicklung von CDs/DVDs oben in Teil 1, A. VI.

gefallen, knapp 1,5 Promille des Ausgangswertes.[747] Diese Entwicklung wird sich auch aller Voraussicht nach fortsetzen, da die technische Entwicklung im Bereich der Informationstechnologie aller Voraussicht nach noch nicht abgeschlossen ist. Der Preisverfall kann sich hierbei auch in konstanten Preisen für immer leistungsfähigere Geräte ausdrücken.[748] Insofern erscheint die verfassungsrechtlich geforderte angemessene wirtschaftliche Beteiligung der Urheber an der Verwertung ihrer Werke, wie sie in § 13 Abs. 3 S. 1 UrhWG ausdrücklich normiert ist, auf diesem Wege nicht mehr sichergestellt. Es besteht die Gefahr eines „Vergütungsdumpings“.

Dem Gesetzgeber ist allerdings darin zuzustimmen, dass die Pauschalabgabe dort ihre Grenze finden muss, wo die Absatzchancen der Geräteindustrie gefährdet werden. Darüber hinaus sind auch die Interessen der Konsumenten zu wahren, die darauf gerichtet sind, Geräte und Medien der Computer- und Informationstechnologie zu erschwinglichen Preisen erwerben zu können. Will Deutschland im Informationszeitalter nicht den internationalen Anschluss verlieren, muss der Gesetzgeber darauf achten, dass der breiten Masse der Bevölkerung auch der ungehinderte Zugang zur digitalen Informationstechnologie offen steht. Dieser Konflikt zwischen einer angemessenen wirtschaftlichen Beteiligung der Urheber auf der einen und einer möglichst geringen finanziellen Belastung der Industrie und der Verbraucher auf der anderen Seite zeugt von dem „digitalen Dilemma“, in dem sich die Urheber und Rechteverwerter derzeit befinden. Aufgrund der exorbitant großen Speicherkapazitäten der digitalen Speichermedien und der rasanten Verarbeitungsgeschwindigkeit moderner Kopiergeräte ist eine adäquate finanzielle Beteiligung der Urheber an dem Volumen der mit einem Kopiergerät erstellten Kopien nicht mehr möglich, ohne die Geräte und Speichermedien preislich massiv zu belasten.[749] Eine volle Deckungshöhe könnte gar nur erreicht werden, wenn man die Abgaben um mehr als das hundertfache erhöhen würde.[750] Und das auch nur zwischenzeitlich, da sich die Speicherkapazitäten stetig fortentwickeln. Eine derartige Tarifhöhe würde digitale Speicher- und Vervielfältigungsgeräte allerdings unverkäuflich machen, was nicht nur den Interessen der Industrie, sondern auch denen der Verbraucher zuwiderliefe. Eine Deckelung der Geräteabgabe ist daher unverzichtbar. Fraglich kann nur sein, wo sie einsetzen muss. Dem Gesetzgeber ist darin zuzustimmen, dass ein Drucker, der zu einem Preis von 50 € angeboten wird, nicht mit einer Vergütung von mehr als 5 € belegt werden darf.[751] Ob die Tarifgrenze allerdings in einem niedrigen einstelligen Prozentsatz zu finden sein sollte, wie es von der Geräteindustrie gefordert wird[752], mag dahinstehen. Die Festlegung angemessener Tarife für einzelne Geräte und Speichermedien werden die beteiligten Parteien in einem modifizierten Schiedsstellenverfahren vorzunehmen haben.[753] Eine volle finanzielle Deckung des Wertes der digitalen Vervielfältigung kann dabei jedoch keinesfalls erzielt werden. Insofern werden sich die Urheber im digitalen Zeitalter damit abzufinden haben, dass

---

[747] Bsp. von Schimmel in ZUM 2005, S. 121, 123, der weitere eklatante Beispiele nennt.
[748] Schimmel in ZUM 2005, S. 121, 123.
[749] Vgl. hierzu ausführlich oben in Teil 2, C. II. 1.
[750] Vgl. hierzu oben in Teil 2, C. II. 1.
[751] Begr. des RefEntw, S. 62, abrufbar unter http://www.bmj.bund.de/media/archive/760.pdf.
[752] Vgl. Rohleder, Hauptgeschäftsführer der BITKOM, in ZUM 2005, S. 120, 121.
[753] Hierzu sogleich in Teil 2, C. III. 3.

sie ihre Haupteinnahmequelle in der Erstverwertung ihrer Werke und nicht in der Geräteabgabe finden müssen. Die Geräteabgabe kann hier nur ein Zubrot darstellen. Im Ergebnis stellt sich die Tarifkoppelung an das Preisniveau von Vervielfältigungsgeräten und Speichermedien daher als gerechtfertigt dar.

d) Vergütungsbemessung für Geräte in Funktionseinheiten, § 54 a Abs. 4 UrhG RefE

In Absatz 4 widmet sich der Gesetzgeber der Bemessung der Vergütungshöhe für Geräte, welche in Funktionseinheiten zum Einsatz kommen. Die Verwertungsgesellschaften werden verpflichtet, bei der Bemessung der Tarife für einzelne Geräte und Speichermedien auch die Vergütungspflicht für damit funktionell zusammenwirkende Geräte oder Speichermedien mindernd zu berücksichtigen. Laut Entwurfsbegründung ist ausdrücklich darauf zu achten, dass sich in der Addition aller vergütungspflichtigen Gerätekomponenten und des vergütungspflichtigen Zubehörs keine unzumutbar hohe Gesamtvergütung ergibt.[754] Dies soll insbesondere für Gerätekombinationen wie etwa Personalcomputer und die damit verbundenen Peripheriegeräte (Scanner, Drucker, CD-/DVD-Brenner) und Multifunktionsgeräte gelten. Hiermit steht die Neuregelung in Einklang mit der Scanner-Entscheidung des BGH, wonach die Geräteabgabe insgesamt bei Einsatz einer Funktionseinheit, deren Teil der PC ist, so zu bemessen ist, dass sie sich innerhalb der in der Anlage zu § 54 d Abs. 1 UrhG festgelegten Vergütungssätze bewegt.[755] Diese Vorgabe stellte zuletzt auch das LG München I auf, als es die Urheberrechtsabgabe auf PCs mit 12,- EUR festsetzte.[756]

e) Die Verteilung des Vergütungsaufkommens beim Einsatz technischer Schutzmaßnahmen, § 54 g UrhG RefE

Der neu eingefügte Absatz 2 Satz 2 regelt die die Verteilung des Vergütungsaufkommens an die Berechtigten in Hinblick auf die Auswirkungen des Einsatzes technischer Maßnahmen. Derjenige, der durch technische Maßnahmen die Vervielfältigung seiner Werke unterbindet, muss von der Verteilung der Einnahmen aus der Pauschalvergütung ausgeschlossen werden. Der Gesetzgeber fordert die Verwertungsgesellschaften in der Entwurfsbegründung dazu auf, die Einzelheiten dieser Anspruchskürzung bzw. des Anspruchsausschlusses in ihren Satzungen bzw. Verteilungsplänen nach Maßgabe des § 7 des Urheberrechtswahrnehmungsgesetzes zu regeln.[757]

f) Folgen für die Vergütungspflicht von PCs

Der PC ist auch nach dem neuen Vergütungssystem als vergütungspflichtig zu qualifizieren, da er in nennenswertem Umfang zu privaten Vervielfältigungen gemäß § 53 Abs. 1 bis 3 UrhG RefE benutzt wird. Der PC wird sowohl zum Abspeichern von Musik- und Filmwerken, als auch von Textwerken, Bildern und Graphiken aus dem Internet und von digitalen Datenträgern auf die Festplatte genutzt.

---

[754] Begr. des RefEntw S. 63, abrufbar unter http://www.bmj.bund.de/media/archive/760.pdf.

[755] BGH in CR 2002, 176, 177 – Scanner. Siehe hierzu ausführlich oben in Teil 2, C. I, 3. c).

[756] LG München I, Urt. v. 23.12.2004, CR 2005, S. 217, 221.

[757] Begr. des RefEntw, S. 64/65, abrufbar unter http://www.bmj.bund.de/media/archive/760.pdf. Die Teilhabe an der Erlösverteilung soll indes weiter bestehen, soweit diese Werke über andere Quellen (z.B. Rundfunk) vervielfältigt werden können.

Bei der Bemessung des Vergütungstarifs muss jedoch berücksichtigt werden, dass es sich bei einem Großteil der Vervielfältigungen aus dem Internet nach der Neuregelung in § 53 Abs. 1 UrhG RefE nicht mehr um zulässige und damit vergütungspflichtige Privatkopien handelt. Da Vervielfältigungen von einer „offensichtlich rechtswidrig öffentlich zugänglich gemachten Vorlage" nunmehr untersagt sind, wird vor allem der Download urheberrechtlich geschützter Dateien aus Internet-Tauschbörsen größtenteils unzulässig.[758]
Bei sonstigen Vervielfältigungen aus dem Internet handelt es sich in der Mehrzahl allerdings um vergütungspflichtige Privatkopien. Dies gilt insbesondere auch in den Fällen, in denen Musikverlage Teile ihres aktuellen Repertoires im Internet zu Werbe- und Präsentationszwecken zum kostenlosen Download zur Verfügung stellen.[759] Hier kann nicht pauschal davon ausgegangen werden, dass die Rechteinhaber gleichsam einen konludenten Verzicht auf die pauschale Vergütung erklären.[760] Der Urheber wird sich vielmehr in der Regel darauf verlassen, dass er auch und gerade dann, wenn sein Werk im Internet privat vervielfältigt werden kann, einen Ausgleich über die gesetzlichen Vergütungsregelungen erhält.[761] Soweit der Rechteinhaber mit der Einstellung seines Werkes in das Internet nicht gleichzeitig eine Vergütung beansprucht, gelangt damit nur zum Ausdruck, dass sich eine solche Vergütung gegenüber den individuellen Nutzern faktisch nicht durchsetzen lässt.[762] Überdies widerspräche die Annahme eines konkludenten Abgabenverzichts dem verfassungsmäßig gesicherten Grundsatz, dass der Urheber an jeder wirtschaftlichen Nutzung seines Werkes angemessen zu beteiligen ist. Im Übrigen ist für einen konkludenten Rechtsverzicht dort kein Raum, wo die Rechteinhaber einer Veröffentlichung ihrer Werke im Internet nicht widersprechen können. Dies gilt vor allem für das Webradio. Die Sendung des Webradios erfolgt auf Grundlage des sog. Sendeprivilegs gemäß § 78 Abs. 1 Nr. 2, Abs. 2 Nr. 1 und § 86 UrhG, wonach die Sendung erschienener Musikstücke in Radio und Internet uneingeschränkt erlaubt ist und lediglich einen Vergütungsanspruch für die ausübenden Künstler auslöst. Vervielfältigungen von Webradio-Sendungen unterfallen eindeutig der Privatkopieschranke des § 53 Abs. 1 UrhG und sind daher vergütungspflichtig im Sinne der §§ 54 UrhG ff. RefE.

---

[758] Vgl. hierzu ausführlich oben in Teil 2, B. V. 2.

[759] Bspw. auf http://www.tonspion.de oder http://www.vitaminic.de.

[760] So aber generell für im Internet öffentlich zugänglich gemachte Werke Schricker/*Loewenheim*, § 16 Rn 24; Schwarz in GRUR 1996, 836, 840, 841; Waldenberger in ZUM 1997, 176, 179; Paul/Naskret in CR 2003, 473, 476, wonach der Rechteinhaber Schutzmaßnahmen ergreifen müsse, die eine Vervielfältigung seiner Werke verhindern oder es ihm im Rahmen der Individuallizenzierung ermöglichen, die Nutzung seiner Werke zu verwalten und zu kontrollieren, wenn er die Vervielfältigung hier nicht möchte.

[761] So ausdrücklich die Bundesregierung im RefE zum zweiten Korb, S. 33, abrufbar unter http://www.bmj.bund.de/media/archive/760.pdf, m.V. auf den Einigungsvorschlag der Schiedsstelle beim Deutschen Patent- und Markenamt vom 31.01.2003 zur Vergütungspflicht von PCs, Az Sch-Urh-8/2001; ebenso LG München in CR 2005, 217, 220 – PC-Urheberrechtsabgabe, allerdings bzgl. der Vervielfältigung von Texten und Bildern im Rahmen des § 54 a UrhG. S. auch Winghardt in ZUM 2002, 349, 357. Vgl. hierzu bereits oben in Teil 2, B. VII. 3. b).

[762] So Winghardt in ZUM 2002, 349, 357, 358.

Als vergütungspflichtige Privatkopie stellt sich zudem das Einlesen und Abspeichern von nicht kopiergeschützten Musik-CDs und Film-DVDs auf der Festplatte des PC sowie das nachfolgende Brennen dieser Dateien auf einen CD-/DVD-Rohling dar. Überdies handelt es sich auch bei dem Großteil der Vervielfältigungen von Text- und Bildwerken um vergütungspflichtige Privatkopien. Hinsichtlich der für die Bestimmung der Vergütungshöhe nunmehr entscheidenden tatsächlichen Nutzung des PCs zu privaten Vervielfältigungen bleibt insofern abzuwarten, welche Ergebnisse die empirischen Untersuchungen der Verwertungsgesellschaften zu Tage fördern.[763]

3. Die Neuregelungen zum Schiedsstellenverfahren im Urheberrechtswahrnehmungsgesetz

In Reaktion auf die langwierigen und beschwerlichen Entscheidungsfindungsprozesse bei der Bestimmung der Vergütungspflichten für neuartige Geräte bestimmt der Gesetzesentwurf ein modifiziertes Schiedsstellenverfahren. Auf der ersten Stufe bleibt es bei der Festsetzung der Tarife durch die Verwertungsgesellschaften. Auf der zweiten Stufe aber ist ein neues Schiedsstellenverfahren vorgesehen, bei dem sich ein vom Bundesministerium der Justiz benannter Vorsitzender und zwei oder mehrere von den beteiligten Parteien benannte Beisitzer wie in einer Mediation um eine Lösung bemühen. Der Gesetzgeber geht davon aus, dass dies in der Mehrzahl der Fälle gelingen wird.[764] Nur beim Scheitern dieses Schiedsstellenverfahrens soll das Oberlandesgericht entscheiden.

a) § 14 UrhWG RefE

Die vorgeschlagenen Änderungen in § 14 UrhWG RefE modifizieren die Regelungen zum Verfahren vor der Schiedsstelle im Hinblick auf Streitigkeiten über die Vergütung für Geräte oder Speichermedien. Die Schiedsstelle soll zukünftig auch bei Streitigkeiten über die Abgabenpflicht nach § 54 UrhG angerufen werden können, § 14 Abs. 1 Nr. 1 UrhWG RefE.

Dem Bundesministerium der Justiz wird zudem die Möglichkeit gegeben, einen Vorsitzenden auch nur für einen bestimmten Streitfall zu berufen, Abs. 2 S. 4. Dadurch soll künftig bei der Schiedsstelle auch eine rasche Ad-hoc Schlichtung möglich sein.[765]

---

[763] Nach einer im April 2001 durchgeführten Studie der GfK über die urheberrechtlich relevante Nutzung von PCs in privaten Haushalten sowie am Arbeits- und Ausbildungsplatz und in der Schule, nutzen 4 von 5 Personen ihren PC im privaten Bereich auch zur Speicherung urheberrechtlich geschützten Materials. Dabei sind im Durchschnitt 27 % aller im privaten Bereich gespeicherten Inhalte fremden Ursprungs. Ferner sind 43 % aller am Arbeits- und Ausbildungsplatz sowie in der Schule privat gespeicherter Dateien fremden Ursprungs, wobei dort 3 von 4 Personen ihren PC für privates Vervielfältigen und Speichern urheberrechtlich relevanten Materials nutzen. Von dem fremden Material entfällt der weit überwiegende Teil auf Texte (27,4 % im privaten Bereich und 54,4 % am Arbeits-/Ausbildungsplatz und in der Schule) gefolgt von Bildern, Graphiken und Kunst (18,7 % im privaten Bereich und 19,9 % am Arbeits-/Ausbildungsplatz und in der Schule). Die GfK-Studie ist im Internet veröffentlicht unter http://www.vgwort.de/files/GFK04.htm.

[764] Begr. des RefEntw, S. 24, abrufbar unter http://www.bmj.bund.de/media/archive/760.pdf. Überdies soll die Möglichkeit geschaffen werden, dass die Beteiligten die Vergütung in weitgehender Selbstregulierung rasch bestimmen oder bestimmen lassen können.

[765] Begr. des RefEntw, S. 74, abrufbar unter http://www.bmj.bund.de/media/archive/760.pdf.

Im Übrigen werden die Vorsitzenden der Schiedsstelle nicht mehr zwingend auf vier Jahre berufen.
Mit dem neu einzufügenden Absatz 3 wird abweichend von der im Übrigen weiter geltenden
Regelung zur Schiedsstellenbesetzung bestimmt, dass in Streitfällen über den Abschluss oder die Änderung eines Gesamtvertrages betreffend die Vergütungspflicht nach § 54 die beiden Beisitzer von den Streitparteien benannt werden können.[766]
Für den Fall, dass sich die Parteien nicht einigen können, unterbreitet die Schiedsstelle einen Einigungsvorschlag. Bei der Beschlussfassung und Absetzung dieses Einigungsvorschlages dürfen die von den Beteiligten benannten Beisitzer nicht mitwirken. Trotz entsprechender Forderungen der beteiligten Kreise soll die Schiedsstelle auch weiterhin keine Entscheidungskompetenz besitzen.[767]

b) Die Änderung des § 14 a UrhWG RefE

§ 14 a UrhWG wird dahingehend geändert, dass die Dauer des Schiedsverfahrens auf ein halbes Jahr verkürzt wird. Damit soll das Verfahren zeitlich gestrafft und - vergleichbar einem Gütetermin - in kurzer Zeit zum Abschluss gebracht werden.[768]

c) Die Neuregelung des § 16 UrhWG RefE

In Absatz 1 werden nach dem Wort „ist" die Wörter „oder nicht innerhalb eines halben Jahres nach Anrufung ausgeschlossen wurde" eingefügt. Abs. 4 S. 1 wird dahingehend geändert, dass, wie bei Streitigkeiten betreffend Gesamtverträge, auch für Streitigkeiten über die Vergütungspflicht nach § 54 UrhG das Oberlandesgericht in erster Instanz zuständig sein soll. Auch die zu § 16 UrhWG vorgeschlagenen Änderungen sollen der Verfahrensbeschleunigung dienen.[769]

d) Kritische Würdigung

Der Gesetzgeber setzt auf Selbstregulierung. Rechteinhaber und Abgabeverpflichtete sollen in einem von staatlicher Einflussnahme möglichst unabhängigen Modell die Vergütungssätze selbständig bestimmen können. Diesem Ziel dient vor allem die Modifizierung des Schiedsstellenverfahrens. Es ist stark auf Mediation, also auf einvernehmliche Streitbeilegung ausgerichtet. Zudem wird versucht, das bisherige Schiedsstellenverfahren durch eine Verkürzung von Fristen zu beschleunigen.
Es erscheint allerdings äußerst fraglich, ob die vorgenommenen Änderungen eine Verfahrensbeschleunigung bewirken können. Letztlich bleibt das Schiedsgericht eine Schlichtungsstelle, welche keine für die Parteien verbindlichen Entscheidungen treffen kann. Es bleibt dem Oberlandesgericht vorbehalten eine abschließende Entscheidung

---

[766] Hiermit soll das Verfahren vor der Schiedsstelle insbesondere um branchenspezifischen Sachverstand angereichert und einer Mediation angenähert werden, s. Begr. des RefEntw S. 74, abrufbar unter http://www.bmj.bund.de/media/archive/760.pdf.

[767] Laut der Entwurfsbegründung soll sie den Charakter einer Einrichtung behalten, die allein der gütlichen Streitbeilegung verpflichtet ist, Begr. RefEntw S. 74, abrufbar unter http://www.bmj.bund.de/media/archive/760.pdf.

[768] Begr. des RefEntw, S. 75, abrufbar unter http://www.bmj.bund.de/media/archive/760.pdf.

[769] Begr. des RefEntw, S. 76, abrufbar unter http://www.bmj.bund.de/media/archive/760.pdf.

zu treffen. Angesichts der negativen Erfahrungen aus der Vergangenheit muss befürchtet werden, dass die Parteien die Einigungsvorschläge der Schiedsstelle nicht akzeptieren werden und die Streitigkeiten weiterhin vor Gericht enden.[770] Sämtliche Entscheidungen der Schiedsstelle wurden bislang Gegenstand gerichtlicher Auseinandersetzungen.

Der Gesetzgeber ist generell nicht gut beraten, wenn er auf einvernehmliche Lösungswege zwischen den Parteien setzt. Dies zeigen die bisherigen Erfahrungen mit der Möglichkeit des Abschlusses von Gesamtverträgen gemäß § 54 d UrhG. So führt das Beispiel des Einigungsprozesses über die Abgabenpflicht für CD-Brenner eindrucksvoll vor Augen, dass einer einvernehmlichen Lösung zunächst ein mühevoller und zeitaufwendiger Weg über die Schiedsstelle und das gerichtliche Verfahren vorausgeht. Bei den vertraglichen Lösungen machen sich insbesondere Verhandlungsungleichgewichte bemerkbar. Die Abgabepflichtigen haben sich bislang nie auf eine höhere als die gesetzlich festgelegte Vergütung eingelassen. Da den Schuldnern als Gegenleistung für die Teilnahme an den Gesamtverträgen sogar eine Verkürzung der Abgabenhöhe zugestanden wurde, lag die Höhe der ausgehandelten Sätze netto sogar oftmals unter den gesetzlichen Sätzen nach der Anlage zu § 54 d UrhG.[771] Verfahren der Selbstregulierung stellen insofern weder ein objektives noch ein zügiges Verfahren zur Vergütungsbestimmung sicher.

Demgegenüber dürften staatlich dominierte Entscheidungsfindungsmodelle einige Vorzüge haben.[772] Zum einen gewährleistet ein staatliches Modell die Objektivität der Festsetzungen eher, zum anderen verhindert es endlose Verhandlungen mit ungewissem Ausgang.[773] In diesem Sinne empfahl die Bundesregierung bereits im Zweiten Bericht über die Entwicklung der urheberrechtlichen Vergütung gem. §§ 54 ff. UrhG, die Tarife künftig durch Rechtsverordnung festzulegen.[774] Eine entsprechende Verordnungsermächtigung für die Bundesregierung würde sich gegenüber einer starren gesetzlichen Festlegung der Tarife als deutlich flexibler erweisen.

Letztlich erscheint es daher sinnvoll, Vergütungssätze nach dem heutigen Stand der Technik und der absehbaren Entwicklung gesetzlich festzuschreiben und mittels Verordnungsermächtigung sicherzustellen, dass bei einer wesentlichen Veränderung der Verhältnisse die Sätze in angemessener Frist angepasst werden können.[775] Will der Gesetzgeber unbedingt auf eine staatliche Festsetzung der Tarife verzichten, so er-

---

[770] Kritisch ebenso Häuser in CR 2004, 829, 835. Die Geräteindustrie lehnt das Schiedsstellenverfahren generell ab, vgl. Trautmann als Vertreter des Bereichs Consumer Electronic im Zentralverband Elektrotechnik- und Elektronikindustrie (ZVEI) in ZUM 2005, S. 125, 126.

[771] So Schricker/*Loewenheim*, § 54 d, Rn 9; Möhring/Nicolini/*Gass*, § 54 d, Rn 11.

[772] So Kreutzer in ZUM-Sonderheft 2003, S. 1041, 1042.

[773] Kreutzer in ZUM-Sonderheft 2003, S. 1041, 1042.

[774] Vgl. Vergütungsbericht der Bundesregierung 2000, S. 45. Ebenso Kreutzer in ZUM-Sonderheft 2003, S. 1041, 1042; Freiwald, „Die private Vervielfältigung", S. 194.

[775] So Freiwald, „Die private Vervielfältigung", S. 194. Für die Beibehaltung der gesetzlichen Festlegung der Tarife auch das Geschäftsführende Vorstandmitglied der VG Wort Melichar in ZUM 2005, S. 119.

scheint es im Sinne der Verfahrensbeschleunigung jedenfalls angezeigt, die vorgesehene Schiedsstelle mit Entscheidungskompetenz auszustatten.[776]

IV. Die Neuregelung des pauschalen Abgabensystems und des Schiedsstellenverfahrens nach dem Gesetzesentwurf zum zweiten Korb der Urheberrechtsnovelle

Der Gesetzesentwurf zum zweiten Korb der Urheberrechtsnovelle belässt es im Wesentlichen bei den im Referentenentwurf vorgeschlagenen Änderungen.[777]
Eine bedeutsame inhaltliche Veränderung erfahren lediglich die Regelungen zur Vergütungshöhe. Gemäß § 54 a Abs. 4 S. 2 UrhG-GesE soll die Summe der Vergütungsansprüche aller Berechtigten für einen Gerätetyp fünf vom Hundert des Verkaufpreises nicht übersteigen. Für Gerätetypen mit mehreren Funktionen soll diese Höchstgrenze entsprechend geringer sein, wenn die Gerätetypen weit überwiegend nicht für Vervielfältigungen nach § 53 Abs. 1 bis 3 UrhG genutzt werden.[778] Damit konkretisiert der Gesetzgeber die Vorgabe aus § 54 a Abs. 4 S. 1 UrhG-GesE (§ 54 a Abs. 3 UrhH-RefE), wonach die Vergütung in einem wirtschaftlich angemessenen Verhältnis zum Preisniveau des Gerätes zu stehen hat.
Hinsichtlich des Für und Wider einer Deckelung der Vergütungshöhe sei auf die Ausführungen unter Teil 2 C. III. 2. c) und d) verwiesen. Gegen eine prozentuale Obergrenze lässt sich im Übrigen einwenden, dass sie eine flexible und praxisgerechte Bestimmung durch die Parteien verhindert.[779] Allerdings verschafft sie der belasteten Geräteindustrie eine Planungssicherheit[780] und dämmt die – erfahrungsgemäß – langwierigen Streitigkeiten zwischen den Parteien ein.
Im Übrigen modifiziert der Gesetzesentwurf die im Referentenentwurf vorgesehenen Änderungen des Schiedsstellenverfahrens. So sollen die Mitglieder der Schiedsstelle für einen bestimmten Zeitraum, der mindestens ein Jahr beträgt, berufen werden (§ 14 Abs. 2 S. 4 UrhWG-GesE). Überdies wird klargestellt, dass das Bundesjustizministerium mehrere Kammern der Schiedsstelle einrichten kann (§ 14 Abs. 3 UrhWG-GesE). Daneben wird die Frist für die Vorlage eines Einigungsvorschlages durch die Schiedsstelle von einem halben Jahr (so nach der Referentenentwurf) auf ein Jahr verlängert (§ 14a Abs. 2 UrhWG-GesE). Als neues Element soll eine Freiwillige Schlichtung eingeführt werden, die fakultativ neben das bisherige Verfahren vor Schiedsstelle und Gericht tritt (§ 17 a UrhWG-GesE). Hiermit werden Änderungswünsche von Industrie und Urhebern aufgegriffen. Es ist für diejenigen Beteiligten gedacht, die es für mög-

---

[776] Ebenso Häuser in CR 2004, 829, 835. Der Gesetzgeber lehnt diesen Ansatz im RefE ohne nähere Begründung ab, vgl. Begr. RefE, S. 74, abrufbar unter http://www.bmj.bund.de/media/archive/760.pdf.

[777] Gesetzesentwurf zum zweiten Korb der Urheberrechtsnovelle, abrufbar unter http://www.urheberrecht.org/topic/Korb-2/bmj/1174.pdf, S. 59 ff. Die Regelungen des RefE werden teilweise neu gegliedert und numerisch angepasst.

[778] Gesetzesentwurf zum zweiten Korb der Urheberrechtsnovelle, abrufbar unter http://www.urheberrecht.org/topic/Korb-2/bmj/1174.pdf, S. 62.

[779] Stellungnahme des Bundesrates v. 19.05.2006 zum Gesetzesentwurf, BR-Drucks. 257/06, S. 14 ff.

[780] So die Gegenaüßerung der Bundesregierung v. 14.06.2006 zur Stellungnahme des Bundesrates, abrufbar unter http://www.urheberrecht.org/topic/Korb-2/bmj/1250.pdf, S. 8 ff.

lich halten und die ernsthaften Willens sind, den Streit gütlich beizulegen und damit eine rasche Einigung einem langwierigen Streit vorziehen.[781]
Damit baut der Gesetzesentwurf die Möglichkeiten einer einvernehmlichen Entscheidungsfindung zwischen den Beteiligten weiter aus. Hinsichtlich der Schwachpunkte unverbindlicher Einigungsmodelle, welche gerichtliche Auseinandersetzungen bislang kaum verhindern konnten, sei auf die unter Teil 2 C. III. 3. d) dargelegte Kritik verwiesen.

V. Fazit

Der Gesetzgeber hat den notwendigen Anpassungsbedarf erkannt und in der Mehrzahl der Fälle auch die erforderlichen Änderungen vorgenommen. Dabei musste er häufig einen schwierigen Balanceakt zwischen den Interessen der beteiligten Parteien aus Urhebern, Medienindustrie, Verbrauchern und Geräteindustrie bewältigen.
Dem Gesetzgeber ist zunächst darin zuzustimmen, das pauschale Abgabensystem beizubehalten und gleichzeitig die Entwicklung von Verfahren der Einzelabrechnung von Vervielfältigungsvorgängen zu unterstützen. Überzeugend sind auch die Neuregelungen zur Vergütungspflicht dem Grunde nach und der Vergütungshöhe. Hier ist besonders zu begrüßen, dass zukünftig auf das „Maß der tatsächlichen Nutzung" der Vervielfältigungsgeräte und Speichermedien zur Vervielfältigung abgestellt und mittels empirischer Untersuchungen festgestellt werden soll. Positiv zu bewerten ist zudem, dass der Leistungsfähigkeit der Geräte und der Speicherkapazität der Speichermedien besondere Bedeutung bei der Tarifbestimmung zukommen soll. Die Neuregelungen stellen sicher, dass die Rechteinhaber eine höhere Vergütung für digitale Vervielfältigungsgeräte und Speichermedien erlangen können. Demgegenüber erscheint die Tarifkoppelung an den Gerätepreis notwendig, um eine Gefährdung der Absatzchancen der deutschen Geräteindustrie zu vermeiden. Eine Deckelung der Vergütungssätze erscheint unverzichtbar. Die Urheberrechtsinhaber müssen sich im digitalen Zeitalter damit abfinden, dass der Umfang und Wert der digitalen Vervielfältigung nur noch zu einem Teil finanziell abgegolten werden kann. Eine volle Deckung der finanziellen Einbußen durch digitale Vervielfältigungen wäre nur durch eine massive preisliche Belastung digitaler Vervielfältigungsgeräte und Speichermedien möglich, die sowohl den Interessen der Geräteindustrie als auch denen der Verbraucher zuwiderliefe.
Kritik ist allerdings an der Modifizierung des Schiedsstellenverfahrens zu üben. Es scheint, als stehle sich der Gesetzgeber aus seiner Verantwortung, wenn er die Bestimmung der Vergütungssätze für Vervielfältigungsgeräte und Speichermedien den Abgabebegünstigten und Abgabeverpflichteten überlässt. Die negativen Erfahrungen aus der Vergangenheit haben gezeigt, dass sich die Einigungsprozesse der Parteien als sehr mühevoll und zeitaufwendig darstellen. Letztlich ließen sie sich bisher nur durch gerichtliche Entscheidungen zu einem Konsens bewegen. Staatlich dominierte Entscheidungsfindungsprozesse, wie eine Verordnungsermächtigung zur Tarifbestimmung durch die Bundesregierung, scheinen hier die sinnvollere Alternative darzustellen.

---

[781] Begr. zum Gesetzesentwurf zum zweiten Korb der Urheberrechtsnovelle, abrufbar unter http://www.urheberrecht.org/topic/Korb-2/bmj/1174.pdf, S. 78.

Teil 3: Der internationale Dreistufentest

Fraglich bleibt, ob die Neuregelungen zur Privatkopie und zum Vergütungssystem im Einklang mit den Vorgaben des internationalen Dreistufentests stehen, wie er sich heute in mit im Einzelnen leicht abweichenden Wortlaut in Art. 9 Abs. 2 RBÜ[782], Art. 13 TRIPs[783], Art. 10 WCT[784] und Art. 16 Abs. 2 WPPT[785] findet. Danach sind Beschränkungen des ausschließlichen Vervielfältigungsrechtes der Urheber nur zulässig, wenn sie auf bestimmte Sonderfälle begrenzt sind (1. Teststufe), die normale Auswertung eines Werkes nicht beeinträchtigt wird (2. Teststufe) und die berechtigten Interessen des Urhebers nicht unzumutbar beeinträchtigt werden (3. Teststufe). Bedeutung für den nationalen Gesetzgeber erlangt der Test insbesondere durch Art. 5 Abs. 5 Info-RL, wonach die Anwendung der nach Art. 5 Abs. 1-4 zulässigen Schranken der privaten Vervielfältigung den drei vorgenannten Teststufen unterliegt. Die Bedeutung der internationalen Vorgaben wird durch Erwägungsgrund 44 der Info-RL unterstrichen: Bei der Anwendung der Ausnahmen und Beschränkungen i.S. der Richtlinie sollten die internationalen Verpflichtungen beachtet werden. Somit funktioniert der Dreistufentest als Schranken-Schranke, weil durch ihn die Beschränkungen der Urheberrechte beschränkt werden.[786]

Dem Dreistufentest liegt eine dualistische Konzeption zu Grunde.[787] So erschließt er bei richtiger Anwendung einen Mittelweg, an dessen Ende ein sachgerechter Ausgleich von den Interessen der Urheber mit berechtigten Belangen der Allgemeinheit steht.[788] Die Erzielung eines angemessenen Gleichgewichtes kann sinnvollerweise der dritten Stufe vorbehalten werden, da diese ihrem offenen Wortlaut zufolge, wonach eine *ungebührliche* Verletzung *berechtigter* Urheberinteressen verboten ist, ausreichend Raum für einen abschließenden Ausgleich widerstreitender Interessen eröffnet. Dem zweiten Prüfungsschritt mit seinem Verbot einer Beeinträchtigung der normalen Auswertung fällt demnach die Rolle einer Vorstufe zum abschließenden Interessenausgleich zu, die der Aussonderung von Fällen evidenter Unverhältnismäßigkeit dient.[789] Verstößt eine Beschränkung gegen eine der drei Prüfungsschritte, so kommt

---

782 Der Revidierten Berner Übereinkunft in der Fassung des Jahres 1974 kommt aufgrund eines entsprechenden Zustimmungsgesetzes innerstaatlich der Rang eines einfachen Gesetzes zu. Als Staatsvertrag regelt sie ausschließlich internationale Sachverhalte, nämlich den Schutz von Werken ausländischer Urheber sowie von Werken mit einem ausländischen Ursprungsland. Auf rein inländische Sachverhalte ist sie nicht anwendbar, gleichwohl gilt der Grundsatz, dass inländisches Recht konventionsfreundlich auszulegen ist (BGH in GRUR 1999, 707, 713 – Kopienversanddienst m.w.N.).

783 Das Übereinkommen über handelsbezogene Aspekte der Rechte des geistigen Eigentums („Agreement on Trade-Related Aspects of Intellectual Property Rights"), ist als Anhang I C des Übereinkommens zur Errichtung der Welthandelsorganisation (WTO-Abkommen) zum 01.01.1995 in Kraft getreten.

784 WIPO-Urheberrechtsvertrag (WIPO Copyright Treaty). Die WIPO ist die Weltorganisation für geistiges Eigentum.

785 WPPT steht für WIPO Performances and Phonogram Treaty.

786 Vgl. Senftleben in CR 2003, 914. Ebenso die amtl. Begründung des RefE zum zweiten Korb, S. 37.

787 So Senftleben in CR 2003, 914, 915; ders. in GRUR Int. 2004, 200, 205.

788 Vgl. Senftleben in CR 2003, 914, 915; ders. in GRUR Int. 2004, 200, 205.

789 Vgl. Senftleben in CR 2003, 914, 918.

der Prüfungsvorgang automatisch zu seinem Ende.[790] Insbesondere kann ein Verstoß gegen den zweiten Prüfungsschritt nicht durch die Gewährung einer angemessenen Vergütung kompensiert werden.[791] Insofern müssen alle drei Voraussetzungen kumulativ vorliegen.
Der deutsche Gesetzgeber hat sowohl im Rahmen des ersten als auch des zweiten Korbes der Urheberrechtsnovelle von einer Implementierung des Dreistufentestes ins Urheberrechtsgesetz abgesehen. Nichtsdestotrotz weiß er um dessen Bedeutung als Gestaltungsanordnung für den nationalen Gesetzgeber und die Pflicht, dessen Vorgaben bei der Formulierung der Schranken zu beachten.[792] Damit berücksichtigt der Gesetzgeber die ständige Rechtsprechung des BGH, wonach der Dreistufentest „entscheidender Maßstab für die Anwendung der einschlägigen Vorschriften des Urheberrechtsgesetzes" ist.[793]

A. Bestimmte Sonderfälle

Ausnahmen von den Ausschließlichkeitsrechten dürfen sich zunächst nur auf „bestimmte Sonderfälle" beschränken.[794] Die Auslegung dieses Kriteriums ist unklar. Den Mitgliedern wird daher auch ein Gestaltungsspielraum eingeräumt, solange die Aus-

---

[790] Senftleben in GRUR Int. 2004, 200, 205; Report of the Panel, World Trade Organisation, WT/DS160/R June 15, 2000, Rn 6.97; Wiegand, „Die Geräteabgabe", S: 358. A.A. Masouyé, Kommentar zur Berner Übereinkunft zum Schutz von Werken der Literatur und Kunst, 1981, Anm. 9.6.

[791] Vgl. Senftleben in GRUR Int. 2004, 200, 208, der auf die Materialien zum Dreistufentest verweist: Report on the Work of Main Committee I, Records 1967, Fn 7, S. 1145-1146; ebenso Dreier/Schulze/*Dreier*, vor § 44a Rn 21. Abzulehnen ist daher die Ansicht des BGH, wonach der Dreistufentest es – in seinem auf Sonderfälle beschränkten Anwendungsbereich – vielmehr zuließe, eine unzumutbare Verletzung der berechtigten Interessen des Urhebers ebenso wie eine – etwa gegebene – Beeinträchtigung der normalen Auswertung des Werkes, die mit der Freistellung vom Ausschließlichkeitsrecht des Urhebers verbunden wäre, durch die Zuerkennung eines Vergütungsanspruchs zu beseitigen, BGH in NJW 1999, S. 1953, 1957 – Kopienversanddienst. Die Auffassung des BGH findet in den Materialien zum Dreistufentest keine Stütze und wird auch im Schrifttum nicht vertreten, vgl. Bornkamm in FS Erdmann 2002, S. 29, 47.

[792] Vgl. Begr. des RefE zum zweiten Korb, S. 38, abrufbar unter http://www.bmj.bund.de/media/archive/760.pdf.

[793] BGH in GRUR 1999, 707, 713 – Kopienversanddienst.

[794] Teilweise wird darauf aufmerksam gemacht, dass das Erfordernis eines bestimmten Sonderfalls entfällt soweit es um die richtlinienkonforme Anwendung des Art. 5 Abs. 5 Info-RL geht, da der EU-Gesetzgeber die Ausnahmen von den Ausschließlichkeitsrechten in Art. 5 Abs. 1-4 Info-RL bereits auf Einzelfälle beschränkt hat. Der EU-Gesetzgeber würde widersprüchlich handeln, wenn er in den Abs. 1-4 des Art. 5 Info-RL Beschränkungen aufzählt, von deren Einordnung als bestimmten Sonderfall er selbst nicht überzeugt wäre, Insofern wird der Dreistufentest zu einem Zweistufentest, vgl. Dreier in ZUM 2002, 28, 35. Dass die Nennung des ersten Prüfungskriteriums in Art. 5 Abs. 5 dennoch seine Berechtigung hat, folgt allerdings aus Erwägungsgrund 44, wonach „die internationalen Verpflichtungen beachtet werden sollten". Nur deren vollständige Übernahme in die Richtlinie spiegelt somit die bestehenden internationalen Verpflichtungen wieder, so Senftleben in GRUR Int. 2004, 200, 206.

nahme klar und eindeutig definiert ist und einen begrenzten Anwendungsspielraum besitzt.[795]
Im Hinblick auf analoge Vervielfältigungen ist weitgehend unumstritten, dass der private Gebrauch gerade den Hauptanwendungsfall des Art. 9 Abs. 2 RBÜ darstellt.[796] Demgegenüber wird eine Privatkopieschranke für digitale Vervielfältigungen von Musik- und Filmwerken teilweise nicht mehr als Sonderfall angesehen.[797]
Grundsätzlich kann von einem Sonderfall nur die Rede sein, wenn er eine abgrenzbare Ausnahme von der Regel, also vom Normalfall darstellt.[798] Teilweise wird vertreten, dass dieses Erfordernis quantitativ gedeutet werden müsse.[799] Hiergegen spricht jedoch, dass auf diese Weise oftmals keine sachgerechte Begrenzung der Ausnahme erzielt werden kann. So mag ein Gedicht in einem Schulbuch weitaus häufiger vervielfältigt werden als im Zuge der ursprünglichen Publikation. Trotzdem erscheinen diese Vervielfältigungen im Interesse der Bildung gerechtfertigt.[800] Überdies würde eine quantitative Betrachtung bereits den zweiten Prüfungsschritt vorweg nehmen, da Beschränkungen, die nur eine geringe Zahl von Nutzungshandlungen ermöglichen, in der Regel keine Beeinträchtigung der normalen Auswertung darstellen können.[801] Folglich erscheint es sinnvoller auf ein qualitatives Erfordernis abzustellen. So ist für die Einordnung als Sonderfall erforderlich, dass mit der Ausnahme oder Beschränkung ein besonderer Zweck verfolgt wird.[802] Die Normierung von Schranken ist daher insofern eingeschränkt, als sie auf eindeutig bestimmte öffentliche Interessen[803] oder sonstige

---

[795] Report of the WTO-Panel, das im Jahr 2000 Bericht über Abschnitt 11 Abs. 5 des US-Copyright Act erstattete, vgl. WTO-Dokument WT/DS160/R v. 15.6.2000, § 6.118, 6.133, abrufbar unter http://www.wto.org; ebenso Reinbothe in FS Dittrich, 251, 257.
[796] Rickeston, "The Berne Convention for the protection of literary and artistic works: 1886-1986", London 1987, Anm. 9.11; Stewart, "International Copyright and Neighbouring Rights", London/Boston, 2. Aufl. 1989, Anm. 5.39, S. 122; Gotzen, „Copyright" 1978, S. 315/317; Maus, „Die digitale Kopie von Audio- und Videoprodukten", 135, 136; Schricker/Katzenberger in GRUR 1985, 87, 98 f.; A.A. Sack in BB-Beilage 15/1984, S. 24.
[797] So Poll/Braun in ZUM 2004, 266, 272 f.; Wiegand, „Die Geräteabgabe", S. 360.
[798] Ebenso Ricketson, "WIPO Study on limitations and exeptions of copyright and related rights in the digital environment", April 2003, SCCR/9/7, S. 22; Report of the WTO-Panel, vgl. WTO-Dokument WT/DS160/R v. 15.6.2000, abrufbar unter http://www.wto.org, § 6.118, 6.133; zustimmend Poll/Braun in ZUM 2004, 266, 272.
[799] So i.E. vor allem das WTO-Panel , vgl. WTO-Dokument WT/DS160/R v. 15.6.2000, § 6.105, 6.111-6.112. Ebenso Poll/Braun in ZUM 2004, 266, 272 f.; Wiegand, „Die Geräteabgabe", S. 360. Als Sonderfall käme demnach nur eine Beschränkung in Betracht, die nur eine begrenzte Anzahl privilegierter Nutzungshandlungen erfasst.
[800] Bsp. von Senftleben in CR 2003, 914, 916.
[801] Senftleben in GRUR Int. 2004, 200, 207.
[802] So Ricketson, "The Berne Convention for the protection of literary and artistic works: 1886-1986", London 1987, S. 482.
[803] Teilweise wird vertreten, dass ausschließlich wichtige Gemeinwohlbelange eine Einstufung als Sonderfall rechtfertigen mögen, vgl. Reinbothe in FS Dittrich, S. 257; Senftleben in CR 2003, 914, 916; ebenso wohl BGH, der auf das Interesse der Allgemeinheit am Zugang zu Informationen abstellt, GRUR 1999, 707, 712 – Kopienversanddienst.

außergewöhnliche Umstände gestützt sein muss.[804] Zu diesen Bereichen zählen insbesondere das öffentliche Erziehungswesen, die öffentliche Sicherheit und die Forschung.
Zu prüfen bleibt daher, ob die digitale Privatkopieschranke für Musik- und Filmwerke einem besonderen Zweck dient. Wie in Teil 2 B VII. 2. a) ausführlich diskutiert, kann zu ihrer Rechtfertigung kaum auf die klassischen Überlegungen zum ungehinderten Zugang zu Informationen und Kulturgütern oder zur Beflügelung kultureller Schöpfung zurückgegriffen werden. Soweit man die Interessen an einem ungehinderten Zugang zu Kulturgütern, die mit einem Interesse an einem möglichst kostengünstigen Zugang durchaus gleichzusetzen sind, anerkennt, erscheinen diese durch die Gewährung der analogen Privatkopie hinreichend gewahrt. Als Rechtfertigungsgrund für eine digitale Privatkopieschranke von Musik- und Filmwerken kann stattdessen einzig und allein das Marktversagen in Bezug auf eine Kontrolle digitaler Vervielfältigungen angeführt werden.[805] Dieser Grund erscheint als Anlass für die Schaffung eines Ausnahmetatbestandes durchaus ausreichend.[806] So liegt es nicht im wohlverstandenen Interesse des Staates, Vorschriften zu erlassen, welche die soziale Realität ignorieren und damit die Autorität und Glaubwürdigkeit der Rechtsordnung untergraben. Eine Vorschrift, die private digitale Vervielfältigungen insoweit freistellt, wie sie nicht effektiv kontrolliert werden können, stellt überdies eine klar begrenzte Ausnahme zum Regelfall dar und ermöglicht eine klare Abgrenzung zu sonstigen Vervielfältigungen.
Das geltende Privatkopieprivileg in § 53 Abs. 1 UrhG genügt dieser Vorgabe allerdings nur bedingt. Zwar wird die Privatkopieschranke de lege lata durch den Umgehungsschutz technischer Schutzmaßnahmen in den §§ 95 a ff. UrhG massiv eingeschränkt. Allerdings bleibt der – bedingt kontrollierbare - Download[807] von urheberrechtlich geschützten Werken aus Internet-Tauschbörsen weitgehend zulässig.[808] Dies wird sich mit dem Inkrafttreten des zweiten Korbes allerdings ändern. Dann wird der Anwendungsbereich der Privatkopieschranke voraussichtlich auf nicht kopiergeschützte Vorlagen beschränkt sein, die weder offensichtlich rechtswidrig hergestellt noch offensichtlich rechtswidrig öffentlich zugänglich gemacht worden sind. Es kann nicht ernsthaft bestritten werden, dass eine derartige Schrankenregelung eine klar abgegrenzte und eng begrenzte Ausnahmevorschrift zum allgemeinen Vervielfältigungsrecht des Urhebers darstellt.

---

[804] So Ricketson, "The Berne Convention for the protection of literary and artistic works: 1886-1986", London 1987, S. 482. Wörtlich spricht er von "special here meaning that it is justified by some clear reason of public policy or some other exceptional circumstance".
[805] Vgl. Teil 2, B. VII. 2. b).
[806] A.A. Senftleben in CR 2003, 914, 916, und Reinbothe in FS Dittrich, 251, 257, die zwingend einen wichtigen Gemeinwohlbelang als Rechtfertigungsgrund verlangen. Eine nähere Begründung ihrer Auffassung erfolgt jedoch nicht.
[807] S. zu den Kontrollmöglichkeiten des Filesharing Teil 2, B. V. 2.
[808] Das Kriterium der „offensichtlich rechtswidrig hergestellten Vorlage“ in § 53 Abs. 1 UrhG vermag das Filesharing nur bedingt zu untersagen, vgl. hierzu Teil 2, B. IV. 4. b).

B. Keine Beeinträchtigung der normalen Auswertung eines Werkes

Ausnahmen von den Ausschließlichkeitsrechten der Urheber dürfen nur insoweit vorgesehen werden wie sie die normale Auswertung eines Werkes nicht beeinträchtigen. Hiermit soll verhindert werden, dass dem Rechteinhaber auf seinem eigenen Verwertungsfeld Konkurrenz gemacht wird und ihm die Ziehung wirtschaftlichen Nutzens unmöglich oder zumindest erschwert wird.[809]

Die Vorgabe begegnet vielfachen Auslegungsschwierigkeiten. So ist schon unklar, was unter der „normalen Auswertung eines Werkes" zu verstehen ist.[810] Im Übrigen erweckt der Wortlaut „Beeinträchtigung" (etwa im Gegensatz zum Begriff der „Verletzung") den Eindruck, dass bereits Eingriffe von geringer Intensität unzulässig sein könnten.[811] Das zweite Prüfungskriterium ist jedoch nicht dazu gedacht, jede erdenkliche Beeinträchtigung der Werkverwertung auszuschließen. Vielmehr soll eine Beschränkung nur dann verworfen werden, wenn sie ganz erhebliche Umsatzeinbußen mit sich bringt, also der ökonomische Kern des Urheberrechts angegriffen wird.[812] Insofern dient dieser Prüfungsschritt lediglich der Aussonderung von Fällen evidenter Unverhältnismäßigkeit, bei denen eine Reduzierung des Ausschließlichkeitsrechtes auf einen bloßen Vergütungsanspruch also von vornherein unzulässig wäre.[813] Es erscheint daher sinnvoll, die Vorgabe einschränkend dahingehend auszulegen, dass von einer Beeinträchtigung der normalen Werkauswertung dann auszugehen ist, wenn die in Frage stehende Beschränkung die Urheber einer aktuellen oder potentiellen Einnahmequelle beraubt, die typischerweise ganz erhebliches Gewicht innerhalb der Gesamtverwertung von betroffenen Werken aufweist.[814]

Damit wird die Frage aufgeworfen, ob die private digitale Vervielfältigung von Musik- und Filmwerken die Erstverwertung dieser Werke substituiert und damit zu erhebli-

---

[809] Reinbothe in FS für Dittrich, 251, 258.

[810] So wird teilweise vertreten, dass der Ausdruck „Verwertung" nur die jeweils in Rede stehende Verwertungsform meint, hier also nur die Verwertung in Form der Vervielfältigung, so das WTO-Panel, vgl. WTO-Dokument WT/DS160/R v. 15.6.2000, 6.173, abrufbar unter www.wto.org. Andere gehen davon aus, dass auf die Verwertung des Werkes insgesamt abzustellen sei, so die Ansicht der amerikanischen Regierung als Beteiligte des WTO-Panels, a.a.O.. Rn 6.178, 6.180; Vgl. zu den unterschiedlichen Auslegungsansätzen auch Senftleben in CR 2003, 914, 917.

[811] Freiwald, „Die private Vervielfältigung", S. 111, weist zu Recht darauf hin, dass die erforderliche Intensität einer Beeinträchtigung nicht auf unterster Stufe ansetzen dürfe, wolle man überhaupt gewisse Sonderfälle gestatten; A.A. Maus, „Die digitale Kopie von Audio- und Videoprodukten", S. 138, der jegliche Beeinträchtigung erfasst sieht.

[812] So Senftleben in GRUR Int. 2004, 200, 205.

[813] Vgl. Senftleben in CR 2003, 914, 918. Ebenso generell Spindler in JZ 2002, 60, 63, wonach der Dreistufentest nur zu einer Verhältnismäßigkeitsprüfung der Privatkopieschranke führen kann, ohne die Schranke insgesamt auszuhebeln.

[814] So Senftleben in CR 2003, 914, 918. Ähnlich, aber weiter der Vorschlag des WTO-Panels, Rn 6.183, wonach eine Beeinträchtigung dann anzunehmen sei, wenn die eigentliche Ausnahme vom Verwertungsrecht mit der normalen Art und Weise, in der der Urheber wirtschaftlichen Gewinn aus der Verwertung seines Werkes erzielt, in ökonomischen Wettbewerb tritt und so dem Urheber signifikante Vorteile aus der ökonomischen Auswertung entzogen werden. Hierzu sind jedoch auch Verwertungshandlungen zu zählen, die sich durch eine zukünftige Markt- oder Technologieentwicklung erst ergeben können oder deren Entwicklung durch die Schranke beeinträchtigt wird.

chen Umsatzeinbußen auf Seiten der Urheber führt. Die kommerzielle Auswertung von Musik- und Filmwerken erfolgt heute u.a. durch deren Vertrieb im Internet. Hier tritt die Wettbewerbssituation zwischen privater digitaler Vervielfältigung und „normaler Werkauswertung" deutlich zu Tage. Solange die Vervielfältigung von Werken aus Filesharing-Systemen nicht eindeutig untersagt ist[815], können kommerzielle Online-Angebote der Musikindustrie kaum Erfolg haben. Schließlich wird ein Großteil der Verbraucher solange kein Geld für einen kostenträchtigen Download ausgeben, wie ein Musikstück in Internet-Tauschbörsen auf legale Weise auch kostenlos erhältlich ist. So hat sich die digitale Vervielfältigung aus Tauschbörsen inzwischen zu einer primären Nutzungsform entwickelt, d.h. es wird nicht erst (primär) ein Originalwerk erworben, von dem dann (sekundär) eine Kopie angefertigt wird, sondern die Vervielfältigung kann unmittelbar von einer öffentlich zugänglich gemachten Vorlage (Kopie eines Musikstückes) erfolgen. Eine Privatkopieschranke, welche die digitale Vervielfältigung urheberrechtlich geschützter Werke in Internet-Tauschbörsen gestattet, tritt daher mit der „normalen Verwertung" von Musik- und Filmwerken im Internet in direkte Konkurrenz und ist folglich dazu geeignet, die kommerzielle Erstverwertung flächendeckend zu ersetzen. Aus diesem Grund erscheint auch eine Privatkopieschranke für den gesamten Online-Bereich mit dem Dreistufentest unvereinbar.[816]

Soweit es der Musikindustrie im Übrigen gelungen ist, einen Markt für digitale Vervielfältigungen aufzubauen, wie dies im Bereich des kommerziellen Online-Angebotes von Musiktiteln der Fall ist, wird diese Auswertungsform durch die bestehenden Vorschriften zum Umgehungsschutz von technischen Schutzmaßnahmen in den §§ 95 a ff. hinreichend geschützt. Eine Beeinträchtigung der normalen Auswertung liegt hier nicht vor.[817] Denn wo Märkte mit Hilfe von DRM-Systemen entstehen, genießen diese nach § 95 b UrhG Vorrang vor dem digitalen Privatkopieprivileg.

Schwierig zu beurteilen ist die Wettbewerbssituation dagegen im Bereich der Verwertung von körperlichen Werkträgern. Keine Zweifel bestehen zunächst dahingehend, dass CDs/DVDs heute auf legale Weise massenhaft vervielfältigt werden.[818] Fraglich ist allerdings, ob das Brennen von CDs/DVDs deren Kauf auf dem Primärmarkt flächendeckend ersetzt. Davon könnte nur die Rede sein, wenn der Kauf einer CD/DVD für den überwiegenden Teil der Verbraucher unnötig wäre, weil eine CD auch genauso gut kostenlos vervielfältigt werden könnte. Diese Ersatzfunktion kann jedoch nur in den Fällen entstehen, in denen ein Verbraucher Zugriff auf eine CD/DVD besitzt. Im Gegensatz zu den jedermann offen stehenden Internet-Tauschbörsen ist der Zugriff auf kopierfähige CD-Originale oder deren Kopien im Offline Bereich jedoch beschränkt. Zwar eröffnet die Privatkopieschranke in § 53 UrhG einer Vielzahl von Personen die Möglichkeit der Vervielfältigung. So ist es gestattet, Vervielfältigungen für den Bekannten- und Verwandtenkreis anzufertigen, sich eine Original- oder bereits kopierte CD von Bekannten/Verwandten auszuleihen und zu kopieren, oder gar Kopien von

---

[815] Dies ist zumindest nach dem ersten Korb der Urheberrechtsnovelle nicht der Fall, vgl. oben Teil 2, B. IV. 4. b).

[816] Aus diesem Grunde ist auch die Einführung einer „Kultur-Flatrate" unzulässig, s. hierzu Teil 2, C. II. 5.

[817] So Senftleben in CR 2003, 914, 918.

[818] Vgl. hierzu Teil 1, B. I. 2. und II. 2.

Dritten anfertigen zu lassen.[819] Letztlich schließt sich die Vervielfältigung von CDs/DVDs jedoch an den ursprünglichen Erwerb eines Originaltonträgers an und ist von ihm abhängig. Die Vervielfältigung einer CD/DVD ist einem Verbraucher nur möglich, wenn der selbst oder ein Bekannter/Verwandter Zugriff auf das Originalwerk oder ein Vervielfältigungsstück besitzt. Insofern kann die Vervielfältigung von CDs/DVDs dem Erwerb des Originals auf dem Primärmarkt keine direkte Konkurrenz machen.[820] Sie ist vielmehr als klassische sekundäre Nutzungsform zu qualifizieren. So kann auch allein aus der massenhaften Anfertigung von CD-Kopien nicht unmittelbar auf massive Einnahmeverluste der Urheber geschlossen werden.[821] Schließlich ist zu berücksichtigen, dass nicht jede gebrannte CD/DVD auf der Sekundärebene mit einem entsprechenden Verlust auf dem Primärmarkt gleichzustellen ist.[822] In diesem Sinne kommt die 6. Brennerstudie aus dem Jahre 2005 auch zu dem Ergebnis, dass nur 6 % der Personen, die Musik auf Rohlinge brennen, im Jahre 2004 weniger Geld für Musikwerke ausgegeben haben als im Jahre 2002, wobei der Gesamtumsatz gleichzeitig um 3,6 % zurückgegangen ist.[823] Hinsichtlich der Kopierer von DVDs ist von ähnlichen Zahlen auszugehen. Eine massenhafte Substituierung der Erstverwertung von körperlichen Werkträgern und damit eine erhebliche Beeinträchtigung der ökonomischen Interessen der Urheber liegen folglich nicht vor.[824] Im Übrigen können die Urheber die Erstverwertung von CDs/DVDs inzwischen durch den Einsatz von Kopierschutztechniken schützen, wobei sie gemäß den §§ 95 a ff. UrhG vor Umgehung der Schutzmaßnahmen geschützt werden.

Im Ergebnis stellt sich eine Privatkopieschranke für digitale Musik- und Filmwerke somit jedenfalls nicht als „evident unverhältnismäßiger Eingriff in den Kern des Urheberrechtes" dar, welcher im Rahmen des zweiten Prüfungsschrittes auszusondern ist.[825] Das Brennen von CDs/DVDs beraubt den Urheber nicht seiner Einnahmequelle aus der Erstverwertung von Werken, sondern beeinträchtigt diese lediglich in einer

---

[819] Diese legalen Verhaltensweisen können auch den von der Musikindustrie so gefürchteten „Pyramiden-Effekt" bewirken: Auf einer Original-CD-Vorlage baut eine Vielzahl von qualitativ gleichwertigen Kopien für eine Vielzahl von Personen auf, s. hierzu den Syndikus der phonographischen Wirtschaft Braun in ZUM 2005, 100, 102 mit Verweis auf die Ergebnisse der GfK-Brennerstudie 2003; s. auch Poll/Braun in ZUM 2004, 266, 277.

[820] Hierfür spricht auch, dass nur der Original-CD das begehrte Booklet beigefügt ist, welches über den Inhalt informiert.

[821] So aber die phonographische Wirtschaft mit Hinweis auf die Zahlen der GfK-Brennerstudie 1 aus dem Jahre 2002, vgl. Poll/Braun in ZUM 2004. Der Umstand, dass 2002 100 Millionen Musikkopien mehr als CDs angefertigt wurden, sagt nichts darüber aus, in welchem Umfang die Musikkopien den käuflichen Erwerb von CDs ersetzten. Zu den Ergebnissen der Brennerstudie 2004 s. oben Teil 1, B. I. 3.

[822] Dies gilt bspw. in den Fällen, in denen ein Sammler von einer eigenen CD ein weiteres Vervielfältigungsstück für den privaten Gebrauch beispielsweise im Auto herstellt. Hier werden die ökonomischen Interessen des Komponisten in keiner Weise beeinträchtigt, vgl. LG Stuttgart in CR 2001, 581, 584 – Vergütungspflicht für CD-Brenner. Vgl. hierzu auch die Ausführungen in Teil 1, B. I. 3. und 4.

[823] Vgl. Jahreswirtschaftsbericht der phonographischen Wirtschaft 2004, S. 23, mit Verweis auf die 6. GfK-Brennerstudie 2005 (zur Zeit der Bearbeitung noch nicht veröffentlicht).

[824] A.A. Poll/Braun in ZUM 2004, 266, 277; Wiegand, „Die Geräteabgabe", S. 362.

[825] So im Ergebnis auch LG Stuttgart in CR 2001, 581, 584 – Vergütungspflicht für CD-Brenner; Freiwald, „Die private Vervielfältigung", S. 112.

geringen, nicht konkret bestimmbaren Höhe. Nach Maßgabe des Dreistufentestes erscheint es daher ausreichend, die durch das Brennen von CDs/DVDs entstehenden ökonomischen Beeinträchtigungen für die Urheber auf dritter Prüfungsebene durch die Gewährung eines Vergütungsanspruches zu kompensieren. Schließlich muss bedacht werden, dass die Annahme eines Verstoßes gegen den zweiten Prüfungsschritt zwingend den Verbotsanspruch des Urhebers zur Folge hätte. Die Gewährung eines Vergütungsanspruches ist in diesem Fall nicht möglich[826], so dass den Urhebern kein finanzieller Ausgleich für die ökonomischen Beeinträchtigungen gewährt werden könnte. Ein Vorliegen der Voraussetzung des zweiten Prüfungsschrittes sollte daher nicht voreilig angenommen werden. Eine Beschränkung der Ausschließlichkeitsrechte hinsichtlich der privaten digitalen Vervielfältigung von nicht kopiergeschützten Musik- und Filmträgern ist somit mit dem zweiten Prüfungsschritt vereinbar.

C. Keine unzumutbare Beeinträchtigung der berechtigten Interessen der Urheber

Zu prüfen bleibt, ob eine Privatkopieschranke für die Vervielfältigung von körperlichen Werkträgern auch mit dem dritten Prüfungsschritt vereinbar ist. Danach dürfen die berechtigten Interessen der Urheber nicht unzumutbar beeinträchtigt werden. Zu den berechtigten Interessen der Urheber gehört unstrittig die Beteiligung an jeder Form der wirtschaftlichen Auswertung eines Werkes.[827] Dem Rechteinhaber obliegt hierbei kein Nachweis einer tatsächlichen finanziellen Schädigung. Ausreichend ist, dass die digitale Vervielfältigung, aufgrund der technischen und wirtschaftlichen Entwicklung, inzwischen dazu geeignet ist, sich zu einer Massennutzung zu entwickeln. Dies muss angesichts der weiten Verbreitung von CD-Brennern und den Verkaufszahlen von CD-Rohlingen angenommen werden.
Die entscheidende Frage ist daher, wann eine unzumutbare Verletzung der ökonomischen Interessen der Urheber vorliegt. Grundsätzlich führt jede Beschränkung des Vervielfältigungsrechtes der Urheber zu einer Beeinträchtigung ihrer Interessen. Entscheidend ist somit, wann diese Beeinträchtigungen unzumutbar sind. Dies wird spätestens dann anzunehmen sein, wenn die Beeinträchtigung zu einem unzumutbaren Einkommensverlust beim Urheber führt oder führen kann.[828] Andererseits kann eine unzumutbare Verletzung der berechtigten Interessen nach weit verbreiteter Ansicht ausgeschlossen werden, wenn den Berechtigten eine angemessene Vergütung zugestanden wird.[829] Eine derartige Vergütung kann dem Urheber allerdings nur im Rahmen eines pauschalen Abgabensystems zukommen, welches die Gestattung der digitalen Vervielfältigung voraussetzt. Im Falle eines Verbotes der digitalen Vervielfälti-

---

[826] Vgl. Senftleben in GRUR Int. 2004, 200, 208; Dreier/Schulze/*Dreier*, vor § 44a Rn 21.

[827] BGH in GRUR 1999, 707, 712 – Kopienversanddienst, m.V. auf Frotz in FS 50 Jahre Urheberrechtsgesetz, 1986, S. 119, 126 f.; Maus, „Die digitale Kopie von Musik- und Filmprodukten", S. 138 ff.

[828] So das WTO-Panel, WT/DS160/R June 15, 2000, abrufbar unter http://www.wto.org, Rn 6.229.

[829] BGH in GRUR 1999, 707, 712 – Kopienversanddienst; LG Stuttgart in CR 2001, 581, 584 – Vergütungspflicht für CD-Brenner; Reimer/Ulmer in GRUR Int. 1967, 431, 444; Masouyé, Komm. zur RBÜ, Art. 9 Abs. 2, Anm. 9.8; Stewart, „International Copyright", S. 122.

gung von Musik- und Filmträgern würden dem Urheber diese Einnahmen vorenthalten, obwohl die Vervielfältigung von CDs/DVDs trotz Verbotes weiterhin massenhaft betrieben würde. Schließlich ist ein effektiver Kopierschutz bis heute nicht flächendeckend möglich.[830] Das Verbot der Privatkopie und die Nichtanwendbarkeit des pauschalen Vergütungssystems nach den §§ 54 ff. UrhG würde den Urheber folglich schlechter stellen und seine Interessen weitaus stärker verletzen als dies im Falle der Gestattung der Privatkopie der Fall wäre.[831] Folglich stellt das vom Gesetzgeber in den §§ 54 a ff. UrhG geregelte Abgabensystem grundsätzlich ein geeignetes Instrumentarium dar, um eine unzumutbare Interessenverletzung des Urhebers im Sinne der dritten Stufe des Dreistufentestes ausschließen zu können.

Der BGH hat allerdings ausdrücklich klargestellt, dass das Bestehen eines Vergütungsanspruches alleine nicht ausreicht, um eine unzumutbare Beeinträchtigung auszuschließen. Vielmehr müsse die Höhe der Vergütung auch die fragliche Werknutzung widerspiegeln.[832] Dies ist allerdings bei den derzeitigen Vergütungssätzen gemäß der Anlage zu § 54 d UrhG nicht gewährleistet. Die gesetzlichen Vergütungssätze differenzieren nicht zwischen analogen und digitalen Vervielfältigungen und werden hiermit den weitaus größeren Nutzungsmöglichkeiten der digitalen Vervielfältigungsgeräte und Leermedien nicht gerecht. Zum einen stellt die digitale Kopie mangels Qualitätsverlust bei der Vervielfältigung der digitalen Daten nahezu einen vollwertigen Ersatz für das Original dar. Zum anderen werden heute aufgrund der digitalen Technologie deutlich mehr Kopien angefertigt als im analogen Zeitalter.[833] Der dritte Prüfungsschritt des Dreistufentests verlangt daher eine Anpassung der Vergütungssätze an die gestiegenen Nutzungsmöglichkeiten der digitalen Vervielfältigungsgeräte. Im Rahmen dieser Anpassung sind jedoch auch potentiell vergütungsmindernde Faktoren, wie der Einsatz von Kopierschutzsystemen, zu berücksichtigen.[834] Wie in Teil 2 C. V. erörtert, trägt die Reform des pauschalen Abgabensystems nach dem Gesetzesentwurf zum zweiten Korb der Urheberrechtsnovelle diesen Vorgaben – zumindest weitgehend - Rechnung.

D. Ergebnis

Der Dreistufentest birgt einige unbestimmte und somit auslegungsbedürftige Rechtsbegriffe in sich. Infolgedessen wirft die Anwendung des Tests auf konkrete Einzelfra-

---

[830] Sämtliche CDs, die bislang ohne Kopierschutz in Umlauf gekommen sind, sind einer Vervielfältigungskontrolle auf ewig entzogen. Überdies ist nicht gesichert, dass zukünftig sämtliche CDs mit Kopierschutz ausgestattet werden. Vgl. hierzu die ausführliche Diskussion in Teil 2, B. VII. 2. b).

[831] So Freiwald, „Die digitale Vervielfältigung", 114; LG Stuttgart in ZUM 2001, 614, 619 – Vergütungspflicht für CD-Brenner, zustimmend Flechsig in ZUM 2001, 656, 659. Schack in ZUM 2002, 497, 509; Maus, „Die digitale Kopie von Musik- und Filmprodukten", S. 143 f.

[832] BGH in GRUR 1999, 707, 712 – Kopienversanddienst.

[833] Die GfK-Studie 2004 geht für das Jahr 2003 davon aus, dass in Deutschland Musik im Wert von rund 5,8 Milliarden EURO kopiert wurde. Demgegenüber nahm die für Abgaben auf Tonmedien zuständige GVL im Jahre 2003 bspw. nur ca. 13,9 Mio. EURO aus dem pauschalen Vergütungssystem ein.

[834] S. die ausführliche Diskussion des Anpassungsbedarfes in Teil 2, C. II.

gen erhebliche Rechtsunsicherheiten auf.[835] Letztlich ist bei der Auslegung der einzelnen Tatbestandsmerkmale zwingend zu berücksichtigen, dass die vielfältigen Fragestellungen im Zusammenhang mit der digitalen Vervielfältigung zur Zeit der Abfassung des Dreistufentestes nicht vorhersehbar waren und somit keine Berücksichtigung finden konnten. Überdies ist zu bedenken, dass der Dreistufentest den Mitgliedern einen weiten Gestaltungsspielraum gewährt, der einen sachgerechten Ausgleich zwischen den Interessen der Allgemeinheit und den Urhebern ermöglichen soll.[836]

Die Überprüfung der Privatkopieschranke für digitale Vervielfältigungen von Musik- und Filmwerken hat gezeigt, dass eine differenzierte Sichtweise geboten ist. Deren einschränkungslose Gewährung erscheint als mit dem Dreistufentest unvereinbar. So gefährdet eine Privatkopieschranke, welche die Vervielfältigung von urheberrechtlich geschützten Musik- und Filmwerken aus Internet-Tauschbörsen gestattet, die normale Auswertung dieser Medien in kommerziellen Internet-Angeboten und ist folglich als unzulässig zu qualifizieren. Demgegenüber kann eine gravierende Beeinträchtigung der normalen Werkverwertung durch die Gestattung der digitalen Vervielfältigung von nicht-kopiergeschützten Werkträgern nicht angenommen werden. Eine massive Substitutionswirkung gegenüber dem kommerziellen Vertrieb von CDs/DVDs ist hier nicht erkennbar. Um jedoch eine unzumutbare Verletzung der Urheberinteressen auf dritter Prüfungsebene zu vermeiden ist in diesem Fall die Gewährung eines Vergütungsanspruches notwendig. Das geltende pauschale Abgabensystem stellt sich hierfür grundsätzlich als geeignetes Instrumentarium dar. Allerdings verlangt die dritte Stufe des Dreistufentests eine Anpassung der Vergütungssätze an die digitalen Nutzungsmöglichkeiten. Der Gesetzgeber hat diesen Anpassungsbedarf im Referenten- bzw. Gesetzesentwurf zum zweiten Korb der Urheberrechtsnovelle erkannt und kommt ihm mit zahlreichen Änderungen des pauschalen Abgabensystems auch weitgehend nach.[837]

---

[835] Spindler in JZ 2002, 60, 63; kritisch auch Schippan in ZUM 2001, 116, 122.
[836] S. hierzu Senftleben in GRUR Int. 2004, 201, 202.
[837] S. Teil 2, C. III. 4.

Teil 4: Die Regelungen zum Verbot der Umgehung von technischen Schutzmaßnahmen nach den §§ 95 a ff. UrhG

A. Allgemeines

Im Rahmen des ersten Korbes der Urheberrechtsreform aus dem Jahre 2003 hat der Gesetzgeber in den §§ 95 a ff. UrhG erstmals Regelungen zum Schutz technischer Schutzmaßnahmen gegen Umgehung eingeführt. Damit kam er der Umsetzungsverpflichtung aus Art. 6 und 7 der Info-RL nach. Art. 6 Info-RL verpflichtet die Mitgliedsstaaten dazu, angemessenen Rechtsschutz gegen Akte der Umgehung wirksamer technischer Schutzmaßnahmen vorzusehen.
Das deutsche Urheberrecht kannte einen derartigen Rechtsschutz bislang nicht. Schutzobjekt war bislang ausschließlich das Werk i.S.d. § 2 UrhG und dessen Darbietungen bzw. bestimmte Vermittlungsleistungen. Dabei etablieren die §§ 95 a ff. UrhG allerdings kein neues Ausschließlichkeits- bzw. Leistungsschutzrecht, sondern lediglich eine zusätzliche Schutzebene für schutzfähige Werke und Leistungen.[838] Digitale Ton- und Bildträger werden inzwischen zunehmend mit technischen Schutzmaßnahmen ausgestattet. Hiermit kann die Nutzung und Verwertung der Werke umfassend kontrolliert und geschützt werden. Technische Schutzmaßnahmen erfüllen somit grundsätzlich einen nützlichen und sinnvollen Zweck. Letztlich können sie nicht und werden auch zukünftig nicht 100 %-ig vor Umgehung geschützt werden. Daher ist es erforderlich, auch ihnen einen rechtlichen Schutz vor Umgehung zukommen zu lassen. Ohne einen flankierenden Rechtsschutz wären technische Schutzmaßnahmen unweigerlich einem steten Wettlauf mit Produkten und Dienstleistungen zur Umgehung ausgesetzt.[839]

B. Umgehung von technischen Schutzmaßnahmen, § 95 a Abs. 1 UrhG

I. Schutzobjekt

Gemäß § 95 a Abs. 2 UrhG sind Schutzgegenstand der Norm wirksame technische Maßnahmen, also Technologien, Vorrichtungen und Bestandteile, die im normalen Betrieb dazu bestimmt sind, bestimmte Verwertungshandlungen - insbesondere das Kopieren - durch das UrhG geschützter Werke oder Schutzgegenstände zu verhindern. Das Gesetz nennt in § 95 a Abs. 2 S. 2 UrhG ausdrücklich Zugangskontrollen und Schutzmechanismen wie Verschlüsselungen, Verzerrungen oder sonstige Mechanismen zur Kontrolle der Vervielfältigung. Beispiele für solche Verfahren sind Kopierschutzsysteme auf Audio-CDs wie Key2Audio, Cactus Data Shield oder Film-DVDs

[838] § 95 a UrhG ist seinem Wortlaut nach als Verbot formuliert:"..dürfe....nicht..." (§ 95 a Abs. 1 UrhG) bzw. „Verboten sind...." (§ 95 a Abs. 3 UrhG), vgl. Arlt in MMR 148, 149; Ebenso Wandtke/Bullinger/*Wandtke/Ohst*, ErgBand zum UrhG-Komm., § 95 a Rn 4; Dreier in ZUM 2002, 28, 38; Reinbothe in GRUR Int. 2001, 733, 742 f.; ähnl. Peukert in Loewenheim, Hdb. des Urheberrechts 2003, § 82, Rn 6; A.A. Pleister/Ruttig in MMR 2003, 763, 766; offenbar auch Spieker in GRUR 2004, 475, 477.

[839] Spindler in GRUR 2002, 105, 115.

wie das Content Scrambling System (CSS).[840] Hardware-implantierte Schutzmaßnahmen, wie sog. Dongles gehören ebenso dazu.
Für die „Wirksamkeit" des technischen Schutzes ist ausreichend, dass er zur Verhinderung der Umgehung geeignet ist. Insoweit hat der Gesetzgeber niedrige Anforderungen gestellt. Der Kopierschutz muss nicht unüberwindbar sein.[841] Dies ergibt sich schon aus dem Verbotserfordernis. Anderenfalls würde das Umgehungsverbot jeweils mit der Umgehung technischer Maßnahmen infolge der dadurch erwiesenen Unwirksamkeit obsolet und wären nur Vorrichtungen schutzfähig, die dieses Schutzes aufgrund ihrer Funktionsfähigkeit gar nicht bedurften.[842] In diesem Zusammenhang ist insoweit lediglich auf den Durchschnittsnutzer abzustellen und zu fragen, ob dieser ohne besondere technische Kenntnisse von der ungehinderten Nutzung abgehalten werden würde.[843] Folglich ist eine technische Schutzmaßnahme auch dann noch als wirksam anzusehen, wenn sie von „Hackern" geknackt wurde. Allerdings ist ein digitaler Kopierschutz gegenüber analogen Kopien machtlos, so dass die Anfertigung einer analogen Kopie keine Umgehung im Sinne des § 95 a Abs.1 UrhG darstellt.[844] Für die analoge Kopie auf Kassette oder den PC stellen digitale Kopierschutzsysteme folglich keine wirksamen technischen Maßnahmen i.S.v. § 95 a Abs. 2 S. 2 UrhG dar.[845]
Im Übrigen erfordert der Unterlassungsanspruch nach § 95 a UrhG, dass dem Handelnden Vorsatz oder fahrlässige Unkenntnis vorgeworfen werden kann.[846]

II. Umgehungsverbot

Nach § 95 a Abs. 1 UrhG dürfen die technischen Schutzmaßnahmen der vorgenannten Art ohne Zustimmung des Rechteinhabers nicht umgangen werden, um Zugang zum gewünschten Werk zu erhalten.
Eine Umgehung von Kopierschutz liegt offensichtlich dann vor, wenn die Kopierschutzmechanismen entfernt werden oder der Quellcode der Verschlüsselungssoftware missbraucht wird, um das Schutzprogramm auszuschalten.[847] Fraglich ist dagegen, ob

---

[840] Dazu gehören auch insbesondere DRM-Systeme, wie auch Wasserzeichen oder „Fingerprints", mit deren Hilfe Berechtigte z.B. ihre Urheberschaft nachweisen oder verfolgen können, wer ein Werk ursprünglich erworben hat, vgl. oben Teil 1, C. III. 2. Ob auch künstliche Fehler auf CDs hierzu gehören sollen, ist in der juristischen Literatur umstritten. Bejahend Ernst in CR 2004, 39, 40, verneinend Pleister/Ruttig in MMR 2003, S. 765.

[841] Lapp, ITRB 2003, 151, 152.

[842] So Amtl. Begr. zu § 95 a in RegEntw, BT-Dr. 15/38, 26.

[843] So Hoeren in MMR 2000, 515, 520; Spindler in GRUR 2002, 105, 116.

[844] So Ernst in CR 2004, 39, 40; daher sind die einschlägigen Computerzeitschriften inzwischen dazu übergegangen, auf Umgehungsmöglichkeiten zur Anfertigung analoger Kopien hinzuweisen, vgl. bspw. PC-Magazin 7/04, S. 10 f. Ein Programm mit dem analoge Kopien von digital kopiergeschützten DVDs hergestellt werden können ist bspw. „Video-Jack" von der Fa. S.A.D, vgl. hierzu die Pressemeldung vom 02.02.2005, abrufbar unter http://www.pressebox.de/pressemeldungen/sad-produktions-gmbh/boxid-30096.html

[845] Wirksamen Kopierschutz für VHS-Kassetten oder DVDs bieten jedoch Verfahren von Macrovision, vgl. dazu Knies, ZUM 2003, 286, 287.

[846] Amtl. Begr. RegE, BT-Dr. 15/38, S. 62.

[847] So im Falle der Benutzung des „DeCSS"-Programms, welches den Quellcode der „CSS"- Verschlüsselungssoftware zur Verfügung stellt.

eine Umgehung auch dann anzunehmen ist, wenn eine Kopiersoftware benutzt wird, die eine 1 zu 1 Kopie – also das Kopieren der gesamten CD einschließlich ihres Kopierschutzes – ermöglicht. Derartige Programme stellen bspw. „Clone-CD" oder „CDR-WIN" dar. Dies wird in einschlägigen Computer-Zeitschriften vielfach bestritten.[848] Richtigerweise muss ein derartiges Vorgehen jedoch auch unter den Begriff der „Umgehung" subsumiert werden. Der Begriff „Umgehung" ist weit zu verstehen und nicht identisch mit dem Begriff der „Überwindung". Nach seinem Sinn und Zweck soll die Vorschrift des § 95 a Abs. 1 UrhG verhindern, dass die Funktionsfähigkeit des technischen Schutzmechanismus außer Kraft gesetzt wird.[849] Der Kopierschutz wird jedoch gerade außer Kraft gesetzt, wenn es dem Handelnden gelingt, die Kopie eines geschützten Werkes anzufertigen. Ob in diesem Zusammenhang auch der Kopierschutz mitkopiert wird, oder nicht, kann für die Frage nach dem Vorliegen einer „Umgehung" keine Rolle spielen.[850] Eine andere Betrachtung würde der Umgehung des § 95 a Abs. 1 UrhG Tür und Tor öffnen. Aus diesem Grunde ist auch das sog. „Abgreifen" von digitalen Signalen als „Umgehung" zu bewerten.[851]

C. Verbot vorbereitender Maßnahmen zur Umgehung

Das Umgehungsverbot wird in § 95 a Abs. 3 UrhG auf Vorbereitungshandlungen erweitert, wie z.B. die Herstellung, Einfuhr, Verbreitung, Vermietung und Werbung für Umgehungstechnologie.[852] Somit bleibt Kopiersoftware nur insoweit legal wie sie sich nicht zur Aushebelung von Kopierschutzmaßnahmen eignet.
Die Reichweite der Norm erscheint in vielerlei Hinsicht klärungsbedürftig. So wird erwartet, dass es hinsichtlich der Nummern 2 und 3 und der Abgrenzung zu erlaubten Geräten und Software, die das Kopieren ebenfalls erleichtern können, in der Zukunft vielfältigen Streit geben wird.[853] Bereits heute hat das Verbot in der Softwareindustrie

---

[848] Vgl. etwa PC-Welt 7/2003, S. 7, 12 f., 204 ff.
[849] In diesem Sinne auch Stickelbrock in GRUR 2004, 736, 739.
[850] I.E. ebenso Mayer, CR 2003, 274, 279; Stickelbrock in GRUR 2004, 736, 739; Ernst in CR 2004, 39, 40.
[851] Ebenso Ernst in CR 2004, 39, 40.
[852] § 95 a Abs. 3 UrhG lautet:
Verboten sind die Herstellung, die Einfuhr, die Verbreitung, der Verkauf, die Vermietung, die Werbung im Hinblick auf Verkauf oder Vermietung und der gewerblichen Zwecken dienende Besitz von Vorrichtungen, Erzeugnissen oder Bestandteilen sowie die Erbringung von Dienstleistungen, die
1. Gegenstand einer Verkaufsförderung, Werbung oder
Vermarktung mit dem Ziel der Umgehung wirksamer
technischer Maßnahmen sind oder
2. abgesehen von der Umgehung wirksamer technischer
Maßnahmen nur einen begrenzten wirtschaftlichen
Zweck oder Nutzen haben oder
3. hauptsächlich entworfen, hergestellt, angepasst oder
erbracht werden, um die Umgehung wirksamer
technischer Maßnahmen zu ermöglichen oder zu erleichtern.
[853] Spindler in GRUR 2002, 105, 116; Ernst in CR 2004, 39, 41;

zu einer erheblichen Verunsicherung darüber geführt, welche Software noch als legal zu bewerten ist.

Schwierigkeiten bereitet insbesondere die Voraussetzung der Nr. 2. Grundsätzlich sollen hiermit sog. „dual-use"-Güter vom Anwendungsbereich des § 95a Abs. 3 UrhG ausgenommen werden, die neben einer Umgehungseignung auch andere Eigenschaften besitzen.[854] Es ist bisweilen jedoch ungeklärt, wann eine Technik hauptsächlich der Umgehung von Kopierschutz dient oder dies nur einer von mehreren „Nutzen" ist. Exemplarisch sei hier die Möglichkeit der Umgehung des Kopierschutzverfahrens „MediaMax CD-3" von SunComm genannt, mit dem die von der Bertelsmann Tochter BMG hergestellten CDs ausgeliefert werden. Der Kopierschutz kann spielend leicht mittels des Windows-Betriebssystems ausgeschaltet werden. Zu diesem Zwecke reicht es aus, die Autorun-Funktion (diese dient dem automatischen Starten eingelegter CDs) von Windows auszuschalten und diese manuell zu starten.[855] Stellt das Windows-Betriebssystem somit eine illegale Software zur Umgehung von Kopierschutz dar? Nach verständiger Würdigung der einzelnen Voraussetzungen des § 95 a Abs. 3 Nr. 2 und 3 sicherlich nicht. Zum einen besitzt Windows eine weit über die Umgehung von Kopierschutz hinausgehende wirtschaftliche Bedeutung, zum anderen ist es nicht hauptsächlich zum Zweck der Umgehung technischer Maßnahmen entworfen worden.[856] Im Übrigen wird die Einordnung der einzelnen „Hacking"-Programme als legal oder illegal im Einzelfall durch die Gerichte geklärt werden müssen.[857]

Dabei darf sich ein Kopierprogramm nicht bloß dadurch dem Anwendungsbereich entziehen können, dass es mit zusätzlichen, nicht der Ausschaltung des Kopierschutzes dienenden Funktion ausgestattet ist. Die Rechtsprechung dürfte hier vielmehr auf die „objektive Zweckbestimmung" und damit darauf abstellen, von welcher Zweckbestimmung der Verkehr, also der verständige Durchschnittsnutzer, nach den Gesamtumständen ausgeht.[858]

Die Zweckbestimmung zur Umgehung von Kopierschutz ist bei CD/DVD-Ripper-Programmen erkennbar gegeben. Dagegen liegt sie bei dem derzeit am weitesten verbreiteten Brenn-Programm für CDs „Nero" nicht vor.[859] Dieses Programm ist nicht darauf ausgelegt, einen Kopierschutz zu erkennen und auszuschalten. Vielmehr ermöglicht es „Nero", Kratzer und künstliche Fehler auf einer CD zu bereinigen, um so eine fehlerlose Kopie zu erstellen. Hauptzweck des Programms ist es insoweit, eine mangelfreie Kopie einer CD herzustellen. Im Wege der Fehlerbereinigung wird bloß wieder der offizielle CD-Standard, sog. Red-book-Standard, hergestellt.[860] Der Um-

[854] Pleister/Ruttig in MMR 2003, S. 763.

[855] Vgl. hierzu Stickelbrock in GRUR 2004, 736, 739, mit Hinweis auf einen Bericht von Minhardt, in Spiegel-Online v. 22.10.2003, abrufbar unter http://www.spiegel.de/netzwelt/politik/0,1518,270719,00.html.

[856] So auch Stickelbrock in GRUR 2004, 736, 739, die zudem Zweifel daran hegt, dass es sich bei einem Kopierschutz, der durch Drücken einer Taste umgangen werden kann, um einen „wirksamen" Kopierschutz im Sinne des § 95 a Abs. 2 UrhG handelt.

[857] Pleister/Ruttig in MMR 2003, 763, 764.

[858] So Pleister/Ruttig in MMR 2003, 763, 764 mit Hinweis auf OLG Frankfurt in MMR 2003, 591.

[859] So auch Mayer in CR 2003, 274, 279; Stickelbrock in GRUR 2004, 736, 740.

[860] Vgl. Mayer in CR 2003, 274, 279. S. auch oben Teil 1, C. II. 1.

stand, dass im Rahmen dieses Vorgangs gleichzeitig auch künstlich beigebrachte Fehler beseitigt werden, ist als bloßer Nebeneffekt anzusehen, der nicht dazu führen kann, dass „Nero" als Umgehungstechnologie einzustufen ist.[861]

Im Übrigen bleibt festzuhalten, dass der Begriff der „Verbreitung" von Umgehungstechnologien in § 95 a Abs. 3 UrhG weit zu verstehen ist. Nach der Gesetzesbegründung geht er über den in § 17 UrhG zugrunde gelegten hinaus, sodass auch das unkörperliche Anbieten und Verbreiten von entsprechender Software im Internet erfasst wird.[862] Zudem weist die Gesetzesbegründung darauf hin, dass der Begriff der „Dienstleistung" in § 95 a Abs. 3 UrhG nach dem Schutzzweck der Norm auch Anleitungen zur Umgehung einschließen kann.[863] Daher sind nach geltendem Recht auch Anleitungen zur Umgehung von Kopierschutz in Computerzeitschriften verboten. Dies gilt jedenfalls insoweit, wie eine technische Schutzmaßnahme tatsächlich umgangen wird. Tipps und Hinweise auf bloße Schutzlücken, bspw. die Möglichkeit der Anfertigung einer analogen Kopie, welche von dem betreffenden Kopierschutz gar nicht verhindert werden kann und soll, bleiben dagegen zulässig.[864]

Grundsätzlich sind sämtliche in § 95 a Abs. 3 UrhG genannten Handlungsalternativen auch im privaten Bereich unzulässig. Lediglich der Besitz von Umgehungstechnologie ist im privaten Bereich freigestellt. Der Wortlaut des § 95 a Abs. 3 UrhG ist insoweit eindeutig. Das Merkmal der „Gewerbsmäßigkeit" bezieht sich ausschließlich auf den „Besitz von Vorrichtungen, Erzeugnissen oder Bestandteilen".[865] Hierfür spricht zudem der Sinn und Zweck der Vorschrift. Lediglich der Besitz von Umgehungstechnologie ist von allen in § 95 a Abs. 3 UrhG aufgeführten Handlungen nicht auf Verbreitung gerichtet. Zudem lässt sich das private Vorhalten von Umgehungsvorrichtungen nur schwer verfolgen, da eine Kontrolle ohne das Eindringen in die Wohnung der Besitzer nicht möglich erscheint.[866]

Aufgrund dessen wird der private Besitz von Umgehungstechnologie auch nicht bestraft, sondern nur im Falle der gewerbsmäßigen Vorhaltung in § 11 a Abs. 1 Nr. 1 lit. b) UrhG als Ordnungswidrigkeit geahndet. Nichtsdestotrotz bleibt die Benutzung der sich im Besitz einer Privatperson befindlichen Umgehungstechnologie selbstverständlich nach § 95 a Abs. 1 UrhG untersagt.

---

[861] Stickelbrock in GRUR 2004, 736, 740. A.A. dagegen ohne nähere Begründung Ernst in CR 2004, S. 39, 41.

[862] Amtl. Begr. des Gesetzesentwurfes der Bundesregierung, BT-Drs. 15/38 v. 6.11.2002, S. 26.

[863] Amtl. Begr. des Gesetzesentwurfes der Bundesregierung, BT-Drs. 15/38 v. 6.11.2002, S. 26.

[864] Derartige Schutzmechanismen sind eben hinsichtlich analoger Kopien nicht „wirksam" i.S.d. § 95 a Abs. 2 UrhG.

[865] Ebenso Pleister/Ruttig in MMR 2003, S. 764. Anderer Ansicht insofern Schwarz in ZUM 2002, 451, 456, wonach die unentgeltliche Verbreitung von Anleitungen zur Umgehung von technischen Schutzvorrichtungen nicht verboten sei.

[866] Ebenso Pleister/Ruttig in MMR 2003, 763, 764.

D. Durchsetzung der Schrankenbestimmungen in den §§ 45 ff. UrhG gegenüber technischen Schutzmaßnahmen gemäß § 95 b UrhG

Gemäß § 95 b UrhG ist der Berechtigte, der wirksame technische Schutzmaßnahmen gegen Umgehung von Zugangs- und Kopierschutzkontrollen implementiert hat und vom Rechtsschutz nach § 95 a Abs.1 UrhG profitiert, verpflichtet, Dritten, die sich auf ausgewählte Schranken berufen, die notwendigen Mittel zur Verfügung zu stellen, um von diesen Schranken in dem erforderlichen Maße Gebrauch machen zu können..
Hiermit wird gewährleistet, dass die Schranken in den §§ 45 ff. UrhG, die Vervielfältigungen im Interesse der Kulturwirtschaft und der Allgemeinheit zulassen, beim Einsatz von Kopiersperren nicht leer laufen.[867] Im Einzelnen sind dies die Schranken des § 45 (Rechtspflege und öffentliche Sicherheit), § 45 a (Behinderte), § 46 (beschränkt auf Schul- und Unterrichtsgebrauch), § 47 (Schulfunksendungen), § 52a (öffentliche Zugänglichmachung für Unterricht und Forschung), § 53 (Archiv, eigene Unterrichtung und sonstiger eigener Gebrauch, jeweils in Papierform oder nichtwirtschaftlich) und § 55 UrhG (Sendeunternehmen). Die Privatkopie aus § 53 Abs. 1 UrhG ist nur insoweit privilegiert, wie es um die Vervielfältigung in Papierform oder ähnlichen Trägern geht, nicht aber auf Bild-, Ton- oder Datenträger.
Auf welche Art und Weise die Rechteinhaber ihrer Verpflichtung nachkommen, hat der Gesetzgeber bewusst offen gelassen.[868] Denkbar ist sowohl die Zuverfügungstellung eines Vervielfältigungsstückes selbst (insbes. Online) als auch der technischen Mittel zur Überwindung des Schutzes, etwa die Überlassung von Schlüsselinformationen. Dies kann aber auch auf Verbände beschränkt werden, wenn die Erfüllung der Pflichten hiermit gesichert ist.[869] Technisch könnte dies über ein sog. „key-escrow-System" erfolgen, mit dem sich der Nutzer bei einer zentralen Schlüsselhinterlegungsinstanz die Möglichkeit zur begehrten Nutzung verschaffen kann.[870] Fraglich erscheint jedoch, ob nicht der Verwaltungsaufwand die Effizienz einer solchen Einrichtung stark einschränken würde.[871]
Derzeit ist schwer abzusehen, auf welche Weise die Rechteinhaber den Begünstigten die Nutzung ihrer Schranken gewähren wollen. Schließlich haben die Rechteinhaber mitunter auch hohe Kosten für die Zuverfügungstellung der Zugangscodes zu gegenwärtigen.[872]
Nach § 95 b Abs. 2 UrhG kann der Begünstigte einer Schranke den Rechteinhaber auf Herausgabe der Mittel in Anspruch nehmen, wenn dieser seinem Gebot nach Abs. 1 nicht nachkommt. Hierbei handelt es sich um einen zivilrechtlichen Anspruch, der im Wege der Privatklage geltend zu machen ist.[873] Da die gerichtliche Verfolgung für den Privatmann neben dem allgemeinen Prozessrisiko auch mit zeitlichem und finanziellem Aufwand verbunden ist, wurde mit der Rechtsänderung zum 01.09.2004 eine Er-

---

[867] Dreier in ZUM 2002, 28, 36.
[868] Amtl. Begr. zu § 95b RegE, BT-Drucks. 15/38, 27.
[869] Amtl. Begr. zu § 95b RegE, BT-Drucks. 15/38, 27.
[870] Hierzu Bechtold, „Vom Urheber- zum Informationsrecht", 2002, S. 412 ff.
[871] So Dreier in ZUM 2002, 28, 39.
[872] Schippan in ZUM 2003, 378, 386.
[873] Amtl. Begr. zu § 95b RegE, BT-Drucks. 15/38, 64.

gänzung des Unterlassungsklagengesetzes (§§ 2 a, 3 UKlaG) durchgeführt, die eine Prozessführung durch Verbraucherverbände und Kammern ermöglicht.[874] Der Verbandsklage wird insoweit auch der Vorteil beigemessen, dass sie eine über den Einzelfall hinausgehende Verbindlichkeit erreicht und damit eine einheitliche Rechtspraxis fördert.[875]

Die Schrankendurchsetzung darf unter keinen Umständen im Wege der Selbsthilfe vorgenommen werden.[876] Ein solches „Right to hack" ist mit der Regelung des § 95 b Abs. 2 UrhG unvereinbar. Diese Norm ermöglicht dem Berechtigten der genannten Schrankennormen lediglich einen Anspruch gegen den Hersteller darauf, ihm die zur Wahrnehmung der Rechte benötigten Mittel zur Verfügung zu stellen. Insofern stellt die Kooperation mit dem Rechteinhaber und notfalls die gerichtliche Geltendmachung nach § 95 b Abs. 2 UrhG den einzigen Weg zur Durchsetzung des Kopieanspruches dar. Gegen ein Selbsthilferecht spricht zudem der Wortlaut des Art. 6 Abs. 4 Unterabs. 1 der Info-RL. Danach konnten die Mitgliedsstaaten nur vorsehen, dass dem Nutzer vom Rechteinhaber entsprechende Mittel zur Verfügung gestellt werden, nicht aber, dass der Nutzer selbst entsprechende Maßnahmen ergreift.[877]

E. Keine Durchsetzung der Schrankenbestimmungen bei Werken, die aufgrund einer vertraglichen Vereinbarung öffentlich zugänglich sind, § 95 b Abs. 3 UrhG[878]

Werden Werke auf der Basis einer vertraglichen Vereinbarung interaktiv zugänglich gemacht, sodass der Empfänger Zeit und Ort des Empfangs frei wählen kann, so ist ein Anspruch auf Schrankendurchsetzung nach den §§ 95 b Abs. 1 und 2 UrhG nicht gegeben.

Was unter „interaktiv" zu verstehen ist, erklärt die Richtlinie nicht. Aus Art. 3 Abs. 1 und Erwägungsgrund 28 kann aber geschlossen werden, dass die Richtlinie damit offenbar alle netzvermittelten Übertragungen meint, die einen Abruf erfordern.[879] Darunter sollen alle Dienste fallen, bei denen der Nutzer die individuelle Wahl des Zeitpunktes und des Ortes der Übertragung überlassen bleibt.[880] Damit muss eine Punkt-zu-Punkt-Kommunikation stattfinden, wie sie bei on-demand-Diensten der Fall ist.[881] Da-

---

[874] Vgl. Ernst in CR 2004, 39, 42. Um den Verbänden Gelegenheit zum Abschluss derartiger Vereinbarungen zu geben, sind § 95 b Abs. 2 UrhG und §§ 2 a, 3 UKlaG mit einer zeitlichen Verzögerung um zwölf Monate, d.h. erst am 13.09.2004 in Kraft getreten.

[875] Amtl. Begr. zu § 95b RegE, BT-Drucks. 15/38, S. 64 f.

[876] Amtl. Begr. zu § 95b RegE, BT-Drucks. 15/38, 27; Spindler in GRUR 2002, 105, 117; Dreier in ZUM 2002, 28, 39; Ernst in CR 2004, 39, 42; Pichlmaier in CR 2003, 910, 912; angesichts der insoweit eindeutigen Gesetzesbegründung abwegig Heghmanns in MMR 2004, 14, 16.

[877] Reinbothe in GRUR Int. 2001, 733, 742; Ernst in CR 2004, 39, 42.

[878] § 95 b Abs. 3 UrhG beruht auf der zwingenden Vorschrift des Art. 6 Abs. 4 Unterabs. 4 der Info-RL.

[879] Spindler in GRUR 2002, 105, 119.

[880] Linnenborn in K&R 2001, 394, 400.

[881] Video-on-demand (auf Abruf) ist ein Service, der es Teilnehmern ermöglicht, zu jeder beliebigen Zeit aus einer Auswahl von Videofilmen einen Film abzurufen und abzuspielen. Ein Beispiel hierfür ist die Online-Videothek von T-Online (http://www.vod.t-online.de).

gegen werden Sendeformen wie das Near-Video-on-demand (Pay-TV, Pay-per-view)[882] oder das Webcasting (Internetradio) nicht erfasst.[883] Demgegenüber sind sämtliche Dienste der Informationsgesellschaft sowie Abrufdienste erfasst, unabhängig davon, ob ein Nutzungsentgelt anfällt oder nicht.[884]
Hinter dieser - auf den ersten Blick harmlosen – Vorschrift verbergen sich somit schwerwiegende Konsequenzen: die Möglichkeit der Schrankendurchsetzung kann von den Rechteinhabern für den gesamten interaktiven Onlineabruf geschützter Werke, der auf vertraglicher Grundlage erfolgt, ausgeschlossen werden. Somit wurde die Frage der Durchsetzung der Privatkopie gegenüber technischen Schutzmaßnahmen für weite Teile des Online-Bereichs bereits im ersten Korb der Urheberrechtsnovelle entschieden – und zwar zu Lasten der Endnutzer.
Teilweise wird daher vertreten, dass der Konsument im Bereich des E-commerce damit gegenüber dem herkömmlichen Handel deutlich benachteiligt würde.[885] Es sei davon auszugehen, dass derartige vertragliche Beschränkungen im Bereich des E-commerce zum Regelfall würden.[886] Ein Online-Vertrieb werde für die Rechteinhaber dann besonders lukrativ, der herkömmliche (klassische) Vertrieb über körperliche Werkträger würde damit immer weiter zurückgedrängt.[887] Aus diesen Gründen wird eine einschränkende Auslegung der Norm dahingehend empfohlen, dass nur die Umgehung von Zugangssperren, nicht aber auch von Kopierschutzmechanismen erfasst wird.[888] Die Einschränkung des Art. 6 Abs. 4 Unterabs. 4 der Info-RL betreffe nicht die beim Nutzer entstandene online „gelieferte" Kopie, sondern nur das auf dem Server des Anbieters liegende Werk.[889] Die „gelieferte" Kopie wäre dann wie alle anderen Werke zu behandeln, so dass die Rechteinhaber gezwungen werden können, die Möglichkeit der Anfertigung einer Privatkopie zu schaffen.[890]
Dieser Sichtweise kann jedoch nicht gefolgt werden. Hiergegen spricht bereits der Wortlaut des Art. 6 Abs. 4 Unterabs. 4. Dieser verweist ausdrücklich auf Unterabsatz 1 und 2 und somit auf die Schranke der privaten Vervielfältigung.[891] Dieser Verweis wäre nicht zu erklären, wenn die private Kopie von Unterabs. 4 nicht eingeschränkt

---

[882] Beim Near-Video-on-demand kann der Zeitpunkt der Sendung nicht beliebig gewählt werden, sondern nur in festen Intervallen; man kann sich z.B. zu jeder vollen Viertelstunde in den Stream eines populären Films einwählen, der dann jeweils neu beginnt, bspw. bei Premiere Pay-per-view. Derartige zeitversetzte Angebote finden sich im Internet derweil kaum.
[883] Eine Punkt-zu-Punkt-Kommunikation findet hier nicht statt, vgl. Linnenborn in K&R 2001, 394, 400. Ebenfalls nicht erfasst ist das sog. streaming, da hier regelmäßig keine vertragliche Vereinbarung vorliegt, vgl. Flechsig in ZUM 2002, 1, 16.
[884] Linnenborn in K&R 2001, 394, 400. Also insbesondere auch kommerzielle Musik-Download-Plattformen.
[885] Metzger/Kreutzer in MMR 2002, 139, 141.
[886] Kröger in CR 2001, 316, 323.
[887] Mayer in CR 2003, 274, 280.
[888] Metzger/Kreutzer in MMR 2002, 139, 141; Linnenborn in K&R 2001, 394, 400.
[889] Linnenborn in K&R 2001, 394, 400.
[890] Metzger/Kreutzer in MMR 2002, 139, 141.
[891] Spindler in GRUR 2002, 105, 119.

werden sollte.[892] Außerdem knüpft der Unterabsatz 4 an das Werk und nicht an die Abrufhandlung an.
Folglich wird im Bereich der interaktiven Nutzung die Möglichkeit der Privatkopie faktisch ausgehebelt, da der Anbieter interessanter Inhalte in der Regel eine Nutzungsvereinbarung treffen wird.[893] Ungerechtfertigt erscheint dies allerdings nicht. Die Regelung verfolgt den Zweck, die technische und wirtschaftliche Entwicklung von elektronischen Vertriebssystemen nicht zu behindern, um „ein sicheres Umfeld für die Erbringung interaktiver Dienste auf Abruf zu gewährleisten".[894] So ist zu gewärtigen, dass die Online-Nutzung von Werken heutzutage die stärkste Bedrohung für die Rechteinhaber darstellt.[895]
Deutlich größere Probleme bereitet dagegen die Zunichtemachung der Schrankenbestimmungen zum Zwecke des Gemeinwohls. Ein totaler Ausschluss der zuvor diffizil in § 95 b Abs. 1 UrhG ausgestalteten Schrankendurchsetzung erscheint unausgewogen.[896] Eine ausreichende Rechtfertigung für eine Benachteiligung der Schrankenbegünstigten im Internet gegenüber der analogen Welt ist nicht ersichtlich. Der bloße Hinweis auf die Schaffung eines „sicheren Umfeldes" für die Erbringung interaktiver Dienste ist jedenfalls unzureichend.

F. Kennzeichnungspflicht, § 95 d UrhG

§ 95 d UrhG verpflichtet den Verwender technischer Schutzmaßnahmen auf die getroffenen Schutzmaßnahmen deutlich sichtbar zu machen und auf Angaben zu den Eigenschaften des Schutzes hinzuweisen. Die Kennzeichnungspflicht dient dem Verbraucherschutz: Damit soll der Verbraucher seine Kaufentscheidung besser treffen können.[897] Der Gesetzgeber geht somit offenbar davon aus, dass die private digitale Kopie zukünftig zulässig bleibt. Ansonsten wäre es für die Kaufentscheidung des Verbrauchers gleichgültig, ob eine CD Kopierschutz besitzt oder nicht.[898]

G. Verhältnis der Privatkopie zu technischen Schutzmaßnahmen

Fraglich bleibt, ob auch die Schranke der digitalen Privatkopie gegenüber technischen Schutzmaßnahmen durchgesetzt werden sollte. Die Info-RL hat den Mitgliedsstaaten

---

[892] Mayer in CR 2003, S. 274, 281.
[893] Spindler in GRUR 2002, 105, 119; Dreier in ZUM 2002, 28, 37.
[894] So Erwägungsgrund 53 der Info-RL.
[895] Rosen in GRUR Int. 2002, 195, 205; Dreier, ZUM 2002, S. 28, 38, weist zudem auf die Gefahr hin, dass ein im Wege eines von Schrankenbestimmungen erlaubten Zugriffs erlangter Datensatz im Nachhinein problemlos zu unerlaubten Zwecken weiter verwendet werden könne (z.B. kann ein aus dem Internet heruntergeladenes Musikstück unmittelbar über Tauschbörsen der Öffentlichkeit angeboten werden).
[896] So auch Dreier in ZUM 2002, 28, 37. Mayer in CR 2003, S. 274, 280; Kröger in CR 2001, 316, 322 f..
[897] Amtl. Begr. zu § 95 d RegE, BT-Dr. 15/38, 28.
[898] Zu den Folgen eines fehlenden Hinweises s. Wiegand in MMR 2002, 722 ff. Demnach soll der Käufer ggfs. Gewährleistungsrechte (§§ 434 ff. BGB) geltend machen können, wenn das erworbene Werkstück aus diesem Grunde für den Käufer nicht nutzbar sein sollte.

die Entscheidung, ob die jeweilige nationale Urheberrechtsordnung die Durchsetzung der Privatkopie gegen technische Schutzmaßnahmen zulässt, ausdrücklich freigestellt.[899] Der deutsche Gesetzgeber sah hiervon im ersten Korb der Urheberrechtsnovelle ab. Der Grund hierfür ist in der sehr kurz bemessenen Frist zur Umsetzung der zwingenden Vorgaben der Richtlinie 2001/29/EG zu sehen, die eine vertiefte Diskussion und Lösung dieser Problematik mit allen Beteiligten nicht zuließ. Der Gesetzgeber wollte so insbesondere die weitere technische Entwicklung abwarten und die Frage der Durchsetzung der Privatkopie erst im Rahmen des zweiten Korbes der Urheberrechtsnovelle abschließend beantworten.[900] Die Rechteinhaber, insbesondere die Musik- und Filmindustrie, haben den Gesetzgeber im weiteren Verlauf wiederholt dazu aufgefordert, von der ihm durch den Gemeinschaftsgesetzgeber eingeräumten Ermächtigung keinen Gebrauch zu machen.[901] Andere, wie z.B. der Verbraucherverband und die Rechtsanwaltskammer, plädierten dafür, die Schranke durchsetzungsstark auszugestalten.[902] In dem nun vorliegenden Gesetzesentwurf zum „zweiten" Korb erteilt die Bundesregierung der Forderung nach der Durchsetzung der Privatkopie eine klare Absage.[903] Demnach bleibt es also dabei: Die Rechteinhaber haben es zukünftig in der Hand, die Anfertigung von Privatkopien durch Kopierschutzmechanismen zu verhindern. Andererseits soll auch nach dem „zweiten Korb" an der Gestattung der privaten Vervielfältigung festgehalten werden. Insofern scheint sich ein klarer Wertungswiderspruch zu ergeben.[904] Fraglich ist, ob der Gesetzgeber hiermit ein Recht oder einen irgendwie gearteten Anspruch des Bürgers auf die private Vervielfältigung gemäß § 53 Abs. 1 UrhG verletzt. Ein solches Recht ist in der juristischen Literatur heftig umstritten. Nahrung hat diese Diskussion vor allem durch die Äußerungen des Bundesjustizministeriums erhalten, wonach das „Recht auf die Privatkopie" durch die Umsetzung der Info-RL nicht angetastet werden soll.[905]

---

[899] Für die Schranke der privaten Vervielfältigung gemäß Art. 2 lit. b Info-RL enthält Art. 6 Abs. 4 Unterabs. 2 Info-RL eine Sonderregelung: Treffen die Rechteinhaber keine freiwilligen Maßnahmen, so kann der Gesetzgeber Maßnahmen treffen, um so den Nutzern den Genuss ihrer Privilegierung trotz technischer Schutzvorkehrungen zu ermöglichen. Vorgeschrieben wird lediglich, dass die Mitgliedsstaaten geeignete Maßnahmen hinsichtlich der Beschränkung der Zahl der Vervielfältigungen ergreifen.

[900] Amtl. Begr. RegE, BT-Dr. 15/38, S. 33, 64.

[901] S. etwa Stellungnahme der Filmwirtschaft zum 6. Änderungsgesetz zur Regelung des Urheberrechts in der Informationsgesellschaft " Zweiter Korb" v. 29.10.2003, S. 3, abrufbar unter http://www.urheberrecht.org/topic/Korb-2/.

[902] Stellungnahme des Verbraucherzentrale Bundesverbandes (VZBV) zur Vorbereitung eines Zweiten Gesetzes zur Regelung des Urheberrechts in der Informationsgesellschaft ("Zweiter Korb"), Durchsetzung der Privatkopie bei technischen Schutzmaßnahmen v. 29.10.2003, S. 2, abrufbar unter http://www.urheberrecht.org/topic/Korb-2/.

[903] RefE zum zweiten Korb vom 27.09.2004, abrufbar unter http://www.bmj.bund.de/media/archive/760.pdf.

[904] So Stickelbrock in GRUR 2004, S. 736, 740.

[905] Vgl. Amtl. Begr. RegE, BT-Drucks. 15/38, zu § 95.

I. „Recht auf private Vervielfältigung" aufgrund der Informationsfreiheit aus Art. 5 Abs. 1 GG?

Zunächst ist an dieser Stelle nochmals festzustellen, dass sich ein Recht auf zustimmungsfreie private Vervielfältigung nicht aus dem Grundrecht auf Informationsfreiheit aus Art. 5 Abs. 1 GG herleiten lässt. Die in Teil 2, B VII. 2. a) vorgenommene Erörterung hat gezeigt, dass die Privatkopieschranke für digitale Musik- und Filmwerke nicht mit berechtigten Informationsinteressen der Konsumenten zu rechtfertigen ist. Für die Gewährleistung eines „ungehinderten Zugangs zu Informationen und Kulturgütern" bedarf es nicht der digitalen Privatkopie. Vielmehr erscheint ein breiter Zugang zu Musik- und Filmwerken sowohl durch deren kommerziellen Vertrieb als auch durch das omnipräsente Radio- und Fernsehangebot sichergestellt.[906] Soweit man berechtigte Informationsinteressen der Bürger anerkennen will, die in erster Linie auf eine möglichst kostengünstige Teilnahme am Geistes- und Kulturleben abzielen, erscheint die Möglichkeit der analogen Speicherung und Vervielfältigung der Kulturwerke im Übrigen ausreichend.

II. Anspruch auf private Vervielfältigung gemäß § 53 Abs. 1 UrhG?

Ein Anspruch auf private Vervielfältigung könnte sich jedoch aus dem Charakter der Privatkopieschranke aus § 53 Abs. 1 UrhG ergeben.

1. Traditionelle Auffassung

Nach der traditionellen Auffassung in der Literatur begründet § 53 I UrhG kein Recht und auch keinen Anspruch auf die Privatkopie.[907] Danach stellt die Schrankenbestimmung des § 53 I UrhG lediglich eine Einschränkung des Urheberrechts auf Vervielfältigung aus den §§ 15 I Nr.1, 16 UrhG dar, ohne dem Nutzer ein damit korrespondierendes Recht auf Vervielfältigung einzuräumen.[908] Nach dieser Auffassung will das Urheberrecht den Urhebern den Wert ihrer Arbeit zuordnen und gäbe ihnen Ansprüche gegen die Nutzer und nicht umgekehrt.[909]

Begründet wird diese Ansicht vor allem mit der Natur der in den §§ 53 I und 54, 54a UrhG eingeräumten gesetzlichen Lizenz. Der gesetzliche Vergütungsanspruch in § 54 UrhG stellt einen schuldrechtlichen Anspruch sui generis dar, der ein gesetzliches Schuldverhältnis begründet. Bei diesem Schuldverhältnis handele es sich aber nur um ein einseitig verpflichtendes gesetzliches Schuldverhältnis hinsichtlich der Vergütungspflicht.[910] Daraus folge, dass lediglich der Urheber einen Anspruch auf die Ver-

---

906 Ebenso Begr. des RefE zum 2. Korb vom 27.09.2004, S. 36, abrufbar unter http://www.bmj.bund.de/media/archive/760.pdf.
Der Gesetzgeber weist darauf hin, dass eine Abhängigkeit des Informationserhalts von Leistungsentgelten ausdrücklich ohne Belang sei, ebenso der technische Aufwand für ihre Erschließung. Insoweit sei zwischen einem Recht auf Privatkopie und einem Recht auf den Werkzugang zu unterscheiden.

907 Wiechmann in ZUM 1989, 111, 118; v. Diemar, GRUR 2002, S. 587 ff.; Goldmann/Liepe, ZUM 2002, 362, 365; Stickelbrock in GRUR 2004, 736, 740.

908 v. Diemar, GRUR 2002, 587, 588.

909 Wiechmann in ZUM 1989, 111, 118.

910 Vgl. in Schricker/*Melichar*, Vor §§ 45 ff., Rn. 17; v. Diemar, GRUR 2002, 587, 590.

gütung habe, und nicht umgekehrt auch der Nutzer einen Anspruch auf die private Vervielfältigung.
Begründet wird die Einseitigkeit mit der fehlenden Zuordnung der Vergütungsansprüche zu den Verwertungsrechten.[911] Dies resultiere einerseits aus dem absoluten Charakter des Verwertungsrechts. Mit Zubilligung des gesetzlichen Vergütungsanspruchs sei der Urheber seiner umfassenden Kontrollmöglichkeit über die Werkverwertung beraubt.[912] Zudem spreche für eine fehlende Zuordnung der Vergütungsansprüche, dass der Vergütungsanspruch aus §§ 54, 54a UrhG nicht zeitgleich mit der Beschränkung des Vervielfältigungsrechts des Urhebers entstehe. Die Beschränkung der Privatkopie bestehe bereits mit Werkschöpfung[913], während der Vergütungsanspruch erst später mit der Ermöglichung von Vervielfältigungen entstehe.[914] Als weiteres Argument gegen die Zuordnung wird geltend gemacht, dass in der Formulierung des § 1 WahrnG der Gesetzgeber die Vergütungsansprüche neben Nutzungs- und Einwilligungsrechten gesondert aufzählt[915].
Überdies wird auch der Wortlaut des § 53 I UrhG herangezogen. Die Verwendung des Begriffs „zulässig" spreche bereits gegen die Einräumung einer subjektivrechtlichen Befugnis.[916] Zulässigkeit bedeute nach gängigem Verständnis keinen Anspruch auf die Ausführung eines Vorhabens unter allen Umständen.

2. Mindermeinung: Anspruch auf Privatkopie

Nach einer Gegenauffassung räumt § 53 Abs. 1 UrhG dem Bürger ein Vervielfältigungsrecht ein.[917] Dieser Ansicht nach ließen sich zunächst aus dem Wortlaut des § 53 I UrhG, insbesondere der Formulierung „zulässig", keine gegenteiligen Anhaltspunkte entnehmen. Die Formulierung „zulässig" sei vielmehr im Lichte der Einschränkung des absoluten Rechts des Urhebers aus § 16 UrhG zu sehen. Die Formulierung stelle damit klar, dass unabhängig von § 16 UrhG ein Recht zur privaten Vervielfältigung besteht. Dies werde durch die Formulierungen in anderen Schrankenbestimmungen (§§ 45, 46, 48, 49, 51, 52, 53 UrhG) belegt.[918]
Vielmehr bringe die Formulierung in § 53 I UrhG i.V.m. §§ 54,54a UrhG im Verhältnis zu § 16 UrhG die Einräumung einer gesetzlichen Lizenz zugunsten des Privatnutzers zum Ausdruck.[919] Diese sei im Gegensatz zur Gegenauffassung nicht einseitig,

---

[911] v. Diemar, GRUR 2002, S. 587.
[912] v. Diemar, GRUR 2002, S. 587.
[913] Vgl. Schricker/*Melichar*, Vor §§ 45 ff., Rn.18.
[914] v. Diemar, GRUR 2002, 587, 588.
[915] v. Diemar, GRUR 2002, 587, 588.
[916] Goldmann/Liepe, ZUM 2002, 362, 365.
[917] Vgl. Hoeren in seinem Gutachten „Urheberrecht und Verbraucherschutz. Überlegungen zum Gesetz über Urheberrecht in der Informationsgesellschaft" im Auftrag von Verbraucherzentrale Bundesverband E.V. in Zusammenfassung der Stellungnahmen zu der Anhörung des Rechtsausschusses Urheberrecht, BT-Drs. 15/15 und 15/38, Ausschussdrs. 15(6)3 und 16(6)4, v. 23.01.2003, S. 23 ff.; Melichar, „Urheberrecht in Theorie und Praxis", 1999, S. 19; ders. in „Die Wahrnehmung von Urheberrechten", 1983, S.19; Ob es einen Anspruch auf die Privatkopie nach geltendem Recht gibt ausdrücklich offen lassend: Knies in ZUM 2002, 793, 797.
[918] Vgl. Hoeren, a.a.O. (vorherige Fußnote), S. 24.
[919] Vgl. Hoeren, a.a.O., S. 24.

sondern zweiseitig ausgestaltet. Das durch § 53 I UrhG eingeräumte Vervielfältigungsrecht sei der Übertragung eines einfachen Nutzungsrechts in § 31 II UrhG vergleichbar mit dem Unterschied, dass die Einräumung durch § 53 I UrhG auf gesetzlichem Wege erfolgt. Das so gesetzlich eingeräumte Vervielfältigungsrecht werde durch die Begrenzung auf den Privatgebrauch eingeschränkt. Als Ausgleich für dieses Nutzungsrecht erhalte der Urheber den in §§ 54,54a UrhG bestimmten Anspruch.[920] Dieser stelle sich bei näherer Betrachtung als Äquivalent zu dem in § 53 I UrhG dem Einzelnen eingeräumten Nutzungsrecht dar.[921]
Überdies wird eingewendet, der Gesetzgeber gehe selbst davon aus, dass aus den Schrankenbestimmungen auch ein Anspruch folgt.[922] Zur Begründung wird vorgebracht, dass § 95b II UrhG eine Anspruchsgrundlage zur Durchsetzung des nach den Schrankenbestimmungen erlaubten Werkgebrauchs gegen die Anwender technischer Sicherungsmaßnahmen vorsehe. Dieser stehe den aus den Schrankenbestimmungen Begünstigten zu und wurde damit als Individualklage ausgestaltet. Daraus wird geschlossen, dass es im Falle eines fehlenden Anspruches auf die Privatkopie bereits an der Aktivlegitimation des einzelnen zur Klage Berechtigten fehlen würde. Dadurch dass der Gesetzgeber auch die Reprographie zu privaten Zwecken durch § 95b II UrhG schützt, habe er den Anspruch auf Privatkopie aus § 53 I UrhG daher grundsätzlich anerkannt.

3. Stellungnahme

Der Mindermeinung kann aus mehreren Gründen nicht gefolgt werden. Zunächst wirkt die Herleitung eines Anspruches auf die Privatkopie aus § 53 Abs. 1 UrhG künstlich konstruiert. Weder aus den Gesetzesmaterialien noch aus der Gesetzessystematik lassen sich Anhaltspunkte für die Anspruchsqualität der Norm herleiten. Vielmehr widerspricht die Annahme eines Anspruches den grundlegenden Wertungen des Urheberrechts. Dieses soll und will die Rechte der Urheber an ihren Werken umfassend schützen. Wesentliche Prinzipien sind daher die Ausschließlichkeitsrechte der Urheber in den §§ 15, 16 UrhG. Die Privatkopieschranke in § 53 UrhG stellt sich demgegenüber eher als Ausnahme dieser umfassenden Befugnisse dar. Unabhängig von der Frage, ob die Schranken der Urheberrechte in den §§ 45 ff. grundsätzlich eng[923] oder weit auszulegen sind, darf nicht verkannt werden, dass es im Wesentlichen nur die praktischen Probleme einer Verbotsdurchsetzung waren, die zur Schaffung der Norm geführt haben.[924] Zwar ist im Laufe der Zeit auch der Gesichtspunkt des freien Zugangs zu Informationen zur Rechtfertigung der Norm hinzugezogen worden[925], doch wurde diesem Gedanke bislang weder in der Legislative, noch in der Rechtsprechung und Literatur ein derartiges Gewicht beigemessen, dass aus diesem ein Recht auf private Vervielfältigungen abgeleitet werden könnte.[926] Hinzu kommt, dass es sich bei dem

[920] Hoeren, a.a.O., S. 24.
[921] So Melichar, „Urheberrecht in Theorie und Praxis“, 1999, S. 19.
[922] Hoeren, a.a.O., S. 24.
[923] So die herrschende Meinung im Schrifttum.
[924] Vgl. hierzu oben Teil 2, B. I. 2. b). So auch der RefE zum zweiten Korb, http://www.bmj.bund.de/media/archive/760.pdf, S. 35.
[925] Vgl. etwa die amtl. Begründung zur Urheberrechtsnovelle 1985, BT-Drucks. 10/837, S. 20.

vielfältigungen abgeleitet werden könnte.[926] Hinzu kommt, dass es sich bei dem schlagwortartigen Terminus „freier Zugang zu Informationen" um einen äußerst unbestimmten Rechtsbegriff handelt.[927] Wie zuvor ausführlich erläutert, lässt sich ein Recht auf zustimmungsfreie private Vervielfältigung nicht aus dem Grundrecht auf Informationsfreiheit aus Art. 5 Abs. 1 GG herleiten.[928]

Im Übrigen widerspricht die Annahme eines „Kopierrechtes" auch Sinn und Zweck des § 53 Abs. 1 UrhG. Ein derartiges Recht würde den Urhebern und Verwertern die Verpflichtung auferlegen, dem Käufer eines Werkes die Vervielfältigung zu ermöglichen. Generell kann jedoch kein Urheber dazu verpflichtet werden, seine Werke zur Verfügung zu stellen. Vielmehr kann er sich entscheiden, sie unveröffentlicht zu lassen oder sie eben verschlüsselt zu veröffentlichen. So ist es der Ton- und Filmträgerindustrie unbenommen, dem Nutzer einer Tonaufnahme so viele „Steine wie möglich in den Weg zu legen", um die Herstellung einer Privatkopie unmöglich zu machen.[929]

Letztlich vermag auch nicht zu überzeugen, dass die Einräumung eines Klagerechtes für diverse Schrankenbegünstigten in § 95 b Abs. 2 UrhG für den Anspruchscharakter der Urheberrechtsschranken spricht. Ganz im Gegenteil: Erst durch die Einräumung eines Klagerechtes erfahren die Schrankenbegünstigten einen individuell einklagbaren Anspruch. Ohne dieses Klagerecht verbliebe ihnen nur eine „nackte", nicht zwingende Erlaubnis.

III. Unberechtigte Zahlung einer Pauschalvergütung bei kopiergeschützten Medien?

Im Rahmen der derzeitigen Diskussion wird vereinzelt auf die Gefahr einer unberechtigten Zahlung der Pauschalvergütung für die Fälle angenommen, in denen die Privatkopie durch den Einsatz von Kopierschutz verhindert wird.[930] Dies könnte insbesondere dann der Fall sein, wenn der Nutzer bei dem Erwerb von Geräten und Leermedien eine Abgabe zahlt, er aber aufgrund des Einsatzes von technischen Schutzmaßnahmen keine Möglichkeit zur Vervielfältigung erhält.[931]

Diese Gefahr besteht letztlich jedoch nicht. Bereits im „ersten Korb" der Urheberrechtsnovelle wurde mit § 13 Abs. 4 WahrnG sichergestellt, dass der Einsatz technischer Schutzmaßnahmen bei der Berechnung der Pauschalvergütung berücksichtigt werden muss. In dem Referentenentwurf zum zweiten Korb wird diese Vorgabe nun in § 54 a Abs. 1 UrhG RefE dahingehend konkretisiert, dass die tatsächliche Nutzung des jeweiligen Gerätetyps durch empirische Untersuchungen (Umfrage- und Verkehrsgutachten) der Verwertungsgesellschaften ermittelt werden soll, wobei hierbei gemäß § 54 a Abs. 1 S. 2 UrhG RefE zwingend auch der Einsatz von technischen Schutzmaß-

---

[926] Zur heutigen Gewichtung des Grundrechts auf Informationsfreiheit aus Art. 5 Abs. 1 GG s. Teil 2, B. VII. 2. a).

[927] So auch Kröger, „Informationsgesellschaft", S. 303 ff.

[928] Vgl. oben Teil 2, B. VI. 2. a).

[929] Goldmann/Liepe, ZUM 2002, 362, 365, die diese Situation mit der Unterscheidung zwischen Pay-TV und Free-TV vergleichen. Dort gebe es ebenfalls keinen Anspruch auf unverschlüsselte Programme.

[930] Vgl. Abdallah/Gercke/Reinert in ZUM 2004, S. 31, 35.

[931] Insoweit vergleichbar mit dem Problem einer möglichen Doppelvergütung beim Einsatz von DRM-gestützten Einzellizenzierungen.

nahmen zu beachten ist.[932] Die Durchführung regelmäßiger empirischer Untersuchungen gewährleistet somit eine flexible Anpassungsmöglichkeit der Vergütungssätze an den steigenden Einsatz von technischen Schutzmaßnahmen. Im Übrigen wird gemäß § 54 g UrhG RefE sichergestellt, dass diejenigen, die technische Schutzmaßnahmen einsetzen, bei der Verteilung der Pauschalvergütung ausgeschlossen sein sollen.

IV. Anspruch auf Sicherungskopie?

Insbesondere aus der Nutzergemeinde ist vielfach zu hören, dass dem Verbraucher die Möglichkeit einer Sicherungskopie gestattet bleiben muss, da kopiergeschützte CDs vielfach frühzeitig ihre Nutzbarkeit verlieren.[933] Eine Reihe von Kopierschutztechniken manipulieren die Fehlerkorrekturdaten (Bsp. „Safe Audio"), um das digitale Auslesen der CD zu verhindern. Träte nun ein weiter Fehler, bspw. ein Kratzer auf der Leseseite der CD hinzu, könne die CD nicht mehr gelesen werden.[934]

Einen Anspruch auf eine Sicherungskopie mögen derartige Schwierigkeiten jedoch nicht zu rechtfertigen. Letztlich handelt es sich schlicht um eine kaufrechtliche Problematik, die nach den Regeln des Gewährleistungsrechtes zu beurteilen ist. Danach ist zu fragen, ob die durch Kopierschutzmechanismen herbeigeführten Qualitätsverluste oder eine verkürzte Lebensdauer einen Fehler darstellen. Soweit der Käufer aufgrund eines Kopierschutzes nicht in der Lage ist, die erworbene Audio-CD auf seinem CD-Player oder im PC-Laufwerk abzuspielen, oder dies nur mit Qualitätsverlusten möglich ist, stehen ihm nach ganz herrschender Meinung in der Literatur sämtliche kaufrechtlichen Gewährleistungsrechte gemäß § 437 BGB offen, da der Kaufgegenstand von dem vertraglich vereinbarten oder gewöhnlichen Standard abweicht.[935] Derartige Fälle sind keineswegs selten. Die Musikindustrie sieht sich mit einer zunehmenden Anzahl von Beschwerden und Reklamationen konfrontiert.[936] Sind kopiergeschützte Medien dagegen einwandfrei abspielbar und treten Probleme nur bei Hinzutreten eines Kratzers auf, dann ist hierfür letztlich nur der Kratzer und nicht der Kopierschutz ausschlaggebend. Letztlich vermag daher eine begrenzte Lebensdauer der CD aufgrund von Kopierschutz keine Gewährleistungsrechte zu begründen. Erst recht rechtfertigt

---

932 Vgl. hierzu oben Teil 2, C. III. 2. a).

933 Vgl. hierzu Abdallah/Gercke/Reinert in ZUM 2004, S. 31, 35.

934 Vgl. hierzu Abdallah/Gercke/Reinert in ZUM 2004, S. 31, 35. Die Nutzbarkeit von kopiergeschützten CDs ist tatsächlich sowohl in zeitlicher als auch in funktioneller Hinsicht eingeschränkt, vgl. hierzu oben Teil 1, C. II. 1.

935 S. Goldmann/Liepe in ZUM 2002, 362, 371 ff.; Wiegand in ZUM 2002, S. 722 ff. Unter Umständen können die Verkäufer jedoch mittels ausdrücklicher Warnhinweise über eine Nichtabspielbarkeit auf der Hülle einer CD/DVD auf eine Beschaffenheitsvereinbarung gemäß § 434 Abs. 1 S. 2 Nr. 2 BGB hinwirken, welche die Gewährleistungsrechte ausschließt, vgl. Goldmann/Liepe in ZUM 2002, 362, 372; Wiegand in ZUM 2002, 722, 723. Die IFPI hat am 17.09.2002 ein Logo vorgestellt, das Tonträgerhersteller künftig für kopiergeschützte CDs verwenden können, s. http://www.ifpi.org.

936 In einschlägigen Computerzeitschriften häufen sich Berichte über Beschwerden von CD-Konsumenten, die ihre CDs weder im Auto-CD-Player noch in älteren CD-Playern abspielen können. Laut einer Internet-Datenbank des Heise-Verlages berichten Käufer in rund 1300 Fällen von Problemen beim Abspielen oder Auslesen von CDs, vgl. http://www.heise.de/cd-register, näher hierzu oben Teil 1, C. II. 1.

sie keinen Eingriff in die ausschließlichen Verwertungsrechte des Urhebers aus den §§ 15 ff. UrhG.

V. Bewertung

Die Entscheidung des Gesetzgebers gegen die Durchsetzung der Privatkopie gegenüber technischen Schutzmaßnahmen ist aus urheberrechtlicher Sicht nicht zu beanstanden. Die Rechteinhaber können nicht dazu verpflichtet werden, ihre Werke der Allgemeinheit ungeschützt zur Verfügung zu stellen. Genauso wenig können die Bürger verlangen, dass sie von den Urhebern und Schöpfern von Werken mit kostenlosen Kopien von Werken versorgt werden.[937] Die Urheberrechte sind als geistiges Eigentum der Urheber verfassungsrechtlich anerkannt. Im Gegensatz zum Sacheigentum war der Rechteinhaber bislang jedoch nicht in der Lage, sein geistiges Eigentum wirksam zu schützen. Dies erkannte auch der Gesetzgeber des Urheberrechtsgesetzes 1965 und verzichtete mangels Durchsetzbarkeit auf ein Verbot der privaten Vervielfältigung. Durch den Einsatz technischer Schutzmaßnahmen ist es den Rechteinhabern inzwischen jedoch möglich, ihre Werke gegen eine massenhafte ungenehmigte Vervielfältigung zu schützen. Es wäre töricht, wenn der Gesetzgeber ihn diesem Schutz nun verwehren würde, indem er ihn zwingt den Bürgern eine Privatkopie zu gewähren. Es darf mit *Hucko* zu Recht gefragt werden: „ Jetzt, wo der Zaun um die Obstwiese steht, soll der Gesetzgeber die Apfelbauern zwingen, rund um ihr Eigentum Drahtscheren und Körbe auszulegen, damit jeder Passant sich zu seinem privaten Gebrauch bedienen kann?“[938].

Die Durchsetzung der technischen Schutzmaßnahmen gegenüber der Privatkopie ist überdies zwingend erforderlich, um deren Wirksamkeit gegenüber der CD- und DVD-Piraterie nicht zu beeinträchtigen. Gebe man dem Nutzer einen durchsetzbaren Anspruch auf die Privatkopie, ließe sich in der Praxis kaum verhindern, dass die auf diesem Wege erlangte Kopie nicht auch für illegale Zwecke verwendet wird. Sie könnte massenhaft weiterkopiert und weitergegeben werden. Der angestrebte Schutz vor illegaler Vervielfältigung würde weitestgehend unterlaufen. Die Wirkung des technischen Schutzes würde weitestgehend beseitigt.

Selbstverständlich soll hier nicht verkannt werden, dass ein derart ausgeprägter Rechtsschutz für technische Schutzmaßnahmen zu einer einseitigen und massiven Belastung der Nutzer führt. Diese Folge erscheint schmerzhaft und radikal, da sie den Bürgern die jahrzehntelang unbeschränkt gewährte Möglichkeit der Privatkopie zu einem Großteil raubt. Die Erlaubnis zur privaten Vervielfältigung ist inzwischen fast zu einem Gewohnheitsrecht erstarkt, die Bevölkerung hat sich hieran gewöhnt. Insoweit sind die Empörung und der massive Widerstand in weiten Teilen der Nutzergemeinde und auch in der juristischen Literatur verständlich und nachvollziehbar. Berechtigt sind sie nicht.[939]

---

937 Vgl. hierzu die ausführliche Diskussion der Informationsfreiheit als Rechtfertigungsgrund für die Privatkopie in Teil 2, B. VII. 2. a).

938 Hucko in FS Nordemann 2004, 321, 325.

939 Die Forderung nach einer gerechtfertigten Durchbrechung von Kopierschutzmechanismen ähnelt dem im US-amerikanischen Recht oftmals vorgebrachten Gedanken des „fair use“. Der „fair use“-Einwand ist in 17 US-Copyright Act § 107 bestimmt und gestattet insbesondere die Anfertigung von

H. Fazit

Die Einführung eines Rechtsschutzes für technische Schutzmaßnahmen war überfällig und dringend notwendig. All zu lang haben trickreiche Nutzer, gewiefte Software-Hersteller und Publizisten von Computerzeitschriften die rechtlichen Schutzlücken in Bezug auf Kopierschutzverfahren ausgenutzt und daraus auf Kosten der Urheber und anderer Rechteinhaber Profit gezogen. Sehenden Auges mussten die Rechteinhaber jahrelang mit ansehen, wie ihre Kopierschutzverfahren durch den Einsatz von Kopierschutz-Knackern überwunden und missachtet wurden. Dabei genossen ihre Schutzmechanismen weder gesellschaftliche Akzeptanz noch rechtlichen Schutz. Viele Konsumenten fühlen sich noch immer im Recht, wenn sie einen Kopierschutz umgehen. Frei nach dem Motto: „Wir schlagen den reichen, weltumspannenden und raffgierigen Medienunternehmen ein Schnäppchen. Wem schadet es schon?“
Unterstützt wurden die Hacker dabei durch die rechtliche Sanktionslosigkeit ihrer Taten. Aufgrund des fehlenden Verbotes einer Umgehung sahen sich viele in ihren Handlungen moralisch bestätigt und rechtlich abgesichert. Diesem Zustand wurde mit der Einführung der §§ 95 a ff. UrhG nun endlich ein Ende bereitet. So wie es verboten ist, das Schloss einer Tür aufzubrechen, um dadurch in ein Haus zu gelangen, wird nun auch der technische Kopierschutz vor Durchbrechung geschützt, der ein vom Urheber ungewünschtes Vervielfältigen verhindern soll. Natürlich ist bei derartigen Vergleichen mit dem Schutz des Sacheigentums zu berücksichtigen, dass die vom Täter angestrebte private Vervielfältigung im Gegensatz zum Sachdiebstahl bislang noch ausdrücklich gesetzlich gestattet ist. Daher wird mitunter eingewendet, dass der Gesetzgeber mit der Einführung des Umgehungsschutzes für technische Schutzmaßnahmen das Pferd von hinten aufzäume.[940] Die Qualität des rechtlichen Schutzes eines Gutes dürfe nicht davon abhängen, dass der Rechteinhaber faktische Schranken errichtet. Schon die Vervielfältigung an sich müsse untersagt werden, nicht erst die Umgehung von Schutzmaßnahmen gegen die Vervielfältigung. Eine derartige Sichtweise verkennt jedoch, dass ein Verbot der Vervielfältigung so nutzlos wäre, wie ein Verbot des Nasebohrens.[941] Ein Verbot macht nur dann Sinn, wenn es durchgesetzt werden kann. Diese Möglichkeit ist im Rahmen des Einsatzes von technischen Schutzmaßnahmen in der Vielzahl der Fälle möglich. Dort, wo es nicht möglich ist, muss die private Vervielfältigung als notwendiges Übel weiter akzeptiert werden.

Kopien für Zwecke der Forschung und Ausbildung. Der New Yorker District Court hat der Durchsetzung des „fair use“-Prinzips gegen technische Schutzmaßnahmen in einem richtungweisenden Rechtsstreit allerdings eine klare Absage erteilt: Die Begründung führt aus, der Gesetzgeber habe sich bewusst dafür entschieden, den „fair use“ nur zuzulassen, wenn der Rechtsinhaber dem Nutzer einmal den Zugang zu dem Werk gestattet hat. Schützt der Rechtsinhaber aber den Inhalt über die ihrerseits gesetzlich geschützte technische Maßnahme, soll der Inhalt auch nicht über den „fair use“ zugänglich sein, vgl. hierzu Knies in ZUM 2003, 286, 291; Stickelbrock in GRUR 2004, 738, 741. Zum Verhältnis von „fair use“ und technischen Schutzmaßnahmen in den USA, vgl. Gottschalk in MMR 2003, 148.

[940] I.d.S. Berger in ZUM 2004, 257, 261.

[941] So Hucko in FS Nordemann 2004, 321, 323.

Soll der Einsatz von technischen Schutzmaßnahmen daher auch grundsätzlich vom Gesetzgeber rechtlich geschützt werden, darf nicht vergessen werden, dass diese Schutzmaßnahmen heute noch längst nicht ausgereift sind und vielfältige Probleme tatsächlicher Art aufwerfen. In Teil 1 C ist umfassend erörtert worden, woran es den technischen Schutzmaßnahmen derzeit noch hapert. An dieser Stelle sei nochmals ausdrücklich auf die qualitativen Mängel kopiergeschützter CDs und daraus evtl. entstehender Gewährleistungsforderungen hingewiesen. Festzuhalten bleibt auch, dass alle digitalen Kopierschutzsysteme bislang nicht in der Lage sind, analoge Kopien am Computer zu verhindern. Da derartige Kopien keine Umgehung des digitalen Kopierschutzes darstellen und somit legal bleiben[942], sind heute bereits viele Kopierer dazu übergegangen, analoge Kopien von digital kopiergeschützten DVDs anzufertigen.[943] Solange die analoge Kopie zulässig bleibt, lässt sich eine derartige Vorgehensweise nicht verhindern. Dieser Umstand ist insbesondere deswegen bemerkenswert, da derartige Kopien am Computer einer digitalen Kopie qualitativ nahezu in nichts nachstehen. Zum heutigen Zeitpunkt lässt sich nur schwer abschätzen, in welchem Umfang derartige Kopien zukünftig angefertigt und die Urheberrechte hiervon bedroht werden. In jedem Falle wird die Entwicklung in diesem Bereich zu beobachten sein, um gegebenenfalls legislativ reagieren zu können.

Kritisch zu bewerten sind zudem die hohen Kosten der Implementierung der technischen Schutzmaßnahmen. Sie führen im Ergebnis dazu, dass viele direkt vermarktende Urheber und kleinere Verwerter sich diesen Schutz nicht leisten können. Sie werden auf ein Urheberrecht „zweiter Klasse“ verwiesen.[944] Angesichts der geringen Attraktivität kopiergeschützter Medien für die Verbraucher kann auch keineswegs als sicher angenommen werden, dass sich der Kopierschutz auf dem Markt durchsetzen wird. Dies gilt sowohl für den Kopierschutz auf körperlichen Trägern als auch für den DRM-gestützten Medienvertrieb über das Internet.[945] Abzuwarten bleibt überdies, wie die Verwender von technischen Schutzmaßnahmen den Schrankenbegünstigten gemäß § 95 b Abs. 1 S. 1 UrhG zukünftig Zugang zu einer Kopie gewähren wollen. Soweit derzeit ersichtlich hat sich die seit dem 13.09.2004 geforderte Schrankendurchsetzung in der Praxis als äußerst schwierig erwiesen. Es besteht die Gefahr, dass technische Schutzmaßnahmen oftmals und dauerhaft auch berechtigte Nutzungshandlungen unterbinden.

Unabhängig von diesen rein praktischen Problemen bei der Implementierung von technischen Schutzmaßnahmen hat der Gesetzgeber mit den §§ 95 a ff. UrhG ein umfassendes Rechtsschutzsystem geschaffen, welches die Entwicklung und den Einsatz von technischen Schutzmaßnahmen unterstützt und absichert. Hiermit hat der Gesetzgeber einen wichtigen Beitrag zum Schutz der Urheberrechte im digitalen Zeitalter

---

942 S. hierzu oben in Teil 4, B. I.

943 Ein Programm mit dem analoge Kopien von digital kopiergeschützten DVDs hergestellt werden können ist bspw. „Video-Jack“ von der Fa. S.A.D. Hierfür muss der DVD-Player lediglich über die TV-Karte mit dem Computer verbunden werden. Ein abgespielter Film kann dann von dem Programm „Video-Jack“ aufgezeichnet werden, vgl. hierzu die Meldung bei pressebox.de vom 02.02.2005, abrufbar unter http://www.pressebox.de/pressemeldungen/sad-produktions-gmbh/boxid-30096.html.

944 So Berger in ZUM 2004, 257, 261.

945 Vgl. hierzu oben Teil 1, C. II. 3. und III. 6.

geleistet. Nun sind die Rechteinhaber gefordert, konsumentenfreundliche Schutzmaßnahmen zu entwickeln und auch einzusetzen. Der Gesetzgeber tut jedenfalls gut daran, wenn er weiterhin seiner Devise treu bleibt: "Wo wir schützen können, schützen wir. Wo wir nicht schützen können, kassieren wir“.[946]

---

[946] So Hucko in FS Nordemann 2004, S. 321, 323.

Teil 5: Straf- und zivilrechtliche Verantwortlichkeit der Beteiligten an rechtswidrigen Vervielfältigungen und Verbreitungen urheberrechtlich geschützter Werke

Nachdem in den vorangegangenen Abschnitten ausführlich erörtert wurde, in welchem Rahmen die private Vervielfältigung von Musik- und Filmwerken de lege lata und de lege ferenda noch gestattet wird, wird im folgenden Abschnitt die Verantwortlichkeit der Urheberrechtsverletzer nach dem urheberrechtlichen Sanktionssystem dargestellt.

A. Rechtswidrige Vervielfältigung und Verbreitung körperlicher Werkträger

Zunächst sei auf die klassische Form der Tonträger- und Filmpiraterie eingegangen. Wer Kopien von Musik- und Filmwerken zu gewerblichen Zwecken oder zum Zwecke des Vertriebs herstellt, ohne hierzu vom Rechteinhaber befugt zu sein, verstößt unproblematisch gegen das ausschließliche Vervielfältigungsrecht des Urhebers aus den §§ 15 Abs.1 Nr. 1, 16 UrhG. Des Weiteren verstößt gegen das ausschließliche Verbreitungsrecht des Urhebers aus den §§ 15 Abs. 1 Nr. 2, 17 UrhG, wer Kopien von Vervielfältigungsstücken der Öffentlichkeit anbietet oder in den Verkehr bringt. Auch ein zunächst mit Blick auf das Privatkopieprivileg des § 53 Abs. 1 UrhG rechtmäßig hergestelltes Vervielfältigungsstück darf gemäß § 53 Abs. 6 UrhG nicht verbreitet werden. Eine derartige Verbreitung stellt eine unzulässige nachträgliche Zweckänderung dar.[947] Rechtswidrig handelt zudem derjenige, der zur Vervielfältigung eine „offensichtlich rechtswidrig hergestellte" Vorlage benutzt hat, § 53 Abs. 1 UrhG. Mit Inkrafttreten des zweiten Korbes der Urheberrechtsnovelle werden voraussichtlich auch „offensichtlich rechtswidrig öffentlich zugänglich gemachte" Exemplare als Vorlagen ausscheiden.[948]

I. Zivilrechtliche Ansprüche des verletzten Rechteinhabers

1. Ansprüche auf Beseitigung und Unterlassung gemäß § 97 Abs. 1 UrhG

Die negatorischen Ansprüche auf Beseitigung und Unterlassung setzen kein Verschulden voraus. Voraussetzung des Unterlassungsanspruches ist eine Wiederholungsgefahr, wobei eine hinreichend konkretisierte Erstbegehungsgefahr ausreicht.[949] Die Wiederholungsgefahr wird durch eine bereits begangene Rechtsverletzung grundsätzlich indiziert.[950] Für den Beseitigungsanspruch ist das Vorliegen einer konkreten Störung Voraussetzung. Der Anspruch unterliegt dem allgemeinen Verhältnismäßigkeitsgebot, d.h. die Beseitigungsmaßnahme muss notwendig, geeignet und dem Störer zumutbar sein.[951]

---

[947] Dreier/Schulze/*Dreier*, UrhG, § 53, Rn 53. Wer Kopien bereits in der Absicht herstellt, sie später zu verbreiten, ist schon in Bezug auf die Vervielfältigung nicht durch § 53 Abs. 1-3 UrhG privilegiert.
[948] S. hierzu oben in Teil 2, B. V.
[949] Sog. vorbeugender Unterlassungsanspruch; vgl. dazu BGH, I ZR 259/00 – Paperboy.
[950] Vgl. BGH GRUR 1955, 97 – Constanze II, zum Wettbewerbs- und Warenkennzeichenrecht.
[951] Dreier/Schulze/*Dreier*, § 97 UrhG Rn 48.

2. Schadensersatzansprüche gemäß § 97 Abs. 1 UrhG

Im Falle des schuldhaften Verhaltens des Verletzers kann der Verletzte überdies Schadensersatz verlangen. Im Falle der Tonträger- und Filmpiraterie liegt meist vorsätzliches Handeln vor. Ein Tatsachen- und ein Rechtsirrtum schließen den Vorsatz aus, doch kommt dann regelmäßig Fahrlässigkeit in Betracht.[952] Inhalt und Umfang des Schadensersatzes richten sich auch im Urheberrecht grundsätzlich nach den allgemeinen Vorschriften der §§ 249 ff. BGB. Ersatzfähig ist demnach insbesondere der dem Verletzten konkret entstandene Schaden einschließlich des entgangenen Gewinns, § 252 BGB. Die Gerichte gestehen dem Geschädigten allerdings in ständiger Rechtsprechung überdies zu, den Schaden nicht nur in Form des konkreten Schadens nachzuweisen, sondern Schadensersatz darüber hinaus im Wege der sog. Lizenzanalogie sowie der Herausgabe des Verletzergewinns zu verlangen.[953] Dies findet seine Begründung in der leichten Verletzbarkeit der Ausschließlichkeitsrechte an immateriellen Gütern, dem sich daraus ergebenden besonderen Schutzbedürfnis, der Schwierigkeit des Nachweises einer konkreten, kausal auf die betreffende Verletzung zurückgehenden Umsatzeinbuße bzw. Gewinnminderung sowie in der Billigkeitserwägung, dass niemand durch den unerlaubten Eingriff in solche Rechte besser gestellt werden soll, als er im Falle einer ordnungsgemäß nachgesuchten und erteilten Erlaubnis durch den Rechteinhaber gestanden hätte.[954]

Die Geltendmachung eines konkreten Schadens ist insbesondere bei der rechtswidrigen Verbreitung digitaler Werke an die Öffentlichkeit schwer möglich. Setzt sie doch voraus, dass die konkreten Umsatzeinbußen durch Nachweise belegt werden können.[955] Überdies ist die Kausalität gerade der betreffenden Verletzung für etwaige Umsatzrückgänge oder nicht wie erwartet sich entwickelnde Gewinne zu erbringen. Die Erörterung der generellen wirtschaftlichen Auswirkungen der digitalen Vervielfältigung auf die Umsätze der Musik- und Filmindustrie in Teil 1 B hat bereits gezeigt, dass eine konkrete Feststellung der wirtschaftlichen Einbußen nicht möglich ist.[956] Als sicher kann lediglich gelten, dass die Musikindustrie in den letzten Jahren massive Umsatzeinbußen erlitten hat. Die Feststellung entgangenen Gewinns ist im konkreten Einzelfall noch schwieriger. Es lässt sich nicht ausschließen, dass ein Teil der Einbußen kausal auf andere Faktoren als gerade auf die betreffende Verletzung zurückgeht.[957] Aus diesem Grunde erfolgt die Schadensberechnung in der Praxis in den allermeisten Fällen im Wege der Lizenzanalogie.[958] Danach hat der Verletzte dasjenige zu zahlen, was vernünftige Parteien bei Abschluss eines fiktiven Lizenzvertrages in Kenntnis der wahren Rechtslage und der Umstände des konkreten Einzelfalles als an-

---

[952] Vgl. BGH GRUR 1982, 102, 104 – Masterbänder; Schulze in GRUR 1994, 702 ff.

[953] Dreier/Schulze/*Dreier*, § 97 UrhG Rn 54, sog. dreifache Schadensberechnung; BGH GRUR 1995, 349, 51 f. – Objektive Schadensberechnung; GRUR 1990, 1009 – Lizenzanalogie; GRUR 1990, 353 – Raubkopien.

[954] Dreier/Schulze/*Dreier*, § 97 UrhG Rn 58.

[955] Dreier/Schulze/*Dreier*, § 97 UrhG Rn 60.

[956] Vgl. Teil 1, B. I. 3. und II. 3.

[957] Vgl. hierzu auch Dreier/Schulze/*Dreier*, § 97 UrhG Rn 60.

[958] Dreier/Schulze/*Dreier*, § 97 UrhG Rn 60.

gemessene Lizenzgebühr vereinbart hätten.[959] Der Rechtsverletzer muss demnach im Entdeckungsfall lediglich eine übliche Lizenz als Schadensersatz leisten.
Diese Form des Schadensersatzes reicht allerdings im Rahmen digitaler Urheberrechtsverletzungen oftmals nicht aus. Hier verbleibt dem Verletzer vielfach noch ein Gewinn, ist der für die Rechtsverletzung erforderliche finanzielle und zeitliche Aufwand doch recht gering.[960] Überdies erscheint der präventive Abschreckungseffekt unzureichend. Teilweise wird daher zu Recht die Einführung eines Verletzerzuschlags gefordert[961], wie er seitens der Rechtsprechung seit längerem der GEMA zugestanden wird.[962] Der Rechtsverletzer müsste demnach bspw. eine doppelte Lizenzgebühr leisten und damit ein höheres finanzielles Risiko tragen. Angemessen erscheint es, die Zahlung einer doppelten Lizenzgebühr auf Fälle gravierender Urheberrechtsverletzungen zu begrenzen.[963] Die Verpflichtung zur Einführung einer doppelten Lizenzgebühr war ursprünglich auch im Entwurf der EU-Enforcement-RL vorgesehen.[964] Von einer generellen Einführung wurde zwar Abstand genommen, allerdings bleibt sie dem deutschen Gesetzgeber auch nach der Enforcement-RL möglich. [965]
Der BGH hat einen pauschalen Verletzerzuschlag für individuelle Rechteinhaber allerdings bislang durchweg abgelehnt.[966] Er begründet den Ausnahmecharakter des GEMA-Zuschlags vor allem mit der Billigkeitserwägung, dass der Zuschlag als pauschalisierte anteilsmäßige Abgeltung des zur Rechtsdurchsetzung erforderlichen Kontroll- und Überwachungsaufwandes erforderlich sei, ohne den der Urheberrechtsschutz in diesem Bereich weitestgehend leer laufen müsste.[967]

---

[959] Vgl. BGH GRUR 1990, 1008, 1009 – Lizenzanalogie.
[960] Vgl. Lehmann in GRUR 1977, 580, 587; Pietzcker in GRUR 1975, 55, 57; Schricker in GRUR 1979, 1, 3; Dreier/Schulze/*Dreier*, § 97 UrhG Rn 59.
[961] So insbesondere das Forum der Rechteinhaber in ihrer Stellungnahme zum Referentenentwurf zum zweiten Korb vom, S. 5, abrufbar unter http://www.urheberrecht.org/topic/Korb-2/ ; Dreier in „Kompensation und Prävention", S. 500 ff.; Wandtke in GRUR 2000, 949.
[962] Grundlegend BGH GRUR 1973, 379 – Doppelte Tarifgebühr.
[963] So auch die deutsche Vereinigung für gewerblichen Rechtsschutz und Urheberrecht in ihrer Stellungnahme zum Richtlinienvorschlag der Kommission vom 24.04.2004, S. 7; Ebenso Frey/Rudolph in ZUM 2004, 522, 528.
[964] Europäische Kommission KOM (2003) 46, Art. 17 Abs. 1 S. 2 a).
[965] Nach Art. 13 Abs. 1 lit. b Enf-RL soll der Verletzer Schadensersatz auf der Grundlage von Faktoren wie mindestens dem Betrag der Vergütung oder Gebühr leisten, die der Verletzer hätte entrichten müssen, wenn er die Erlaubnis zur Nutzung des betreffenden Rechts des geistigen Eigentums eingeholt hätte.
[966] So zumindest der für das Patentrecht zuständige X. Senat, BGH GRUR 1980, 841, 844 - Tolbutamid; GRUR 1962, 401 – Kreuzbodenventilsäcke III; GRUR 1973, 379, 380 – Doppelte Tarifgebühr; ebenso der I. Senat in BGH GRUR 1986, 376 – Filmmusik.
[967] S. BGH GRUR 1986, 376, 380 – Filmmusik. Daher hat der BGH eine Ausdehnung auf andere Bereiche des Urheberrechts immer dann abgelehnt, wenn Verletzungen im Wege normaler Markt- und Konkurrenzbeobachtung festgestellt und verhindert werden können, Dreier/Schulze/*Dreier*, § 97 UrhG Rn 71 m.V. auf BGH GRUR 1966, 570, 572 – Eisrevue III; BGH GRUR 1986, 376, 380 – Filmmusik.

3. Überlassungs- und Vernichtungsansprüche gemäß §§ 98, 99 UrhG

Gemäß § 98 UrhG kann der Verletzte überdies verlangen, dass ihm rechtswidrig hergestellte, verbreitete oder zur rechtswidrigen Verbreitung bestimmte Vervielfältigungsstücke, die sich im Besitze oder Eigentum des Verletzers befinden, gegen Entgelt überlassen oder vernichtet werden.[968] Ihrer Rechtsnatur nach handelt es sich bei dem Vernichtungs- und Überlassungsanspruch um gesetzlich gesondert normierte Formen des allgemeinen Beseitigungsanspruches. Als solche setzen sie kein Verschulden des Verletzers voraus und stehen unter dem Vorbehalt der Wahrung des Grundsatzes der Verhältnismäßigkeit.[969] Die Ansprüche sind im Gegensatz zur entsprechenden Vorschrift für Computerprogramme (§ 69 f Abs. 1 UrhG) auf den Verletzer beschränkt. Gerechtfertigt ist die Erweiterung des Rechtsschutzes bei Software auf den bloßen Eigentümer und Besitzer aus der Überlegung, dass ein solcher, der zur Programmnutzung nicht berechtigt ist, das Programm angesichts der weitreichenden Ausschließlichkeitsrechte des § 69c UrhG nicht benutzen kann, ohne dabei gleichzeitig eine Urheberrechtsverletzung zu begehen.[970] Demgegenüber kann ein Nutzer mit Blick auf das Privatkopieprivileg auch ohne Berechtigung des Rechteinhabers eine rechtmäßige Kopie eines sonstigen Werkes herstellen und auch nutzen, ohne Verletzer zu sein.
§ 99 UrhG erweitert die Vernichtungs- und Überlassungsansprüche gemäß § 98 UrhG auch auf die im Eigentum des Verletzers stehenden, ausschließlich oder nahezu ausschließlich zur rechtswidrigen Herstellung von Vervielfältigungsstücken benutzten oder bestimmten Vorrichtungen. Hierzu zählen Kopiermaschinen und ähnliche Gerätschaften, wie CD-Brenner, Kopiergeräte, Disketten und Videorekorder, vorausgesetzt, diese sind ausschließlich oder nahezu ausschließlich zur rechtswidrigen Herstellung von Vervielfältigungsstücken gebraucht worden oder dazu bestimmt.[971]
Handelt der Anbieter gewerblich, so kann er vom Rechteinhaber gemäß § 101 a UrhG zudem auf Auskunft über die Herkunft und den Vertriebsweg der Vervielfältigungsstücke in Anspruch genommen werden. Der Auskunftsanspruch gilt allerdings nur für den Offline-Bereich.[972]

II. Strafbarkeit

Der urheberrechtswidrige Vervielfältigende oder Anbieter von Werken macht sich unter den Voraussetzungen des § 106 UrhG überdies strafbar. Danach wird mit Freiheitsstrafe bis zu drei Jahren oder mit Geldstrafe bestraft, wer in anderen als den gesetzlich zugelassenen Fällen ein Werk oder dessen Umgestaltung ohne Einwilligung des Berechtigten vervielfältigt, verbreitet oder öffentlich wiedergibt.[973] Handelt ein Anbieter

---

[968] Zum Anspruch aus § 98 UrhG auf den Fall der Herstellung von rechtswidrigen Kopien unter Umgehung von technischen Schutzmaßnahmen s. nachfolgend in Teil 5, B. I. 2.
[969] Vgl. Abs. 3; Dreier/Schulze/*Dreier*, § 98 UrhG Rn 1 m.V. auf OLG Frankfurt WRP 1985, 83, 85.
[970] Dreier/Schulze/*Dreier*, § 69 f UrhG Rn 1.
[971] S. amtl. Begründung zum PrPG, BT-Drucks. 11/4792 zu Art. 2 Nr. 1; Wandtke/Bullinger/*Bohne*, § 99 Rn 4.
[972] Zur Frage, ob die Vorschrift auch auf die Online-Piraterie anwendbar ist, s. unten in Teil 6 A.
[973] Im subjektiven Tatbestand setzt die Strafbarkeit Vorsatz voraus; bedingter Vorsatz reicht aus, nicht jedoch Fahrlässigkeit, vgl. Möhring/Nicolini/*Spautz*, § 106 Rn 8 f.

gewerbsmäßig, ist der Straftatbestand des § 108 a UrhG erfüllt, der ein Strafmaß von bis zu 5 Jahren Freiheitsstrafe oder Geldstrafe vorsieht.[974]

B. Verstoß gegen das Umgehungsverbot von technischen Schutzmaßnahmen nach den §§ 95 a ff. UrhG

I. Zivilrechtliche Ansprüche der Verwender von technischen Schutzmaßnahmen

1. Ansprüche auf Beseitigung, Unterlassung und Schadensersatz gemäß § 97 UrhG

Die §§ 95 a ff. UrhG treffen keine Regelungen dahingehend, ob - und gegebenenfalls von wem - Verstöße gegen die Umgehungsverbote technischer Schutzmaßnahmen aus § 95 a UrhG zivilrechtlich verfolgt werden können. Ausdrücklich geregelt sind ausschließlich Straf- und Bußgeldsanktionen.[975] Nach Auffassung des Bundesjustizministeriums muss im Hinblick auf die Vorgaben der Info-RL jedoch auch eine zivilrechtliche Verfolgung möglich sein.[976] Teilweise wird daher gefordert, eine gesonderte Regelung einzuführen.[977] Vielfach wird indes angenommen, dass Unterlassungs- und Schadensersatzansprüche bereits auf die urheberrechtliche Anspruchsnorm des § 97 UrhG[978] oder die allgemeinen zivilrechtlichen Anspruchsnormen, bspw. §§ 1004, 823 Abs. 2 BGB[979], gestützt werden können. Denkbar ist auch der wettbewerbsrechtliche Unterlassungsanspruch aus § 1 UWG[980], soweit eine gewerbliche Verbreitung von Umgehungstechnologie erfolgt, die dazu geeignet ist, den Absatz oder Bezug einer Person zum Nachteil einer anderen Person zu fördern.[981]

Für die Gewährung der Ansprüche aus § 97 UrhG spricht, dass es sich wegen des Bezugs der §§ 95 a ff. UrhG zum Urheberrecht um die sachnächste Vorschrift handelt.

---

[974] Gegen einen gewerblich agierenden Raubkopierer verhängte das LG Braunschweig, ZUM 2004, 114, bspw. eine Freiheitsstrafe von immerhin 3 Jahren.

[975] Hierzu s. den folgenden Abschnitt.

[976] S. Hucko im Informationspapier zu dem Referenten-Entwurf zum ersten Korb der Urheberrechtsnovelle v. 07.05.2002, 3. Art. 8 Abs. 2 Info-RL fordert die Mitgliedsstaaten auf, die erforderlichen Maßnahmen zu treffen, um sicherzustellen, dass Rechtsinhaber, deren Interessen durch eine in ihrem Hoheitsgebiet begangene Rechtsverletzung beeinträchtigt werden, Klage auf Schadensersatz erheben und/oder eine gerichtliche Anordnung sowie ggf. die Beschlagnahme von rechtswidrigem Material sowie von Vorrichtungen, Erzeugnissen und Bestandteilen i.S.d. Art. 6 Abs. 2 beantragen können. Vgl. Pleister/Ruttig in MMR 2003, 763, 766.

[977] Dreier in ZUM 2002, 28, 39.

[978] So Pleister/Ruttig in MMR 2003, 763, 766; Flechsig in ZUM 2002, 1, 17; Wandtke/Bullinger/*Wandtke/Ohst*, ErgBand zum UrhG-Komm., § 95 a Rn 89; Hoeren, Internetrecht (Stand Juli 2004), abrufbar unter http://www.uni-muenster.de/Jura.itm/hoeren/material/Skript_juli2004.pdf, S. 160. Ebenso wohl Dreier/Schulze/*Dreier*, § 99 UrhG, Rn 3.

[979] So Dreyer/Kotthoff/Meckel/*Dreyer*, Heidelberger Komm. zum Urheberrecht 2004, § 95 a Rn 43 ff., 105; § 95 c Rn 24; Wandtke/Bullinger/*Wandtke/Ohst*, ErgBand zum UrhG-Komm., § 95 a Rn 89; Enders in ZUM 2004, 593, 600. Angesichts der sachnäheren Vorschrift des § 97 UrhG erscheinen die allgemeinen Vorschriften des BGB allerdings fern liegend, so auch Arlt in MMR 2005, 148, 149.

[980] Vgl. hierzu Hoeren in MMR 2000, 515, 520; Kröger in CR 2001, 316, 322. Die Rechtsprechung leitete den Umgehungsschutz vor der Einführung der §§ 95 a ff. UrhG ebenfalls aus § 1 UWG ab, vgl. Raubenheimer in CR 1996, 69 m. w. N.

[981] Diese Beförderungsabsicht wird allerdings bei privaten Anbietern in der Regel nicht gegeben sein, vgl. Baumbach/Hefermehl, Wettbewerbsrecht, 22. Aufl. 2001, Einl. UWG Rn 215.

Eine direkte Heranziehung des § 97 UrhG scheitert jedoch daran, dass in einem Verstoß gegen das Umgehungsverbot gemäß den §§ 95 a UrhG keine „Rechtverletzung" im Sinne des § 97 UrhG gesehen werden kann. Die §§ 95 a ff. erweitern das materielle Leistungsschutzrecht als solches nicht und statuieren auch kein neues Leistungsschutzrecht.[982] In Betracht kommt jedoch eine analoge Anwendung der Norm.[983] § 95 a UrhG will den einzelnen Rechteinhaber schützen, der sich moderner technischer Maßnahmen zum Schutze seiner Inhalte bedient.[984] Wollte man an einen Verstoß gegen § 95 a UrhG Ansprüche nach § 97 UrhG nicht knüpfen, so liefe das der Intention des Gesetzgebers zuwider.[985] Insofern stellt sich § 97 UrhG analog als die passende Anspruchsgrundlage für die Fälle der rechtswidrigen Umgehung technischer Schutzmaßnahmen dar.
Hinsichtlich des Anspruches auf Schadensersatz aus § 97 UrhG ist neben den Urhebern und Schutzrechtsinhabern hinaus wohl auch der Hersteller und Verwender von technischen Schutzmaßnahmen als aktivlegitimiert anzusehen.[986]

2. Überlassungs- und Vernichtungsansprüche gemäß den §§ 98, 99 UrhG
Fraglich ist, ob dem verletzten Rechteinhaber auch ein Anspruch auf Überlassung oder Vernichtung von denjenigen Vervielfältigungsstücken zusteht, die unter Umgehung von technischen Schutzmaßnahmen zustande gekommen sind. Voraussetzung hierfür wäre, dass Vervielfältigungsstücke, welche unter Umgehung von Kopierschutz angefertigt worden sind, automatisch als „rechtswidrig hergestellt" gelten. Teilweise wird vertreten, dass die Beurteilung einer „rechtswidrigen Herstellung" nur nach den Vorschriften über die urheberrechtlichen Verwertungsrechte gemäß den §§ 15 ff. UrhG sowie den korrespondierenden Schranken gemäß den §§ 44a ff. UrhG erfolgen dürfe. Die Umgehung technischer Schutzmaßnahmen und deren rechtliche Würdigung gemäß der §§ 95 a ff. UrhG sei eine hiervon strikt abzuschichtende Frage.[987] Dieser Auffassung kann jedoch nicht gefolgt werden. Vielmehr ist eine unter Umgehung von Kopierschutzmaßnahmen angefertigte Kopie immer als „rechtswidrig hergestellt" anzusehen.[988] Zwar ist der eigentliche Kopiervorgang gemäß § 53 Abs. 1 S. 1 UrhG zuläs-

---

[982] Vgl. hierzu bereits oben Teil 4, A.
[983] Ebenso Arlt in MMR 2005, 148, 150.
[984] So Arlt in MMR 2005, 148, 150. A.A. Spieker in GRUR 2004, 475, 480, 482.
[985] Arlt in MMR 2005, 148, 150.
[986] Ebenso Hoeren in MMR 2000, 515, 520; Pleister/Ruttig in MMR 2003, 763, 767, welche darauf hinweisen, dass die Formulierung des § 95 a Abs. 3 UrhG und die Überschrift zu § 95 a UrhG verdeutlichen, dass nicht das geschützte Werk, sondern der Schutzmechanismus im Mittelpunkt der Regelung stehen. Im Übrigen würde ansonsten das Verbot der Einfuhr, der Vermietung und der Werbung von Umgehungstechnologie in § 95 a Abs. 3 UrhG leer laufen, da die Rechteinhaber z.B. die Einfuhr oder Bewerbung von Umgehungstechnologie erst verbieten lassen können, wenn sie bereits entsprechende Schutzmaßnahmen benutzen, die umgangen werden sollen. Bis dahin fehle ihnen das Rechtsschutzbedürfnis; Ebenso Arlt in MMR 2005, 148, 150.
[987] Vgl. Arlt in MMR 2005, 148, 151.
[988] Ebenso Berger in ZUM 2004, 257, 260; Jani, in ZUM 2003, S. 844, 848; Pleister/Ruttig in MMR 2003, 763, 765; Peukert in Loewenheim, Hdb. des Urheberrechts, 2003, § 82, Rn 21; Wandtke/Bullinger/*Wandtke/Ohst*, ErgBand zum UrhG-Komm., § 95 a Rn 89. Vgl. hierzu bereits oben Teil 2, B IV. 2. d) bb).

sig, nicht aber die dazu notwendige Umgehung der Schutzmaßnahmen. Die Umgehung der Schutzmaßnahme und der Vervielfältigungsakt sind als ein einheitlicher Vorgang zur „Herstellung“ einer Kopie zu betrachten.[989] Das Privatkopieprivileg findet seine Grenze schlichtweg dort, wo der Rechteinhaber die Möglichkeit zur Vervielfältigung des Werkstückes beschränkt oder ausgeschlossen hat.[990] Insofern steht den Urhebern und Schutzrechtsinhabern auch der Anspruch gemäß § 98 UrhG auf Vernichtung und Überlassung von Kopien zu, die unter Umgehung von technischen Schutzmaßnahmen angefertigt wurden.[991]

Demgegenüber steht dem verletzten Rechteinhaber kein Anspruch auf Vernichtung und Überlassung von Vorrichtungen zur Umgehung von technischen Schutzmaßnahmen i.S.d. § 95 a Abs. 2 UrhG gemäß § 99 UrhG zu.[992] Nach dem Willen des Gesetzgebers zählen zu Vorrichtungen im Sinne des § 99 UrhG nur solche Gerätschaften, die zur unmittelbaren Herstellung von rechtswidrigen Kopien gebraucht wurden.[993] Der Begriff „Vorrichtungen“ kann insoweit als Oberbegriff für die Geräte und Bild- und Tonträger im Sinne des § 54 Abs. 1 UrhG verstanden werden, die zur Vornahme von privaten Vervielfältigungen bestimmt sind. Vorrichtungen im Sinne des § 95 a Abs. 2 UrhG dienen jedoch lediglich der Umgehung von technischen Schutzmaßnahmen und nicht der Herstellung von rechtswidrigen Kopien, auch wenn eine solche der Umgehung regelmäßig folgt. Auch eine analoge Anwendung des § 99 UrhG auf Umgehungsvorrichtungen erscheint unmöglich, da im Rahmen des Gesetzgebungsverfahrens zum ersten Korb der Urheberrechtsnovelle auf die Notwendigkeit der Schaffung einer entsprechenden Norm hingewiesen wurde[994] und insofern keine planwidrige Regelungslücke angenommen werden kann.[995] Aus Gründen des effektiven Rechtsschutzes ist der Gesetzgeber vielmehr gefordert, Umgehungsvorrichtungen in den § 99 UrhG aufzunehmen.[996]

---

[989] Ebenso Berger in ZUM 2004, 257, 260.

[990] Jani in ZUM 2003 S. 842, 848.

[991] Ebenso Peukert in Loewenheim, Hdb. des Urheberrechts, 2003, § 82, Rn 21; Wandtke/Bullinger/*Wandtke/Ohst*, ErgBand zum UrhG-Komm., § 95 a Rn 89. Ablehnend Arlt in MMR 2005, 148, 151.

[992] Ebenso Arlt in MMR 2005, 148, 151, 152; A.A. Wandtke/Bullinger/*Wandtke/Ohst*, ErgBand zum UrhG-Komm., § 95 a Rn 89.

[993] Hierzu zählen CD-Brenner, Kopiergeräte, Disketten und Videorekorder, vorausgesetzt, diese sind ausschließlich oder nahezu ausschließlich zur rechtswidrigen Herstellung von Vervielfältigungsstücken gebraucht worden oder dazu bestimmt , vgl. die amtl. Begründung zum PrPG, BT-Drucks. 11/4792 zu Art. 2 Nr. 1; Wandtke/Bullinger/*Bohne*, § 99 Rn 4.

[994] Vgl. Dreier in ZUM 2002, 28, 40.

[995] Vgl. Arlt in MMR 2005, 148, 152.

[996] So auch das Forum der Rechteinhaber in seiner Stellungnahme zum Referentenentwurf zum zweiten Korb der Urheberrechtsreform vom , S. 6, abrufbar unter http://www.urheberrecht.org/topic/Korb-2/; Arlt in MMR 2005, 148, 152.

II. Straf- und Bußgeldvorschriften

Das Umgehungsverbot wird durch ein ausgeprägtes strafrechtliches Sanktions-System untermauert. Wer gegen §§ 95 a, 95 c[997] UrhG verstößt, kann sich strafbar machen (§ 108 b UrhG), auch wenn eine Strafverfolgung nur bei Vorliegen eines Strafantrages erfolgt (§ 109 UrhG). Gemäß § 108 b Abs. 3 wird die Strafe bei gewerbsmäßigem Handeln erhöht. Strafbar handelt demnach im Einzelnen,

- wer entgegen § 95 Abs. 1 UrhG Kopierschutz in der Absicht umgeht, sich oder einem anderen Zugang zu einem geschützten Werk zu verschaffen;
- wer Informationen für die Rechtewahrnehmung nach § 95 c Abs. 1 UrhG entfernt (bspw. ein digitales Wasserzeichen[998];
- wer einen Schutzgegenstand einführt, verwertet oder öffentlich wiedergibt, bei dem eine Information für die Rechtewahrnehmung entfernt wurde (Verstoß gegen § 95 c Abs. 3 UrhG);
- wer einen Kopierschutzknacker zu gewerblichen Zwecken herstellt, einführt, verbreitet, verkauft oder vermietet.

Allerdings bleibt die Tat straflos, wenn sie ausschließlich zum privaten Gebrauch des Täters oder mit dem Täter verbundener Personen erfolgt oder sich auf einen derartigen Gebrauch bezieht (§ 108 b Abs. 1 UrhG a.E.). Als mit dem Täter verbunden kann nur der Familien- und Freundeskreis gelten.[999]

Ordnungswidrig und bußgeldbewehrt handelt, wer Kopierschutzknacker auch ohne gewerbsmäßig zu handeln verkauft, vermietet oder an Personen weitergibt, die nicht mit ihm persönlich verbunden sind, sowie Kopierknacker zu gewerblich Zwecken besitzt, für deren Verkauf oder Vermietung wirbt, oder entsprechende Dienstleistungen erbringt, § 111 a UrhG (Geldbuße bis 50.000,- €).

Andererseits wird auch der Rechteinhaber mit Bußgeld bedroht, wenn er entgegen § 95 b UrhG die Mittel zur Nutzung der Urheberrechtsschranken nicht zur Verfügung stellt oder entgegen § 95 d UrhG seinen Kennzeichnungspflichten nicht oder nicht vollständig nachkommt (§ 111 a Abs. 1 Nr. 2, 3 UrhG).

C. Urheberrechtliche Verantwortlichkeit der Teilnehmer an Musiktauschbörsen im Internet

Im Folgenden wird die urheberrechtliche Verantwortlichkeit der Beteiligten am sog. Filesharing de lege lata und de lege ferenda untersucht.

Als Teilnehmer an Filesharingnetzen sind in erster Linie die Anbieter, welche urheberrechtlich geschützte Werke zum Abruf bereithalten sowie vorbereitende Handlungen hierzu vornehmen, wie auch die Abnehmer, also diejenigen Personen, die ein urheberrechtlich geschütztes Werk auf ihren Rechner herunterladen, zu betrachten. Darüber hinaus ist aber auch die mittelbare Beteiligung der Hersteller und Betreiber von Files-

---

[997] § 95 c UrhG verbietet grundsätzlich die Veränderung von werkintegrierten Informationen, die der Rechteinhaber zur Erleichterung der Rechtewahrnehmung angebracht hat, vgl. hierzu Ernst in CR 2004, S. 39, 42.

[998] Vgl. Ernst in CR 2004, 39, 42.

[999] Vgl. Ernst in CR 2004, 39, 42.

haring-Software (P2P-Client-Software) und der Internetzugangsanbieter (Access-Provider) zu bewerten.
Die rechtliche Beurteilung der am Filesharing teilnehmenden Personen setzt ein grundlegendes Verständnis der dort stattfindenden technischen Abläufe voraus. Insofern sei auf die ausführliche Darstellung in Teil 1 A. V. verwiesen.

I. Die Anbieter von Musik- und Filmwerken

Wie in Teil 2 A. II. erörtert, verstößt der Anbieter von urheberrechtlich geschützten Werken in Internet-Tauschbörsen und auf Websites gegen das ausschließliche Recht der Urheber auf öffentliche Wiedergabe in Form der öffentlichen Zugänglichmachung aus den §§ 15 Abs. 2 Nr. 2, 19 a UrhG.[1000]

1. Zivilrechtliche Ansprüche

Dem verletzten Rechteinhaber stehen gegen den Anbieter insofern wiederum zunächst die Beseitigungs-, Unterlassungs- und Schadensersatzansprüche aus § 97 UrhG zu. Diesbezüglich sei auf die Ausführungen in Teil 5 A. I. verwiesen. Hinsichtlich des verschuldensabhängigen Schadensersatzanspruches sei angemerkt, dass der Anbieter von urheberrechtlich geschützten Werken in Tauschbörsen in der Regel zumindest fahrlässig handeln wird. Dies ist insbesondere dann der Fall, wenn ein Filesharing-Nutzer nicht darauf achtet, dass seine zuvor heruntergeladenen urheberrechtlich geschützten Dateien automatisch öffentlich zugänglich gemacht werden.[1001] In der Mehrzahl der Fälle wird dem Anbieter indes die Rechtswidrigkeit der öffentlichen Zugänglichmachung bewusst sein, so dass vorsätzliches Handeln vorliegt.
Überdies sieht sich der Anbieter auch den Vernichtungs- und Überlassungsansprüchen aus den §§ 98, 99 UrhG ausgesetzt. Angesichts der Unkörperlichkeit der angebotenen Dateien läuft es hier vornehmlich auf die Vernichtung der Vervielfältigungsvorlagen hinaus.

2. Strafbarkeit

Der Anbieter macht sich unter den Voraussetzungen des § 106 UrhG überdies strafbar. Danach wird mit Freiheitsstrafe bis zu drei Jahren oder mit Geldstrafe bestraft, wer ein Werk oder dessen Umgestaltung ohne Einwilligung des Berechtigten öffentlich wiedergibt. Ein Tauschbörsenteilnehmer macht sich in dem Moment nach § 106 UrhG wegen unerlaubter öffentlicher Wiedergabe strafbar, wenn er mit einer Tauschbörse verbunden ist und anderen Teilnehmern urheberrechtlich geschützte Musik- und Filmdateien vorsätzlich in einem zugänglichen Filesharing-Ordner zum Download zur Verfügung stellt.[1002]

[1000] Vgl. Dreier/Schulze/*Dreier*, § 19 a, Rn 6.

[1001] Solange ein Tauschbörsennutzer die Freigabe der heruntergeladenen Dateien nicht unterbindet, werden sie in sämtlichen Systemen automatisch den anderen Teilnehmern zum Download angeboten.

[1002] I.d.S. auch Heghmanns in MMR 2004, 14, 15. Daneben kann eine nach § 106 UrhG strafbare Vervielfältigung vorliegen, wenn bereits die im Filesharing-Ordner vorhandene Datei illegal hergestellt wurde.

II. Der Abnehmer von Musik- und Filmwerken in Internet-Tauschbörsen

Wer eine Musik- oder Filmdatei aus einer Tauschbörse auf seinen Computer herunterlädt, stellt eine Kopie des Musikwerks her, die in das ausschließliche Vervielfältigungsrecht des Urhebers aus § 16 UrhG eingreift.[1003] Dies gilt insbesondere auch für das nur vorübergehende Speichern der Datei auf der Festplatte zum späteren Brennen auf CD oder DVD.

Fraglich ist, ob sich der Vervielfältigende de lege lata insoweit noch auf die Schranke der privaten Vervielfältigung nach § 53 Abs. 1 UrhG berufen kann. Hierfür kommt es entscheidend auf die Beantwortung der Frage an, ob die in Tauschbörsen abrufbaren Dateien „offensichtlich rechtswidrig hergestellt" sind. Diese Frage wurde in Teil 2 B. IV. 2. d) bereits erschöpfend erörtert. Auf diese Erörterung sei an dieser Stelle verwiesen. Im Ergebnis lässt sich eine „offensichtlich rechtswidrige Herstellung" in der Praxis nur schwer erkennen, da Wege denkbar sind, in denen die Dateien rechtmäßig hergestellt worden sind. Aus diesem Grunde hat sich die Bundesregierung schließlich dazu entschlossen, die Vorschrift des § 53 Abs. 1 UrhG im zweiten Korb der Urheberrechtsnovelle dahingehend zu verschärfen, dass eine private Vervielfältigung zukünftig auch nicht mehr von einer „offensichtlich rechtswidrig öffentlich zugänglich gemachten Vorlage" gestattet ist.[1004] Hiermit wird es der Bundesregierung de lege ferenda gelingen, nahezu sämtliche in Filesharing-Systemen angebotenen Dateien als zulässige Vorlagen einer privaten Vervielfältigung auszuschließen.[1005] Der Download von urheberrechtlich geschützten Dateien wird de lege ferenda somit größtenteils unzulässig.

1. Zivilrechtliche Ansprüche gemäß den §§ 97 ff. UrhG

Da das geltende Privatkopieprivileg den Download von urheberrechtlich geschützten Werken aus Internet-Tauschbörsen nicht eindeutig und umfassend untersagt, besteht nach derzeitiger Rechtslage noch kaum eine Möglichkeit zivilrechtlich gegen den Abnehmer von Musik- und Filmwerken vorzugehen.[1006] Dies wird sich nach Inkrafttreten des zweiten Korbes der Urheberrechtsnovelle jedoch entscheidend verändern. Infolge des Ausschlusses von „offensichtlich rechtswidrig öffentlich zugänglich gemachten" Vorlagen aus dem Privilegierungstatbestand des § 53 Abs. 1 wird es zukünftig möglich sein, gegen den Großteil der Abnehmer urheberrechtlich geschützter Dateien aus Tauschbörsen die zivilrechtlichen Ansprüche aus den §§ 97 ff. UrhG geltend zu machen. Demnach kann der Abnehmer insbesondere auf Unterlassung und Schadensersatz in Anspruch genommen werden.[1007]

[1003] Vgl. nur Schricker/*Loewenheim*, 2.Aufl. 1999, § 16 Rn 22 m.w.N..

[1004] Vgl. hierzu oben Teil 2, B. V. 1.

[1005] Vgl. hierzu oben Teil 2, B. V. 2.

[1006] A.A. Nordemann/Dustmann in CR 2004, 380, 381, die insoweit davon ausgehen, dass das Merkmal der „offensichtlich rechtswidrig hergestellten Vorlage" in Tauschbörsen regelmäßig erfüllt sei. Sie weisen jedoch darauf hin, dass die Strafverfolgungsbehörden zögerlich bei Verfolgung von Nutzern seien, wenn keine Hinweise vorliegen, dass die heruntergeladenen Dateien für kommerzielle Zwecke verwendet oder in großer Zahl angeboten werden.

[1007] S. hierzu die ausführliche Darstellung der Ansprüche aus den §§ 97 ff. UrhG oben in Teil 5, A. I.

2. Strafbarkeit

Gleiches gilt für die Geltendmachung strafrechtlicher Ansprüche gemäß § 106 Abs. 1 UrhG. Die geplante Änderung des § 53 Abs. 1 UrhG wird ein massives strafrechtliches Vorgehen gegen die Online-Piraterie ermöglichen.

Der Referentenentwurf zum zweiten Korb der Urheberrechtsnovelle wollte einer Strafbarkeit von abertausend Abnehmern noch mit der Einführung einer Bagatellklausel in § 106 Abs. 1 S. 2 UrhG RefE entgegenwirken. Danach sollte nicht bestraft werden, wer rechtswidrige Vervielfältigungen nur in geringer Zahl und ausschließlich zum eigenen privaten Gebrauch herstellt.[1008] Ziel eines solchen Strafauschließungsgrundes sollte es sein, eine Kriminalisierung der „Schulhöfe" zu verhindern.[1009]

Der Gesetzesentwurf sieht demgegenüber von der Einführung einer Bagatellklausel ab. Die entsprechende Begründung geht richtigerweise davon aus, dass die Staatsanwaltschaften bereits nach geltendem Recht „kleinere" Fälle mit Hilfe der §§ 153 ff. StPO bzw. § 45 JGG einstellen.[1010] Insoweit erscheint die Schaffung eines neuen Strafausschließungsgrundes nicht nur unnötig[1011], sondern auch kontraproduktiv. Eine Einstellung des Strafverfahrens – unter Einziehung der Raubkopien – hat eine große erzieherische Wirkung. Sie dient – gerade weil eine grundsätzliche Strafbarkeit besteht – der Schaffung von Unrechtsbewusstsein.[1012]

Eine Bagatellklausel würde zudem eine konsequente und wirksame Strafverfolgung des massenhaften Raubkopierens im Internet erheblich erschweren. Bei näherer Betrachtung würde sie sich als großes Schlupfloch für tausende von Raubkopierern darstellen. Laut der GfK-Brennerstudie 2003 werden durchschnittlich nur 82 Songs pro Person aus den Tauschbörsen herunter geladen. Mit Blick auf die Begründung des Referentenentwurfes, wonach erst ab 100 Downloads keine Bagatelle mehr vorliegen sollte, würde ein Großteil der Nutzer unter die Bagatellregelung fallen und somit straflos bleiben. Dabei führt gerade auch der massenhafte geringfügige Download von Dateien aus dem Netz zu erheblichen finanziellen Schäden bei den Rechteinhabern.[1013]

Zu bedenken ist zudem, dass die Einführung der Bagatellklausel dazu führen würde, dass für den privaten Endverbraucher kein Anreiz mehr besteht, auf illegale Vervielfältigung zu verzichten. Letztlich könnten sie in diesem Fall von den Rechteinhabern lediglich zivilrechtlich auf Schadensersatz in Anspruch genommen werden, § 97 Abs. 1 S. 1 UrhG. Der Schadensersatzanspruch ist nach der im Urheberrecht vorherrschen-

---

[1008] S. RefEntw. zum zweiten Korb der Urheberrechtsnovelle, S. 12, abrufbar unter http://www.bmj.bund.de/media/archive/760.pdf.

[1009] S. RefEntw. zum zweiten Korb der Urheberrechtsnovelle, S. 70, abrufbar unter http://www.bmj.bund.de/media/archive/760.pdf. Straffrei sollte demnach jedoch nicht mehr bleiben, wer etwa hunderte von Musiktiteln illegal aus dem Internet herunterlädt.

[1010] Gesetzesentwurf zum zweiten Korb der Urheberrechtsnovelle, S. 34 abrufbar unter http://www.urheberrecht.org/topic/Korb-2/bmj/1174.pdf.

[1011] So auch Flechsig in ZRP 2004, 249, 253; Haupt in MMR 2004, Heft 12, Rubrik „Aktuell", S. XIV.

[1012] Vgl. die Anmerkungen des Verbandes der Filmverleiher (VDF) und der Gesellschaft zur Verfolgung von Urheberrechtsverstößen (GVU) zur Bagatellklausel im RefEntw. zu einem zweiten Gesetz zur Regelung des Urheberrechts in der Informationsgesellschaft S. 2, abrufbar unter http://www.urheberrecht.org/topic/Korb-2/.

[1013] So spielt es hinsichtlich des entstandenen Schadens keine Rolle, ob 1000 Nutzer 4 Kopien oder 4 Nutzer 1000 Kopien herstellen.

den Lizenzanalogie allerdings auf den Schadensbetrag begrenzt, den der Endverbraucher gezahlt hätte, wenn er sich eines legalen Angebotes bedient bzw. das Vervielfältigungsstück rechtmäßig erworben hätte.[1014] Insoweit laufen Endverbraucher, die rechtswidrig Vervielfältigungen herstellen oder sich aus offensichtlich illegalen Quellen bedienen, - selbst bei Aufdeckung der illegalen Vervielfältigung - nicht Gefahr, schlechter gestellt zu werden, als wenn sie sich das Werkstück auf legale Art und Weise verschaffen.[1015] Zivilrechtliche Schadensersatzansprüche allein führen somit keine ausreichende Abschreckungswirkung herbei.
Teilweise wird zwar zu Recht darauf hingewiesen, dass das Urheberstrafrecht vielfach von den Rechteinhabern zur Durchsetzung anderweitiger Interessen funktionalisiert wird.[1016] So geht es den verletzten Rechteinhabern in Strafverfahren in erster Linie häufig nicht um eine Bestrafung des Täters als vielmehr darum, auf Staatskosten den Sachverhalt feststellen zu lassen, um mittels Akteneinsicht nach § 406 e StPO Unterlagen für einen Zivilprozess zu gewinnen. Dies ist darauf zurückzuführen, dass es de lege lata keinen zivilrechtlichen Auskunftsanspruch gegen die Internet-Provider gibt, mit dem die Rechteinhaber die Nutzer von Tauschbörsen aufspüren könnten. Nach diesseitiger Auffassung sollte dieser Problematik jedoch mit der Einführung eines zivilrechtlichen Auskunftsanspruches begegnet werden[1017], statt eine gänzliche Strafausschließung zu bestimmen.

III. Der Betreiber oder Initiator von dezentralen und hybriden P2P-Netzwerken

Bei der haftungsrechtlichen Beurteilung von Filesharing-Systemen ist grundsätzlich zwischen zentralen, dezentralen und hybriden Tauschbörsen zu unterscheiden.[1018] Während die Tauschbörsen der ersten Generation (insbes. „Napster") noch zentral von einem Rechner aus gesteuert wurden, sind die heutigen Filesharing-Systeme dezentral (bspw. „Gnutella") oder als Mischsystem (bspw. „Kazaa") aufgebaut. Hier erfolgt der Datenaustausch unmittelbar zwischen den angeschlossenen Teilnehmern.[1019]
Diese technischen Unterschiede wirken sich hinsichtlich der grundsätzlichen Haftung der dahinter stehenden Personen wesentlich aus. Bei einem zentralen Tauschsystem agiert der Server als zentrale Verwaltungsinstanz, er indexiert die verbundenen Computer und die verfügbaren Dateien. Ohne den Zentralserver existierte das Tauschnetz gar nicht. Eine zivil- wie strafrechtliche Haftung kann daher an dem Betreiber des Zentralservers ansetzen.[1020] Da zentrale Filesharing-Systeme jedoch heute praktisch

---

[1014] Vgl. hierzu oben Teil 5, A. I. 2.
[1015] Vgl. die Anmerkungen des Verbandes der Filmverleiher (VDF) und der Gesellschaft zur Verfolgung von Urheberrechtsverstößen (GVU) zur Bagatellklausel im RefEntw. zu einem zweiten Gesetz zur Regelung des Urheberrechts in der Informationsgesellschaft, S. 2, abrufbar unter http://www.urheberrecht.org/topic/Korb-2/.
[1016] Vgl. Stellungnahme des Strafverteidigers Hildebrandt zum zweiten Korb der Urheberrechtsnovelle, abrufbar unter http://www.urheberrecht.org/topic/Korb-2/.
[1017] S. dazu die ausführliche Diskussion in Teil 6.
[1018] Näher zu den technischen Unterschieden s.o. Teil 1, V.
[1019] Näher hierzu oben in Teil 1, A. V. 2. und 3.
[1020] Im Hinblick auf die Rechtsprechung des BGH zur mittelbaren Störerhaftung ist eine zivilrechtliche Haftung der Betreiber von zentralen Tauschbörsen nach § 97 Abs. 1 UrhG allgemein anerkannt, vgl. nur Kreutzer in GRUR 2001, 307 ff.; Braun in GRUR 2001, S. 1110 ff.; Dustmann, „Die privilegierten

keine Rolle mehr spielen[1021], soll sich nachfolgend ausschließlich den aktuellen dezentralen und hybriden Systemen gewidmet werden.

1. Zivilrechtliche Haftung nach § 97 Abs. 1 UrhG

Wie in Teil 1 A. V. 2. ausführlich beschrieben, ist in dezentralen Netzen kein Betreiber im engeren Sinne vorhanden. Für deren Funktionieren ist lediglich eine sog. P2P-Client-Software notwendig, die jeder Teilnehmer (Peer) auf seinem Rechner installieren muss. Ähnliches gilt für gemischte Systeme. Auch hier sind die einzelnen Teilnehmer durch eine P2P-Software untereinander verbunden. Zwar fungieren hier einzelne Nutzerrechner (sog. Super-Peers) als Datenträger und –verwalter und übernehmen somit die Funktion von zentralen Servern. Allerdings unterliegen diese Super-Peers nicht der Kontrolle eines Tauschbörsenbetreibers.[1022] Folglich kann der Verletzte grundsätzlich nur gegen die einzelnen Superpeers vorgehen. Dieses Vorgehen ist indes wenig effektiv, da das gesamte Netz auch ohne den einzelnen „Superpeer" funktioniert.

In beiden Systemen mangelt es somit letztlich an einem zentralen Betreiber, dessen Mitwirkung für den Datenaustausch notwendig wäre. Die Rolle des „Betreibers" eines dezentralen und gemischten Systems erschöpft sich somit in der Bereitstellung der P2P-Client-Software. Fraglich ist daher, ob gegen die Hersteller und Vertreiber der P2P-Client-Software vorgegangen werden kann. Dann müssten sie gemäß § 97 Abs.1 UrhG gegen Urheberrechte verstoßen. Da der Vertreiber von P2P-Software nicht unmittelbar in die ausschließlichen Verwertungsrechte der Urheber eingreift, kommt lediglich eine mittelbare Haftung für Urheberrechtsverletzungen der einzelnen Teilnehmer in Betracht.

a) Traditionelle Rechtsprechung des BGH zur Haftung für mittelbare Urheberrechtsverletzungen

Nach traditioneller Rechtsprechung des BGH haftet als Störer jeder, der willentlich und adäquat kausal an der Herbeiführung der Rechtsverletzung eines Dritten mitwirkt, soweit er nur die rechtliche und tatsächliche Möglichkeit zur Verhinderung seiner Handlung hat.[1023] Fraglich ist bereits schon, ob der Softwarehersteller willentlich an den Urheberechtsverletzungen der P2P-Teilnehmer mitwirkt.[1024] Der Software-Hersteller hat überdies lediglich insofern eine Möglichkeit zur Verhinderung der Urheberrechtsverletzungen der Tauschbörsen-Teilnehmer als er den Vertrieb der Software gänzlich einstellen könnte. Sobald die Software in Umlauf gelangt ist, besitzt der Hersteller keinerlei Möglichkeit mehr auf die Art und Weise der Nutzung Einfluss zu

---

Provider", S. 46 ff, 210 ff.; Freiwald, „Die private Vervielfältigung", S. 157 ff. Eine strafrechtliche Verantwortlichkeit wegen Beihilfe zu § 106 UrhG ist dagegen abzulehnen, vgl. hierzu Heghmanns in MMR 2004, S. 14, 16 ff.

[1021] Als zentralisiertes System ist heute lediglich „Soulseek" übrig geblieben.

[1022] Näher hierzu in Teil 1, A. V. 3.

[1023] BGH in GRUR 1990, 379 – Schönheits-Chirurgie; BGH in GRUR 1995, 62, 64 – Betonerhaltung; BGH in GRUR 1996, 258 – Rechenscheibe.; Schricker/*Wild*, § 97 Rn. 41; v. Gamm, Urheberrechtsgesetz, § 97 Rn. 20.

[1024] So auch Nordemann/Dustmann in CR 2004, S. 380, 382.

nehmen. Die Nutzer bestimmen unabhängig, welche Dateien sie mit anderen Nutzern austauschen wollen.
Ein gänzliches Verbot des Vertriebs von Aufnahme- und Kopiegeräten hat der BGH indes traditionell stets abgelehnt, wenn und soweit diese auch zu rechtmäßigen Zwecken genutzt werden können. In den Entscheidungen rund um das Magnettonbandgerät „Grundig-Reporter" hatte der BGH bereits in den fünfziger und sechziger Jahren des vergangenen Jahrhunderts Gelegenheit, zur mittelbaren Haftung von Urheberechtsverletzungen Stellung zu nehmen. Dabei ging es insbesondere um die Frage, ob die Hersteller von Tonbandgeräten auf Unterlassung des Verkaufs in Anspruch genommen werden können, wenn die Käufer sie zu unerlaubten Vervielfältigungen benutzen.[1025] Zwar nahm der BGH in sämtlichen Fällen nicht nur eine grundsätzliche Verantwortlichkeit der Hersteller[1026] und der Händler von Tonbandgeräten[1027], sondern auch der Hersteller von Tonbändern[1028] an, da zwischen deren Handlungsweise und dem Verletzungserfolg ein adäquater Ursachenzusammenhang bestehe. Um eine uferlose Ausdehnung der Störerhaftung zu vermeiden, hatte der BGH jedoch gleichzeitig eine wesentliche Einschränkung des Störerbegriffs vorgenommen. So sprach der BGH in den Tonbandgeräte-Entscheidungen davon, dass wer sich an der Schaffung einer Gefahrenlage in Bezug auf fremde Rechte beteilige, im Rahmen des Zumutbaren und Erforderlichen verpflichtet sei, Vorkehrungen zu treffen, um Rechtsverletzungen so weitestgehend wie möglich zu verhindern.[1029] Als zumutbar sahen die Richter an, mit entsprechenden Hinweisen an den Geräten und in der Werbung auf die Lizenzpflicht von Vervielfältigungen urheberrechtlich geschützter Werke hinzuweisen. In ähnlicher Weise urteilte der BGH auch in der „Kopierläden-Entscheidung" von 1984.[1030] Auch hier ging es um die Frage, ob die Betreiber eines Kopierladens als Mitstörer in die Haftung genommen werden können, wenn dessen Kunden entgegen § 53 Abs. 4 lit. b UrhG Bücher oder Zeitschriften vollständig vervielfältigen.[1031] Zwar nahm das Gericht auch hier einen adäquaten Kausalzusammenhang zwischen dem Bereitstellen der Kopiergeräte und den Urheberrechtsverletzungen an, jedoch verneinte es den Klageantrag auf Unterlassen des Bereitstellens der Geräte an die Kunden zur Selbstbedienung. Stattdessen forderte das Gericht den Betreiber auf, Maßnahmen zu treffen, durch die eine Gefährdung klägerischer Rechte ausgeschlossen oder doch ernsthaft gemindert werden kann. Hierfür ließ es einen ausgehängten Warnhinweis zur Beachtung fremder Urheberrechte genügen.[1032]
Fraglich erscheint, inwiefern diese Gerichtsentscheidungen auch auf den hier in Rede stehenden Vertrieb von dezentraler P2P-Software Anwendung finden. Grundsätzlich

---

[1025] Hierzu näher Dustmann, „Die privilegierten Provider", S. 49 ff.
[1026] BGH GRUR 1955, 492, 500 – Grundig-Reporter.
[1027] BGH in GRUR 1964, 94, 96 – Tonbandgeräte-Händler; BGH GRUR 1965, 104, 106 - Personalausweise.
[1028] BGH in GRUR 1964, 91, 93 – Tonbänder-Werbung.
[1029] BGH in GRUR 1964, 94, 96 – Tonbandgeräte-Händler; BGH in GRUR 1965, 685, 688 – Magnettonband II.
[1030] BGH in GRUR 1984, 54 – Kopierläden; Rehbinder, Urheberrecht, Rn 451.
[1031] Vgl. hierzu näher Dustmann, „Die privilegierten Provider", S 51 f.
[1032] BGH GRUR 1984, 54, 56 – Kopierläden.

unterscheidet sich das Anbieten von P2P-Software nicht wesentlich von dem Bereitstellen eines technischen Gerätes wie in Kopierläden oder in den Tonbandgeräte-Fällen.[1033] In sämtlichen Fällen wird ein technisches Mittel zur Verfügung gestellt, mit Hilfe dessen Nutzer Werke aller Art vervielfältigen oder zum Abruf bereitstellen können. Darüber hinaus wird jedoch keinerlei Organisation oder Hilfestellung für urheberrechtlich relevante Handlungen der Nutzer geliefert. Filesharing-Systeme werden überdies genauso wie Kopiergeräte nicht ausschließlich zum Tausch von urheberrechtlich geschütztem Material verwendet. Letztlich können Nutzer in Tauschbörsen alle denkbaren Werke, seien es private Filme, Fotos, Grafiken oder Musik, mit anderen Nutzern tauschen. Die Software wird somit auch zu rechtmäßigen Zwecken verwendet.[1034]

Somit spricht einiges dafür, den Vertrieb von P2P-Software an den dargestellten Maßstäben der Rechtsprechung zu messen. Hiernach stellt sich das Bereitstellen der Software als adäquat ursächlich für die Urheberrechtsverletzungen der Teilnehmer dar. Dies führt indes nicht zu einer Verpflichtung, den Vertrieb der Software einzustellen oder Schadensersatz zu zahlen. Vielmehr verpflichtet die Rechtsprechung den Hersteller oder Vertreiber nur zum Hinweis auf die Lizenzpflicht der öffentlichen Wiedergabe, oder – de lege ferenda – auf die Rechtswidrigkeit der privaten Vervielfältigung von urheberrechtlich geschützten Werken aus Tauschbörsen. Dieser Hinweispflicht kommen die Vertreiber der P2P-Software jedoch üblicherweise nach. In den Lizenzbedingungen zur Nutzung der Tauschbörsensoftware ist regelmäßig explizit angesprochen, dass die Dienste nicht zum Austausch urheberrechtlich geschützten Materials genutzt werden dürfen bzw. dass fremde Urheberrechte zwingend zu beachten sind.[1035]

Teilweise wird daher gefordert, schärfere Rechtsfolgen für den Vertrieb von P2P-Software vorzusehen, da die Verletzung von Urheberrechten zumindest bei manchen P2P-Systemen geradezu bezweckt wird.[1036] Dies gelte insbesondere für hybride Systeme, wie „eDonkey".[1037] Der Umstand, dass mit P2P-Software generell, und zwar nicht nur in hybriden Systemen, der Austausch von urheberrechtlich geschützten Musik- und Filmwerken bezweckt wird, kann als sicher angenommen werden. Der Austausch von privaten digitalen Dateien steht eindeutig im Hintergrund. Dieser ist im

---

[1033] So auch Freiwald in „Die private Vervielfältigung", S. 161.

[1034] Der Anteil von urheberrechtsfreien Werken ist jedoch recht gering. Nach den Feststellungen des im Napster-Verfahren befassten District Courts waren mindestens 87 % aller ausgetauschten Titel urheberrechtlich geschützt, für deren Online-Verbreitung die Rechteinhaber keine Zustimmung erteilt haben, vgl. A&M Records. Int et al. V. Napster, Inc., 114 F.Supp.2d 896, 903 (N.D. Cal. 2000) = GRUR Int. 2000, 166 (167). Andererseits ist das Netzwerk jedoch zum Tausch von Daten jeder Art nutzbar. Bezeichnenderweise soll das Gnutella-Protokoll ursprünglich von einem Unternehmen des AOL/Time Warner-Konzerns zum Austausch von Kochrezepten entwickelt worden sein, vgl. Heghmanns in MMR 2004, 14, 17.

[1035] Vgl. Freiwald in „Die private Vervielfältigung", S. 161.

[1036] Nordemann/Dustmann in CR 2004, 380, 382.

[1037] Vgl. Nordemann/Dustmann in CR 2004, 380, 382. Da sich hybride Systeme sog. Super-Peers bedienten, könne ein privater Austausch von Dateien zwischen Nutzern kaum stattfinden, da die Teilnehmer willkürlich mit einem sog. Super Peer verbunden werden. Der legale Austausch werde somit bewusst erschwert.

Zeitalter des Internets problemlos mittels E-mail-Übertragung möglich. Einer öffentlichen Tauschbörse bedarf es hierfür nicht.
Letztlich vermag jedoch auch diese eindeutige Zweckrichtung keine andere Verpflichtung als die Hinweispflicht zu begründen. Solange die Verwendung der Software zu rein privaten Zwecken nicht denkgesetzlich ausgeschlossen ist, kommt eine generelle Vertriebsuntersagung von P2P-Software jedenfalls unter dem Gesichtspunkt des Übermaßverbots nicht in Betracht.[1038]

b) Neuere Rechtsprechung des BGH: Verstoß gegen Prüfungspflicht?
Die neuere Rechtsprechung des BGH stellt auch im Urheberrecht nicht mehr auf Zumutbarkeitserwägungen ab, um die Haftung für mittelbare Rechtsverletzungen auf der Rechtsfolgenseite zu begrenzen, sondern fordert als Haftungsvoraussetzung auf Tatbestandsebene eine Verletzung von Prüfpflichten: Wer nur durch Einsatz organisatorischer oder technischer Mittel an der von einem anderen vorgenommenen Handlung beteiligt war, kann einwenden, er habe im konkreten Fall nicht gegen Prüfpflichten verstoßen.[1039] Er müsse insbesondere geltend machen können, dass ihm eine solche Prüfung nach den Umständen überhaupt nicht oder nur eingeschränkt zumutbar war.[1040]
Dem Hersteller und Anbieter von P2P-Software für dezentrale Tauschbörsen stehen keine zumutbaren Prüfungsmöglichkeiten hinsichtlich des Inhalts und der Art der getauschten Dateien zu.[1041] Wie bereits dargelegt, spielt er beim Betrieb der Tauschbörse keine Rolle mehr. Mit der Software schafft er nur die Zugangsmöglichkeit zum Netzwerk. An den Tauschvorgängen stehen ihm keinerlei Kontrollmöglichkeiten zu, da diese unmittelbar unter den Teilnehmern erfolgen und er gar nicht involviert ist. Folglich entfällt in diesen Fällen mangels Verletzung einer Prüfungspflicht bei strenger Anwendung der Grundsätze der Möbelklassiker-Entscheidung des BGH bereits der Haftungstatbestand. Allerdings kann die vom BGH aufgestellte Prüfungspflicht als Pflicht zur Vermeidung von Urheberrechtsverletzungen gedeutet werden.[1042] Insofern ergibt sich in der Sache lediglich eine Verschiebung der für erforderlich gehaltenen Vorkehrungen gegen Urheberrechtsverletzungen von der Rechtsfolgenseite auf die Tatbestandsebene.[1043] So verwies der BGH im Hinblick auf die Prüfungspflicht ausdrücklich auf die „Kopierläden-Entscheidung", wonach ein mittelbarer Verletzer im Rahmen des Zumutbaren und Erforderlichen verpflichtet sei, geeignete Vorkehrungen zu treffen, durch die die Rechtsverletzungen soweit wie möglich verhindert werden könnten.

1038 So LG München vom 7.11.2002, 7 O 18271/02, welches eine Vertriebsuntersagung von CD-Münzkopierautomaten ablehnte.

1039 BGH GRUR 1999, 418, 420 – Möbelklassiker (keine Haftung eines Zeitungsverlages für eine urheberrechtsverletzende Anzeige); BGH in GRUR 1997, 313, 316 – Architektenwettbewerb.

1040 BGH GRUR 1999, 418, 420 – Möbelklassiker.

1041 So auch Freiwald, „Die private Vervielfältigung", S. 163, 164; i.E. auch Nordemann/Dustmann in CR 2004, 280, 282.

1042 So Dustmann, „Die privilegierten Provider", S. 60; Freiwald, „Die private Vervielfältigung", S. 163.

1043 Freiwald, „Die private Vervielfältigung", S. 163.

Im Ergebnis verbleibt es somit bei der vom BGH in der Kopierläden-Entscheidung geforderten Hinweispflicht auf die Anerkennung fremder Urheberrechte. Dieses Ergebnis erscheint auch nicht unbillig, da unmittelbar Haftender der jeweilige Benutzer ist, welcher die Urheberrechtsverletzungen durch seine Freigabe zum Upload begeht.[1044]

c) Zwischenergebnis

Eine Haftung der Anbieter von dezentraler Filesharing-Software als mittelbare Störer von Urheberrechtsverletzungen der Tauschbörsennutzer kommt nicht in Frage. Mit Blick auf die ältere Rechtsprechung des BGH zur Mitstörerhaftung bei Urheberrechtsverletzungen kann zwar der Haftungstatbestand als erfüllt angesehen werden; auf Rechtsfolgenseite kommen die Anbieter ihrer Verpflichtung zu Warnhinweisen vor möglichen Urheberrechtsverletzungen jedoch regelmäßig in den Lizenzbedingungen zur Nutzung der Tauschbörsensoftware nach. Unter Zugrundelegung der jüngeren Rechtsprechung des BGH fehlt es bereits am Vorliegen des Haftungstatbestandes, da die Anbieter von Tauschbörsen-Software nicht gegen eine Pflicht zur Prüfung auf mögliche Rechtsverletzungen verstoßen. Eine derartige Prüfung ist ihnen angesichts der fehlenden Kontrollmöglichkeit des Datenaustausches in dezentralen Filesharing-Systemen unmöglich.

2. Strafrechtliche Verantwortlichkeit

Eine strafrechtliche Verantwortung der Hersteller und Vertreiber von P2P-Software scheidet regelmäßig aus. In Betracht käme insoweit lediglich eine Strafbarkeit wegen Beihilfe zur Verletzung von Urheberrechten gemäß den §§ 106 Abs. 1 UrhG, 27 StGB. Voraussetzung hierfür wäre jedoch die Kenntnis des Softwareherstellers von der konkreten Urheberrechtsverletzung des einzelnen Nutzers und ein entsprechender Teilnahmevorsatz.[1045] Das bloß allgemeine Wissen, dass das Netzwerk zur Verletzung von Urheberrechten benutzt wird, reicht demgegenüber nicht aus.[1046]

IV. Haftung der Internetzugangsvermittler (sog. Access-Provider)

Von besonderem Interesse ist die Frage nach einer Haftung der Provider. Dabei muss grundsätzlich zwischen den sog. Host-Providern und den sog. Access-Providern unterschieden werden. Ein Host/Service-Provider speichert fremde Informationen im Auftrag des Nutzers auf eigenen Servern und stellt hierfür den Speicherplatz bzw. die technische Infrastruktur zur Verfügung.[1047] Dagegen ermöglicht erst der sog. Access-

---

[1044] So auch Lubitz in GRUR Int 2001, 284, 289. Grundsätzlich wäre jedoch eine Einordnung der Hersteller und Vertreiber von P2P-Software unter die Vergütungspflicht nach den §§ 54 f. UrhG denkbar. Eine Abgabenpflicht für den PC, wie sie hier vertreten wird, deckt die Benutzung der Software indes hinreichend ab, vgl. hierzu oben Teil 2, C. I. 3. b).

[1045] Nordemann/Dustmann in CR 2004, 380, 382.

[1046] Nordemann/Dustmann in CR 2004, 380, 382, mit Verweis auf die ausführliche Erörterung bei Heghmanns in MMR 2004, 14, 17, 18.

[1047] Hoeren, „Das Recht der Access Provider", Rn 640. Als Host-Provider fungieren bspw. Firmen oder Hochschulen, wenn sie ihren Studenten Speicher- und Serverkapazitäten bereitstellen.

Provider[1048] den Internetzugang. Jeder Nutzer eines Filesharing-Netzwerkes benötigt einen Zugangsanbieter (sog. Access Provider), der ihn mit dem Internet verbindet. Vereinfacht lässt sich die Tätigkeit des Access-Providers folgendermaßen beschreiben: Der Access-Provider betreibt einen Einwahlknoten /Point of Presence – PoP), welcher über eine feste Datenleitung mit dem sog. Backbone des Internet verbunden ist und über welchen sich der Nutzer in das Internet „einwählen" kann.[1049] Der Access Provider sendet die Datenabfragen des Nutzers an andere Netzteilnehmer und umgekehrt. Ohne seine Mithilfe wäre ein Up- und Download von digitalen Musik- und Filmwerken in Online-Tauschbörsen folglich nicht denkbar.
Aus Gründen der Prüfungskonzentration soll sich im Folgenden auf die Erörterung der zivil- und strafrechtlichen Verantwortlichkeit der Access-Provider beschränkt werden. Es sei jedoch ausdrücklich hervorgehoben, dass auch die Host-Provider durch die oftmals nur fahrlässig überwachte Zuverfügungstellung von Speicherplatz einen erheblichen Beitrag zu Urheberrechtsverletzungen im Internet leisten.[1050]

1. Ausschluss der Verantwortlichkeit nach § 9 TDG ?
Access-Provider bieten vielfach Teledienste an und fallen daher unter das Teledienstegesetz (TDG).[1051] Die Regelungen zur Verantwortlichkeit von Teledienstanbietern finden sich in den §§ 8-11 TDG. Die Wirkungsweise dieser Haftungsregelungen lässt sich untechnisch mit der eines Vorfilters beschreiben.[1052] Bevor ein Diensteanbieter nach den allgemeinen Vorschriften des Zivil- oder Strafrechts zur Verantwortung gezogen werden kann, muss geprüft werden, ob nicht zu seinen Gunsten eine Haftungsprivilegierung nach den §§ 8-11 TDG (§ 5 TDG a.F.) eingreift.
Gemäß § 9 TDG ist der Access Provider für fremde Informationen, die er in einem Kommunikationsnetz übermittelt oder zu denen er den Zugang zur Nutzung vermittelt, nicht verantwortlich, wenn er die Übermittlung der fremden Informationen nicht veranlasst, den Adressaten der übermittelten Informationen nicht ausgewählt und die übermittelten Informationen nicht ausgewählt oder verändert hat.[1053] Der Access Provider veranlasst weder die Übermittlung der Daten noch wählt er sie aus oder ändert sie. Er übermittelt lediglich fremde Informationen.[1054]

[1048] Bspw. „T-online" oder „1&1".
[1049] Vgl. Wischmann, MMR 2000, S. 46. Kern des Access-Provider-Vertrags ist die Weiterleitung von Informationen ins Internet und vom Internet zum Nutzer auf der Basis des TCP/IP-Standards.
[1050] Zur Haftung der Host-Provider vgl. Nordemann/Dustmann in CR 2004, 380, 383 f.; Dustmann in Bröcker/Czychowski/Schäfer, „Praxishandbuch Geistiges Eigentum im Eigentum", 2003, § 4 Rn 136 ff.; Sieber/Höfinger in MMR 2004, 575, 578 f.
[1051] Dies ist vor allem dann der Fall, wenn sie Navigationshilfen, Suchmaschinen oder Internet-Portale anbieten, Hoeren, „Das Recht der Access-Provider", Rn 71. Bsp.: T-Online International AG.
[1052] So Plaß in WRP 2000, S. 599, 608.
[1053] § 5 III TDG a.F. schloss eine Verantwortlichkeit des Access Providers für die von ihm vermittelten externen Inhalte noch generell aus.
[1054] Er ist insoweit vergleichbar mit einem Telefondienstleister, der lediglich seine Leitungen zu Verfügung stellt, über die der Kunde Informationen verbreitet, die er selbst ausgewählt hat. Man wird die Deutsche Telekom kaum dafür zur Verantwortung ziehen können, wenn anlässlich eines Telefonats strafbare Handlungen, wie die Verabredung zu einem Verbrechen – vorgenommen werden.

Somit ist eine Haftung des Zugangsvermittlers für Urheberrechtsverstöße im Internet gemäß § 9 Abs. 1 TDG grundsätzlich ausgeschlossen.[1055] Die Haftungsprivilegierung nach § 9 Abs. 1 TDG gilt selbst bei Kenntnis des Providers von den konkreten Inhalten.[1056] Dies beruht auf der Erkenntnis, dass Kontrollmöglichkeiten des Accessproviders im Hinblick auf die von ihm übermittelten Inhalte grundsätzlich nicht bestehen und wegen der dabei erfolgenden Eingriffe in das Fernmeldegeheimnis vom Gesetzgeber auch grundsätzlich nicht gewollt sind.[1057]

2. Einschränkung der Haftungsprivilegierung gemäß § 8 Abs. 2 S. 2 TDG ?

Nach § 8 Abs. 2 S. 2 TDG bleiben vom Ausschluss der Haftung des Access-Providers „Verpflichtungen zur Entfernung oder Sperrung der Nutzung von Informationen nach den allgemeinen Gesetzen auch im Falle der Nichtverantwortlichkeit nach den §§ 9-11 TDG unberührt".

Diese Norm stellt sich als eine Art „Fremdkörper" in den nach Verantwortlichkeiten recht detailliert normierten §§ 8 bis 11 TDG dar. Es erscheint paradox, dass § 8 Abs. 2 S. 2 die umfassende Haftungsprivilegierung für Access-Provider gemäß § 9 TDG, die sich ja gerade aus der Überlegung rechtfertigt, dass dieser in der Regel keine Kenntnis von fremden Inhalten hat, durch die Hintertür wieder aushebelt. Fraglich ist daher, welchen Anwendungsbereich die Norm besitzt.

Ausweislich der Gesetzesbegründung soll die Neuregelung der Vorgängervorschrift des § 5 Abs. 4 TDG entsprechen.[1058] Diese nahm den gesamten Bereich der verschuldensunabhängigen **Unterlassungsverpflichtungen** der Provider von der Haftungsprivilegierung aus.[1059] Es ist daher davon auszugehen, dass § 8 Abs. 2 S. 2 TDG die Haftungsprivilegierung für Access-Provider gemäß § 9 TDG hinsichtlich allgemeiner Unterlassungsansprüche generell einschränkt.[1060]

Für eine derartige Auslegung des § 8 Abs. 2 S. 2 TDG spricht neben der insofern eindeutigen Gesetzesbegründung zudem Art. 3 der Info-RL.[1061] Danach müssen die Mit-

---

[1055] Nach einem Urteil des OLG München in ZUM 2001, 420 – MIDI-Files sollte das TDG auf das Urheberrecht grundsätzlich keine Anwendung finden. Dies kann nach der ausdrücklichen Ausnahme des Urheberrechts von der Regelung des Herkunftslandsprinzips in § 4 Abs. 4 Nr. 6 TDG wohl nicht mehr geltend gemacht werden, vgl. Dreier/Schulze/*Dreier*, UrhG, 2004, § 97 Rn 36.

[1056] So Nickels in CR 2002, 302, 306. Einen Wegfall der Privilegierung bei Kenntnis (wie für den Hostprovider nach § 11 TDG) sieht das Gesetz nicht vor.

[1057] Sieber/Höfinger in MMR 2004, 575, 580.

[1058] BT-Drs. 14/6098, S. 23.

[1059] So die Gesetzesbegründung in BT-Drs. 13/7385, zu § 5 Abs. 4 TDG, S. 21: Sie stellt darauf ab, dass es nach der Systematik des Zivilrechtes bei Ansprüchen auf Störungsbeseitigung (d.h. auf Unterlassung von Rechtsverletzungen) nicht auf Verschulden oder die Kenntnis der Rechtswidrigkeit ankomme. Vgl. hierzu ausführlich Sieber, „Verantwortlichkeit im Internet", 1999, Rn 381 ff.; Bettinger/Freytag in CR 1998, 545, 548.

[1060] So auch BGH Urt. v. 11.3.2004 in GRUR 2004, 860, 862 – Internet-Versteigerung; Spindler/Schmitz/Geis/ *Spindler*, TDG-Komm. 2004, zu § 8 Rn 15 ff.; ders. in NJW 2002, S. 921, 922; Dreier/Schulze/*Dreier*, UrhG, 2004, § 97 Rn 45; Nordemann/Dustmann in CR 2004, 380, 385; Czychowski in MMR 2004, 514, 516; LG Hamburg vom 07.07.2004 in CR 2005, 136, 138, und LG Köln vom 28.07.2004 (Az.: 28 O 301/04).

[1061] Richtlinie 2001/29/EG zur Harmonisierung bestimmter Aspekte des Urheberrechts und der verwandten Schutzrechte in der Informationsgesellschaft, Abl. EG Nr. L 167, 10 v. 22.06.2001.

gliedsstaaten sicherstellen, dass die Rechteinhaber gerichtliche Anordnungen gegen Vermittler beantragen können, deren Dienste von Dritten zur Verletzung eines Urheberrechtes oder verwandter Schutzrechte benutzt werden. Der deutsche Gesetzgeber wird hiermit verpflichtet, dem Rechteinhaber die Möglichkeit zu verschaffen, den Access-Provider nach den allgemeinen Grundsätzen auf Unterlassung in Anspruch zu nehmen.[1062] Hiermit soll die Haftungslücke geschlossen werden, welche § 9 TDG in Umsetzung der E-commerce-Richtlinie mit ihrer weitgehenden haftungsrechtlichen Freistellung geöffnet hat.[1063] Die Haftungsbeschränkungen der E-commerce-Richtlinie stehen dem nicht entgegen, weil sie für die Haftung auf Schadensersatz gelten und eine Unterlassungshaftung der Access-Provider gar nicht regeln wollten.[1064]
Der deutsche Gesetzgeber ging indes bei der Umsetzung der Info-RL davon aus, dass Art 8 Abs. 3 der Info-RL keiner gesonderten Umsetzung ins deutsche Recht bedürfe. Vielmehr verwies die Bundesregierung auf die Möglichkeit, Provider bereits nach geltendem Recht auf Unterlassung in Anspruch zu nehmen.[1065] Somit spricht einiges dafür, dass die Regelung des § 8 Abs. 2 S. 1 TDG – als Ausnahme zu § 9 TDG – insoweit den Anforderungen des Art. 8 Abs. 3 Info-RL genügt.[1066]
§ 8 II 2 TDG ermöglicht somit grundsätzlich eine Unterlassungshaftung der Access-Provider begrenzt auf eine Verpflichtung zur Sperrung von Nutzern, die rechtswidrige Informationen über das Internet übermitteln wollen.[1067]

3. Verpflichtung zur Einrichtung von Zugangssperren nach § 97 Abs. 1 UrhG ?
§ 8 II 2 TDG begründet jedoch keine eigenständige Sperrpflicht.[1068] Zugangssperren müssen vom Access Provider nur dann eingerichtet werden, wenn ihm eine entsprechende Rechtspflicht nach den allgemeinen Gesetzen, z.B. nach §1004 BGB analog oder §97 I UrhG, obliegt. Die Sperrung des Zugangs zu urheberrechtswidrig im Netz angebotenen Dateien kann somit nur verlangt werden, wenn die Zugangsvermittlung zu diesen Dateien eine Verletzungshandlung i.S.v. §97 I UrhG darstellt, zu deren Unterlassung der Access-Provider als (Mit-) Störer verpflichtet ist.[1069]

[1062] So Dreier in ZUM 2002, 28, 41; Reinbothe in ZUM 2002, 43, 46; Spindler in GRUR 2002, 105, 119 f.
[1063] So Dreier in ZUM 2002, 28, 41.
[1064] So Reinbothe in ZUM 2002, 43, 46 (in Fn 21). A.A. indes Hoeren in MMR 2003, S. 299, 302, wonach Sperrungsverpflichtungen der Access Provider mit dem Leitbild der E-Commerce-Richtlinie nicht in Einklang zu bringen seien.
[1065] Gegenäußerung der Bundesregierung zur Stellungnahme des Bundesrates v. 27.09.2003 zum Entwurf des Gesetzes zur Regelung des Urheberrechtes in der Informationsgesellschaft, zu Nr. 1, lit b) (S. 2 f.), abrufbar unter http://www.urheberrecht.org/topic/Info-RiLi/ent/11523.pdf. Sie berief sich dabei insbesondere ausdrücklich auf die Rechtsprechung des OLG München in WRP 2001, 578 – Midi-Files, sowie die Gesetzesbegründung zu § 8 Abs. 2 S. 2 TDG.
[1066] So auch Nordemann/Dustmann in CR 2004, 380, 385; Czychowski in MMR 2004, 514, 516, jedoch mit stellenweise gleichlautenden Ausführungen.
[1067] So auch Nordemann/Dustmann in CR 2004, 380, 385; Czychowski in MMR 2004, 514, 516.
[1068] Dustmann, „Die privilegierten Provider“, S. 174.
[1069] Ein Verschulden des Verletzers ist nicht erforderlich, vgl. OLG Köln, OLG-Rspr. Köln (1993), 214 ff; Möhring/Nicolini/*Lüthje*, UrhG, 2. Aufl. 2000, § 101 a Rn 4.

Fraglich ist, inwiefern der Access Provider Rechte von Urhebern verletzt, wenn er seinen Kunden die Möglichkeit der Datenübertragung innerhalb von Tauschbörsen verschafft. Eine Verletzung des Vervielfältigungsrechts gemäß § 16 UrhG durch ihn selbst scheidet schon wegen § 44 a Nr. 1 UrhG aus. Danach sind technisch bedingte ephemere Speicherungen, die ausschließlich der Übertragung in einem Netz zwischen Dritten durch einen Vermittler dienen, ohne eigene wirtschaftliche Bedeutung zu haben, vom ausschließlichen Vervielfältigungsrecht des Urhebers nach § 16 UrhG ausgenommen. Eine Verletzung des Rechts auf öffentliche Zugänglichmachung nach § 19 a UrhG erfolgt ebenfalls nicht.[1070] Der Access Provider macht selbst keine Inhalte öffentlich zugänglich, indem er sie zum Onlineabruf bereithält. Vielmehr stellt er nur die Übertragungstechnik bereit und ist nicht für den Inhalt der Übertragung verantwortlich. Dies gilt auch bei positiver Kenntnis von den übermittelten Inhalten. Die Verfügungsgewalt übt derjenige aus, der die Übertragung des Inhalts durch das Bereithalten zum Onlineabruf auf einem Server veranlasst.[1071]

Somit kommt lediglich eine Haftung des Access Providers als mittelbarer Störer in Betracht. Hinsichtlich der vom BGH für eine Mitstörerhaftung aufgestellten Grundsätze sei auf die vorherigen Ausführungen in Teil 5 C. III. 1. a) und b) verwiesen. Danach kann das Bereitstellen der technischen Infrastruktur zwar als adäquat kausal für die Urheberrechtsverletzungen eines Tauschbörsennutzers angesehen werden. Eine Haftung des Access Providers für Urheberrechtsverletzungen seiner Nutzer kommt jedoch nur bei einer Verletzung von Prüfungspflichten in Betracht, deren Einhaltung ihm auch zumutbar und möglich wäre.[1072] Bei der regelmäßig unüberschaubaren Menge an Daten, die ein Accessprovider von den Kunden ins Internet überträgt, bestehen jedoch für den Access Provider keine zumutbaren Kontrollmöglichkeiten.[1073] Keinesfalls muss der Zugangsvermittler von sich aus das Internet durchsuchen. Eine derartige proaktive Überwachungspflicht wird von § 8 Abs. 2 S. 1 TDG ausgeschlossen.

Anders liegt der Fall jedoch, wenn der Access Provider konkret auf Rechtsverletzungen seiner Nutzer hingewiesen wird. In diesem Falle erlangt er die für eine Störerhaftung notwendige Prüfungs- und Kontrollmöglichkeit. So muss der Access Provider konkreten Hinweisen auf Rechtsverletzungen nachgehen und einer näheren Prüfung und Kontrolle unterziehen.[1074] Diese Prüfungspflicht ist auf die Prüfung der Rechtswidrigkeit des Nutzerverhaltens gerichtet.[1075] Zu bedenken ist jedoch, dass die Störereigenschaft einen Verstoß gegen die Prüfungspflicht voraussetzt und nicht bereits mit dem Entstehen der Prüfungspflicht aufgrund der Kenntnisnahme von einer möglichen

---

[1070] So auch Kitz in GRUR 2003, 1014, 1015; Sieber/Höfinger in MMR 2004, S. 575, 580. Spindler in Hoeren/Sieber, Hdb. Multimediarecht, 2003, Kap. 29 Rn 354 m.w.N.

[1071] Sieber/Höfinger in MMR 2004, S. 575, 580.

[1072] BGH GRUR 1999, 418, 420 – Möbelklassiker (keine Haftung eines Zeitungsverlages für eine urheberrechtsverletzende Anzeige).

[1073] So bereits der Generalbundesanwalt in MMR 1998, 93, 94.

[1074] Spindler/Dorschel in CR 2005, 38, 42; Nordemann/Dustmann in CR 2004, 380, 385; Czychowski in MMR 2004, 514, 517; OLG Frankfurt in MMR 2005, 241 ff. mit Anm. Spindler. Vgl. auch BGH in GRUR 2004, 860, 864 - Internet-Versteigerungen (allerdings für Host-Provider);

[1075] Näher hierzu Spindler/Volkmann in WRP 2003, 1, 3 ff.

Rechtsverletzung eintritt.[1076] So ist der gutgläubige Provider, der rechtsverletzende Inhalte unverzüglich nach Kenntnisnahme prüft und entfernt, nicht als Störer anzusehen.[1077] Der Access Provider kann folglich nur dann Mitstörer und somit Verletzer im Sinne des § 97 Abs. 1 UrhG sein, wenn er trotz konkreter Hinweise auf Urheberrechtsverletzungen keine ausreichenden und zumutbaren Prüfungen und Kontrollen des vermeintlich rechtsverletzenden Angebots eines Nutzers durchführt.
Dabei muss allerdings berücksichtigt werden, dass den Prüfungsmöglichkeiten der Access Provider technisch und rechtlich sehr enge Grenzen gesetzt sind, die wohl in fast allen Fällen eine Störereigenschaft ausschließen.[1078] Zum einen leitet der Zugangsvermittler den Internet-Verkehr seines Nutzers lediglich „paketweise" durch seine Systeme, wobei die Aufteilung der einzelnen Nachrichten in Pakete, deren Größe technischen Zwängen geschuldet ist, ihm eine Kenntnisnahme der Inhalte der Übertragung unmöglich macht.[1079] Darüber hinaus hat der Access Provider - im Gegensatz zu Host-Providern[1080] - technisch keine Möglichkeiten, die auf Grund seiner Vermittlung bereitgehaltenen Daten zu beeinflussen, etwa Veränderungen des Datenbestandes zu protokollieren. Daher erscheint eine Prüfungspflicht nur in den Ausnahmefällen annehmbar, in denen die beanstandeten Inhalte frei zugänglich sind, die Rechtsverletzung offensichtlich ist, die vom Access Provider weitergeleiteten Inhalte ausschließlich rechtsverletzenden Charakter haben und der Verletzer eindeutig zu identifizieren ist, mithin der Provider nur einen bestimmten Verletzer prüfen muss.[1081] Ein solcher Fall liegt vor, wenn rechtsverletzende Angebote dauerhaft auf einem zentralen FTP-Server oder einer Website gespeichert und der Öffentlichkeit zugänglich gemacht werden. Problematisch wird eine Überprüfung von Inhalten allerdings dann, wenn rechtsverletzende Inhalte von den einzelnen Nutzer-PCs über Filesharing-Systeme „getauscht" werden. In solchen Netzwerken verändern sich die angebotenen Inhalte permanent, da die betroffenen Daten nur solange verfügbar sind, wie der Nutzer diese freigeschaltet hat.[1082] Diese Freischaltung erfolgt in der Regel jedoch nur für kurze Zeit. Hier ist es dem Access Provider, der selbst überhaupt keinen Zugang zu zentralen Daten hat, weder möglich noch zumutbar nachzuvollziehen, ob ein Nutzer zu einem bestimmten Zeitpunkt ein Urheberrecht verletzt hat.[1083] Dementsprechend kann der Provider auch nicht nachträglich überprüfen, ob ein Internetnutzer eine illegale Ver-

---

[1076] Vgl. Spindler/Dorschel in CR 2005, 38, 41, 42. Dies wird vielfach übersehen.

[1077] Vgl. Spindler/Dorschel in CR 2005, 38, 41, 43.

[1078] Vgl. hierzu Spindler/Dorschel in CR 2005, 38, 42.

[1079] Vgl. Spindler/Dorschel in CR 2005, 38, 41, 42, welche darauf hinweisen, dass eine Prüfungspflicht letztlich nur zu erfüllen wäre, wenn der Provider den gesamten Internet-Traffic des Nutzers dauerhaft speichert, was offensichtlich in das Fernmeldegeheimnis des Nutzers eingreife. Sie verweisen insofern auf BVerfG in CR 1995, 750.

[1080] So hat der BGH die Kontrolle von Inhalten, die von bestimmten Nutzern stammen, welche dem Provider durch eine Abmahnung bekannt geworden sind, durch den Provider eines Internet-Auktionssystems als zumutbar angesehen, vgl. BGH in GRUR 2004, 860, 864.

[1081] Spindler/Dorschel in CR 2005, 38, 42. S. ausführlich zur Zumutbarkeit von Kontroll- und Prüfungspflichten der Access-Provider Spindler/Schmitz/Geis/*Spindler*, TDG-Komm., 2004, zu § 8 TDG, Rn 26 ff;

[1082] Spindler/Dorschel in CR 2005, 38, 43.

[1083] Spindler/Dorschel in CR 2005, 38, 43.

vielfältigung aus P2P-Netzwerken vorgenommen hat. Die heruntergeladene Datei befindet sich auf dem Rechner des Kunden, zu dem der Provider keinen Zugang hat. Insofern wird dem Access Provider auch ab Kenntniserlangung von Urheberrechtsverstößen eines Tauschbörsennutzers keine zumutbare Prüfungspflicht obliegen.
Denkbar ist lediglich, dass der Provider den Internetzugang des Nutzers auf den bloßen Hinweis eines Dritten hin ohne nähere Prüfung sperrt. Dies erscheint jedoch unter dem Gesichtspunkt, dass sich der Provider auf Grund seiner vertraglichen Pflichten gegenüber dem Nutzer nicht allein auf die Angaben des Rechtsinhabers verlassen darf, rechtlich unzulässig.[1084] Im Übrigen würde sich eine generelle Sperrung des Internetzugangs eines Kunden wohl auch als unverhältnismäßig darstellen, da der Nutzer den Zugang dann auch nicht mehr zu rechtmäßigen Zwecken nutzen könnte.

4. Ergebnis

Der Access Provider ist der letzte in einer Kette von möglichen Rechtsverletzern.[1085] Grundsätzlich entfällt seine Haftung für Urheberrechtsverletzungen im Internet nach § 9 Abs. 1 TDG. Somit sind insbesondere Schadensersatzansprüche ausgeschlossen. Nach § 8 Abs. 2 S. 2 TDG bleibt eine Haftung begrenzt auf eine Sperrungsverpflichtung jedoch möglich. Eine solche kann sich in Ausnahmefällen aus § 97 Abs. 1 UrhG ergeben, wenn der Access Provider als Mitstörer einer Urheberrechtsverletzung angesehen werden kann. Voraussetzung für eine Störerhaftung ist allerdings, dass ihm qualifizierte Hinweise auf Urheberrechtsverletzungen eines Nutzers vorgelegt werden und ihm deren Überprüfung möglich und zumutbar ist. Dies wird man bei dauerhaften Angeboten auf FTP-Servern noch annehmen können. Eine zumutbare Überprüfungspflicht von Rechtsverletzungen in P2P-Netzwerken besteht dagegen kaum.

[1084] Spindler/Dorschel in CR 2005, 38, 42. Hierzu näher Spindler, „Vertragsrecht der Internet-Provider", 2. Aufl. 2004, Teil IV Rz. 236.

[1085] Letztlich kommt auch eine Haftung des Host-Providers in Betracht, wenn dieser Kenntnis von den konkreten rechtsverletzenden Inhalten hat und nicht unverzüglich tätig wird, um diese zu löschen oder zu sperren. Vgl. Sieber/Höfinger in MMR 2004, 575, 579, wonach die Haftungsnorm des § 11 S. 1 Nr. 2 TDG eine konkrete Kenntnis der rechtsverletzenden Inhalte fordere. A.A. Nordemann/Dustmann in CR 2004, 380, 384.

Teil 6: Durchsetzbarkeit von Urheberrechten im Internet

Bietet das deutsche Urheberrecht zumindest de lege ferenda ein effektives Regelungssystem zur Bekämpfung urheberrechtswidriger Vervielfältigung sowohl im Offline- als auch im Online-Bereich, so bereitet die praktische Rechtsdurchsetzung im Internet weiterhin erhebliche Schwierigkeiten.

Die zivil- und strafrechtliche Verfolgung von Urheberrechtsverletzern im Internet, insbesondere in P2P-Netzwerken, wird dadurch erschwert, dass die Internetnutzer weitestgehend anonym agieren. Ihnen ist während des Surfens im Internet bzw. der Teilnahme an einer „Tauschbörse" lediglich eine dynamische IP-Adresse zugeteilt, welche im Anschluss an einen anderen Teilnehmer wechselt. Diese IP-Adresse lässt sich zwar meist auch von Außenstehenden leicht feststellen[1086], jedoch endet die Datenspur beim Access-Provider (Zugangsvermittler). Nur er allein kann durch einen Abgleich mit seinen Daten die IP-Adresse einem bestimmten Nutzer zuordnen.[1087] Rechteinhaber sind daher bei der Verfolgung von Urheberrechtsverletzern auf die Mithilfe der Zugangsvermittler angewiesen. Ein Auskunftsanspruch gegen Access-Provider über die Identität von Internetnutzern wird bislang allerdings explizit nur den Strafverfolgungsbehörden gewährt.[1088] Daher konzentrierten sich die betroffenen Rechteinhaber bislang zunächst auf die Strafverfolgung der Verletzer, wobei sie die im Wege der Akteneinsicht nach § 406e StPO bekannt gewordene Identität häufig zur anschließenden zivilrechtlichen Verfolgung ihrer Ansprüche benutzen. Allerdings entscheiden die Staatsanwaltschaften nach dem Opportunitätsprinzip in pflichtgemäßem Ermessen unter Berücksichtigung vor allem der öffentlichen Interessen, ob sie die Strafverfolgung aufnimmt, was in der Regel erst bei massiven Urheberrechtsverstößen der Fall ist. In vielen Fällen wird der verletzte Rechteinhaber daher auf den Privatklageweg verwiesen, wobei ihm bereits die Erhebung der Privatklage mangels Kenntnis der Identität des Verletzers unmöglich ist.[1089] Für den Fall eines stattfindenden Ermittlungsverfahrens kann die Akteneinsicht überdies gemäß § 406 e Abs. 2 S. 1 StPO versagt werden, wenn schutzwürdige Interessen des Beschuldigten oder Dritter entgegenstehen; nach S. 2 kann sie versagt werden bei einer Gefährdung des Untersuchungszwecks oder drohender erheblicher Verfahrensverzögerung. Damit ist das Institut der Akteneinsicht

---

[1086] Strömer, Online-Recht, 2002, S. 54 f. Zwar besteht grundsätzlich die Möglichkeit die IP-Adresse durch den Einsatz von Proxy-Servern zu verschleiern, dies zieht jedoch nach wie vor mitunter merkliche Verluste an Übertragungsgeschwindigkeit nach sich, so dass viele Internet-Nutzer nicht davon Gebrauch machen, Spindler/Dorschel in CR 2005, 38. Vgl. zu den technischen Möglichkeiten des anonymen Surfens im Internet die Beitragsserie „Anonymes Filesharing möglich?" bei netzwelt.de, abrufbar unter http://www.netzwelt.de/news/67666_2-serie-anonymes-filesharing-moeglich.html.

[1087] Kitz in GRUR 2003, 1014, 1015 mit Verweis auf Hobert, „Datenschutz und Datensicherheit im Internet", 1998, S. 72 f.

[1088] Im Anwendungsbereich des TDDSG folgt die Auskunftspflicht über sog. Bestandsdaten aus § 5 S. 2 TDDSG, im Hinblick auf sog. Nutzungsdaten aus § 6 Abs. 5 TDDSG. Im Anwendungsbereich des TKG folgt die Auskunftspflicht hinsichtlich Bestandsdaten aus § 112 Abs. 2 bzw. § 113 Abs. 1 S. 1 TKG, hinsichtlich Nutzungsdaten nur aufgrund einer richterlichen Anordnung gemäß § 100g StPO.

[1089] Im Rahmen des Privatklageverfahrens ist die Staatsanwaltschaft gemäß § 377 Abs. 1 S. 1 StPO auch nicht zur Mitwirkung verpflichtet.

für den Rechteinhaber mit einer gewissen Ineffektivität und vielen Unwägbarkeiten verbunden.[1090]
Zur Ermöglichung einer unmittelbaren zivilrechtlichen Rechtsdurchsetzung wird daher seit längerem[1091] das Bestehen bzw. die Einführung eines zivilrechtlichen Drittauskunftsanspruches diskutiert, der Internetzugangsanbieter verpflichtet, dem Rechteinhaber Namen und Anschrift eines anonymen Nutzers mitzuteilen, der das Urheberrecht oder ein verwandtes Schutzrecht verletzt.[1092] Das Bundesjustizministerium sah sich inzwischen aufgrund der EU-Richtlinie zur Durchsetzung der Rechte des geistigen Eigentums (Enforcement-Richtlinie; im Folgenden Enf-RL)[1093] zum Handeln gezwungen und hat am 03.01.2006 einen Referentenentwurf zu einem Gesetz zur Verbesserung der Durchsetzung von Rechten des geistigen Eigentums (im Folgenden: Durchsetzungsgesetz - DurchsetzungsG), veröffentlicht.[1094] Darin ist in § 101 Abs. 2 UrhG-E ein urheberrechtlicher Auskunftsanspruch gegen „Nichtstörer", also gegen an einer Urheberrechtsverletzung unbeteiligte Dritte, wie den Access-Provider, vorgesehen.[1095]
Unabhängig hiervon wird teilweise jedoch davon ausgegangen, dass ein derartiger Anspruch ohnehin bereits auf Grundlage geltenden Rechts bestehen würde.[1096] In diesem Sinne haben verschiedene Gerichte in jüngerer Zeit auch bereits Auskunftsansprüche gegen Access-Provider über die Identität von Internetnutzern bejaht, die auf ftp-Servern Musikwerke zum Download angeboten hatten.[1097] Andere Gerichte haben derartige Ansprüche zwischenzeitlich abgelehnt.[1098] Insofern hat sich bislang noch keine gefestigte Rechtsprechung herausbilden können. Im Folgenden wird daher untersucht, ob bereits nach geltendem Recht ein Drittauskunftsanspruch gegen Access-Provider

---

[1090] Vgl. Oppermann, „Der Auskunftsanspruch im gewerblichen Rechtsschutz und Urheberrecht", 1997, S. 11 f..

[1091] Vgl. den Fragenkatalog zur weiteren Reform des Urheberrechts in der Informationsgesellschaft des BMJ, Frage D., abrufbar unter http://www.urheberrecht.org/topic/Korb-2/bmj/Fragebogen.pdf. S. hierzu zudem die Stellungnahmen des Verbandes der deutschen Internetwirtschaft „ECO", abrufbar unter http://www.eco.de/servlet/PB/show/1257660_11/20040114-ecoStgn-UrhR-Auskunfts-anspruch.pdf, des Forums der Rechteinhaber zum zweiten Korb der Urheberrechtsnovelle vom 30.01.2004, abrufbar unter http://www.urheberrecht.org/topic/Korb-2/st/2004/forum_und_film_2_korb.pdf.

[1092] Zu den weniger bedeutsamen Auskunftsansprüchen gegen Host-Provider vgl. Olenhusen/Crone, WRP 2002, 164 f.

[1093] Richtlinie 2004/48/EG des Europäischen Parlaments und des Rates v. 29.04.2004 zur Durchsetzung der Rechte des Geistigen Eigentums, ABl. EG Nr. L 157/45 v. 30.04.2004.

[1094] Abrufbar unter http://www.urheberrecht.org/topic/enforce/bmj/2006-01-03-DurchsetzungsG-E.pdf.

[1095] S. hierzu näher unter Teil 6, B. II.

[1096] Für Access-Provider bejahend Nordemann/Dustmann in CR 2004, 380, 387; für Access-Provider beschränkt bejahend Czychowski, MMR 2004, 514 f.; ablehnend Kitz in GRUR 2003, 1014 f.; Sieber/Höfinger in MMR 2004, 575 f.; Spindler/Dorschel in CR 2005, 38 ff.. Auch für Hostprovider ausdrücklich bejahend Olenhusen/Crone, WRP 2002, 164 f.;

[1097] LG Hamburg, Urteil vom 07.07.2004, CR 2005, 136 f.; LG Köln vom 28.07.2004 (Az.: 28 O 301/04).

[1098] OLG Frankfurt am Main, Urteil vom 25.01.2005 – 11 U 51/04, MMR 2005, 241 f.; OLG München November 2004 - Az. 6 U 4696/04.

besteht. Im Anschluss daran wird der im Referentenentwurf zum DurchsetzungsG vorgeschlagene Drittauskunftsanspruch dargestellt und einer kritischen Würdigung unterzogen.

A. Drittauskunftsanspruch gegen Access-Provider de lege lata

Als Anspruchsgrundlagen für Drittauskunftsansprüche gegen Access Provider kommen in erster Linie § 101a UrhG und § 97 UrhG i.V.m. § 242 BGB in Betracht.[1099] Neben der Frage nach ihrer prinzipiellen Anwendbarkeit in Fällen bloßer Störerhaftung von Access-Providern (dazu unter 1. und 2.) ist von entscheidender Bedeutung, ob Auskunftsansprüche gegen Access-Provider nicht prinzipiell durch die Haftungsprivilegierung gemäß § 9 TDG ausgeschlossen werden (dazu unter 3.) und darüber hinaus nicht gegen geltendes Datenschutzrecht (dazu unter 4.) und das Fernmeldegeheimnis (dazu unter 5.) verstoßen.

I. § 101 a UrhG (analog) als Anspruchsgrundlage

Als Anspruchsgrundlage für eine Drittauskunft der Access-Provider wird in den aktuellen Gerichtsentscheidungen, als auch in der Literatur vor allem § 101 a UrhG (analog) genannt. Diese Vorschrift wurde durch das Produktpirateriegesetz (ProdPirG)[1100] geschaffen und sieht einen Auskunftsanspruch gegen denjenigen vor, der im geschäftlichen Verkehr durch die Herstellung oder Verbreitung von Vervielfältigungsstücken Urheberrechte verletzt. Die Auskunftspflicht setzt kein Verschulden des Verletzers voraus und lässt auch Auskünfte über Dritte zu.[1101]

1. Unmittelbare Anwendung des § 101 a UrhG auf Fälle der rechtswidrigen Vervielfältigung und öffentlichen Zugänglichmachung von unkörperlichen Vervielfältigungsstücken im Internet?

§ 101 a UrhG setzt eine Verletzung von Urheberrechten durch die „Herstellung" (§ 16 Abs. 1 UrhG) oder „Verbreitung" (§ 17 Abs. 1 UrhG) von Vervielfältigungsstücken durch den Auskunftsverpflichteten voraus. Der Zugangsvermittler müsste demnach zunächst überhaupt eine der vorgenannten Verwertungshandlungen vornehmen oder an ihr mittelbar als Störer beteiligt sein. Der Access-Provider nimmt lediglich eine unkörperliche Übermittlung von Daten im Internet vor. Er stellt selber keine Vervielfältigungsstücke her oder verbreitet diese über das Internet.

Er kann jedoch an rechtswidrigen Vervielfältigungen seiner Nutzer im Internet beteiligt sein. So handeln Internetnutzer mitunter rechtswidrig, wenn sie Musik- oder Werkstücke von ftp-Servern oder aus Tauschbörsen herunterladen.[1102] Dabei stellen

---

[1099] S. zu weiteren denkbaren Anspruchsgrundlagen und den Gründen, warum diese i.E. nicht greifen: Kitz in GRUR 2003, S. 1014 f.

[1100] Gesetz zur Stärkung des Schutzes des geistigen Eigentums und zur Bekämpfung der Produktpiraterie v. 07.03.1990, BGBl. I 1990, S. 422.

[1101] Möhring/Nicolini/*Lütje*, UrhG, 2.Aufl. 2000, § 101 a Rn 1.

[1102] Wie in Teil 2, B. IV. 2. d) erörtert, handeln Internet- und insbesondere Tauschbörsennutzer de lege lata nur dann rechtswidrig, wenn sie eine „offensichtlich rechtswidrig hergestellte Vorlage" zur Ver-

die Nutzer auch unproblematisch ein Vervielfältigungsstück im Sinne des § 101 a UrhG her. Dieses muss nicht zwingend körperlicher Natur sein.[1103] Somit lässt sich die Vorschrift des § 101 a UrhG unmittelbar auf die Fälle der unkörperlichen Vervielfältigung im Internet anwenden.
Problematisch ist demgegenüber, ob der Access-Provider auch an einer rechtswidrigen „Verbreitung" von urheberrechtlich geschützten Werken teilnimmt. Der Begriff der „Verbreitung" gemäß § 17 Abs. 1 UrhG erfasst nur körperliche Werke.[1104] Insoweit ist davon auszugehen, dass der Gesetzgeber bei der Schaffung von § 101 a UrhG nur körperliche Werkstücke und ihre körperliche Weitergabe vor Augen hatte.[1105] Ein Anbieter von urheberrechtlich geschützten Werken in Internet-„Tauschbörsen" oder auf FTP-Servern verstößt jedoch gegen das ausschließliche Recht des Urhebers, ein Werk drahtlos der Öffentlichkeit zugänglich zu machen.[1106] Insofern kommt im Online-Bereich allenfalls eine analoge Anwendung des § 101 a UrhG auf die öffentliche Zugänglichmachung von Vervielfältigungsstücken gemäß § 19 a UrhG in Betracht.[1107]

2. Analoge Anwendung des § 101 a UrhG auf Fälle der rechtswidrigen öffentlichen Zugänglichmachung gemäß § 19 a UrhG?
Um die Vorschrift analog anwenden zu können, müsste eine planwidrige Regelungslücke des Gesetzes für den fraglichen Bereich vorliegen[1108] sowie eine hinreichende Ähnlichkeit zwischen dem gesetzlich geregelten und dem nicht geregelten Sachverhalt bestehen.[1109]

a) Planwidrige Regelungslücke
Das Fehlen einer gesetzlichen Vorschrift für einen bestimmten Sachverhalt stellt sich nur dann als Regelungslücke dar, wenn sich ihr Fehlen nach der Systematik des Gesetzes und den vom Gesetzgeber zu Grunde gelegten Wertungen als „planwidrige Unvollständigkeit" des Gesetzes darstellt.[1110] Es muss sich aus dem Gesamtregelungskonzept ergeben, dass der Gesetzgeber den nicht geregelten Fall schlicht übersehen hat. Es darf also nicht die Situation vorliegen, dass der Gesetzgeber bewusst auf eine Regelung verzichtet hat. Wie zuvor dargelegt, besteht keine gesetzliche Regelung zur Auskunftspflicht von Internet-Zugangsvermittlern. Fraglich bleibt, ob diese Lücke auf einer planvollen Entscheidung des Gesetzgebers beruht.

---

vielfältigung benutzen. De lege ferenda werden auch „offensichtlich rechtswidrig öffentlich zugänglich gemachte Vorlagen" aus dem Privatkopieprivileg ausscheiden.
[1103] Vgl. LG München I in MMR 2004, 192, 193 – Onlinefotos; LG München I in ZUM-RD 2003, 607; § 16 UrhG umfasst auch die digitale Vervielfältigung, s. oben Teil 2, A. I.; Schricker/*Kroitzsch*, § 16 Rn 17; Kitz in ZUM 2005, 298, 299. Vgl. auch Dreier/Schulze/*Dreier*, § 101a Rn 7.
[1104] Schricker/*Loewenheim*, UrhG, 2. Aufl. 1999, § 17 Rn 4.
[1105] Dreier/Schulze/*Dreier*, § 101 a Rn 7.
[1106] Das ausschließliche Verwertungsrecht der öffentlichen Zugänglichmachung in § 19 a UrhG wurde im Zuge des ersten Korbes des Gesetzes zum Urheberrecht in der Informationsgesellschaft eingeführt.
[1107] LG Hamburg in CR 2005, 136, 137.
[1108] Larenz, Methodenlehre der Rechtswissenschaften, 6.Aufl. 1991, S. 381 f.
[1109] Larenz, Methodenlehre der Rechtswissenschaften, 6.Aufl. 1991, S. 381 f.
[1110] Larenz, Methodenlehre der Rechtswissenschaften, 6.Aufl. 1991, S. 390.

Vielfach wird für eine Planwidrigkeit vorgebracht, dass der Gesetzgeber bei der Schaffung der Norm im Jahre 1990 das Ausmaß der digitalen Piraterie noch nicht vorhersehen konnte. Hätte er dies gewusst, hätte er die Norm auf Online-Piraterie ausgedehnt.[1111] Dem ist zuzustimmen. Es muss davon ausgegangen werden, dass dem Gesetzgeber 1990 die Möglichkeiten einer drahtlosen Verbreitung von Vervielfältigungsstücken über das Internet weder bekannt noch absehbar war.[1112] Es bleibt jedoch weiter zu prüfen, wie sich der Gesetzgeber in der Folgezeit mit dieser Frage auseinandergesetzt hat.[1113] Zumindest im Rahmen des ersten Korbes der Urheberrechtsreform 2003 hätte es nahe gelegen, sich mit einem Auskunftsanspruch gegen Provider zu befassen.[1114] Aber auch in der Gesetzesbegründung zum ersten Korb äußerte sich der Gesetzgeber hierzu mit keinem Wort.[1115] Somit ist nicht anzunehmen, dass sich der Gesetzgeber bislang bewusst gegen eine Regelung zur Auskunftspflicht entschieden hätte.[1116] Vielmehr spricht einiges dafür, dass der Gesetzgeber bislang keinen Regelungsbedarf erkannte. Die Frage nach einer Auskunftspflicht von Providern bei Urheberrechtsverletzungen stand bisher auf keiner gesetzgeberischen Agenda. Dies liegt vor allem daran, dass die Forderung nach Auskunftspflichten im Online-Bereich erst in jüngerer Zeit diskutiert wird. Ausdrücklich befasste sich der Gesetzgeber mit dieser Thematik erstmals kürzlich im Vorfeld des zweiten Korbes.[1117] Im Referentenentwurf zum zweiten Korb erteilt die Bundesregierung der Forderung nach einem Auskunftsanspruch nun auch erstmals eine klare Absage.[1118] Sollte der Referentenentwurf in dieser Form umgesetzt werden, dann wäre zumindest ab dem Zeitpunkt des Inkrafttretens des zweiten Korbes kein Raum mehr für eine planwidrige Regelungslücke. Zum heuti-

---

[1111] Dustmann, „Die privilegierten Provider", S. 171; Nordemann/Dustmann in CR 2004, S. 380, 386; Czychowski in MMR 2004, 514, 517; das LG Hamburg, CR 2005, 136, 137, stellt darauf ab, dass der Gesetzgeber 1990 noch kein Recht der öffentlichen Zugänglichmachung kannte.

[1112] A.A. insofern Sieber/Höfinger in MMR 2004, 575, 576, die darauf hinweisen, dass Anfang der neunziger Jahre bereits die digitale Datenübertragung über BTX und Modemverbindungen bekannt war.

[1113] Dabei besitzen andere Gesetzesinitiativen auf dem Gebiet des Rechts der Informations- und Kommunikationsdienste, wie bspw. die Schaffung des Teledienstgesetzes (TDG) oder des Gesetzes über rechtliche Rahmenbedingungen für den elektronischen Geschäftsverkehr (EGG), für diese Frage keine Aussagekraft, da sie sich in keiner Weise mit Auskunftsansprüchen bei Urheberrechtsverletzungen auseinandersetzen. A.A. Sieber/Höfinger in MMR 2004, S. 575, 577.

[1114] Bereits im Vorfeld des ersten Korbes wurde von Seiten der Rechteinhaber die Forderung nach einem zivilrechtlichen Auskunftsanspruch erhoben, s. Stellungnahme des Forums der Rechteinhaber zum RegE für ein Gesetz zum Urheberrecht in der Informationsgesellschaft, abrufbar unter http://www.urheberrecht.org/topic/Info-RiLi/st/Forum-RegEntw.pdf.

[1115] Ebenso LG Hamburg, CR 2005, 136, 137. Irreführend insofern Sieber/Höfinger in MMR 2004, S. 575, 577, die auf die Begr. zum Regierungsentwurf v. 16.08.2002, BR-Drs. 684/02, S. 33 verweisen.

[1116] Eine planvolle Entscheidung nimmt hingegen Kitz, GRUR 2003, 1014, 1017, an. Ebenso Spindler/Dorschel in CR 2005, S. 38, 40.

[1117] Vgl. Fragebogen des BMJ zum zweiten Korb, Frage D, abrufbar unter http://www.urheberrecht.org/topic/Korb-2/bmj/Fragebogen.pdf.

[1118] RefEntw. zum zweiten Korb der Urheberrechtsnovelle, S. 18, abrufbar unter http://www.bmj.bund.de/media/archive/760.pdf. Zur Erörterung dieser Thematik wurde ein Arbeitskreis „Internet" gebildet, in den die beteiligten Kreise aus Industrie, Wissenschaft, Praxis und Verbraucherschutzverbänden einbezogen waren, s. http://www.kopien-brauchen-originale.de/enid.

gen Zeitpunkt kann eine planwidrige Regelungslücke jedoch noch mit guten Gründen angenommen werden.

b) Vergleichbare Interessenlage

Äußerst zweifelhaft erscheint dagegen, ob eine vergleichbare Interessenlage vorliegt. Voraussetzung hierfür ist eine hinreichende Rechtsähnlichkeit zwischen dem von der Norm geregelten Sachverhalt und dem Sachverhalt, auf den sie entsprechend angewandt werden soll.[1119] Ob zwei Sachverhalte einander ähnlich sind, entscheidet sich danach, ob sie in den für die rechtliche Wertung maßgeblichen Hinsichten übereinstimmen oder nicht.[1120] Vorliegend muss demnach die Verbreitung von körperlichen Vervielfältigungsstücken mit deren öffentlicher Zugänglichmachung über das Internet verglichen werden.

Für eine Rechtsähnlichkeit der Sachverhalte spricht, dass die öffentliche Zugänglichmachung von Vervielfältigungsstücken im Internet grundsätzlich das Pendant zur herkömmlichen körperlichen Verbreitung darstellt.[1121] Zudem ist die Interessenlage der Rechteinhaber an einer Aufdeckung der Vertriebswege der Online-Piraterie dieselbe, wie bei der Herstellung und Verbreitung körperlicher Vervielfältigungsstücke im Offline-Bereich.[1122] § 101 a UrhG soll zur effektiven Bekämpfung von Verletzungen immaterieller Schutzgüter beitragen. Dabei soll die Auskunft die Rechteinhaber in die Lage versetzen, die eigentliche Quelle der Verletzungshandlung verschließen zu können.[1123] Die Rechteinhaber sind im Online-Bereich besonders auf die Drittauskunft angewiesen. Ohne die Mithilfe der Zugangsvermittler können sie nicht wirksam gegen die Nutzer von Tauschbörsen vorgehen, da nur sie die hinter einer IP-Adresse versteckte Identität der Nutzer kennen. Zwar liegt bei Verwertungshandlungen im Internet keine Vertriebskette im eigentlichen Sinne vor, denn das zum Download zugänglich gemachte Werkstück erreicht den Vervielfältigenden unmittelbar. Die Vergleichbarkeit mit Fällen der körperlichen Verbreitung über eine Vertriebskette besteht aber darin, dass der Verletzer seine Identität gegenüber den Nutzern des Angebotes und gegenüber dem Verletzten verbirgt, und sich gleichzeitig der Mitwirkung eines anderen bedient, um seine Verletzungshandlung durchzuführen.[1124] Auch wirtschaftlich besteht kein Unterschied zwischen der Verbreitung rechtswidriger Vervielfältigungsstücke, die offline erfolgt, und dem Angebot digitaler Raubkopien über das Internet.[1125]

[1119] Larenz, Methodenlehre der Rechtswissenschaften, 6.Aufl. 1991, S. 381 f.

[1120] Larenz, Methodenlehre der Rechtswissenschaften, 6.Aufl. 1991, S. 381 f.

[1121] Der entscheidende Vergleichspunkt, der die Analogie trägt, ist jedoch nicht der Übergang der Sachherrschaft an einem Vervielfältigungsstück (die Kopie bleibt ja beim Vervielfältigenden), sondern die Verschaffung der Möglichkeit zur Werknutzung durch eine lokale Vervielfältigung auf Seiten des Empfängers, vgl. Sieber/Höfinger in MMR 2004, Fn 41.

[1122] Ebenso Dustmann, „Die privilegierten Provider", S. 171; Olenhusen/Crone in WRP 2002, S. 164, 166. A.A. Sieber/Höfinger in MMR 2004, S. 577; Kitz in GRUR 2003, S. 1017, der eine Vergleichbarkeit aber daran scheitern lässt, dass der Access-Provider kein „Verletzer" von Urheberrechten sei.

[1123] BT-Drs. 11/4792 v. 15.06.1989, Begründung unter B.III.1. und 2.d); vgl. auch Möhring/Nicolini/*Lütje*, UrhG, 2. Aufl. 2000.

[1124] So LG Hamburg, CR 2005, 136, 138.

[1125] Nordemann/Dustmann in CR 2004, S. 380, 386 mit Verweis auf Dustmann in Bröcker/Czychowski/Schäfer, „Praxishandbuch Geistiges Eigentum im Internet", 2003, § 4 Rz. 145.

Angesichts dessen erscheint die Annahme einer vergleichbaren Interessenlage daher durchaus vertretbar.[1126] Die Vorschrift des § 101 a UrhG ließe sich insofern grundsätzlich auch auf die Fälle der rechtswidrigen öffentlichen Zugänglichmachung von Werken im Internet gemäß § 19 a UrhG anwenden.

3. Access-Provider als Verletzer von Urheberrechten im Sinne des § 97 UrhG?

Hält man eine Anwendung des § 101 a UrhG auf unkörperliche Verwertungshandlungen für möglich, so ist weiter zu prüfen, ob der Access-Provider überhaupt als Verletzer eines Urheberrechtes im Sinne des § 97 UrhG angesehen werden kann. Die Verletzereigenschaft des Auskunftsverpflichteten ist grundsätzliche Voraussetzung für einen Auskunftsanspruch. Dies ergibt sich nicht nur aus dem eindeutigen Wortlaut des § 101a UrhG, sondern folgt aus dem Umstand, dass das deutsche Recht keinen allgemeinen Auskunftsanspruch gegen beliebige Personen kennt.[1127] Ein Nicht-Verletzer darf daher auch grundsätzlich nicht in die Auseinandersetzung zwischen Verletzer und Rechteinhaber hineingezogen werden.[1128]

Fraglich bleibt, ob der Access-Provider als Verletzer von Urheberrechten im Sinne des § 97 Abs. 1 UrhG in Frage kommt. Verletzer ist jeder, der die Rechtsverletzung als Täter oder Teilnehmer begeht. Erforderlich ist grundsätzlich vorsätzliches Handeln. Wie in Teil 5 C. IV. 3. bereits erörtert, kommt eine vorsätzliche Verletzung von Urheberrechten durch den Access-Provider nicht in Betracht. Ein Access Provider stellt weder Vervielfältigungsstücke her, noch bietet er solche an, bringt sie in den Verkehr oder macht sie der Öffentlichkeit zugänglich. Er stellt lediglich Verbindungen zu einem Kommunikationsnetz her und macht das Werk damit nicht selbst zugänglich.[1129]

Der Begriff des „Verletzers" in § 97 Abs. 1 UrhG umfasst allerdings auch grundsätzlich den Störer, soweit negatorische Ansprüche auf Unterlassung oder Beseitigung betroffen sind.[1130] Wie in Teil 5 C. IV. 3. erörtert, kommt eine Haftung des Access Providers als Mitstörer durchaus in Frage. Die Störerhaftung setzt allerdings die Verletzung einer Prüfungspflicht voraus, die den Access-Provider erst dann treffen kann, wenn er konkret auf mögliche Rechtsverletzungen im Internet aufmerksam gemacht

---

[1126] Ebenso LG Hamburg, CR 2005, 136, 138; Nordemann/Dustmann in CR 2004, S. 380, 386; Dustmann, „Die privilegierten Provider", S. 171; Olenhusen/Crone in WRP 2002, S. 166. A.A. Sieber/Höfinger in MMR 2004, S. 577, die darauf hinweisen, dass sich die Vergleichbarkeit der Interessenlage auf beide Seiten erstrecken müsse. Der zur Auskunft verpflichtete Provider hätte im Gegensatz zum „Offline-Bereich" jedoch die Datenschutzvorschriften zu berücksichtigen; Spindler/Dorschel in CR 2005, 38, 40, die eine Analogie mit der Begründung abweisen, dass in anderen Bereichen, insbesondere des Erschöpfungsgrundsatzes stets der Unterschied zwischen körperlicher und unkörperlicher Verbreitung betont wurde; Kitz in GRUR 2003, S. 1017, der eine Vergleichbarkeit daran scheitern lässt, dass der Access-Provider kein „Verletzer" von Urheberrechten sei.

[1127] Heinrichs in Palandt, BGB, 63. Aufl. 2003, § 261 Rn 3 m.w.N.

[1128] Kitz in GRUR 2003, 1014, 1017.

[1129] Vgl. Kitz in GRUR 2003, 1014, 1015.

[1130] Dreier/Schulze/*Dreier*, § 97 Rn 33. BGH in GRUR 1999, 418, 419 f. = WRP 1999, 211 – Möbelklassiker.

wurde.[1131] Eine Überprüfung auf die Rechtswidrigkeit der angemahnten Handlungen im Internet muss ihm dann jedoch auch zumutbar sein. Dabei wird man eine zumutbare Prüfungsmöglichkeit bei dauerhaften Angeboten auf FTP-Servern noch annehmen können.[1132] Eine zumutbare Überprüfungspflicht von Rechtsverletzungen in P2P-Netzwerken besteht dagegen kaum. Sie scheitert hinsichtlich des Anbieters von urheberrechtlich geschützten Werken an der fehlenden Konstanz der angebotenen rechtswidrigen Inhalte.[1133] Noch weniger kann nachträglich überprüft werden, ob ein Internetnutzer zu einem bestimmten Zeitpunkt ein Werk aus einer Tauschbörse heruntergeladen hat. Eine Störerhaftung des Access-Providers ist folglich bei Urheberrechtsverletzungen in Filesharing-Systemen selbst bei Kenntniserlangung von den Verletzungen nicht vorstellbar. Überdies kann der Access-Provider auch in den Fällen, in denen eine Überprüfung des Nutzerverhaltens nach Kenntniserlangung von möglichen Rechtsverletzungen zumutbar erscheint, nur dann als Mitstörer angesehen werden, wenn er den Urheberverletzungen des Nutzers im weiteren Verlauf tatenlos zusieht. Kommt er dagegen seiner Prüfungspflicht unverzüglich nach, war er zu keinem Zeitpunkt Störer.[1134]

Fraglich ist überdies, ob eine ab Kenntniserlangung bestehende Störerhaftung überhaupt einen Auskunftsanspruch begründen kann. Dies wird teilweise mit der Begründung abgelehnt, dass die durch die Störerhaftung vermittelten Abwehransprüche auf Unterlassung und Beseitigung Auskunftsansprüche nicht erfassen.[1135] So fände die Störerhaftung ihre Grundlage nicht im Deliktsrecht, sondern in der Regelung über die Besitz- und Eigentumsstörung in § 862 und § 1004 BGB und vermittele daher nur Abwehransprüche, zu denen Auskunftsansprüche nicht zu rechnen seien.[1136]

Diese Auffassung verkennt jedoch, dass Auskunftsansprüche – insbesondere im Urheber- und Wettbewerbsrecht - durchaus als Annex zu den negatorischen Beseitigungs- und Unterlassungsansprüchen anerkannt sind.[1137] Dies gilt insbesondere für den „all-

---

[1131] Vgl. hierzu ausführlich oben Teil 5, C. IV. 3. So auch Nordemann/Dustmann in CR 2004, 380, 385; Sieber/Höfinger in MMR 2004, S. 575, 580; Czychowski in MMR 2004, 514, 517; Spindler/Dorschel in CR 2005, 38, 41 ff.

[1132] Vgl. Teil 5, C. IV. 3.

[1133] Vgl. hierzu ausführlich oben Teil 5, C. IV. 3. Spindler/Dorschel in CR 2005, 38, 43.

[1134] Spindler/Dorschel in CR 2005, 38, 43.

[1135] OLG Frankfurt a.M., MMR 2005, 241 f., mit Verweis auf BGH WRP 04, 1287, 1292 – Internet-Versteigerung; BGH GRUR 02, 618 – Meissner Dekor; zustimmend Kitz im Editorial der MMR 3/2005, 133, 134. Die zitierten BGH-Entscheidungen betreffen indes nur den Fall, dass Auskunftsansprüche mit Schadensersatzforderungen verknüpft waren und sagen daher nichts darüber aus, ob Auskunftsansprüche auch mit Unterlassungs- und Beseitigungsansprüchen verknüpft sein können. Gegen die Einbeziehung von Störern unter die Auskunftsverpflichtung nach § 101 a UrhG im Übrigen auch Schlegel in seiner Anmerkung zu LG Hamburg, Urteil vom 07.07.2004 (Az.: 308 O 264/04), in CR 2005, S. 144.

[1136] OLG Frankfurt a.M., MMR 2005, 241 f., mit Verweis auf BGH WRP 04, 1287, 1292 – Internet-Versteigerung; BGH GRUR 02, 618 – Meissner Dekor. Zustimmend Kitz im Editorial der MMR 3/2005, 133, 134.

[1137] BGH GRUR 1994, 630 – Cartier-Armreif; BGH GRUR 1994, 635 – Pulloverbeschriftung m. Anm. Ahrens; BGH GRUR 1996, 78, 79; BGH GRUR 1995, 427, 429 – Schwarze Liste; BGH GRUR 2001, 841, 842 – Entfernung der Herstellungsnummer II; 4.25. Vgl. Fromm/Nordemann/*Nordemann*, § 97, Rn 27; Ulmer, Urheber- und Verlagsrecht, 3. Aufl. 1980, S. 560 f.; Spindler in MMR 2005, 244, gemeinen Auskunftsanspruch“ aus § 242 BGB, der lediglich eine Rechtsbeziehung zwischen Auskunftsschuldner und Auskunftsgläubiger voraussetzt, wobei jedes vertragliche oder gesetzliche Schuldverhältnis in Betracht kommt.[1138] Als ausreichend werden hier daher auch verschuldensunabhängige Unterlassung- oder Beseitigungsansprüche des Auskunftsberechtigten gegen den Auskunftsverpflichteten als mittelbarer Störer aus § 97 UrhG angesehen.[1139] Hierfür spricht, dass eine Auskunft über Vertriebswege und Beteiligte an einer Urheberrechtsverletzung insbesondere bei verschuldensunabhängigen Beseitigungs- und Unterlassungsansprüchen von großer Bedeutung ist, um fortwirkende Beeinträchtigungen zu unterbinden. So ist es für den allgemeinen wettbewerbsrechtlichen Auskunftsanspruch aus § 242 i.V.m. der verletzten Norm (z.B. 3 ff. UWG, § 823 BGB) allgemein anerkannt, dass ein Auskunftsanspruch als Hilfsanspruch zur Beseitigung fortdauernder Beeinträchtigungen gegeben sein kann, wenn anderenfalls die zur Beseitigung der fortwirkenden Störung erforderlichen Maßnahmen praktisch nicht verwirklicht werden können.[1140] Im Übrigen spricht für eine Gewährung von Auskunftsansprüchen auf Grundlage von Unterlassungs- und Beseitigungsansprüchen, dass beide Anspruchsarten verschuldensunabhängig sind, so dass der Umfang der Passivlegitimation derselbe ist.[1141] Eine Störerhaftung des Access-Providers kann daher prinzipiell einen Auskunftsanspruch nach § 101 a UrhG analog begründen.[1142]

Anm. zu OLG Frankfurt/M, 11 U 51/04; ders. in CR 2005, 38, 40; Medicus in MünchKomm. BGB, 4. Aufl., § 1004 Rdn. 74; Ohlenhusen/Crone in WRP 2002, S. 164, 167. Vgl. für das Markenrecht Ströbele/Hacker, Markengesetz, 7.Aufl., § 19 Rn 13. Vgl. für das Wettbewerbsrecht Köhler, in Baumbach/Hefermehl, UWG, 23. Aufl. 2004, § 9 Rn 4.25. S. zur Anwendbarkeit des „allgemeinen Auskunftsanspruches“ auf Grundlage des § 97 UrhG i.V.m. § 242 BGB auf den vorliegenden Sachverhalt nachfolgend in Teil 6, A. II.

[1138] Möhring/Nicolini/*Lütje*, § 97, 228.

[1139] BGH GRUR 1988, 605 – Kopierwerk; Fromm/Nordemann/*Nordemann*, § 97, Rn 27; Ulmer, Urheber- und Verlagsrecht, 3. Aufl. 1980, S. 560 f.; Ohlenhusen/Crone in WRP 2002, S. 164, 167; Spindler Dorschel in CR 2005, S. 38, 40. A.A. Möhring/Nicolini/*Lütje*, § 97, 232, wonach der Auskunftsanspruch nur zur Vorbereitung eines Schadensersatzanspruches zulässig ist. Dies entsprach der früher wohl vorherrschenden Meinung, wonach die Auskunftserteilung als Teil der Naturalrestitution nach § 249 BGB begriffen wurde. Nach heute wohl vorherrschender Meinung ergibt sich der Anspruch aus § 242 BGB i.V.m. der entsprechenden Schutznorm, was eine Auskunftspflicht auch auf der Grundlage verschuldensunabhängiger Unterlassungs- und Beseitigungsansprüche ermöglicht, vgl. BGH in NJW 96, 197; Apel in Brak-Mitt. 1996, 253; Teplitzky in FS Tilmann, 913, 914. Überdies wurde die vom BGH früher konstatierte Beschränkung des auf die Verhinderung zukünftiger Rechtsverletzungen gerichteten Drittauskunftsanspruches auf schuldhafte Verletzungshandlungen (BGH GRUR 1994, 630, 632 m.Abl. Anm. Jacobs) in jüngeren Urteilen ebenfalls nicht fortgeführt (BGH GRUR 2001, 841, 843 – Entfernung der Herstellungsnummer II).

[1140] BGH in NJW 96, 197 = MDR 1996, 522 = CR 1996, 79 = GRUR 1996, 78, 79. BGH GRUR 1995, 427, 428 – Schwarze Liste; BGHZ 125, 322, 329=GRUR 1994, 630, 632 – Cartier-Armreif; BGH GRUR 1994, 635, 636 – Pulloverbeschriftung;

[1141] vgl. Fromm/Nordemann/*Nordemann*, § 97, Rn 27; vgl. für das Markenrecht Ströbele/Hacker, Markengesetz, 7.Aufl., § 19 Rn 13.

[1142] Hiervon gehen auch Nordemann/Dustmann in CR 2004, 380, 385, Czychowski in MMR 2004, 514, 517, Spindler/Dorschel in CR 2005, 38, 41 f., Ohlenhusen/Crone in WRP 2002, 164, 167, aus. A.A. OLG Frankfurt a.M., MMR 2005, 241 f.

4. Zwischenergebnis

Ein Auskunftsanspruch gegen Access-Provider aus § 101 a UrhG kommt grundsätzlich auch hinsichtlich unkörperlicher Verwertungshandlungen im Internet zur Anwendung. Die unkörperliche Vervielfältigung von Werken im Wege des Downloads aus dem Internet ist unmittelbar von § 101 a UrhG erfasst. Demgegenüber ist die Vorschrift hinsichtlich der rechtswidrigen öffentlichen Zugänglichmachung von Vervielfältigungsstücken gemäß § 19 a UrhG analog anzuwenden. Überdies stellt sich die Störereigenschaft eines Access-Providers grundsätzlich als ausreichend für die Passivlegitimation gemäß § 101 a UrhG dar. Wie in Teil 5 C. IV. 3. erörtert, sind an das Vorliegen der Störereigenschaft eines Access-Providers jedoch strenge Anforderungen zu stellen. Danach erscheint die Annahme einer Störerhaftung im Hinblick auf Urheberrechtsverletzungen in P2P-Netzwerken mangels zumutbarer Prüfungspflichten selbst dann ausgeschlossen, wenn er von einem Rechteinhaber auf mögliche Rechtsverletzungen eines Kunden aufmerksam gemacht wurde.

II. Der „Allgemeine gewohnheitsrechtliche Auskunftsanspruch" aus § 97 UrhG i.V.m. § 242 BGB

Als weitere Anspruchsgrundlage für Auskunftsansprüche wird teilweise § 97 UrhG i.V.m. § 242 BGB genannt.[1143] So ist im deutschen Urheberrecht[1144] ein allgemeiner Anspruch auf Auskunftserteilung und Rechnungslegung als Hilfsanspruch zu einem bestehenden Hauptanspruch aus § 97 UrhG gewohnheitsrechtlich anerkannt.[1145] Die Ansprüche werden heute auf eine erweiterte Anwendung der §§ 242, 259, 260 gestützt.[1146] Sie sind grundsätzlich auch neben § 101 a UrhG anwendbar, vgl. § 101 a Abs. 5 UrhG.

Voraussetzung für den akzessorischen Auskunftsanspruch ist in jedem Falle eine Rechtsbeziehung zwischen Auskunftsschuldner und Auskunftsgläubiger, zumindest dem Grunde nach.[1147] Nach ständiger Rechtsprechung des BGH soll demnach eine

---

[1143] Vgl. Spindler/Dorschel in CR 2005, 38, 40. Hiervon zu unterscheiden ist der unmittelbare Auskunftsanspruch aus § 97 Abs. 1 S. 2 UrhG. Hiernach hat der Verletzte gegen den Verletzer von Urheberrechten einen Anspruch auf Rechnungslegung über den Gewinn, den dieser durch die Verletzung des Rechts erlangt hat. Da der Rechnungslegungsanspruch jedoch nur bei verschuldeten Rechtsverletzungen besteht (Fromm/Nordemann/*Nordemann*, § 97, Rn 27) und auf die Gewinnermittlung beschränkt ist, findet er gegenüber den nicht schuldhaft handelnden Access-Providern keine Anwendung.

[1144] Zu dem entsprechenden Auskunftsanspruch im Wettbewerbsrecht s. Ohlenhusen/Crone in WRP 2002, S. 164, 168; Spindler/Dorschel in CR 2005, S. 38, 40.

[1145] Fromm/Nordemann/*Nordemann*, § 97, Rn 27; BGHZ 95, 288 – GEMA-Vermutung II; BGH GRUR 1962, 400 – Kreuzbodenventilsäcke II; GRUR 1974, 54 – Nebelscheinwerfer; GRUR 1980, 232 Monumenta Germaniae Historica; GRUR 1988, 605 – Kopierwerk; die Rechtsprechung wurde vom BVerfG als verfassungsgemäß bestätigt in BVerfG GRUR 1987, 124 – Kopierladen II.

[1146] Schricker/*Wild*, 2. Aufl., § 97, Rn 81. Der BGH gewährt im Wettbewerbsrecht einen entsprechenden Auskunftsanspruch aus den § 242 BGB i.V.m. § 3 ff. UWG, § 823 BGB, vgl. hierzu BGHZ 125, 322, 329=GRUR 1994, 630, 632 – Cartier-Armreif; BGH GRUR 1994, 635, 636 – Pulloverbeschriftung; BGH GRUR 1995, 427, 429 – Schwarze Liste; BGH GRUR 2001, 841, 842 – Entfernung der Herstellungsnummer II.

[1147] BGHZ 95, 274, 279 – GEMA-Vermutung I; BGH GRUR 1988, 605 – Kopierwerk.

Auskunftspflicht bestehen, wenn die zwischen den Parteien bestehenden Rechtsbeziehungen es mit sich bringen, dass der Berechtigte in entschuldbarer Weise über Bestehen und Umfang seines Rechtes im Ungewissen ist, er sich die zur Vorbereitung und Durchsetzung seines Anspruches notwendigen Auskünfte nicht auf zumutbare Weise selbst beschaffen kann und der Verpflichtete sie unschwer, das heißt ohne unbillig belastet zu sein, zu geben vermag.[1148] Der Auskunftsanspruch dient dazu, dem Auskunftsberechtigten eine wirksame Rechtsverfolgung zu ermöglichen.[1149] Damit dient er als unselbständiger Hilfsanspruch allein der Durchsetzung eines Schadensersatz-, Beseitigungs- oder eines Bereicherungsanspruches gegenüber einem bestimmten Verletzer.[1150] Folglich können mit dem Hilfsanspruch nur Informationen zur Bestimmung des Umfangs des vom Verletzer verursachten Schadens, der Beeinträchtigung bzw. seiner Bereicherung erlangt werden, bspw. über die Vertriebswege von rechtswidrigen Vervielfältigungsstücken, um dem Verletzten die Durchsetzung seines Beseitigungsanspruches zu ermöglichen. Der Anspruch besteht folglich nicht, wenn die Auskunft nur dazu dienen soll, Ansprüche des Berechtigten gegen Dritte zu klären.[1151] Da der Anspruch jedoch insbesondere auf Auskunft über Liefer- und Absatzwege von Verletzungsgegenständen gerichtet ist, kann auch die Preisgabe der Identität weiterer Mitverletzer bzw. –störer verlangt werden.[1152]

Als Rechtsbeziehung kommt jedes vertragliche oder gesetzliche Schuldverhältnis in Betracht.[1153] Die Rechtsprechung stellt auf ein Verschulden des Auskunftsverpflichteten nicht ab.[1154] Als ausreichend sind daher auch verschuldensunabhängige Unterlassungs- oder Beseitigungsansprüche des Auskunftsberechtigten gegen den Auskunftsverpflichteten als mittelbarer Störer aus § 97 UrhG anzusehen.[1155]

[1148] BGH GRUR 1974, 54 – Nebelscheinwerfer; GRUR 1980, 232 - Monumenta Germaniae Historica; BGH GRUR 1988, 605 – Kopierwerk; zum Wettbewerbsrecht vgl. BGHZ 81, 21, 24; BGHZ 95, 274, 279 – GEMA-Vermutung II; BGHZ 97, 188, 192; BGHZ 125, 322, 329=GRUR 1994, 630, 632 – Cartier-Armreif; BGH GRUR 1987, 67 – Briefentwürfe; BGH GRUR 2001, 841, 842 – Entfernung der Herstellungsnummer II. Schricker/*Wild*, 2. Aufl., § 97, Rn 81.

[1149] Fromm/Nordemann/*Nordemann*, § 97, Rn 27.

[1150] Dreier/Schulze/*Dreier*, § 101a, Rn 1. Weidert in Ernsthaler/Bosch/Völker, „Handbuch Urheberrecht und Internet", S. 330.

[1151] BGH GRUR 1987, 647, 648 – Briefentwürfe. Insofern ist er auf den Drittauskunftsanspruch gemäß § 101 a UrhG verwiesen (sog. nichtakzessorischer Auskunftsanspruch). Das deutsche Recht kennt überdies eine allgemeine, nicht aus besonderen Rechtsgründen abgeleitete Auskunftspflicht grundsätzlich nicht. So bereits ausdrücklich BGH in NJW 1957, S. 609. Eine Ausnahme stellt insofern der Auskunftsanspruch nach §§ 13, 13 a UklaG dar.

[1152] BGH GRUR 1994, 630 – Cartier-Armreif; BGH GRUR 1994, 635 – Pulloverbeschriftung m. Anm. Ahrens; BGH GRUR 1996, 78, 79; BGH GRUR 1995, 427, 429 – Schwarze Liste; BGH GRUR 2001, 841, 842 – Entfernung der Herstellungsnummer II; Köhler, in Baumbach/Hefermehl, UWG, 23. Aufl. 2004, § 9 Rn 4.25; Spindler/Dorschel in CR 2005, 38, 40. A.A. Kitz in GRUR 2003, 1014, 1016, der einen Drittauskunftsanspruch aus § 97 UrhG i.V.m. § 242 BGB grundsätzlich ablehnt.

[1153] Möhring/Nicolini/*Lütje*, § 97, 228.

[1154] Fromm/Nordemann/*Nordemann*, § 97, Rn 27; BGH GRUR 1988, 605 – Kopierwerk.

[1155] Fromm/Nordemann/*Nordemann*, § 97, Rn 27; Ulmer, Urheber- und Verlagsrecht, S. 560 f. ; Ohlenhusen/Crone in WRP 2002, S. 164, 167; Spindler/Dorschel in CR 2005, S. 38, 40. A.A. Möhring/Nicolini/*Lütje*, 2. Aufl., § 97, 232, wonach der Auskunftsanspruch nur zur Vorbereitung eines Schadensersatzanspruches zulässig ist. Dies entsprach der früher wohl vorherrschenden Meinung,

Soweit der Access Provider als mittelbarer Störer einer Urheberrechtsverletzung angesehen werden kann[1156] und er Beseitigungs- und Unterlassungsansprüchen der verletzten Rechteinhaber aus § 97 UrhG ausgesetzt ist, kommt vorbehaltlich der weiteren Prüfung ein akzessorischer Auskunftsanspruch aus § 97 UrhG i.Vm. § 242 BGB in Betracht.[1157] Der Anspruch muss jedoch ersichtlich darauf abzielen, dass fortwirkende Störungen, die durch das Handeln des Access-Providers eingetreten sind, durch ein Vorgehen gegen den Dritten unterbunden werden sollen. Dagegen ist ein Anspruchsverlangen, welches lediglich auf die Ausforschung der Identität eines Dritten abzielt, um gegen diesen vorgehen zu können, unzulässig. Ein Auskunftsanspruch aus § 242 BGB setzt überdies eine gesonderte, am Verhältnismäßigkeitsprinzip ausgerichtete und einzelfallbezogene Interessenabwägung voraus, welche das Interesse des Rechtsinhabers an der verlangten Auskunft und die Belastung des Auskunftspflichtigen durch die Auskunftserteilung gegeneinander abwägt.[1158] Im Übrigen kommen Auskunftsansprüche aus § 242 BGB erst ab einer gewissen Schwere der Rechtsverletzung in Frage.[1159]

III. Haftungsprivilegierung des Access-Providers aus § 9 Abs. 1 TDG?

Fraglich ist des Weiteren, ob sich der Access-Provider nicht hinsichtlich einer Auskunftsverpflichtung grundsätzlich auf die Haftungsprivilegierung des § 9 Abs. 1 TDG berufen kann. Wie bereits im Rahmen der Prüfung einer Haftung auf Schadensersatz und Unterlassen gemäß § 97 Abs. 1 UrhG in Teil 5 C. IV. 1. erörtert, ist der Access-Provider gemäß § 9 Abs.1 TDG grundsätzlich von der Haftung für übermittelte fremde Inhalte befreit. Diese weitgehende Privilegierung wird jedoch gemäß § 8 Abs. 2 S.2 TDG hinsichtlich der „Verpflichtung zur Entfernung oder Sperrung der Nutzung von

---

wonach die Auskunftserteilung als Teil der Naturalrestitution nach § 249 BGB begriffen wurde. Nach heute wohl vorherrschender Meinung ergibt sich der Anspruch aus § 242 BGB i.V.m. der entsprechenden Schutznorm, was eine Auskunftspflicht auch auf der Grundlage verschuldensunabhängiger Unterlassungs- und Beseitigungsansprüche ermöglicht, vgl. Spindler/Dorschel in CR 2005, S. 38, 40 (Rn 19) mit Verweis auf BGH in NJW 96, 197; Apel Brak-Mitt. 1996, 253; Teplitzky in FS Tilmann, 913, 914. Überdies wurde die vom BGH früher konstatierte Beschränkung des auf die Verhinderung zukünftiger Rechtsverletzungen gerichteten Drittauskunftsanspruches auf schuldhafte Verletzungshandlungen (BGH GRUR 1994, 630, 632 m.Abl. Anm. Jacobs) in jüngeren Urteilen ebenfalls nicht fortgeführt (BGH GRUR 2001, 841, 843 – Entfernung der Herstellungsnummer II).

[1156] Vgl. hierzu oben Teil 6, A. I. 3. Demnach scheidet eine Störerhaftung der Access-Provider hinsichtlich Urheberrechtsverletzungen ihrer Nutzer in P2P-Netzwerken mangels zumutbarer Prüfungspflichten generell aus.

[1157] Ebenso Ohlenhusen/Crone in WRP 2002, S. 164, 167. S. auch Spindler/Dorschel in CR 2005, S. 38, 40. A.A. Kitz in GRUR 2003, 1014, 1016.

[1158] S. die BGH-Rspr. zum allgemeinen wettbewerbsrechtlichen Auskunftsanspruch aus den §§ 3 ff. UWG i.V.m § 242 BGB: BGHZ 125, 322, 329=GRUR 1994, 630, 632 – Cartier-Armreif; BGH GRUR 1994, 635, 636 – Pulloverbeschriftung.

[1159] So Spindler/Dorschel in CR 2005, S. 38, 40; BGH GRUR 1994, 635, 636 – Pulloverbeschriftung; jeweils zum allgemeinen wettbewerbsrechtlichen Auskunftsanspruch aus den §§ 3 ff. UWG i.V.m § 242 BGB.

Informationen nach den allgemeinen Grundsätzen" eingeschränkt. Daher ist eine Störerhaftung der Provider nach den allgemeinen Regeln möglich.[1160]
Fraglich ist, ob diese Einschränkung auch Verpflichtungen zur Auskunftserstattung umfasst. Dagegen spricht zunächst, dass der Wortlaut Auskunftspflichten nicht erfasst. Allerdings soll laut Gesetzesbegründung der gesamte Bereich der verschuldensunabhängigen Störerhaftung von der Haftungsprivilegierung in § 9 TDG ausgenommen werden.[1161] Insoweit muss berücksichtigt werden, dass der akzessorische Auskunftsanspruch aus § 242 BGB dogmatisch von der Haftung des Verletzers abhängig und eng mit den diesbezüglichen Ansprüchen verknüpft ist. Er steht und fällt mit der Passivlegitimation des Providers.[1162] Er stellt im Verhältnis zum Hauptanspruch, dessen Durchsetzung er dient, einen Hilfsanspruch dar.[1163] So sind Auskunftsansprüche allgemein als Annex zu Unterlassungs- und Beseitigungsansprüchen anerkannt, wenn nur damit sichergestellt wird, dass fortwirkende Beeinträchtigungen unterbunden werden können.[1164] Zur effektiven und konsequenten Durchsetzung von Unterlassungs- und Beseitigungsansprüchen sind Auskunftsansprüche oftmals zwingend erforderlich. So ist bspw. eine Auskunft über den Empfänger von rechtswidrigen Vervielfältigungsstücken erforderlich, um die Quellen und Vertriebswege der rechtsverletzenden Ware ausfindig zu machen und trockenzulegen.[1165]
Folglich sind auch Auskunftsansprüche von § 8 Abs. 2 S.2 TDG erfasst, da sie als Annexansprüche zu Unterlassungs- und Beseitigungsansprüchen der Rechteinhaber gegen Access-Provider in Frage kommen.[1166]

IV. Entgegenstehendes Datenschutzrecht

Im Mittelpunkt der derzeitigen Diskussion um Auskunftsansprüche gegen Access-Provider stehen Fragen des Datenschutzrechtes.[1167] Die Datenschutzgesetze sind immer dann zu beachten, wenn es um den Umgang mit personenbezogenen Daten geht. Dies sind insbesondere Einzelangaben über persönliche oder sachliche Verhältnisse

---

[1160] Vgl. hierzu oben Teil 5, C. IV. 2.; BGH Urt. v. 11.3.2004 in GRUR 2004, 860, 862 – Internetversteigerung; Spindler/Geis/Schmitz/*Spindler*, TDG, § 8 Rn 15.

[1161] Ausweislich der Gesetzesbegründung soll die Neuregelung der Vorgängervorschrift des § 5 Abs. 4 TDG a.F. entsprechen, BT-Drs. 14/6098, S. 23. Diese nahm ausdrücklich verschuldensunabhängige Unterlassungspflichten der Provider von der Haftungsprivilegierung heraus, BT-Drs. 13/7385, zu § 5 Abs. 4 TDG, S. 21.

[1162] Spindler/Dorschel in CR 2005, 38, 41.

[1163] Heinrichs in Palandt, BGB, 63. Aufl. 2003, § 261 Rn 25 m.w.N.

[1164] Vgl. Medicus in MünchKomm. BGB, 4. Aufl., § 1004 Rdn. 74. Dies gilt insbesondere auch für den gewohnheitsrechtlichen Auskunftsanspruch im Urheberrecht aus § 242, vgl. Fromm/Nordemann/*Nordemann*, § 97, Rn 27; Ulmer, Urheber- und Verlagsrecht, 3. Aufl. 1980, S. 560 f.; Ohlenhusen/Crone in WRP 2002, S. 164.

[1165] Amtl. Begründung zum Produktpirateriegesetz, BT-Drucks. 11/4792.

[1166] I.E. ebenso LG Hamburg in CR 2005, 136 f.; Czychowski in MMR 2004, 514 f.; Nordemann/Dustmann in CR 2004, 318 f; Spindler/Dorschel in CR 2005, S. 38, 41. A.A. Sieber/Höfinger in MMR 2004, S. 575, 580.

[1167] So geht die Bundesregierung ausdrücklich davon aus, dass zivilrechtliche Auskunftsansprüche derzeit an datenschutzrechtlichen Bestimmungen scheitern und nur gegenüber Strafverfolgungsbehörden bestehen, vgl. Fragenkatalog zur weiteren Reform des Urheberrechts in der Informationsgesellschaft, dort Frage D, abzurufen unter http://www. urheberrecht.org/topic/Korb-2.

einer bestimmten oder bestimmbaren Person.[1168] Ausschlaggebend ist, ob eine Information einen Rückschluss auf die Identität einer bestimmten Person zulässt.
Die begehrten Auskunftsansprüche der Rechteinhaber richten sich auf die Bekanntgabe der Identität von Internetnutzern (Name und Anschrift des Teilnehmers), somit auf personenbezogene Daten im Sinne des § 3 Abs. 1 BDSG. Der Internetnutzer existiert im Internet jedoch nur als IP-Adresse, die sein Zugangsvermittler dem von ihm gerade genutzten Rechner zugeordnet hat.[1169] Zur Identifizierung des Nutzers muss der Provider daher auf diese IP-Adresse zurückgreifen. Sowohl bei den sog. statischen als auch den dynamischen IP-Adressen handelt es sich ebenfalls um personenbezogene Daten im Sinne des § 3 Abs. 1 BDSG.[1170] Der Anwendungsbereich der bereichspezifischen Datenschutzregeln des TKG bzw. TDDSG/MDStV sowie, subsidiär, der allgemeinen Regeln des BDSG, ist somit eröffnet.
Bei der Vielzahl von Datenschutzgesetzen ist fraglich, welches bei der Erbringung von Online-Diensten im Einzelfall zu beachten ist. Access-Provider sind vielfach sowohl als Teledienste-[1171] als auch als Telekommunikationsdiensteanbieter[1172] tätig. In diesem Fall können sie grundsätzlich gleichzeitig den Vorschriften des Telekommunikationsdienstegesetzes (TKG)[1173] und des Teledienstedatenschutzgesetzes (TDDSG) unterliegen.[1174] Welche Vorschriften im Einzelfall heranzuziehen sind, bestimmt sich danach, auf welcher funktionsmäßigen „Ebene" oder „Schicht" der Internetnutzung Daten anfallen.[1175] Access-Provider haben daher neben den Vorschriften des TDDSG auch die datenschutzrechtlichen Bestimmungen des TKG zu beachten.
Diese Gesetze haben als bereichsspezifische Sonderregelungen für den Online-Bereich grundsätzlich Vorrang vor den Normen des Bundesdatenschutzgesetzes (BDSG). Die-

---

[1168] Hoeren in „Das Recht der Access-Provider", Rn 9.

[1169] Kitz in GRUR 2003, 1014. Diese IP-Adressen werden einem Rechner und damit meist auch einem bestimmten Nutzer entweder fest – sog. statische IP-Adressen – oder vorübergehend – sog. dynamische IP-Adressen zugeordnet. Bei letzteren tritt ein Nutzer bei jeder neuen Session unter einer anderen IP-Adresse auf und es ist zunächst nur dem Access-Provider bekannt, welche Person welche Adresse zu welcher Zeit benutzt, vgl. Hoeren in „Das Recht der Access-Provider", Rn 13.

[1170] Hoeren in „Das Recht der Access Provider", Fn 14, mit Verweis auf die Ansicht der Datenschutzbehörden, dokumentiert bei Dix in DuD 2002, 234, 235; Schaar, „Datenschutz im Internet", 2002, Rn 168 ff.

[1171] Dies ist vor allem dann der Fall, wenn sie Navigationshilfen, Suchmaschinen oder Internet-Portale anbieten, Hoeren, „Das Recht der Access-Provider", Rn 71. Bsp.: T-Online International AG.

[1172] Access-Provider, die ihren Kunden über ihr Leitungsnetz einen Internetzugang zur Verfügung stellen, erbringen gemäß § 3 Nr. 24 TKG Telekommunikationsdienste.

[1173] Das TKG wurde im Zuge der EU-Datenschutz-Richtlinie für elektronische Kommunikation neu gefasst, BGBl I 2004, 1190. Dabei wurden die Vorschriften der bisherigen Telekommunikations-Datenschutzverordnung (TDSV) in das TKG übernommen.

[1174] So ausdrücklich der Evaluierungsbericht der Bundesregierung zum IuKDG, BT-Drs. 14/1191, S. 7; Hoeren, „Das Recht der Access-Provider", Rn 71; Büchner in Beck'scher TKG-Komm., 2. Aufl. 2000, § 85 Rn 2; Rossnagel in Handbuch Datenschutzrecht, 2003, Teil 7.9, Rn 35 und 60; Bizer in Roßnagel, Recht der Multimediadienste, 2003, § 3 TDDSG, Rn 53. A.A. Kitz in GRUR 2003, 1014, 1018.

[1175] Hoeren, „Das Recht der Access-Provider", Rn 31, mit ausführlicher Erörterung.

ser Grundsatz ist in § 1 Abs. 3 BDSG[1176] ausdrücklich normiert. Auf das BDSG darf darüber hinaus nur dort zurückgegriffen werden, wo die bereichsspezifischen Regelungen keine Antwort bieten.[1177]

1. Datenschutz bei Telediensten nach TDDSG

Gemäß § 3 Abs. 2 TDDSG ist die Verarbeitung und Nutzung von personenbezogenen Daten, die für die Durchführung von Telediensten erhoben wurden, für andere Zwecke (als die Durchführung von Telediensten) unzulässig, soweit nicht der Nutzer einwilligt oder das TDDSG selbst oder eine andere Rechtsvorschrift sie erlaubt. Dabei handelt es sich um ein Verbot mit Erlaubnisvorbehalt.[1178] Da eine Einwilligung des Nutzers regelmäßig nicht vorliegt, kommen somit nur Erlaubnistatbestände des TDDSG oder anderer Rechtsvorschriften in Betracht.[1179]

a) Erlaubnistatbestände zur Datenverarbeitung und –nutzung im TDDSG

Das TDDSG ordnet personenbezogene Daten in Bestandsdaten und Nutzungsdaten ein. Als Bestandsdaten werden die Daten bezeichnet, die für Vertragsgestaltung und –abwicklung erforderlich sind, § 5 S. 1 TDDSG. Dies sind typischerweise Name, Anschrift, E-Mail-Adresse, Bankverbindung, statische IP-Adresse.[1180]

Unter Nutzungsdaten versteht man die Daten, die bei der und für die Inanspruchnahme des Dienstes entstehen, § 6 Abs. 1 TDDSG. Hierzu gehören insbesondere Daten über Beginn und Ende der Nutzung eines Teledienstes sowie Merkmale zur Identifikation des Nutzers, die erhoben wurden, um die Inanspruchnahme eines Teledienstes zu ermöglichen und/oder abzurechnen.[1181]

Der Auskunftsanspruch der Rechteinhaber richtet sich auf Mitteilung über Name und Anschrift eines Teilnehmers, mithin lediglich auf Bestandsdaten. Im Hinblick darauf wird teilweise davon ausgegangen, dass die Auskunftsansprüche nur im Bestandsdatenbereich operieren.[1182] Es ist allerdings zu berücksichtigen, dass der Provider zur Identifizierung des Nutzers für den Fall, dass dem Nutzer lediglich eine dynamische IP-Adresse zugeordnet wurde, zudem auch auf Nutzungsdaten zurückgreifen muss.

1176 § 1 Abs. 3 BDSG lautet: Soweit andere Rechtsvorschriften des Bundes auf personenbezogene Daten einschließlich deren Veröffentlichung anzuwenden sind, gehen sie den Vorschriften dieses Gesetzes vor. Die Verpflichtung zur Wahrung gesetzlicher Geheimhaltungspflichten oder von Berufs- oder besonderen Amtsgeheimnissen, die nicht auf gesetzlichen Vorschriften beruhen, bleibt unberührt.

1177 So ausdrücklich die Gesetzesbegründung zum Elektronischen-Geschäftsverkehrsgesetz (EGG), mit dem auch das TDG reformiert wurde, BT-Drs. 14/6098, S. 14; Bizer in Roßnagel, Recht der Multimediadienste, EL. August 2003, zu § 3 TDDSG Rn 59; Hoeren, „Das Recht der Access-Provider", Rn 29.

1178 Bizer in Roßnagel, Recht der Multimediadienste, EL. August 2003, zu § 3 TDDSG Rn 51.

1179 Ein Rückgriff auf § 101 a UrhG selbst als Erlaubnistatbestand verbietet sich bereits daraus, dass nach allgemeinen Grundsätzen der bereichsspezifischen Regelung (über die Verwendung von Daten) in dem Gesetz, das die Erhebung der Daten regelt, der Vorrang vor der Regelung im „Empfängergesetz" eingeräumt wird, vgl. Sieber/Höfinger in MMR 2004, 575, 584 mit Verweis auf die amtl. Begr. zum StVÄG 1999, BT-Drs. 14/1484, S. 22.

1180 Hoeren, „Das Recht der Access-Provider", Rn 88.

1181 Sieber/Höfinger in MMR 2004, 575, 581.

1182 LG Hamburg in CR 2005, 136, 143, 144.

Dies hat seine Ursache darin, dass eine dynamische IP-Adresse nur im Rückgriff auf die konkreten Nutzungsdaten des Nutzers (Zeitpunkt, Dauer der Nutzung) mit seinem Nutzernamen verknüpft werden kann.[1183] Insofern ist für den hier in Rede stehenden Auskunftsanspruch auch die Verarbeitung von Nutzungsdaten erforderlich.
Zweifelhaft ist bereits, ob das TDDSG überhaupt die Speicherung der IP-Adresse über den tatsächlichen Nutzungszeitraum hinaus gestattet. Nach § 6 Abs. 8 TDDSG ist eine dauerhafte Speicherung von personenbezogenen Daten nur bei tatsächlichen Anhaltspunkten dafür zulässig, dass die Daten zur Rechtsverfolgung benötigt werden. Insofern ist bereits die grundsätzliche Speicherung der IP-Adresse, wie sie der gängigen Praxis der Zugangsvermittler entspricht, datenschutzrechtlich unzulässig.[1184]
Abgesehen hiervon findet sich ein Erlaubnistatbestand für die Verarbeitung von Bestandsdaten, wozu gemäß § 3 Abs. 4 Nr. 3 lit. a BDSG auch das Bekanntgeben an einen Dritten durch Übermittlung der Daten zur Verarbeitung gehört, lediglich in § 5 S. 2 TDDSG. Danach ist eine „Auskunft an Strafverfolgungsbehörden und Gerichte zum Zwecke der Strafverfolgung" zulässig. Eine Auskunft an private Dritte ist ausdrücklich nicht legitimiert.
Die Erhebung, Verarbeitung und Nutzung von Nutzungsdaten ist gem. § 6 Abs. 1 TDDSG ohne Einwilligung nur zulässig, „soweit dies erforderlich ist, um die Inanspruchnahme von Telediensten zu ermöglichen". Darüber hinaus ist eine Weitergabe an Dritte nur zulässig, wenn sie zu Abrechnungszwecken oder an Strafverfolgungsbehörden und Gerichte für Zwecke der Strafverfolgung erfolgt, § 6 Abs. 5 TDDSG. Demnach ist die Verarbeitung von Nutzungsdaten zum Zwecke der Auskunft über Name und Adresse eines Nutzers an private Dritte in jedem Falle unzulässig.[1185]

b) Generelle Erlaubnis in § 28 Abs. 3 BDSG ?

Fraglich bleibt somit, ob die Verarbeitung von personenbezogenen Daten in anderen Rechtsvorschriften erlaubt wird. Als Erlaubnistatbestand wird vereinzelt § 28 Abs. 3 Nr. 1 BDSG genannt.[1186] Danach dürfen personenbezogene Daten zur Wahrnehmung berechtigter Interessen Dritter grundsätzlich weitergegeben werden.
Im Hinblick auf die grundsätzliche Subsidiarität des BDSG gegenüber den bereichsspezifischen Vorschriften des TDDSG erscheint eine Berücksichtigung des BDSG indes eindeutig unzulässig. Laut der Gesetzesbegründung zum EGG finden die jeweils geltenden Vorschriften zum Schutz personenbezogener Daten – insbesondere das

---

[1183] Vgl. hierzu auch die Erläuterung von Sieber/Höfinger in MMR 2004, 575, 581. Eine derartige Verknüpfung ist nur dadurch möglich, dass die in den – regelmäßig zu Abrechnungs- und Kontrollzwecken geführten und noch vorhandenen – Log-Files gespeicherten Verbindungsinformationen ausgewertet werden.

[1184] Vgl. Kitz in GRUR 2003, 1014, 1018 mit Verweis auf die Landesbeauftragte für den Datenschutz NRW in ihrem 16. Datenschutzbericht 2003, S. 15 f.; Schaar, Datenschutz im Internet, 2002, Rn. 823. Eine dauerhafte Speicherung ist allerdings dann zulässig, wenn der Nutzer einen Einzelverbindungsnachweis gem. § 6 VII TDDSG beantragt hat.

[1185] Allgemeine Auffassung, s. nur Kitz in GRUR 2003, 1014, 1018; Sieber/Höfinger in MMR 2004, 575, 582; Nordemann/Dustmann in CR 2004, S. 380, 387.

[1186] Nordemann/Dustmann in CR 2004, S. 380, 387; Czychowski in MMR 2004, 514, 517, mit nahezu wortgleichen Ausführungen; LG Hamburg, CR 2005, 136, 140.

BDSG – nur Anwendung, soweit das TDDSG nichts anderes bestimmt.[1187] Der Gesetzgeber stellte überdies ausdrücklich klar:

> „Spezialregelungen des TDDSG sind die besonderen Grundsätze, Pflichten und Erlaubnistatbestände für Anbieter von Telediensten. Aus dem Verhältnis der Spezialität zwischen BDSG und TDDSG folgt, dass die Erlaubnistatbestände abschließend sind. Diensteanbieter können sich demzufolge nicht auf allgemeine Erlaubnistatbestände des BDSG (z.B. § 28) berufen, wenn die Voraussetzungen für eine gesetzliche Erlaubnis hinsichtlich des Umgangs mit personenbezogenen Daten der Nutzer nach dem TDDSG nicht gegeben sind."

Angesichts dieser eindeutigen Regelungsabsicht des Gesetzgebers erscheint eine gegensätzliche Auffassung unvertretbar.[1188] Der Gesetzgeber verfolgte mit der Änderung des TDG seinerzeit ausdrücklich das Ziel, die Transparenz des Gesetzes und die Abstimmung des allgemeinen und des bereichsspezifischen Datenschutzrechtes zu verbessern.[1189] Ihm kam es somit auf eine eindeutige Abgrenzung zwischen den Anwendungsbereichen des TDDSG und des BDSG an. Hielte man das BDSG im vorliegenden Fall trotzdem für anwendbar, würde man die vom Gesetzgeber gewünschte Transparenz konterkarieren. Im Hinblick hierauf entspricht es auch der allgemeinen Auffassung in der datenschutzrechtlichen Literatur, dass die Vorschriften des TDDSG zu Nutzungs- und Bestandsdaten abschließende Sonderregelungen zum BDSG darstellen, auf das in ihrem Anwendungsbereich nicht zurückgegriffen werden darf.[1190]
Da andere Erlaubnistatbestände im TDDSG nicht ersichtlich sind, ist die Verarbeitung und Nutzung von personenbezogenen Daten, die für die Durchführung von Telediensten erhoben wurden, zum Zwecke der Auskunftserteilung an private Dritte unzulässig.

2. Datenschutz nach TKG[1191]

Auch im Anwendungsbereich des TKG unterliegt die Erhebung, Verarbeitung und Nutzung von Bestandsdaten, sowie Nutzungsdaten - die hier gemäß § 3 Nr. 30 TKG als Verkehrsdaten bezeichnet werden - einem Verbot mit Erlaubnisvorbehalt.[1192]
Die vom TK-Diensteanbieter erhobenen Bestandsdaten i.S.v. § 3 Nr. 3 TKG dürfen gemäß den §§ 111 ff. TKG nur an bestimmte Behörden (bspw. Gerichte, Strafverfolgungsbehörden) herausgegeben werden. Darüber hinaus enthält das TKG in den §§ 91 ff. keinen Erlaubnistatbestand für die Übermittlung von Bestandsdaten an private Dritte. Allerdings ist das BDSG subsidiär zu den bereichsspezifischen Gesetzen anwend-

---

[1187] BT-Drs. 14/6098, S. 14.
[1188] Zu der Bedeutung und den Grundprinzipien einer historischen Auslegung von Gesetzesvorschriften s. Larenz, Methodenlehre der Rechtswissenschaften, 6. Aufl. S. 328.
[1189] BT-Drs. 14/6098, S. 14.
[1190] Sieber/Höfinger in MMR 2004, 575, 582; Spindler/Dorschel in CR 2005, S. 38, 45; Schmitz in Hoeren/Sieber, Handbuch Multimedia-Recht, Lbl., Teil 16.4 (Februar 2000) Rn 46; Dix in Roßnagel, Recht der Multimediadienste, § 5 TDDSG (August 2003), Rn 24.
[1191] Neugefasst durch Gesetz v. 22.06.2004, BGBl. I 2004, S. 1190. Dabei wurde der bisher teilweise in der TDSV geregelte Datenschutz vollständig in das TKG übernommen, §§ 89 ff. TKG.
[1192] S. hierzu näher Sieber/Höfinger in MMR 2004, 575, 582, 583.

bar, wenn und soweit das TKG keine vorrangigen Regelungen enthält.[1193] Zwar enthält das TKG in der reformierten Fassung aus dem Jahre 2004 keine klarstellende Regelung mehr dahingehend, dass das BDSG ergänzend gelten solle, wenn das TKG keine Regelungen enthält.[1194] Jedoch lassen die Gesetzesmaterialien zum neuen TKG erkennen, dass insofern keine materielle Änderung gegenüber der früheren Regelung beabsichtigt war.[1195]

Fraglich ist jedoch, ob die Regelungen des TKG die Erhebung und Verwendung von Bestandsdaten abschließend regeln, so dass schon keine Regelungslücke vorliegt, welche durch das BDSG geschlossen werden müsste. Eine solche Regelungslücke läge vor, wenn entweder der personelle Anwendungsbereich des TKG nicht eröffnet wärewas für Access-Provider grundsätzlich der Fall sein kann (s.o.) - oder aber das TKG diesen Sachverhalt der Übermittlung von Nutzerdaten gar nicht regelt.[1196] Das TKG regelt allerdings ausdrücklich die „Erhebung" und „Verwendung" personenbezogener Daten durch Telekommunikationsdienstleister (§ 91 Abs. 1 TKG). Diese soll inhaltsgleich zur bisherigen Begriffstrias „erheben, verarbeiten und nutzen" zu verstehen sein.[1197]Der Begriff „Verarbeiten beinhaltet jedoch gemäß § 3 Abs. 4 Nr. 3a) BDSG ausdrücklich auch gerade die Übermittlung von Daten an Dritte. Insofern ist davon auszugehen, dass es sich bei den §§ 91 ff. TKG und § 28 BDSG um tatbestandlich konkurrierende Normen handelt.[1198] Daher sind die Erlaubnistatbestände im TKG als abschließend zu bewerten, die eine subsidiäre Anwendung der §§ 28, 29 BDSG ausschließen.[1199]

Überdies ist auch die Verarbeitung von Verkehrsdaten zum Zwecke der Auskunftserteilung über Bestandsdaten unzulässig.[1200] Zu den Verkehrsdaten i.S.d. TKG gehören ausweislich der Gesetzesbegründung auch IP-Adressen.[1201] Diese dürfen gemäß § 96 Abs. 2 und 3 TKG ohne Einwilligung des Nutzers nur zu den dort aufgezählten Zwecken verwendet werden.[1202] Ein Verbot mit Erlaubnisvorbehalt für eine anderweitige Nutzung und Verarbeitung der Verkehrsdaten ist in §§ 91 ff. TKG nicht vorgesehen.

1193 Spindler/Dorschel in CR 2005, 38, 45; LG Hamburg, CR 2005, 136, 143.

1194 Eine derartige Regelung war in § 1 Abs. 2 S. 1 TDSV noch enthalten.

1195 BT-Drucks. 15/2316 v. 9.01.2004, S. 88.

1196 Büchner in Beck'scher TKG-Kommentar, 2. Aufl. 2000, § 89 Rn 14; Trute in Trute/Spoerr/Bosch, TKG, 2001, § 89 Rn 5.

1197 BT-Drucks. 15/2316, 88; Ohlenburg in MMR 2004, 431, 432.

1198 So Spindler/Dorschel in CR 2005, 38, 45; A.A. LG Hamburg, CR 2005, 136, 143.

1199 Dies entspricht der allgemeinen Auffassung im Schrifttum: vgl. Büchner in Beck'scher TKG-Kommentar, 2. Aufl. 2000, § 89 Rn 14; Schaar, Datenschutz im Internet, 2002, Rn 372; Würmeling in Heun, Hdb. TK-Recht, 2002, Teil 9 Rn 87, jeweils noch zur TDSV. I.E. auch Sieber/Höfinger in MMR 2004, 575, 583.

1200 Ebenso Sieber/Höfinger in MMR 2004, 575, 582, 583; Spindler/Dorschel in CR 2005, 38, 46.

1201 BT-Drs. 15/2316 zu § 94, S. 89. Damit sind jedoch wohl lediglich dynamische IP-Adressen gemeint, vgl. Hoeren, „Das Recht der Access-Provider", Rn 45; Schaar, RDV 2003, 59, 62. Dagegen werden statische IP-Adressen überwiegend als Bestandsdaten der Telekommunikation angesehen, vgl. ebenda.

1202 Dazu zählen der Verbindungsaufbau, die Entgeltabrechnung und Störungs- und Missbrauchsfälle.

V. Entgegenstehendes Fernmeldegeheimnis?
Problematisch erscheint zudem, ob auch das Fernmeldegeheimnis Auskunftsansprüchen gegen Access-Provider grundsätzlich entgegensteht.

1. Anwendungsbereich
Das Fernmeldegeheimnis ist als Grundrecht in Art. 10 GG verankert und schützt die unkörperliche Übermittlung von Informationen durch das Fernmeldewesen, welches in neueren Bestimmungen als Telekommunikation bezeichnet wird.[1203] Nach der Rechtsprechung des Bundesverfassungsgerichts soll das Fernemeldegeheimnis die freie Entfaltung der Persönlichkeit durch einen privaten, vor den Augen der Öffentlichkeit verborgenen Austausch von Nachrichten, Gedanken und Informationen schützen und damit die Würde des denkenden und freiheitlich handelnden Menschen wahren.[1204] Aus dem Ziel des Fernmeldegeheimnisses, die Vertraulichkeit zu schützen, folgt, dass nur individuelle Kommunikationsvorgänge in seinen Schutzbereich fallen.[1205] Nicht erfasst werden daher Kommunikationsvorgänge, die für die Öffentlichkeit bestimmt sind.[1206]
Einfachgesetzlich ist das Fernmeldegeheimnis insbesondere in § 88 TKG ausgestaltet. Es erstreckt sich zunächst auf den Inhalt der Telkommunikation, d.h. gem. § 3 Nr. 16 TKG den Inhalt eines beliebigen technischen Vorgangs des Aussendens, Übermittelns und Empfangens von Nachrichten jeglicher Art in der Form von Zeichen, Sprache, Bildern oder Tönen mittels Telekommunikationsanlagen. Telekommunikationsanlagen werden in § 3 Nr. 17 definiert als „technische Einrichtungen oder Systeme, die als Nachrichten identifizierbare elektromagnetische oder optische Signale senden, übertragen, vermitteln, empfangen steuern oder kontrollieren können". Unter diese weite Definition fallen insbesondere auch die Einwählknoten von Internetprovidern.[1207] Folglich ist die Datenübermittlung, die der Access-Provider für den - Dateien in Filesharing-Systemen anbietenden - Internetnutzer vornimmt, grundsätzlich als Telekommunikation einzuordnen.
Nach § 88 Abs. 1 1.Alt. TKG unterliegt dem Fernmeldegeheimnis zunächst der „Inhalt der Telekommunikation". Darauf ist das Auskunftsverlangen der Rechteinhaber jedoch nicht gerichtet.[1208] Der rechtswidrige Inhalt des Online-Angebots ist dem Rechteinhaber ja bereits im Vorfeld des Auskunftsverlangens über die Identität des Urheberrechtsverletzers bekannt geworden. Dem Fernmeldegeheimnis nach § 88 Abs. 1 2.Alt. TKG unterliegen allerdings auch die näheren Umstände der Telkommunikation, zu denen insbesondere auch die Tatsache zählt, ob jemand an einem TK-Vorgang beteiligt war. Geschützt sind danach insbesondere die sog. Verbindungsdaten eines Kommunikationsvorgangs, d.h. wer, wann, mit wem, wie lange, von wo, wohin und auf

---

[1203] Jarass in Jarass/Pieroth, GG-Komm., 7. Aufl. 2004, Art. 10, Rn 5, m.V. auf BVerfGE 106, 28/36.
[1204] BverfGE 67, 157, 171.
[1205] *Hermes* in Dreier, GG-Komm., 2.Aufl. Art. 10, Rn 38. Eindeutig nicht erfasst ist deshalb die Verbreitung von Hörfunk- und Fernsehprogrammen an die Öffentlichkeit, vgl. ebenda; *Gusy* in v.Mangoldt/Klein/Starck, GG-Komm. Band I, 4. Aufl. 1999, Art. 10, Rn 42.
[1206] Büchner in Beck'scher TKG-Kommentar, 2000, § 85 Rn 2.
[1207] Büchner in Beck'scher TKG-Kommentar, 2000, § 85 Rn 2, m.V. auf Würmeling/Felixberger, CR 1997, 230, 233.
[1208] Insoweit zu Recht LG Hamburg in CR 2005, 136, 143.

welche Weise kommuniziert hat.[1209] Hierzu gehören insbesondere die Daten, die in § 96 TKG als „Verkehrsdaten" aufgeführt sind. Jedoch bezieht sich das Auskunftsverlangen der Rechteinhaber auch nicht auf die Mitteilung der Verbindungsdaten. Vielmehr richtet sich das Auskunftsbegehren in den hier in Rede stehenden Fällen allein auf die Mitteilung des Namens und der Anschrift der Rechtsverletzer und somit auf sog. Bestandsdaten i.S.v. § 95 TKG.[1210] Die Bestandsdaten zählen aber nicht zu den näheren Umständen der Telekommunikation und unterfallen daher nicht dem Fernmeldegeheimnis.[1211]

Teilweise wird indes eingewandt, dass mit der Namhaftmachung der hinter einer dynamischen IP-Adresse stehenden Person zugleich zwingend eine Aussage über einen bestimmten von diesem Endgerätenutzer unter dieser IP-Adresse durchgeführten oder versuchten Telekommunikationsvorgang im Internet verbunden wäre.[1212] Da der Provider zur Identitätsfeststellung des einzelnen Nutzers eine Zuordnung des Namens zum Nutzungsdatum der dynamischen IP-Adresse vornehmen müsse, gehe es letztlich um die Auskunft darüber, welcher Nutzer zu welchem Zeitpunkt unter welcher IP-Adresse online war.[1213] Dies sei der Beweis, den die Antragssteller im Verfahren gegen den Nutzer benötigen.

Dem kann jedoch nicht gefolgt werden. Schließlich sind dem Auskunftsersuchenden die zur Bestandsdatenermittlung erforderlichen Verbindungsdaten – dynamische IP-Adresse und der Nutzungszeitpunkt – bereits bekannt und Grundlage seines Ersuchens.[1214] Der Rechteinhaber erhält weder Verbindungsdaten mitgeteilt noch erfährt er, welche Daten der Provider intern auswerten musste. Die Tatsache des konkreten Datenübermittlungsvorgangs im Internet zum fraglichen Zeitpunkt unter Beteiligung des bereits durch die IP-Adresse identifizierbaren Kunden des Providers ist dem Rechteinhaber bereits bekannt und durch die Namhaftmachung des Kunden ergeben sich dazu keine weiteren Erkenntnisse, insbesondere auch nicht zur weiteren Internetnutzung des Kunden.[1215] Im Übrigen stellt sich die vom Access-Provider an einen Kunden für einen bestimmten Zeitpunkt vergebene dynamische IP-Adresse nicht einen mit einem einzigen konkreten Datenübermittlungsvorgang im Internet untrennbar verbundenen Bestandteil dar. Schließlich verfügen viele Nutzer über einen mit ihrem Provider pauschal abgerechneten Breitbandzugang (z.B. DSL-Flatrate), weshalb sie ihren vom Provider geschalteten Internetzugang nicht beenden und regelmäßig bis zu 24 Stunden (dann erfolgt eine Zwangstrennung) unter derselben IP-Adresse firmieren. In dieser Zeit bleibt der Internetzugang oftmals und stundenlang ungenutzt. Daher lässt sich die Zugangsgewährung zum Internet durch die Zuteilung der dynamischen IP-Adresse

---

[1209] Büchner in Beck'scher TKG-Kommentar, 2000, § 85 Rn 3.

[1210] Ebenso LG Hamburg in CR 2005, 136, 143; s. auch LG Stuttgart in NJW 2005, 614, 615, bzgl. der Auskunftspflicht des Access-Providers gegenüber den Ermittlungsbehörden.

[1211] Büchner in Beck'scher TKG-Kommentar, 2000, § 85 Rn 3.

[1212] Kitz in ZUM 2005, 298, 302.

[1213] Kitz in ZUM 2005, 298, 302; Kaufmann/Köcher, MMR 2005, 61, 62.

[1214] Vgl. LG Stuttgart in NJW 2005, 614, 615, bzgl. der Auskunftspflicht des Internet-Providers gegenüber den Ermittlungsbehörden.

[1215] LG Stuttgart in NJW 2005, 614, 615, bzgl. der Auskunftspflicht des Internet-Providers gegenüber den Ermittlungsbehörden.

durch den Access-Provider nicht zwangsläufig mit einem bestimmten Telekommunikationsvorgang im Internet verknüpfen.[1216] Insofern beschränkt sich ein Auskunftsbegehren über die Identität eines Nutzers auf die Bestandsdaten, so dass das Fernmeldegeheimnis nicht berührt wird.
Selbst wenn man in der Auskunft über die Bestandsdaten von Internetnutzern zugleich eine Auskunft über die Verbindungsdaten der Nutzer erkennen wollte, stellt sich die Frage, ob es sich bei der Datenübermittlung in P2P-Netzwerken überhaupt um einen individuellen Kommunikationsvorgang handelt, welcher vom Fernmeldegeheimnis geschützt wird.[1217] Entscheidend für die Abgrenzung zwischen individueller und öffentlicher Kommunikation ist grundsätzlich der Rezipientenkreis der Information, somit die Adressierung durch den Absender.[1218] Als „individuell" ist die Übermittlung insbesondere dann anzusehen, wenn sie sich an einen bestimmten – oder eine begrenzte Zahl von – Empfänger richtet.[1219] Nach allgemeiner Auffassung gehört daher bspw. die an einen bestimmten Empfänger gerichtete Electronic Mail (E-Mail) in den Schutzbereich des Fernmeldegeheimnisses.[1220] Andererseits werden an jedermann gerichtete Inhalte des Internet aus dem Schutzbereich des Fernmeldegeheimnisses ausgegrenzt.[1221]
Hinsichtlich der Kommunikationsvorgänge in P2P-Netzwerken muss wiederum zwischen dem Upload und dem Download unterschieden werden. Für die Qualifizierung des Uploads, also dem Angebot von Werken in „Tauschbörsen", als „öffentlich" spricht, dass sich dieser Vorgang offensichtlich an die Öffentlichkeit richtet.[1222] Im Falle des Zugänglichmachens von Werken im Internet gemäß § 19 a UrhG wird zwar eine spätere individuelle Datenübermittlung mit einem anderen Nutzer angestrebt. Zunächst erfolgt die Übermittlung der Musik- oder Filmdatei mit Hilfe des Access-Providers jedoch an die Allgemeinheit. Insofern fehlt es eindeutig an der vom Fernmeldegeheimnis geschützten Vertraulichkeit einer Nachrichtenübermittlung.[1223] Wer

---

[1216] Vgl. LG Stuttgart in NJW 2005, 614, 615, bzgl. der Auskunftspflicht des Internet-Providers gegenüber den Ermittlungsbehörden.

[1217] Die Abgrenzung zwischen Individual- und Massenkommunikation bereitet gerade im Internet erhebliche Abgrenzungsschwierigkeiten. Richtigerweise unterfällt nicht das gesamte Internet, sondern nur bestimmte Formen der Kommunikation im Netz dem Fernmeldegeheimnis, vgl. Gusy in v.Mangoldt/Klein/Starck, GG-Komm. Band I, 4. Aufl. 1999, Art. 10, Rn 43.

[1218] Jarass in Jarass/Pieroth, GG-Komm., 7.Aufl. 2004, Art. 10, Rn 6.

[1219] Jarass in Jarass/Pieroth, GG-Komm., 7.Aufl. 2004, Art. 10, Rn 6; Krüger/Pagenkopf in Sachs, GG-Komm., Art. 10, Rn 14; Gusy in v.Mangoldt/Klein/Starck, GG-Komm. Band I, 4. Aufl. 1999, Art. 10, Rn 43; Dürig in Maunz/Dürig, GG-Komm., 42. Erg.-Lieferung Feb. 2003, Art. 10 Rn 13; Jarass, „Die Freiheit der Massenmedien", 29; Scherer, NJW 1983, 1832, 1834.

[1220] Vgl. Löwer in v.Münch/Kunig, 5.Aufl., Art. 10, Rn 18.

[1221] Krüger/Pagenkopf in Sachs, GG-Komm., Art. 10, Rn 14.

[1222] Vgl. Nordemann/Dustmann in CR 2004, S. 380, 387; Czychowski in MMR 514, 517; LG Hamburg, CR 2005, 136, 144.

[1223] Zu vergleichen ist der hier zu behandelnde Fall mit einem gewerblichen Raubkopierer, der sein Angebot anonym per Handy auf einen Lautsprecher auf einen Markt übertragen würde und sich dann auf das Fernmeldegeheimnis beruft, wenn ein Urheber kommt, und behauptet, er verkaufe Raubkopien. Bsp. in leichter Abwandlung von Czychowski in MMR 2004, S. 514, 518.

gerade bezweckt, dass die übermittelten Informationen oder Daten jedermann zugänglich sind, kann sich nicht auf die Privatsphäre berufen.[1224]
Von einem Teil der Literatur wird jedoch eingewendet, dass vorliegend ausschließlich auf den - der Internetnutzung vorgeschalteten - Kommunikationsvorgang zwischen dem Nutzer und seinem Access-Provider abzustellen sei.[1225] Die näheren Umstände des Kommunikationsvorganges zwischen dem Anbieter und dem Access-Provider erfolgten nach außen privat und anonym, so dass hierin eine individuelle Kommunikation zu sehen sei.[1226]
Dieser Auffassung kann indes nicht gefolgt werden. Zur Beurteilung der vorliegenden Frage darf nicht allein auf den bloß technischen Vorgang der Datenübermittlung zwischen Nutzer und Provider abgestellt werden. Vielmehr muss die über den Übermittlungsvorgang hinausgehende Anwendungsebene berücksichtigt werden. Verdeutlichen lässt sich dies mit Blick auf den Prototyp der individuellen, fernmeldetechnisch vermittelten Kommunikation: das Telefongespräch zwischen zwei Personen. Hier fungiert der Telefonanbieter eindeutig nur als Übermittler des Gesprächsinhalts. Genauso verhält es sich im Falle der beabsichtigten Datenübertragung im Internet. Der Access-Provider wird hier ebenfalls nur als Übermittler der Daten tätig. Zwischen einem Nutzer und einem Internetzugangsanbieter findet daher gar kein individueller Informationsaustausch statt. Die Informationen sind für den Provider nicht bestimmt, sondern sollen von ihm letztlich nur an Dritte übermittelt werden. Daher muss zur Beurteilung der Qualität einer Kommunikation als individuell oder öffentlich verständigerweise auch nur auf die Ebene zwischen Absender und Empfänger der Daten und nicht auf die Ebene zwischen Absender und bloßem Übermittler (hier: die Access-Provider) abgestellt werden.[1227] Schutzzweck des Fernmeldegeheimnisses ist verständigerweise nur der Geheimnisschutz des Informations- oder Gedankenaustausches zwischen zwei Personen, nicht der Geheimnisschutz des Inhalts und der näheren Umstände des technischen Vorgang der Datenübermittlung zwischen einem Bürger und einem Telekommunikationsanbieter.
Gegen eine isolierte Betrachtung des Kommunikationsvorganges zwischen Nutzer und Provider spricht zudem, dass insoweit die gesamte private Internetnutzung unter den Schutz des Fernmeldegeheimnisses gestellt werden müsste, da ein Bürger zur Nutzung des Internets immer eine Kommunikationsverbindung mit dem Access-Provider herstellen muss. Dies erscheint jedoch angesichts der vielfältigen Arten der Massenkommunikation im Internet, wie dem Angebot von Inhalten in sog. Abrufdiensten, unver-

---

1224 Nach Gusy in v.Mangoldt/Klein/Starck, GG-Komm. Band I, 4. Aufl. 1999, Art. 10 Rn 43, ist indiziell für die „Öffentlichkeit" der Datenübermittlung, ob sich grundrechtsgebundene Stellen in einen Kommunikationsvorgang im Netz unter denselben technischen oder ökonomischen Voraussetzungen wie jeder Dritte einschalten können. Wer wie jeder Dritte Empfänger einer Information sein kann, dem gegenüber besteht kein besonderer Geheimheitsschutz.

1225 Um Zugang zum Internet zu bekommen, wählt sich ein Nutzer typischerweise per Modem, ISDN- oder DSL-Router bei einem Access-Provider ein. Nachdem die Zugangsberechtigung des Nutzers überprüft wurde, wird der Nutzer über den Server des Providers mit dem Internet verbunden. In diesem Augenblick fungiert der Provider technisch gesehen als Knotenpunkt.

1226 Vgl. Sieber/Höfinger in MMR 2004, S. 575, 583; Spindler/Dorschel in CR 2005, S. 40, 46.

1227 Dies verkennen Sieber/Höfinger in MMR 2004, S: 575, 583 (Rn 93).

tretbar.[1228] Im Falle des öffentlichen Angebotes von Dateien im Internet mittels Datenübermittlung eines Access-Providers ist das Fernmeldegeheimnis aus § 88 TKG daher auch aus diesem Grunde nicht verletzt.[1229]
Anders zu beurteilen ist dagegen der Vervielfältigungsvorgang in Filesharing-Systemen, also der Download. Hier findet grundsätzlich eine individuelle Kommunikation konkreter einzelner Personen (einzelner sog. „Peers") untereinander statt.[1230] Diese ist auf Vertraulichkeit ausgerichtet, da der Inhalt der Kommunikation (die u.U. urheberrechtlich geschützte Datei) nicht für die Öffentlichkeit, sondern nur für den konkreten Empfänger bestimmt ist.[1231] Letztlich ist die Auskunft jedoch auch hier lediglich auf Bestandsdaten gerichtet, so dass das Fernmeldegeheimnis nicht berührt ist.

2. Ergebnis
Das Auskunftsersuchen der Rechteinhaber über die Identität von Internetnutzern ist lediglich auf Mitteilung der Bestandsdaten gerichtet und berührt daher das Fernmeldegeheimnis aus Art. 10 GG, § 88 TKG nicht. Selbst wenn man in der Auskunft über Bestandsdaten zugleich eine Auskunft über Verbindungsdaten erkennen wollte, ist das Fernmeldegeheimnis jedenfalls hinsichtlich der Identität des Anbieters von Werken in P2P-Netzwerken nicht betroffen. Die bei dem sog. Upload von Werken in P2P-Netzwerken stattfindende Datenübermittlung zwischen dem Internetnutzer und dem Access-Provider ist für die Öffentlichkeit bestimmt und stellt somit eine Massenkommunikation dar, die grundsätzlich nicht vom Fernmeldegeheimnis geschützt wird.

VI. Ergebnis
Es bleibt festzuhalten, dass die Rechteinhaber de lege lata keinen Anspruch gegen Access-Provider auf Auskunft über die Identität von Urheberrechtsverletzern im Internet besitzen. Ein derartiger Auskunftsanspruch besteht insbesondere nicht nach § 101 a UrhG unmittelbar oder analog oder § 97 UrhG i.V.m. § 242 BGB. Abgesehen davon, dass der Access-Provider in der Mehrzahl der Urheberrechtsverletzungen im Internet schon nicht passivlegitimiert sein wird, da er weder als unmittelbarer Verletzer noch als mittelbarer Störer angesehen werden kann, verstoßen Auskunftsansprüche jeden-

---

[1228] Abrufdienste sind Dienste, welche den jederzeitigen Abruf beliebiger Sendungen oder anderer Informationen ermöglichen, vgl. Hoffmann-Riem in AfP 1996, 9, 13. Insofern wäre auch die grundsätzliche Unterscheidung zwischen Individual- und Massenkommunikation, wie sie in der Literatur hinsichtlich der verschiedenen Internetnutzungen, wie E-Mail, Internet-Telefonie, bloßem „Surfen", Abrufdiensten, vorgenommen wird, überflüssig, vgl. nur Büchner in Beck'scher TKG-Komm., § 85, Rn 4.

[1229] Ebenso Vgl. Nordemann/Dustmann in CR 2004, 380, 387; Czychowski in MMR 514, 517; LG Hamburg, CR 2005, 136, 144; LG Köln, Urteil vom 26.07.2004, 28 O 301 04. A.A. Hoeren, „Das Recht der Access-Provider", Rn 238, 239; Sieber/Höfinger in MMR 2004, 575, 583; Spindler/Dorschel in CR 2005, 40, 46.

[1230] Gleichgültig ist, ob sich die beteiligten Personen von ihrer Identität her kennen, so aber Czychowski, MMR 2004, 514, 518. Ansonsten müsste auch der Anruf bei der Telefonauskunft vom Fernmeldegeheimnis ausgeschlossen sein, da sich auch die miteinander verbundenen Teilnehmer vollkommen fremd sind.

[1231] Dieser individuelle Datenaustausch ist daher mit der E-Mail-Kommunikation zu vergleichen.

falls gegen die bereichsspezifischen Datenschutzvorschriften des Teledienst- und Telekommunikationsrechtes.

B. Auskunftsansprüche gegen Access-Provider de lege ferenda

Der vom Bundesjustizministerium am 03.01.2006 veröffentlichte Referentenentwurf zu einem Gesetz zur Verbesserung der Durchsetzung von Rechten des geistigen Eigentums, im folgenden Durchsetzungsgesetz (DurchsetzungsG)[1232], sieht in § 101 Abs. 2 UrhG-E einen urheberrechtlichen Auskunftsanspruch gegen „Nichtstörer", also gegen an einer Urheberrechtsverletzung unbeteiligte Dritte, wie den Access-Provider, vor. Damit reagierte die Bundesregierung auf die EU-Richtlinie zur Durchsetzung der Rechte des geistigen Eigentums (Enforcement-Richtlinie; im Folgenden Enf-RL), die bis Ende April 2006 in deutsches Recht umzusetzen ist.[1233]
Nachfolgend werden in einem ersten Schritt die Vorgaben der Enf-RL für den deutschen Gesetzgeber dargestellt. Dabei wird insbesondere der Frage nachgegangen, ob die Enf-RL den deutschen Gesetzgeber überhaupt zur Einführung eines Drittauskunftsanspruches gegen Access-Provider zwingt. Im Anschluss hieran wird die von der Bundesregierung vorgeschlagene Umsetzung erörtert und einer kritischen Würdigung unterzogen.

I. Die Vorgaben der EU-Enforcement-Richtlinie

Art. 8 der Enf-RL sieht vor, dass „die zuständigen Gerichte im Zusammenhang mit einem Verfahren wegen Verletzung eines Rechts des geistigen Eigentums auf einen begründeten und die Verhältnismäßigkeit wahrenden Antrag des Klägers hin anordnen können, dass Auskünfte über den Ursprung und die Vertriebswege von Waren oder Dienstleistungen, die ein Recht des geistigen Eigentums verletzen, von [...] jeder anderen Person erteilt werden, die nachweislich für rechtsverletzende Tätigkeiten genutzte Dienstleistungen in gewerblichem Ausmaß erbrachte". Damit lässt die Bestimmung neben Auskunftsansprüchen gegen den Rechtsverletzer auch die gerichtliche Anordnung von Auskunftspflichten gegenüber an der Rechtsverletzung unbeteiligten Dritten zu. Eine Auskunftspflicht von Unbeteiligten ist dem deutschen Urheberrecht bislang fremd. Sowohl der Auskunftsanspruch aus § 101 a UrhG als auch aus § 242 BGB erfordert eine rechtliche Sonderverbindung zwischen dem Auskunftsberechtigten und dem –verpflichteten.[1234] Somit ist der deutsche Gesetzgeber zur Einführung eines eigenständigen Auskunftsanspruches gegen denjenigen verpflichtet, der nachweislich für rechtsverletzende Tätigkeiten genutzte Dienstleistungen in gewerblichem Ausmaß erbrachte.
Ein eigenständiger materieller Auskunftsanspruch wird hiermit allerdings nicht zwingend gefordert.[1235] Vielmehr bestimmt Art. 8 Enf-RL eindeutig, dass lediglich sicher-

---

[1232] Abrufbar unter http://www.urheberrecht.org/topic/enforce/bmj/2006-01-03-DurchsetzungsG-E.pdf.
[1233] Richtlinie 2004/48/EG des Europäischen Parlaments und des Rates v. 29.04.2004 zur Durchsetzung der Rechte des Geistigen Eigentums, ABl. EG Nr. L 157/45 v. 30.04.2004.
[1234] Vgl. hierzu oben Teil 6, A. II.
[1235] So aber Czychowski in MMR 2004, 514, 515; McGuire in GRUR Int. 2005, 15, 18.

gestellt werden muss, dass ein Auskunftsanspruch im Rahmen eines Rechtsstreits wegen der Verletzung eines Rechts des geistigen Eigentums als Zwischenverfahren geltend gemacht werden kann.[1236] Wenn auch die Enf-RL nicht zwingend die Einführung eines selbständigen materiellen Drittauskunftsanspruches vorschreibt, ist der nationale Gesetzgeber jedoch nicht an der Schaffung weitergehender Regelungen gehindert.[1237]
Fraglich ist jedoch, ob Art. 8 Abs. 1 c) der Enf-RL auch zwingend Auskunftsansprüche gegen Access-Provider fordert.[1238] Nach Art. 8 Abs. 3 lit. e) Enf-RL soll der Auskunftsanspruch „unbeschadet anderer gesetzlicher Bestimmungen gelten, die den Schutz der Vertraulichkeit von Informationsquellen oder die Verarbeitung personenbezogener Daten regeln". Somit bleiben die datenschutzrechtlichen Vorschriften, welche eine Herausgabe von Nutzerdaten durch Access-Provider de lege lata verhindern[1239], zwingend zu beachten.[1240] Insoweit laufen die Auskunftsansprüche gemäß Art. 8 Enf-RL auch keineswegs leer.[1241] Es ist zu bedenken, dass die Enf-RL nicht nur Online-Urheberrechtsverletzungen im Auge hat, sondern vielmehr auf alle Formen der Produktpiraterie abzielt.[1242] Die klassischen Formen der Produktpiraterie sind jedoch vom Datenschutzrecht nicht erfasst. So sind Auskunftsansprüche gegen Händler oder Importeure schutzrechtsverletzender Ware mit dem Datenschutzrecht ohne weiteres vereinbar, so dass Art. 8 Abs. 1 Enf-RL auch nach geltendem deutschen Datenschutzrecht ein weiter Anwendungsbereich verbleibt.[1243]
Im Ergebnis begründet Art. 8 Enf-RL somit für den deutschen Gesetzgeber keine Verpflichtung zur Einführung eines Drittauskunftsanspruches gegen Access-Provider.[1244]
Der Gesetzgeber ist im Rahmen der Umsetzung des Art. 8 Enf-RL jedoch zur Prüfung angehalten sein, ob und inwieweit die Interessen am Datenschutz prinzipiell einem Auskunftsanspruch gegen Access-Provider entgegenstehen. Insofern wird der Gesetzgeber letztlich eine Abwägung der Datenschutzinteressen mit dem Interesse an einer Drittauskunft vorzunehmen haben.

II. Auskunftsanspruch gemäß § 101 Abs. 2 Nr. 3 UrhG-RefE-DurchsG

In Umsetzung der Enf-RL sieht das Bundesjustizministerium in § 101 Abs. 2 UrhG-E eine Reihe von Auskunftsansprüchen gegen „Nichtstörer", also gegen an einer Urheberrechtsverletzung unbeteiligte Dritte, vor.

[1236] Frey/Rudolph in ZUM 2004, 522, 525.
[1237] Begründung zum Richtlinienvorschlag für die Enforcement-RL, Kom(2003), Erwägungsgrund 14.
[1238] Bejahend Frey/Rudolph in ZUM 2004, 522, 525; Czychowski in MMR 514, 515. Ablehnend Spindler/Dorschel in CR 2005, 38, 47.
[1239] S. hierzu oben Teil 6, A. IV.
[1240] Die Geltung des Datenschutzrechts wird auch durch Art. 15 der Enf-RL betont, wonach die EU-Datenschutz-RL nicht berührt werden soll.
[1241] So aber Frey/Rudolph in ZUM 2004, 522, 525; Czychowski in MMR 2004, 514, 515.
[1242] Vgl. die Begründung des Kommissionsentwurfes, KOM (2003) 46 endg. S. 7 f.
[1243] So auch Spindler/Dorschel in CR 2005, 38, 47.
[1244] Ebenso Spindler/Dorschel in CR 2005, 38, 47. A.A. Czychowski in MMR 2004, 514, 515; Frey/Rudolph in ZUM 2004, 522, 525.

In § 101 Abs. 2 Nr. 3 UrhG-E ist insbesondere ein Auskunftsanspruch gegen Internet-Zugangsvermittler vorgesehen.[1245] Demnach soll dem Verletzten in Fällen offensichtlicher Rechtsverletzung oder in Fällen, in denen dieser gegen den Verletzer Klage erhoben hat, ein Auskunftsanspruch gegen die Person zustehen, die in gewerblichem Ausmaß für rechtsverletzende Tätigkeiten genutzte Dienstleistungen erbrachte. Dieser Drittauskunftsanspruch soll nach der Entwurfsbegründung nicht lediglich voraussetzen, dass die Mitwirkungshandlung des Dritten ein gewerbliches Ausmaß erreicht hat, sondern die Rechtsverletzung muss selbst in gewerblichem Ausmaß begangen worden sein.[1246] Dieses Ausmaß soll nur dann erreicht sein, wenn der Rechtsverletzung eine gewisse Nachhaltigkeit immanent ist, also der Umfang der Rechtsverletzungen über den üblichen Konsum hinausgeht.[1247] Die Entwurfsbegründung stützt sich bei dieser Ausgestaltung auf den Erwägungsgrund 14 der Enf-RL, wonach das „gewerbliche Ausmaß" damit definiert wird, dass die Handlung zwecks Erlangung eines unmittelbaren oder mittelbaren wirtschaftlichen oder kommerziellen Vorteils vorgenommen wird. Ein Verbraucher, welcher in Internet-Tauschbörsen Musik und Filmstücke vervielfältigt, tut dies in erster Linie um sich die Anschaffungskosten des Werkes zu ersparen. Ein wirtschaftlicher Vorteil wird damit zumindest mittelbar angestrebt. Die vom deutschen Gesetzgeber geforderte „Nachhaltigkeit" des Rechtsverstoßes wird man bereits bei wiederkehrenden illegalen Vervielfältigungshandlungen annehmen müssen. Insofern umfasst die vorgeschlagene Regelung bei konsequenter Auslegung die Auskunft über die Identität von – bösgläubigen - Endverbrauchern, die beharrlich und massiv gegen Urheberrechte verstoßen.[1248]
Die Inanspruchnahme des Dritten zur Auskunftserteilung soll somit bereits möglich sein, wenn die Rechtsverletzung offensichtlich ist. Eines laufenden Gerichtsverfahrens zwischen dem Verletzten und dem Verletzer bedarf es folglich nicht zwingend. Dieser Vorschlag ist außerordentlich zu begrüßen, da es dem Verletzten ja gerade bei Rechtsverletzungen im Online-Bereich an der Kenntnis der Identität des Verletzers mangelt, so dass ihm die nach deutschem Recht vorgeschriebene personalisierte Klageerhebung nicht möglich ist. Von der insofern notwendigen „offensichtlichen" Rechtsverletzung soll jedoch erst dann auszugehen sein, wenn diese so eindeutig ist, dass eine ungerechtfertigte Belastung des Dritten ausgeschlossen ist.[1249] Der Gesetzgeber hält die Einführung eines allgemeinen Richtervorbehaltes insofern ausdrücklich für überflüssig und unzweckmäßig.[1250]

[1245] Dass sich dieser Anspruch insbesondere gegen Access-Provider richten soll, ergibt sich aus § 101 Abs. 9 UrhG-E (Auskunft unter Verwendung von Verkehrsdaten) und der Entwurfsbegründung, abrufbar unter http://www.urheberrecht.org/topic/enforce/bmj/2006-01-03-DurchsetzungsG-E.pdf, S. 83.

[1246] Begr. des RefE zum DurchsetzungsG, abrufbar unter http://www.urheberrecht.org/topic/enforce/bmj/2006-01-03-DurchsetzungsG-E.pdf, S. 78.

[1247] Begr. des RefE zum DurchsetzungsG, abrufbar unter http://www.urheberrecht.org/topic/enforce/bmj/2006-01-03-DurchsetzungsG-E.pdf, S. 78.

[1248] Probleme bereiten allerdings der Nachweis und die Erfassung des massenhaften Angebots bzw. Downloads in Internet-Tauschbörsen. Dazu näher unter Teil 6 B. III.

[1249] Begr. des RefE zum DurchsetzungsG, abrufbar unter http://www.urheberrecht.org/topic/enforce/bmj/2006-01-03-DurchsetzungsG-E.pdf, S. 80.

[1250] Begr. des RefE zum DurchsetzungsG, abrufbar unter http://www.urheberrecht.org/topic/enforce/bmj/2006-01-03-DurchsetzungsG-E.pdf, S. 79. Demnach würde ein genereller Richtervorbehalt

Hinsichtlich des hier relevanten Auskunftsanspruches gegen Access-Provider sieht der Entwurf gemäß § 101 Abs. 9 UrhG-E allerdings einen Richtervorbehalt vor.[1251] Demnach hat der Erteilung einer Auskunft die vorherige richterliche Anordnung vorher zu gehen, sofern die Auskunft nur unter Verwendung von Verkehrsdaten (§ 3 Nr. 30 des Telekommunikationsgesetzes) erteilt werden kann. Den Richtervorbehalt erachtet die Entwurfsbegründung allerdings nur deswegen für notwendig, weil die Verkehrsdaten dem einfachgesetzlich (§ 88 TKG) und verfassungsrechtlich (Art. 10 GG) geschützten Fernmeldegeheimnis unterliegen. Nach richtiger Betrachtung, s. oben unter Teil 6 A. V., richtet sich das Auskunftsbegehren gegen den Access-Provider jedoch gar nicht auf die Mitteilung von Verkehrsdaten, also die näheren Umstände der Kommunikation. Wann der Internetnutzer online war und was er zur Vervielfältigung angeboten bzw. genutzt hat, ist dem Rechteinhaber bereits bekannt. Ihm geht es lediglich um die Feststellung der Identität des hinter der IP-Adresse verborgenen Nutzers, also um die Bestandsdaten. Diese sind vom Fernmeldegeheimnis nicht umfasst.
Im Übrigen regelt § 101 Abs. 4 UrhG-E, dass die begehrte Auskunft nur erteilt werden darf, wenn der Antrag den Grundsatz der Verhältnismäßigkeit wahrt. Laut der Entwurfsbegründung soll bei der Beurteilung der Verhältnismäßigkeit insbesondere zu berücksichtigen sein, dass der Auskunftsanspruch nach § 101 Abs. 2 UrhG-E nur bei in gewerblichem Ausmaß vorgenommen Rechtsverletzungen besteht. Somit soll eine Auskunft nur verhältnismäßig sein, wenn die Rechtsverletzung eine gewisse Nachhaltigkeit hat und damit einen Umfang erreicht, der eine Bagatellgrenze überschreitet.[1252]
§ 101 Abs. 5 UrhG-E regelt im Übrigen, dass der zur Auskunft Verpflichtete zum Ersatz des Schadens verpflichtet ist, welcher daraus entsteht, dass die Auskunft vorsätzlich oder grob fahrlässig falsch oder unvollständig ist. Eine Haftung für eine zu Unrecht erteilte Auskunft trifft den Auskunftsverpflichteten gemäß § 101 Abs. 6 UrhG-E nur, wenn er vorsätzlich handelte. Eine Schadensersatzhaftung des die Auskunft zu Unrecht begehrenden Rechteinhabers sieht der Gesetzesentwurf nicht vor.

III. Kritische Würdigung des vorgeschlagenen Auskunftsanspruches

Der deutsche Gesetzgeber ist aufgrund Art. 8 Enf-RL zwar nicht zur Einführung eines Drittauskunftsanspruches gegen Access-Provider verpflichtet. Jedoch stellt sich dessen Einführung als ultima ratio dar. Denn der Drittauskunftsanspruch ist zwingend erforderlich, um eine zivilrechtliche Durchsetzung von Urheberrechten im Internet zu gewährleisten.
Der im Referentenentwurf zum DurchsetzungsG vorgeschlagene Auskunftsanspruch ist allerdings noch verbesserungsbedürftig. Positiv zu bewerten ist zunächst, dass er

---

zu einer sehr hohen Belastung der Gerichte führen. Zudem ließe sich eine solche Regelung nur schwer in das deutsche Ziviprozessrecht einfügen, denn der Dritte würde im Ergebnis Partei eines kostenträchtigen Prozesses, den er möglicherweise gar nicht führen will, weil er das Auskunftsersuchen für gerechtfertigt hält. So gesehen müsste man unabhängig vom Obsiegen grundsätzlich den Rechtsinhaber mit den Kosten belasten, was nicht in dessen Interesse sein könne.

[1251] Gemäß § 101 Abs. 9 S. 5 UrhG-E sollen die Kosten der richterlichen Anordnung den Verletzten treffen.

[1252] Begr. des RefE zum DurchsetzungsG, abrufbar unter http://www.urheberrecht.org/topic/enforce/bmj/2006-01-03-DurchsetzungsG-E.pdf, S. 81.

mit der Vorgabe einer „offensichtlichen Rechtsverletzung" hohe Hürden an die Erteilung der Auskunft stellt. Damit erscheint sichergestellt, dass durch die verlangte Auskunft nur die Identität von Internetnutzern offenbart wird, die mit hoher Wahrscheinlichkeit an Urheberrechtsverletzungen im Internet beteiligt waren. Allerdings sollten Sanktionen für unberechtigte und übereilte Auskunftsverlangen der Rechteinhaber eingeführt werden. Diesbezüglich ließe sich an die Androhung von Schadensersatzansprüchen in empfindlicher Höhe denken, die zu Unrecht belastete Nutzer gegen den Anspruchssteller richten könnten. Als Beispiel kann hier § 945 ZPO dienen, der eine Schadensersatzpflicht bei von Anfang an unberechtigten Anordnungen eines Arrestes oder einer einstweiligen Verfügung bestimmt. Schadensersatzverpflichtungen würden die Rechteinhaber dazu anhalten, gewissenhaft und sorgfältig zu prüfen, ob und gegen welchen Nutzer sie erfolgreich vorgehen können und wollen.[1253] Die Schadensersatzpflicht sollte in einer eigenen Anspruchsgrundlage geregelt werden und ausdrücklich für jeden Fall eines ungerechtfertigten Eingriffs in Datenschutzrechte auch immaterielle Schäden erfassen, unabhängig von der Schwere der Verletzung.[1254]

Praktische Probleme wirft zudem die Voraussetzung des „gewerblichen Ausmaßes" der Rechtsverletzungen auf. Zwar kann davon ausgegangen werden, dass die Mehrzahl der Nutzer von Tauschbörsen - unter Zugrundelegung des Gesetzesentwurfs zum zweiten Korb der Urheberrechtsnovelle - massenhaft urheberrechtlich geschützte Werke illegal anbietet bzw. vervielfältigt. Allerdings ist zu erwarten, dass den Rechteinhabern die entsprechende Nachweisführung schwer fallen wird. Denn bei modernen Tauschbörsen ist die Einsichtnahme der Festplatte des Anbieters, auf der die angebotenen Dateien gespeichert sind, in der Regel nicht möglich. Hier ist für den Rechteinhaber kaum erkennbar und damit auch nicht nachweisbar, ob der Rechtsverletzer mehr als nur einen Titel zum Download anbietet. Insofern sollte von einer derartigen „Bagatellklausel", welche sich laut der Entwurfsbegründung auch in der vorgesehenen Verhältnismäßigkeitsklausel in § 101 Abs. 4 UrhG-E widerspiegelt, abgesehen werden. Zwar würde man dadurch eine erhebliche Ausweitung der Auskunftsansprüche der Rechteinhaber bewirken. Bei dem hier vorgeschlagenen generellen Verzicht auf einen Richtervorbehalt (s.u.), wäre eine Überlastung der Gerichte allerdings nicht zu befürchten.

Da das Auskunftsbegehren der Rechteinhaber gegen Access-Provider über die Identität des Rechtsverletzers lediglich auf die Mitteilung von Bestandsdaten gerichtet ist und somit nicht gegen das Fernmeldegeheimnis verstößt, sollte von einem Richtervorbehalt abgesehen werden. Gegen einen Richtervorbehalt sprechen im Übrigen dieselben Erwägungen, welche das Bundesjustizministerium von einem generellen Richtervorbehalt für Auskunftsansprüche gegen unbeteiligte Dritte hat absehen lassen. Die

---

[1253] Ähnlicher Ansatz bei Kitz in GRUR 2003, 1014, 1019.

[1254] Dies erscheint deswegen notwendig, weil Geldentschädigungen für immaterielle Schäden nach der Rechtsprechung des BGH nur dann zu erbringen sind, wenn ein schwerer Eingriff in das allgemeine Persönlichkeitsrecht vorliegt und wenn eine Genugtuung durch Unterlassen nach Art der Verletzung auf andere Weise nicht zu erreichen ist (BGH NJW 71, 698). Ein schwerwiegender Eingriff wird im Einzelfall schwer zu beweisen sein, so dass für die hier zu behandelnden Fälle unter dem Gesichtspunkt der Genugtuung und Prävention eine einfache Verletzung ausreichen muss. Im Übrigen sieht das BDSG in § 8 Abs. 2 einen Schadensersatz für immaterielle Schäden bei der Verletzung des allgemeinen Persönlichkeitsrechtes lediglich gegenüber öffentlichen Stellen vor.

Auskunftsersuchen wären mit einem erheblichen Kosten- und Arbeitsaufwand der Gerichte verbunden.[1255] Ein Auskunftsanspruch gegen Access-Provider ohne Richtervorbehalt ist dem deutschen Recht zudem nicht fremd. § 13 Unterlassungsklagegesetz (UKlaG)[1256] ermächtigt gemäß Abs. 2 ausdrücklich zur Erteilung einer Auskunft über die Identität eines am Telekommunikationsverkehr Beteiligten, die anhand der beim Auskunftsverpflichteten vorhandenen Bestandsdaten des Nutzers ermittelt wird.
Letztlich wird der Gesetzgeber auch dazu gezwungen sein, die dauerhafte Speicherung von IP-Adressen zu gestatten, um überhaupt erst die tatsächliche Möglichkeit einer Auskunftserteilung zu schaffen.[1257]

[1255] So die Begr. des RefE zum DurchsetzungsG, abrufbar unter http://www.urheberrecht.org/topic/enforce/bmj/2006-01-03-DurchsetzungsG-E.pdf, S. 79. Ebenso die Stellungnahme des Forums der Rechteinhaber zum Referentenentwurf „Zweiter Korb" vom 15.11.2004, abrufbar unter http://www.urheberrecht.org/topic/Korb-2/st/refentw/RefEntw-Korb2.pdf, S. 6.

[1256] Danach können näher bestimmte Stellen oder Wettbewerbsverbände von einem Telekommunikationsanbieter Auskunft über die Identität eines am Telekommunikationsverkehr Beteiligten verlangen, wenn die Stelle oder der Wettbewerbsverband schriftlich versichert, dass diese Angaben
1. zur Durchsetzung eines Anspruchs nach den §§ 1 oder 2 (bspw. Unterlassung von Verbraucherrechtsverstößen) benötigt werden und
2. anderweitig nicht zu beschaffen sind.

[1257] Nach § 6 Abs. 8 TDDSG ist es de lege lata unzulässig, IP-Adressen über den tatsächlichen Nutzungszeitraum hinaus zu speichern, vgl. hierzu Kitz in GRUR 2003, 1014, 1018.

Teil 7: Zusammenfassung der Ergebnisse und Fazit

Die massiven Bedrohungen der Verwertungsrechte an Musik- und Filmwerken durch digitale Privatkopien haben eine Reform der Privatkopieschranke und des pauschalen Abgabensystems zwingend erforderlich gemacht. Digitale Privatkopien sind aufgrund ihrer rasanten, bequemen und qualitativ hochwertigen Herstellungsweise mit der einträglichen Erstverwertung von Musik- und Filmwerken in unmittelbaren Wettbewerb getreten. Die massenhaften digitalen Vervielfältigungsvorgänge ließen sich mit dem aus analoger Zeit stammenden System der Pauschalvergütung längst nicht mehr adäquat erfassen. Das pauschale Abgabensystem konnte den Rechteinhabern keinen angemessenen finanziellen Ausgleich mehr gewähren.
Der deutsche Gesetzgeber reagiert hierauf mit der Novellierung des Urheberrechtsgesetzes in zwei Körben. Die bereits durchgeführten und noch bevorstehenden Reformen tragen dem notwendigen Änderungsbedarf im Großen und Ganzen Rechnung. Dabei sieht der Gesetzgeber zu Recht von einem gänzlichen Verbot der digitalen Privatkopie und einer Abschaffung des pauschalen Abgabensystems ab. Vielmehr bleibt auch die digitale Privatkopie grundsätzlich zulässig. Sie ist zukünftig nur insoweit untersagt, wie die Vorlage kopiergeschützt ist oder „offensichtlich rechtswidrig hergestellt“ bzw. „öffentlich zugänglich“ gemacht wurde. Der Gesetzgeber trägt hiermit dem Umstand Rechnung, dass ein Verbot der privaten Vervielfältigung nur insoweit Sinn macht, wie es tatsächlich durchsetzbar ist. Damit bleibt er dem Prinzip treu, welches den Gesetzgeber des Urheberrechtsgesetzes 1965 zur Einführung der Privatkopieschranke und des pauschalen Abgabensystems bewegt hatte. Dieser erkannte, dass die Überwachung eines Kopieverbotes in der Praxis an dem Schutz der Privatsphäre scheitert. An dieser Situation hat sich bis heute nichts Grundlegendes geändert. Auch heute macht ein Verbot der privaten Vervielfältigung nur insoweit Sinn, wie es praktisch zu kontrollieren und somit durchsetzbar ist. Ansonsten würde die soziale Realität ignoriert und die Autorität und Glaubwürdigkeit der Rechtsordnung untergraben.
Die digitale private Vervielfältigung ist auch heute nur bedingt kontrollierbar und somit verhinderbar. So ist eine effektive Kontrolle nur bei den Werken gewährleistet, die mittels technischer Schutzmaßnahmen, wie Kopierschutzverfahren und Digital Rights Management Systemen, vor unerlaubter Vervielfältigung geschützt werden. Dort wo sie bereits eingesetzt werden, bieten technische Schutzmaßnahmen ein umfassendes Leistungsspektrum. Während im Bereich des Vertriebs körperlicher Werkträger bislang fast ausschließlich schlichte Kopierschutzverfahren zum Einsatz kommen, welche lediglich die Vervielfältigung des Trägers unterbinden können, kommen im Online-Vertrieb von Musik- und Filmwerken vermehrt Digital Rights Management Systeme zum Einsatz, welche weitaus größere Anwendungsmöglichkeiten bieten. So kann ein vollwertiges DRM-System private Vervielfältigungen nicht nur unterbinden und mittels digitaler Wasserzeichen zurückverfolgen, sondern mittels Systemen der Einzellizenzierung sogar einer individuellen Abrechnung zuführen. Dies eröffnet einen Markt für private Kopien, welcher bislang nicht vorstellbar und realisierbar war. Zum heutigen Zeitpunkt ist allerdings nicht sicher, ob sich derartige Verfahren auf dem Markt durchsetzen werden. Probleme bereitet hier insbesondere die fehlende Nutzerakzeptanz, welche darauf zurückzuführen ist, dass der Nutzer im Vergleich zum klassischen

Vertrieb körperlicher Werkträger in den Nutzungsmöglichkeiten des Werkes erheblich eingeschränkt wird. So kann ihm nicht nur die Anfertigung von kostenlosen Kopien untersagt werden, sondern es ist ihm vielfach unmöglich, das erworbene Musikstück außerhalb des Computers abzuspielen. Hier bleibt abzuwarten, inwiefern die Rechteinhaber verbraucherfreundliche Systeme entwickeln und auf den Markt bringen. Abzuwarten bleibt auch, wie DRMS zukünftig die Anfertigung von erlaubten Kopien zu Allgemeinwohlzwecken ermöglichen werden, wie es von § 95 b UrhG vorgeschrieben wird.[1258] Trotz dieser Schwierigkeiten beim Einsatz von DRMS hat der Gesetzgeber richtig entschieden, die Privatkopieschranke nicht gegen technische Schutzmaßnahmen durchzusetzen. Es wäre töricht, den Rechteinhabern die Möglichkeit des Schutzes ihrer Werke vor unerwünschten Vervielfältigungen durch die Hintertür wieder zu nehmen, indem man sie verpflichten würde, private Vervielfältigungen zu gestatten. Hiermit würde man nicht nur den Schutz dieser Systeme unterlaufen, sondern auch die Entwicklung eines neuen Marktes für digitale Kopien verhindern. Das Verbot der Umgehung von technischen Schutzmaßnahmen zum Zwecke der digitalen Privatvervielfältigung ist daher richtig und zwingend notwendig. Dem können auch keine berechtigten Allgemeinwohlbelange entgegengehalten werden. Insbesondere steht dem Umgehungsverbot nicht das Bedürfnis der Verbraucher an einem „ungehinderten Zugang zu den Kulturgütern" entgegen. Für die Gewährleistung eines möglichst breiten und somit kostengünstigen Zugangs zu Kulturgütern bedarf es nicht der digitalen Privatkopie. Vielmehr erscheint ein breiter Zugang der Bevölkerung zu Musik- und Filmwerken sowohl durch deren kommerziellen Vertrieb als auch durch das omnipräsente Radio- und Fernsehangebot sichergestellt. Soweit man den Bürgern eine umfassende Teilnahme am Geistes- und Kulturleben ermöglichen will, erscheint die Möglichkeit der analogen Speicherung und Vervielfältigung von Kulturwerken im Übrigen ausreichend.

Außerhalb des Anwendungsbereichs technischer Schutzmaßnahmen bleibt die Durchsetzung eines Verbots der digitalen Privatkopie jedoch weiterhin unkontrollierbar und somit nicht durchsetzbar. Dies betrifft insbesondere die Vielzahl der Werke, die bislang ungeschützt in Umlauf gebracht wurden, sowie diejenigen, die auch zukünftig nicht mit technischem Schutz ausgestattet werden. Für diese Werke muss auch weiterhin die Lösung über das pauschale Abgabensystem gefunden werden.

Problematisch gestaltet sich die Durchsetzung des Verbots der digitalen Privatkopie überdies für den gesamten Online-Bereich, insbesondere für Vervielfältigungen aus Internet-„Tauschbörsen". Der Tauschbörsennutzer handelt hier weitgehend anonym, da nur seine IP-Adresse ersichtlich ist. Die sich dahinter verbergende Identität ist nur dem Zugangsvermittler zum Internet (Access-Provider) bekannt. Die Access-Provider sind derzeit allerdings lediglich den Strafverfolgungsbehörden gegenüber zur Auskunftserteilung über die Identität eines Tauschbörsennutzers verpflichtet. Ein zivilrechtlicher Auskunftsanspruch gegen Access-Provider besteht - entgegen der Auffas-

[1258] Vgl. zu den ungelösten Schwierigkeiten bei der Anwendung von DRMS Teil 1, C. III. 6. Hierzu gehören auch Fragen des Datenschutzes und der Umstand, dass es sich bei den derzeitigen Systemen um proprietäre Technologien handelt, die eine Interoperabilität zwischen verschiedenen Lösungen erschweren.

sung einiger Landgerichte - derzeit nicht. Auskunftsansprüche können insbesondere nicht aus § 101 a UrhG unmittelbar bzw. analog oder § 97 UrhG i.V.m. § 242 BGB hergeleitet werden. Abgesehen davon, dass der Access-Provider in der Mehrzahl der Urheberrechtsverletzungen im Internet schon nicht passivlegitimiert sein wird, da er weder als unmittelbarer Verletzer noch als mittelbarer Störer angesehen werden kann, verstoßen Auskunftsansprüche jedenfalls gegen die bereichsspezifischen Datenschutzvorschriften des Teledienst- und Telekommunikationsrechtes. Der Rechteinhaber ist insofern zur zivilrechtlichen Durchsetzung evtl. Ansprüche gegen Rechtsverletzer im Internet auf Mitteilung ihrer Identität durch die Strafverfolgungsbehörden verwiesen. Diese nehmen die Ermittlungen allerdings nur in Einzelfällen auf, da ein öffentliches Interesse an einer Strafverfolgung erst bei schwerwiegenden Vergehen in Betracht kommt. Daher kann der Großteil der Urheberrechtsverletzer im Internet, insbesondere in „Tauschbörsen", derzeit und auch zukünftig strafrechtlich nicht zur Verantwortung gezogen werden. Infolgedessen bleibt auch eine zivilrechtliche Verfolgung in der weit überwiegenden Zahl der Fälle ausgeschlossen. Das Verbot der Vervielfältigung von „offensichtlich rechtswidrig öffentlich zugänglich gemachten Vorlagen" in § 53 Abs. 1 UrhG GesE, welches in erster Linie auf die Untersagung des Downloads aus Internet-„Tauschbörsen" abzielt, erscheint insofern nur bedingt durchsetzbar. Es ist allerdings davon auszugehen, dass bereits die Gefahr der strafrechtlichen bzw. zivilrechtlichen Verfolgung eine abschreckende Wirkung auf eine Vielzahl von Tauschbörsennutzern erzeugt. Hierfür sprechen in erster Linie die Erfahrungen mit der öffentlichkeitswirksamen Klagewelle der amerikanischen Musikindustrie gegen einzelne Nutzer von Internet-Tauschbörsen. Sie führte zu einem massiven Nutzerrückgang bei den Filesharing-Systemen, die Hauptziel der juristischen Attacken waren. Zur effektiven Rechtsverfolgung von Urheberrechtsverstößen im Internet erscheint indes die Implementierung eines zivilrechtlichen Auskunftsanspruches der Rechteinhaber gegen die Access-Provider über die Identität der Rechtsverletzer notwendig, wie er inzwischen auch in § 101 Abs. 2 UrhG-RefE zum Durchsetzungsgesetz vorgesehen ist. Da der dortige Auskunftsanspruch jedoch nur bei Rechtsverletzungen im „gewerblichen Ausmaß" vorgesehen ist, bietet er noch keine hinreichende Grundlage für eine durchgreifende und flächendeckende Rechtsverfolgung. Bei den heutigen Internet-Tauschbörsen ist in der Regel kaum nachweisbar, ob der Rechtsverletzer mehr als nur einen Titel zum Download anbietet. Die endgültige Gesetzesfassung sollte daher von der avisierten „Bagatellklausel" absehen.

Als logische Konsequenz der Aufrechterhaltung der digitalen Privatkopieschranke bleibt auch das pauschale Abgabensystem in den §§ 54 ff. UrhG GesE erhalten. Der Gesetzesentwurf zum zweiten Korb der Urheberrechtsnovelle sieht allerdings eine grundlegende Reform des Systems vor, welche in weiten Teilen ausgewogen und sachgerecht erscheint. Dies gilt vor allem für die geänderten Vorschriften zur Bestimmung der Vergütungshöhe. Entscheidender Maßstab soll hier zukünftig das Maß der tatsächlichen Nutzung eines Gerätes zur Vervielfältigung sein. Positiv zu bewerten ist zudem, dass der Leistungsfähigkeit der Geräte und der Speicherkapazität der Speichermedien besondere Bedeutung bei der Tarifbestimmung zukommen soll. Die Neuregelungen stellen sicher, dass die Rechteinhaber eine höhere Vergütung für digitale Vervielfältigungsgeräte und Speichermedien erlangen können. Allerdings ist bei der

Berechnung der Vergütungshöhe zwingend der Einsatz von technischen Schutzmaßnahmen, welcher durch regelmäßige empirische Untersuchungen festgestellt werden soll, vergütungsmindernd zu berücksichtigen. Hiermit wird eine flexible Anpassungsmöglichkeit der Vergütungssätze an den steigenden Einsatz von technischen Schutzmaßnahmen gewährleistet und es wird den Rechteinhabern ermöglicht, zwischen Pauschalvergütung und Systemen der Einzellizenzierung zu wählen, ohne dass es hierdurch zu einer Doppelvergütung zu Lasten von Verbrauchern und Elektronikindustrie käme.
Die in § 54 a Abs. 4 UrhG GesE vorgesehene Deckelung der Vergütung in Höhe von 5 % des Gerätepreises erscheint notwendig, um eine Gefährdung der Absatzchancen der deutschen Geräteindustrie zu vermeiden. Die Urheberrechtsinhaber müssen sich im digitalen Zeitalter insoweit damit abfinden, dass der Umfang und Wert der digitalen Vervielfältigung nur noch zu einem Teil finanziell abgegolten werden kann. Eine volle Deckung der finanziellen Einbußen durch digitale Vervielfältigungen wäre nur durch eine massive preisliche Belastung digitaler Vervielfältigungsgeräte und Speichermedien möglich, die sowohl den Absatzinteressen der Geräteindustrie als auch den gesellschaftspolitischen Interessen an einer möglichst breiten Ausstattung der Bevölkerung mit digitalen Vervielfältigungsgeräten - wie dem PC - zuwiderliefe. Als nicht zufrieden stellend stellt sich allerdings die Modifizierung des Schiedsstellenverfahrens zur Bestimmung der Vergütungssätze dar. Der Gesetzgeber setzt hier trotz der negativen Erfahrungen aus der Vergangenheit auf einvernehmliche Entscheidungsfindung zwischen Abgabepflichtigen und –begünstigten. Staatlich dominierte Entscheidungsfindungsprozesse, wie eine Verordnungsermächtigung zur Tarifbestimmung durch die Bundesregierung, scheinen hier die sinnvollere Alternative darzustellen.
Letztlich wird durch die geplanten Änderungen des Vergütungssystems auch sichergestellt, dass der PC der Vergütungspflicht unterfällt. Dies erscheint unter dem Gesichtspunkt, dass er massiv zur Anfertigung von privaten Kopien angewendet wird, sachgerecht und notwendig. Allerdings wird der Vergütungssatz für den PC nur gering ausfallen können, da er nur bedingt zur Anfertigung rechtmäßiger Privatkopien im Sinne des § 53 Abs. 1 UrhG GesE benutzt werden kann. So stellt sich der Großteil der im Internet angebotenen Dateien als „offensichtlich rechtswidrig öffentlich zugänglich gemachte Vorlage" dar, von denen zukünftig keine zulässige Privatkopie mehr angefertigt werden kann. Die Herstellung von CD-/DVD-Kopien wird überdies vorwiegend von CD-/DVD-Brennern vorgenommen, so dass hierfür nach der „Scanner-Entscheidung" des BGH auch nur für diese Geräte und nicht für den PC eine Abgabe erhoben werden darf. Dies fordert im Übrigen auch der neue § 54 a Abs. 4 UrhG RefE (§ 54 a Abs. 2 GesE). Die Nutzung des PC zur Anfertigung rechtmäßiger Privatkopien beschränkt sich insofern auf die geringe Zahl von rechtmäßigen Kopien aus dem Internet und das Abspeichern von urheberrechtlich geschützten Text-, Bild-, Musik- und Filmwerken auf der Festplatte.
Alles in allem haben die Novellierungen des Urheberrechtsgesetzes den Schutz der Verwertungsrechte an Musik- und Filmwerken gegenüber der massenhaften digitalen Vervielfältigung im privaten Bereich in vielen Bereichen gestärkt. Dies gilt in erster Linie hinsichtlich des technischen Schutzes vor digitalen Vervielfältigungen. Die Rechteinhaber haben es nun in der Hand, ihre Werke mittels technischer Schutzmaß-

nahmen vor unerwünschten Vervielfältigungen zu schützen. Unbefriedigend sind demgegenüber weiterhin die Möglichkeiten der Rechtsverfolgung im Internet. Zur effektiven Rechtsverfolgung von Urheberrechtsverstößen ist hier ein zivilrechtlicher Auskunftsanspruch der Rechteinhaber gegen die Access-Provider über die Identität der Urheberrechtsverletzer zwingend erforderlich. Die in § 101 Abs. 2 UrhG-RefE zum Durchsetzungsgesetz vorgesehene Anspruchsgrundlage bietet hierfür noch keine hinreichende Basis.

Literaturverzeichnis

Abdallah, Tarek/Gercke, Björn/Reinert, Peter: Zur Strafbarkeit von Kopierschutzmaßnahmen auf Audio-CDs gemäß § 303a StGB, HRRS 2003, im Internet abrufbar unter http://www.hrr-strafrecht.de/hrr/archiv/03-07/index.php3?seite=6#artikel1

Abdallah, Tarek/Gercke, Björn/Reinert, Peter: Die Reform des Urheberrechts – hat der Gesetzgeber das Strafrecht übersehen, ZUM 2004, 31

Ahrens, Claus: Napster, Gnutella, FreeNet & Co. – die immaterialgüterrechtliche Beurteilung von Internet-Musiktauschbörsen, ZUM 2000, 1029

Alternativ-Kommentar zum GG: Kommentar zum Grundgesetz für die Bundesrepublik Deutschland, 3. Aufl.. Neuwied 2001, Loseblattsammlung (zit.: Bearbeiter in AK-GG)

Apel, Jürgen: Umfang und Grenzen von Auskunftsansprüchen unter Berücksichtigung der Spezialvorschriften infolge des Produktpirateriegesetzes, BRAK-Mitteilungen, Bd. 27 (1996), 253

Arlt, Christian: Digital Rights Management-Systeme, GRUR 2004, 548

Arlt, Christian: Ansprüche des Rechteinhabers bei Umgehung seiner technischen Schutzmaßnahmen, MMR 2005, 148

Baumbach, Adolf /Hefermehl, Wolfgang: Wettbewerbsrecht : Gesetz gegen den unlauteren Wettbewerb, Zugabeverordnung, Rabattgesetz und Nebengesetze, 22. Aufl. München 2001, 23. Aufl. München 2004 (zit.: Baumbach/Hefermehl/*Bearbeiter)*

Bayreuther, Frank: Beschränkungen des Urheberrechts nach der neuen EU-Urheberrechtsrichtlinie, ZUM 2001, 828

Bechtold, Stefan: Multimedia und Urheberrecht – einige grundsätzliche Anmerkungen, GRUR 1998, 18

Bechtold, Stefan: Vom Urheber- zum Informationsrecht: Implikationen des Digital Rights Managements, München 2002, zugl.: Tübingen, Univ., Diss., 2001

Becker, Jürgen: Die digitale Verwertung von Musikwerken aus der Sicht der Musikurheber, in: *Becker, Jürgen/Dreier, Thomas*, Urheberrecht und digitale Technologie, Baden-Baden 1994, 45

Berger, Christian: Die Neuregelung der Privatkopie in § 53 Abs. 1 UrhG im Spannungsverhältnis von geistigem Eigentum, technischen Schutzmaßnahmen und Informationsfreiheit, ZUM 2004, 257

Bettinger, Thorsten/Freytag, Stefan: Privatrechtliche Verantwortlichkeit für Links, CR 1998, 545

Büchner, Wolfgang/Ehner, Jörg/ Geppert, Martin/Kerkhoff, Bärbel/Piepenbrock, Hermann-Josef/Schütz, Raimund/Schuster, Fabian, Beck'scher TKG-Kommentar, 2. Aufl. 2000 (*Bearbeiter* in Beck'scher TKG-Komm.)

Bornkamm, Joachim: Der Dreistufentest als urheberrechtliche Schrankenbestimmung, in: Festschrift für Willi Erdmann zum 65. Geburtstag / hrsg. von *Hans-Jürgen Ahrens*, Köln 2002, 29 (zitiert: Bornkamm in FS Erdmann)

Bornkamm, Joachim: Erwartungen von Urhebern und Nutzern an den zweiten Korb, ZUM-Sonderheft 2003, 1010

Brockhaus für Computer und Informationstechnologie: (Hrsg. Greulich, Walter), Mannheim, Leipzig 2002

Braun, Thorsten: „Filesharing"-Netze und deutsches Urheberrecht, GRUR 2001, 1106

Braun, Thorsten: Kultur-Flatrate – Warum pauschale Vergütungen keine pauschalen Lösungen sind, abrufbar unter http://www.ifpi.de/recht/recht-528.htm

Braun, Thorsten: Der Referentenentwurf aus Sicht der Tonträgerwirtschaft, insbesondere im Hinblick auf die Privatkopie, ZUM 2005, 100

Bröcker, Tim/Czychowski, Christian/Schäfer, Detmar: Praxishandbuch Geistiges Eigentum im Internet, München 2003 (zitiert: *Bearbeiter* in Bröcker/Czychowski/Schäfer, Praxishandbuch Geistiges Eigentum im Internet)

Czychowski, Christian: Das Gesetz zur Regelung des Urheberrechts in der Informationsgesellschaft, NJW 2003, 2409

Czychowski, Christian: Auskunftsansprüche gegenüber Internetzugangsprovidern „vor" dem 2. Korb und „nach" der Enforcement-Richtlinie der EU, MMR 2004, 514

Däubler-Gmelin, Herta: Private Vervielfältigung unter dem Vorzeichen digitaler Technik, ZUM 1999, 769

Dreier, Horst: Grundgesetz: Kommentar, Bd. I, Tübingen 1996

Dreier, Thomas: Kompensation und Prävention: Rechtsfolgen unerlaubter Handlung im Bürgerlichen, Immaterialgüter- und Wettbewerbsrecht, Tübingen 2002, zugl.: München, Univ., Habil.-Schr., 2000

Dreier, Thomas: Die Umsetzung der Urheberrechtslinie 2001/29/EG in deutsches Recht, ZUM 2002, 28

Dreier, Thomas/Schulze, Gernot: Urheberrechtsgesetz: Urheberrechtswahrnehmungsgesetz, Kunsturhebergesetz, München 2004 (zit.: Dreier/Schulze/*Bearbeiter*)

Dreyer, Gunda/Kotthoff, Jost/Meckel, Astrid: Heidelberger Komm. zum Urheberrecht, Heidelberg 2004 (zit.: Dreyer/Kotthoff/Meckel/*Bearbeiter*)

Dustmann, Andreas: Die privilegierten Provider: Haftungseinschränkungen im Internet aus urheberrechtlicher Sicht, Baden-Baden, 2001, (UFITA-Schriftenreihe; 196), zugl.: Kiel, Univ., Diss., 2001

Enders, Theodor: Digital Rights Management Systeme (DRMS) als besondere Herausforderung an das Urheberrecht, ZUM 2004, 593

Ernst, Stefan: Kopierschutz nach neuem UrhG, CR 2004, 39

Ernsthaler, Jürgen/Bosch, Wolfgang/Völker, Ulrich: Handbuch Urheberrecht und Internet, Heidelberg 2002 (zit.: *Bearbeiter* in Ernsthaler/Bosch/Völker, Handbuch Urheberrecht und Internet)

Fechner, Frank: Geistiges Eigentum und Verfassung: schöpferische Leistungen unter dem Schutz des Grundgesetzes, Tübingen 1999, zugl.: Tübingen, Univ., Habil.-Schr., 1996

Flechsig, Norbert: Rechtmäßige private Vervielfältigung und gesetzliche Nutzungsgrenzen, GRUR 1993, 532

Flechsig, Norbert: Der rechtliche Rahmen der europäischen Richtlinie zum Schutz von Datenbanken, ZUM 1997, 577

Flechsig, Norbert: Grundlagen des Europäischen Urheberrechts - Die Richtlinie zur Harmonisierung des Urheberrechtsschutzes in Europa und die Anforderungen an ihre Umsetzung in deutsches Recht, ZUM 2002, 1

Flechsig, Norbert: Urheberrecht in der Wissensgesellschaft, ZRP 2004, 249

Fränkl, Gerald/Karpf, Philipp: Digital-Rights-Management-Systeme: Einführung, Technologien, Recht, Ökonomie und Marktanalyse, München 2004

Freiwald, Sven: Die private Vervielfältigung im digitalen Kontext am Beispiel des Filesharing, Baden-Baden 2004, (UFITA-Schriftenreihe Bd.214), zugl.: Freiburg i. Br., Univ., Diss. 2003

Frey, Dieter: Peer-To-Peer File-Sharing, das Urheberrecht und die Verantwortlichkeit von Diensteanbietern am Beispiel Napster, Inc. im Lichte des US-amerikanischen und des EG-Rechts, ZUM 2001, 466

Frey, Dieter/Rudolph, Matthias: EU-Richtlinie zur Durchsetzung der Rechte des geistigen Eigentums, ZUM 2004, 522

Fromm, Friedrich Karl /Nordemann, Wilhelm: Urheberrecht: Kommentar zum Urheberrechtsgesetz und zum Urheberrechtswahrnehmungsgesetz; mit den Texten der Urheberrechtsgesetze Österreichs und der Schweiz, 9. überarb. und erg. Aufl., Stuttgart, Berlin, Köln 1998 (zit. Fromm/Nordemann/*Bearbeiter*)

Gebhardt, Gerd: Die Erwartungen der Tonträgerwirtschaft an den zweiten Korb, ZUM Sonderheft 2003, 1022

Gebhardt, Gerd: Sieben Argumente gegen eine Kulturflatrate, Spiegel-Interview vom 6.09.2004, abrufbar unter http://www.spiegel.de/netzwelt/politik/0,1518,316837,00.html

Gebhardt, Gerd: Interview gegenüber dem deutschen Musikinformationszentrum vom 12.08.2004, abrufbar unter http://www.themen.miz.org/musikwirtschaft/neuigkeiten.php?id=1468

Geerlings, Jörg: Das Urheberrecht in der Informationsgesellschaft und pauschale Geräteabgaben im Lichte verfassungs- und europarechtlicher Vorgaben, GRUR 2004, 207

Gieselmann, Hartmut: Das große Brennen, c't 1/2004, 82, abrufbar unter http://www.heise.de/ct/04/01/082/

Goldmann, Bettina/Liepe, Andreas: Vertrieb von kopiergeschützten Audio-CDs in Deutschland, ZUM 2002, 362

Gottschalk, Eckart: Das Ende von "fair use"? – Technische Schutzmaßnahmen im Urheberrecht der USA, MMR 2003, 148

Gotzen, Frank: Copyright and the European Community : the green paper on copyright and the challenge of new technology = Droit d'auteur et communauté européenne, Bruxelles 1989

Grassmuck, Volker: Der zweite Korb dient der Allgemeinheit! Für ein „Gesetz zur Sicherung der Nutzerrechte und einer fairen Pauschalvergütung in der Informationsgesellschaft", ZUM-Sonderheft 2003, 1014

Grassmuck, Volker: Ein Plädoyer für durchsetzbare Schrankenbestimmungen für Privatkopie, Zitat und Filesharing, ZUM 2005, 104

Hänel, Frederike: Napster und Gnutella - Probleme bei der Übertragung von MP3-Dateien nach deutschem Urheberrecht", in JurPC, Web.-Dok. 245/2000, abrufbar unter http://www.jurpc.de/aufsatz/20000245.htm

Hansen, Sven: CD-Schutz kontra Verbraucherschutz - Mit dem c't-CD-Register mehr Überblick beim CD-Kauf, c't 7/2003, 136, abrufbar unter http://www.heise.de/ct/03/07/136/default.shtml

Hansen, Sven: Musik saugen legal - Die Türen zu den Online-Shops sind aufgestoßen, c't 2004, 176, abrufbar unter http://www.heise.de/ct/04/06/176/default.shtml

Hart-Davis, Guy/Holmes, Rhonda: MP3 - Das Buch, Düsseldorf 1999

Haupt, Stefan: Offene Fragen zum UrhG-Referentenentwurf „Zweiter Korb", MMR 2004, Heft 12, Rubrik „Aktuell", S. XII

Hauser, Tobias/Günnewig, Dirk: Musik im Hochsicherheitstrakt, Digital Rights Management - Stand der Dinge, c't 16/02, 182

Hauser, Tobias: Finger Weg – DRM-Systeme in der Praxis, c't 2003, 234

Häuser, Markus: Pauschalvergütung und digitale Privatkopie, CR 2004, 829

Heghmanns, Michael: Musiktauschbörsen im Internet aus strafrechtlicher Sicht, MMR 2004, 14

Hilty, Reto: Urheberrecht in der Informationsgesellschaft: „Wer will was von wem woraus?" – Ein Auftakt zum „zweiten Korb", ZUM-Sonderheft 2003, 983

Himmelein, Gerald/Günnewig, Dirk/ Hauser, Tobias: Digitale Rechte am Scheideweg, Rechtsschutz für DRM-Systeme in den Bundestag eingebracht, c't 17/2002, 18, abrufbar unter http://www.heise.de/ct/02/17/018/default.shtml

Heun, Sven-Erik: Handbuch Telekommunikationsrecht, Köln 2002

Hoeren, Thomas: Entwurf einer EU-Richtlinie zum Urheberrecht in der Informationsgesellschaft, MMR 2000, 515

Hoeren, Thomas: Kohlberg und Piaget: Was Erziehungspsychologen zur geplanten Verschärfung der Strafen im Immaterialgüterrecht sagen würden, Editorial der MMR 2003, 217

Hoeren, Thomas: Urheberrecht und Verbraucherschutz. Überlegungen zum Gesetz über Urheberrecht in der Informationsgesellschaft, Gutachten im Auftrag von Verbraucherzentrale Bundesverband E.V., in: Zusammenfassung der Stellungnahmen zu der Anhörung des Rechtsausschusses Urheberrecht, BT-Drs. 15/15 und 15/38, Ausschussdrs. 15(6)3 und 16(6)4, v. 23.01.2003, 23

Hoeren, Thomas: High-noon im europäischen Immaterialgüterrecht, MMR 2003, 299

Hoeren, Thomas/Sieber, Ulrich: Handbuch Multimedia-Recht: Rechtsfragen des elektronischen Geschäftsverkehrs, München 1999-, Loseblattsammlung (zit.: Bearbeiter in Hoeren/Sieber, Handbuch Multimedia-Recht)

Hoeren, Thomas: Internetrecht, Stand Juli 2004, abrufbar unter http://www.uni-muenster.de/Jura.itm/hoeren/material/Skript_juli2004.pdf

Hoeren, Thomas: Das Recht der Access Provider, München 2004

Hoffmann-Riem, Wolfgang: Der Rundfunkbegriff in der Differenzierung kommunikativer Dienste, AfP 1996, 9

Holznagel, Bernd/Brüggemann, Sandra: Das Digital Rights Management nach dem ersten Korb der Urheberrechtsnovelle, MMR 2003, 767

Hubmann, Heinrich: Das Recht des schöpferischen Geistes: eine philosophisch-juristische Betrachtung zur Urheberrechtsreform, Berlin 1954

Hucko, Elmar: Privatkopie auf Biegen und Brechen? Gedanken zum Urheberrecht, zum Verbraucherschutz und zur Informationsfreiheit, in: Urheberrecht im Informationszeitalter: Festschrift für Wilhelm Nordemann zum 70. Geburtstag am 8. Januar 2004, München 2004, 321

Hucko, Elmar: Informationspapier zu dem Referenten-Entwurf zum ersten Korb der Urheberrechtsnovelle v. 07.05.2002

Hugenholtz, Bernt: The Future of Copyright in a Digital Environment, Amsterdam 1996

Jani, Ole: Was sind offensichtlich rechtswidrig hergestellte Vorlagen? – Erste Überlegungen zur Neufassung von § 53 Abs. 1 Satz 1 UrhG, ZUM 2003, 842

Jarass, Hans D.: Die Freiheit der Massenmedien: zur staatlichen Einwirkung auf Presse, Rundfunk, Film und andere Medien, Baden-Baden 1978, zugl.: München, Univ., Habil.-Schr., 1976/77

Jarass, Hans D./Pieroth, Bodo: Grundgesetz für die Bundesrepublik Deutschland: Kommentar, 7. Aufl., München 2004 (zit.: *Bearbeiter* in Jarass/Pieroth, GG-Komm.)

Kaufmann, Noogie C./Köcher, Jan K.: Anm. zu LG Hamburg Urt. v. 7.7.2004 – 308 O 264/04, MMR 2005, 55

Kitz, Volker: Die Auskunftspflicht des Zugangsvermittlers bei Urheberrechtsverletzungen seiner Nutzer, GRUR 2003, 1014

Kitz, Volker: Die Zukunft der Auskunft oder: Die abenteuerliche Karriere des § 101 a UrhG, Editorial der MMR 3/2005, 133

Kitz, Volker: § 101 a UrhG – Für eine Rückkehr zur Dogmatik, ZUM 2005, 298

Knies, Bernhard: Kopierschutz für Audio-CDs, ZUM 2002, 793

Knies, Bernhard: DeCSS – oder: Spiel mir das Lied vom Code, ZUM 2003, 286

Kreile, Reinhold: GEMA-Jahrbuch 2001/2002, Baden-Baden 2002

Kreile, Reinhold: GEMA-Jahrbuch 2004/2005, Baden-Baden 2005, abrufbar unter http://www.gema.de/kommunikation/jahrbuch/jahr_04_05/

Kreile, Reinhold: Thesen zur Weiterentwicklung des Urheberrechts in der Informationsgesellschaft (sogenannter Korb 2) - Erwartungen, Hoffnungen und Forderungen der Urheber an den Gesetzgeber, ZUM Sonderheft 2003, 1018

Kreile, Reinhold: Stellungnahme zum Referentenentwurf, ZUM 2005, 112

Krempl, Stefan: Das Copyright-Regime als Innovationsblocker, Telepolis-Artikel vom 3.03.2004, abrufbar unter http://www.telepolis.de/deutsch/special/copy/16870/1.html

Kreutzer, Till: Napster, Gnutella & Co.: Rechtsfragen zu Filesharing-Netzen aus der Sicht des deutschen Urheberrechts de lege lata und de lege ferenda, Teil 1, GRUR 2001, 193

Kröger, Detlef: Die Urheberrechtsrichtlinie für die Informationsgesellschaft – Bestandsaufnahme und kritische Bewertung, CR 2001, 316

Kröger, Detlef: Enge Auslegung von Schrankenbestimmungen – Wie lange noch?, MMR 2002, 18

Lapp, Thomas: Überblick zu DRM, insbesondere zum § 95a UrhG, ITRB 2003, 151

Larenz, Karl: Methodenlehre der Rechtswissenschaften, 6.Aufl. Berlin (u.a.) 1991

Lehmann, Michael: Wettbewerbsrecht, Strukturpolitik und Mittelstandsschutz, GRUR 1977, 580

Lehmann, Michael: Die IT-relevante Umsetzung der Richtlinie Urheberrecht in der Informationsgesellschaft, CR 2003, 553

Leinemann, Felix: Die Sozialbindung des "geistigen Eigentums": zu den Grundlagen der Schranken des Urheberrechts zugunsten der Allgemeinheit, Baden-Baden 1998, (UFITA-Schriftenreihe Bd. 162), zugl.: Freiburg (Breisgau), Univ., Diss., 1998

Leupold, Andreas/Demisch, Dominik: Bereithalten von Musikwerken zum Abruf in digitalen Netzen, ZUM 2000, 379

Loewenheim, Ulrich: Vervielfältigungen zum eigenen Gebrauch von urheberrechtswidrig hergestellten Werkstücken, in: Urheberrecht: gestern - heute - morgen, Festschrift für Adolf Dietz zum 65. Geburtstag, Hrsg.: Ganea/Heath/Schricker, München 2001 (zit.: Loewenheim in FS Dietz)

Loewenheim, Ulrich: Handbuch des Urheberrechts, München 2003 (zit.: *Bearbeiter* in Loewenheim, Handbuch des Urheberrechts)

Löffler, Martin: Das Grundrecht auf Informationsfreiheit als Schranke des Urheberrechts, NJW 1980, 874

Lubitz, Markus: Die Haftung der Internet Service Provider für Urheberrechtsverletzungen, GRUR Int 2001, 284

Masouyé, Claude: Kommentar zur Berner Übereinkunft zum Schutz von Werken der Literatur und Kunst (Pariser Fassung vom 24. Juli 1971), München, Köln 1981

Maunz, Theodor/Dürig, Günter: Grundgesetz: Kommentar, München 1993, Loseblattsammlung, 42. Erg.-Lieferung Feb. 2003 (zit.: *Bearbeiter* in Maunz/Dürig, GG-Komm.)

Maus, Joachim: Die digitale Kopie von Audio- und Videoprodukten: die Nutzung von Film und Musik im privaten Bereich und deren Behandlung im deutschen und im internationalen Urheberrecht, Baden-Baden 1991, zugl.: Konstanz, Univ., Diss., 1990

Mayer, Christoph: Die Privatkopie nach Umsetzung des Regierungsentwurfs zur Regelung des Urheberrechts in der Informationsgesellschaft, CR 2003, 274

McGuire, Mary Rose: Beweismittelvorlage und Auskunftsanspruch zur Durchsetzung der Rechte des geistigen Eigentums, GRUR Int. 2005, 15

Mediger, Harald: Magnetton und Urheberrecht, GRUR 1951, 382

Melichar, Ferdinand: Die Wahrnehmung von Urheberrechten durch Verwertungsgesellschaften: am Beispiel d. VG WORT, München 1983

Melichar, Ferdinand: Verwertungsgesellschaften und Multimedia, in: *Lehmann* (Hrsg.), Internet- und Multimediarecht (Cyberlaw), Stuttgart 1997, 205 (zitiert: Melichar in Lehmann, Internet- und Multimediarecht)

Melichar, Ferdinand: Urheberrecht in Theorie und Praxis : Beiträge zum Urheberrecht 1975 - 1998
Tübingen 1999

Melichar, Ferdinand: Private Vervielfältigung und Pauschalvergütungen im Referentenentwurf zum Zweiten Korb, ZUM 2005, 119

Merk, Walther: in: Festschrift Alfred Schultze zum 70. Geburtstage, Weimar 1934

Metzger, Axel/Kreutzer, Till: Richtlinie zum Urheberrecht in der „Informationsgesellschaft", MMR 2002, 139

Michel, Eva-Maria: Statement WDR, ZUM-Sonderheft 2003, 1047

Moldenhauer, Oliver: Kultur-Flatrate statt Knast, Spiegel-Artikel vom 22.07.2004, abrufbar unter http://www.spiegel.de/netzwelt/netzkultur/0,1518,309768-2,00.html.

Monkemöller, Lutz: Moderne Freibeuter unter uns – Internet, mp3 und CD-R als GAU für die Musikbranche!, GRUR 2000, 663

Möhring, Philipp/Nicolini, Käte: Urheberrechtsgesetz, Kommentar, 2. Aufl. München 2000 (zit.: Möhring/Nicolini/*Bearbeiter*)

Möller, Erik: Schöner Tauschen, Teil I-III, Telepolis-Artikel vom 30.06.2000, 28.07.2000 und 08.08.2000, abrufbar unter http://www.heise.de/tp

Möller, Magret: Die Urheberrechtsnovelle '85: Entstehungsgeschichte und verfassungsrechtliche Grundlagen, Heidelberg 1986

Möschel, Wernhard/Bechtold, Stefan: Copyright-Management im Netz, MMR 1998, 571

Mühlbauer, Peter: Nicht konsumwürdig, Telepolis-Artikel vom 15.03.2004, abrufbar unter http://www.heise.de/tp/r4/artikel/16/16913/1.html

Münchener Kommentar zum BGB: Band 6, 4. Aufl. München 2004 (zit.: *Bearbeiter* in MünchKomm BGB)

Nickels, Sven: Neues Bundesrecht für den E-Commerce, CR 2002, 302

Nordemann, Jan Bernd/Dustmann, Andreas: To Peer Or Not To Peer, CR 2004, 380

Nordemann, Wilhelm: Die urheberrechtliche Leerkassettenvergütung, ZUM 1985, 57

Ohlenburg, Anna: Der neue Telekommunikationsdatenschutz - Eine Darstellung von Teil 7 Abschnitt 2 TKG, MMR 2004, 431

Oppermann, Klaus: Der Auskunftsanspruch im gewerblichen Rechtsschutz und Urheberrecht: dargestellt unter besonderer Berücksichtigung der Produktpiraterie, Berlin 1997, zugl.: Berlin, Humboldt-Univ., Diss., 1995

Pahud, Eric: Die Sozialbindung des Urheberrechts, Bern 2000, zugl.: Zürich, Univ., Diss., 2000

Palandt, Otto: Bürgerliches Gesetzbuch, 63. Aufl. München 2004 (zit.: *Bearbeiter* in Palandt, BGB-Komm.)

Paul, Jörg-Alexander/Naskret, Stefanie: Die Zukunft der Geräteabgabe, CR 2003, 473

Peukert, Alexander: Neue Techniken und ihre Auswirkung auf die Erhebung und Verteilung gesetzlicher Vergütungsansprüche, ZUM-Sonderheft 2003, 1050

Peukert, Alexander: Digital Rights Management und Urheberrecht, UFITA 2002 Band III, 689

Pfennig, Gerhard: Digital Rights Management Systeme aus der Sicht von Verwertungsgesellschaften, ZUM 2004, 198

Pichlmaier, Tobias: Abschied von der Privatkopie?, CR 2003, 910

Pietzcker, Rolf: Schadensersatz durch Lizenzberechnung, GRUR 1975, 55

Plaß, Gunda: Hyperlinks im Spannungsfeld von Urheber-, Wettbewerbs- und Haftungsrecht, WRP 2000, 599

Pleister, Christian C.-W./Ruttig, Markus: Neues Urheberrecht – neuer Kopierschutz, MMR 2003, 763

Plura, Michael: Der PC mit den zwei Gesichtern TCPA und Palladium - Schreckgespenster oder Papiertiger?, c't 24/2002, 186, abrufbar unter http://www.heise.de/ct/02/24/186/default.shtml

Poll, Günter: Anmerkungen zu BGH-Urteil v. 05.07.01 – Scanner, CR 2002, 178

Poll, Günter/Braun, Thorsten: Pivatkopien ohne Ende oder Ende der Privatkopie?, ZUM 2004, 266

Raubenheimer, Andreas: Beseitigung/Umgehung eines technischen Programmschutzes nach UrhG und UWG, CR 1996, 69

Rehbinder, Manfred: Multimedia und das Urheberpersönlichkeitsrecht, ZUM 1995, 685

Rehbinder, Manfred: Urheberrecht, 12. Aufl. München 2002

Reimer, Dietrich/Ulmer, Eugen: Die Reform der materiellrechtlichen Bestimmungen der Berner Übereinkunft, GRUR Int. 1967, 431

Reinbothe, Jörg: Beschränkungen und Ausnahmen von den Rechten im WIPO-Urheberrechtsvertrag, in: Ein Leben für Rechtskultur: Festschrift Robert Dittrich zum 75. Geburtstag, Wien 2000, 251 (zit.: Reinbothe in FS Dittrich)

Reinbothe, Jörg: Die EG-Richtlinie zum Urheberrecht in der Informationsgesellschaft, GRUR Int. 2001, 733

Reinbothe, Jörg: Die Umsetzung der EU-Urheberrechtsrichtlinie in deutsches Recht, ZUM 2002, 43

Rickeston, Sam: The Berne Convention for the protection of literary and artistic works: 1886-1986", London 1987

Rohleder, Bernhard: Für eine zukunftsfähige Urhebervergütung, ZUM-Sonderheft 2003, 1061

Rohleder, Bernhard: Statement zur Pauschalvergütung für privates Kopieren, ZUM 2005, 120

Rosen, Jan: Urheberrecht und verwandte Schutzrechte in der Informationsgesellschaft – zur Umsetzung der EG-Richtlinie 2001/29/EG in den nordischen Ländern, GRUR Int. 2002, 195

Roßnagel, Alexander: Recht der Multimedia-Dienste : Kommentar zum IuKDG und zum MDStV, Loseblattsammlung, August 2003 (zit.: *Bearbeiter* in Roßnagel, Recht der Multimedia-Dienste)

Roßnagel, Alexander: Handbuch Datenschutzrecht: die neuen Grundlagen für Wirtschaft und Verwaltung, München 2003

Sachs, Michael: Grundgesetz, Kommentar, 1. Aufl. München 1996 (zit.: *Bearbeiter* in Sachs, GG-Komm.)

Sack, Rolf: Die urheberrechtliche Leerkassettenvergütung, BB-Beilage 15 zu Heft 26 1984

Schaar, Peter: Datenschutz im Internet, München 2002

Schaar, Peter: Datenschutz bei Web-Services, RDV 2003, 59

Schack, Haimo: Private Vervielfältigung von einer rechtswidrigen Vorlage?, in: Festschrift für Willi Erdmann zum 65. Geburtstag / hrsg. von *Hans-Jürgen Ahrens*, Köln 2002, 165 (zit.: Schack in FS Erdmann)

Schack, Haimo: Schutz digitaler Werke vor privater Vervielfältigung – zu den Auswirkungen der Digitalisierung auf § 53 UrhG, ZUM 2002, 497

Scherer, Joachim: Rechtsprobleme des Staatsvertrages über Bildschirmtext, NJW 1983, 1832

Schimmel, Wolfgang: Statement zur Pauschalvergütung für privates Kopieren, ZUM 2005, 121

Schippan, Martin: Harmonisierung oder Wahrung der nationalen Kulturhoheit? – Die wundersame Vermehrung der Schrankenbestimmungen in Art. 5 der „Multimediarichtlinie", ZUM 2001, 116

Schippan, Martin: Urheberrecht goes digital – Das Gesetz zur Regelung des Urheberrechts in der Informationsgesellschaft, ZUM 2003, 378

Schippan, Martin: Nun endgültig verabschiedet: Das digitale Urheberrecht – Korb 1, ZUM 2003, 678

Schippan, Martin: Rechtsfragen bei der Implementierung von Digital Rights Management- Systemen, ZUM 2004, 188

Schlegel, Oliver: Anmerkungen zu LG Hamburg, Urteil vom 07.07.2004 (Az.: 308 O 264/04), CR 2005, 144

Schricker, Gerhard: Zur Reform des Gesetzes gegen den unlauteren Wettbewerb – Schadensersatz der Abnehmer und Rücktritt vom Vertrag bei irreführender und unlauterer Werbung, GRUR 1979, 1

Schricker, Gerhard/Katzenberger, Paul: Die urheberrechtliche Leerkassettenvergütung, GRUR 1985, 87

Schricker, Gerhard/ Dreier, Thomas/ Katzenberger, Paul/ von Lewinski, Silke: Urheberrecht auf dem Weg zur Informationsgesellschaft - Gutachten im Auftrag des Bundesministeriums der Justiz, Baden-Baden 1996 (zit.: *Bearbeiter* in Schricker, Informationsgesellschaft)

Schricker, Gerhard: Urheberrecht, Kommentar, 2. Aufl. München 1999 (zitiert: Schricker/*Bearbeiter*)

Schulze, Erich: Free flow of information – Vorwand für „free pass" von Urheberrechten?, in: Urheberrecht und kulturelle Entwicklung: Festschrift zum 60. Geburtstag von Ulrich Uchtenhagen (UFITA-Schriftenreihe des Archivs für Urheber-, Film-, Funk- und Theaterrecht 75), Baden-Baden 1987, 91

Schulze, Marcel: Materialien zum Urheberrechtsgesetz: Texte - Begriffe – Begründungen, Weinheim, New York, Basel, Cambridge, Tokyo 1993

Schwarz, Mathias: Urheberrecht und unkörperliche Verbreitung multimedialer Werke, GRUR 1996, 836

Schwarz, Mathias: in *Zecher, Jan*: Die Umsetzung der EU-Urheberrechtslinie in deutsches Recht II – Diskussionsbericht der gleichlautenden Arbeitssitzung des Instituts für Urheber- und Medienrecht am 22.03.2002, ZUM 2002, 451, 456

Schwarz, Mathias/Evers, Margarete: Der Referentenentwurf aus Sicht der Filmwirtschaft, ZUM 2005, 113

Schwerdtfeger, Armin: Cyberlaw: Grundlagen, Checklisten und Fallbeispiele zum Online-Recht, 1.Aufl. Wiesbaden 1999

Senftleben, Martin: Privates digitales Kopieren im Spiegel des Dreistufentests, CR 2003, 914

Senftleben, Martin: Grundprobleme des urheberrechtlichen Dreistufentests, GRUR Int. 2004, 200

Sieber, Ulrich: Verantwortlichkeit im Internet: technische Kontrollmöglichkeiten und multimediarechtliche Regelungen; zugleich eine Kommentierung von 5 TDG und 5 MDStV, München 1999

Sieber, Ulrich/Höfinger, Frank Michael: Drittauskunftsansprüche nach § 101 a UrhG gegen Internetprovider zur Verfolgung von Urheberrechtsverletzungen, MMR 2004, 575

Spielkamp, Matthias: Mit Technik allein lässt sich DRM nicht durchsetzen, Telepolis-Artikel vom 03.02.2004 über das DRM-Symposium an der Berliner Humboldt-

Universität vom 30./31.01.2004, abrufbar unter http://www.heise.de/tp/r4/artikel/16/16673/1.html

Spieker, Oliver: Bestehen zivilrechtlicher Ansprüche bei Umgehung von Kopierschutz und beim Anbieten von Erzeugnissen zu dessen Umgehung, GRUR 2004, 475

Spindler, Gerald: Urheberrecht und Tauschplattformen im Internet, JZ 2002, 60

Spindler, Gerald: Europäisches Urheberrecht in der Informationsgesellschaft, GRUR 2002, 105

Spindler, Gerald/Volkmann, Christian: Die zivilrechtliche Störerhaftung der Internet-Provider, WRP 2003, 1

Spindler, Gerald/Schmitz, Peter/Geis, Ivo: TDG-Kommentar, München 2004 (zit.: Spindler/Schmitz/Geis/*Bearbeiter*, TDG-Komm.)

Spindler, Gerald: Vertragsrecht der Internet-Provider, 2. Aufl. Köln 2004

Spindler, Gerald/Dorschel, Joachim: Auskunftsansprüche gegen Internet-Service-Provider, CR 2005, 38

Spindler, Gerald: Anmerkungen zu OLG Frankfurt- Urteil vom 21.12.2004 - 11 U 51/04, MMR 2005, 241

Stewart, Stephen M.: International Copyright and Neighbouring Rights, London/Boston, 2. Aufl. 1989

Stickelbrock, Barbara: Die Zukunft der Privatkopie im digitalen Zeitalter, GRUR 2004, 736

Ströbele, Paul/Hacker, Franz: Markengesetz, Kommentar, 7.Aufl. Köln (u.a.) 2003

Strömer, Tobias: Online-Recht, 3. Aufl. Heidelberg 2002

Teplitzky, Otto: in Festschrift für Winfried Tilmann: zum 65. Geburtstag, hrsg. von Erhard Keller, Köln 2003, 913

Trautmann, Hans: Die Pauschalvergütung für privates Kopieren aus Sicht der Hersteller/Importeure von Geräten der Unterhaltungselektronik, ZUM 2005, 125

Trute, Hans-Heinrich: Öffentlich-rechtliche Rahmenbedingungen einer Informationsordnung, VVDStRL 57 (1998), 216

Trute, Hans-Heinrich/Spoerr, Wolfgang/Bosch, Wolfgang: TKG mit FTEG, 1. Aufl. Berlin, New York 2001

Ulmer, Eugen: Urheber- und Verlagsrecht, 3. Aufl. Berlin (u.a.) 1980

Ulmer-Eilfort, Constanze: Zur Zukunft der Vervielfältigungsfreiheit nach § 53 UrhG im digitalen Zeitalter, in: Festschrift für Wilhelm Nordemann, 1. Aufl. Baden-Baden 1999, 285

Volpe, Francesco P./Bär, David: Die Un-CDs - So arbeiten Abspielsperren für Audio-CDs, c't 7/2003, 144

v.Braunmühl, Patrick: Entwurf für den Zweiten Korb des neuen Urheberrechts bringt weitere Nachteile für Verbraucher, ZUM 2005, 109

v.Diemar, Undine: Kein Recht auf Privatkopie, GRUR 2002, 587

v.Gamm, Otto-Friedrich Frhr.: Urheberrechtsgesetz: [vom 9. September 1965], Kommentar, München 1968

v.Olenhusen, Albrecht Götz/Crone, Andreas: Der Anspruch auf Auskunft gegenüber Internet-Providern bei Rechtsverletzungen nach Urheber- bzw. Wettbewerbsrecht, WRP 2002, 164

v.Mangoldt, Herrmann/Klein, Friedrich: Grundgesetz, Kommentar, Band I, 4. Aufl. 1999 (zit.: *Bearbeiter* in v.Mangoldt/Klein, GG-Komm.)

v.Münch, Ingo /Kunig, Philip: Grundgesetz-Kommentar, Teil 1. (Präambel bis Art. 19), 5. Aufl. München 2000 (zit.: *Bearbeiter* in v.Münch/Kunig, GG-Komm.)

Wagner, Axel-Michael: Quo vadis, Urheberrecht?, ZUM 2004, 723

Waldenberger, Arthur: Zur zivilrechtlichen Verantwortlichkeit für Urheberrechtsverletzungen im Internet, ZUM 1997, 176

Wand, Peter: Technische Schutzmaßnahmen und Urheberrecht: Vergleich des internationalen, europäischen, deutschen und US-amerikanischen Rechts, München 2001, zugl.: München, Univ., Diss. 2001 (zitiert: Technische Schutzmaßnahmen)

Wandtke, Artur-Axel/Bullinger, Winfried: Praxiskommentar zum Urheberrecht, München 2002 (zit.: Wandtke/Bullinger/*Bearbeiter*)

Wandtke, Artur-Axel/Bullinger, Winfried: Praxiskommentar zum Urheberrecht, Ergänzungsband 2003, München 2003 (zit.: Wandtke/Bullinger/*Bearbeiter*, ErgBand zum UrhG-Komm.)

Wandtke, Artur: Doppelte Lizenzgebühr im Urheberrecht als Modell für den Vermögensschaden von Persönlichkeitsverletzungen im Internet, GRUR 2000, 942

Wandtke, Artur: Copyright und virtueller Markt in der Informationsgesellschaft oder das Verschwinden des Urhebers im Nebel der Postmoderne, GRUR 2002, 1

Waß, Clemens Matthias: Digital Rights Management – Die Zukunft des Urheberrechts?, abrufbar unter http://www.rechtsprobleme.at/doks/wass-drm.pdf

Wiechmann, Peter: Urheber- und gewährleistungsrechtliche Probleme der Kopiersperre bei digitalen Audio-Kassetten-Recordern, ZUM 1989, 111

Wiegand, Nicolai: Die Geräteabgabe als Lösungsmodell im Bereich der privaten Vervielfältigung von digitalen Musik- und Filmwerken aus US-amerikanischer und deutscher Sicht: eine rechtsvergleichende Studie, Frankfurt am Main 2003, zugl.: München, Univ., Diss., 2003 (zitiert: Die Geräteabgabe)

Winghardt, Stefan: Kopiervergütung für den PC, ZUM 2002, 349

Wischmann, Tim: Rechtsnatur des Access-Providing, MMR 2000, 46

Zota, Volker: Börsen-Trends - Tauschrausch - am Ende oder nicht zu bremsen?, c`t 2003, 132

Ohne Verfasserangabe: „Phillips: Keine Zukunft für CD-Kopierschutz", Artikel bei zdnet.de vom 09.01.2002, abrufbar unter http://www.zdnet.de/news/hardware/0,39023109,2102238,00.htm

Ohne Verfasserangabe: „Allensbach: Internet regt zum Musikkauf an", Meldung auf tonspion.de vom 13.02.2002, abrufbar unter http://www.tonspion.de/newsartikel.php?id=419

Ohne Verfasserangabe: „Darf man das", Artikel in der PC-TiP April/2002, abrufbar unter http://www.pctipp.ch/library/pdf/2002/04/0456copy.pdf

Ohne Verfasserangabe: „Musiktauschbörsen: Das Imperium schlägt zurück", Meldung bei heise.de vom 06.07.2002, abrufbar unter http://www.heise.de/newsticker/result.xhtml?url=/newsticker/meldung/28863&words=Imperium

Ohne Verfasserangabe: „Software- und Musikbranche kämpfen gemeinsam gegen Raubkopien", Artikel bei heise.de vom 25.09.2002, abrufbar unter http://www.heise.de/newsticker/meldung/31003

Ohne Verfasserangabe: „Marktforscher: Tauschbörsen schaden Europas Musikindustrie“, Nachricht bei heise-online vom 22.01.2003, abrufbar unter http://www.heise.de/newsticker/meldung/33869

Ohne Verfasserangabe: „Studie: MP3-Tauschbörsen schaden Musikindustrie nur begrenzt“, Nachricht bei heise.de vom 18.02.2003, abrufbar unter http://www.heise.de/newsticker/meldung/34630

Ohne Verfasserangabe: „DRM-Technologie: Bollwerk gegen Content-Klau“, Artikel bei aboutit.de vom 18.03.2003, abrufbar unter http://www.aboutit.de/03/10/07.html

Ohne Verfasserangabe: „Microsofts DRM-System „schützt“ jetzt auch Audio-CDs“, Nachricht des IT-Nachrichtendienstes Golem vom 24.04.2003 unter http://www.golem.de/0304/25197.html

Ohne Verfasserangabe: „PCs mit Microsofts XP Media Center kommen nach Deutschland“, Artikel bei heise.de vom 01.10.2003, abrufbar unter http://www.heise.de/newsticker/meldung/40736

Ohne Verfasserangabe: „Napster startet am Donnerstag als legale Musikbörse“, Nachricht bei netzeitung.de vom 08.10.2003, abrufbar unter http://www.netzeitung.de/internet/257306.html

Ohne Verfasserangabe: „Kazaa, Emule und Co: Klage gegen deutsche Tauschbörsen-Nutzer“, Meldung bei e-recht24.de vom 31.03.2004, abrufbar unter http://www.e-recht24.de/news/urheberrecht/221.html

Ohne Verfasserangabe: „Klagewelle der US-Musikindustrie zeigt Wirkung“, Nachricht bei heute.de vom 06.01.2004, abrufbar unter http://www.heute.de/ZDFheute/inhalt/23/0,3672,2094039,00.html

Ohne Verfasserangabe: „Die Musikindustrie zweifelt am Kopierschutz“, Artikel bei faz.net vom 04.06.2004, abrufbar unter http://www.faz.net

Ohne Verfasserangabe: „EU-Projekt soll Nutzer-Akzeptanz von DRM untersuchen“, Nachricht bei golem.de vom 08.06.2004, abrufbar unter http://www.golem.de/0406/31640.html

Ohne Verfasserangabe: „Musikdownloads fürs Handy – Warten, gurgeln, zahlen“, Artikel bei Spiegel-Online vom 09.06.2004, abrufbar unter http://www.spiegel.de/netzwelt/netzkultur/0,1518,303279,00.html

Ohne Verfasserangabe: „Digital Rights Management im Kommen“, Artikel von Computerwoche-Online vom 2.07.2004, abrufbar unter http://www.computerwelt.at/detailArticle.asp?a=83793&n=6

Ohne Verfasserangabe: „Neues DRM-System für DVDs geplant“, Nachricht der PC-Welt von 14.07.2004, abrufbar unter http://www.pcwelt.de/news/vermischtes/101266

Ohne Verfasserangabe: „Die neuen iPods werden billiger“, Artikel bei Spiegel-Online vom 19.07.2004, abrufbar unter http://www.spiegel.de/netzwelt/technologie/0,1518,309331,00.html

Ohne Verfasserangabe: „RealNetworks hackt den iPod“, Nachricht bei Spiegel-Online vom 26.07.2004, http://www.spiegel.de/netzwelt/technologie/0,1518,310476,00.html

Ohne Verfasserangabe: "Brechstangen-Produzent nicht verantwortlich für Diebstahl", Nachricht bei Spiegel-Online vom 20.08.2004, abrufbar unter http://www.spiegel.de/netzwelt/politik/0,1518,314171,00.html

Ohne Verfasserangabe: „Phono-Collect beerdigt“, Nachricht bei gmx.de vom 27.09.2004, abrufbar unter http://www.gmx.net/de/themen/unterhaltung/musik/news/475316

Ohne Verfasserangabe: „Sony Music Japan verzichtet auf Kopierschutz“, Nachricht bei heise.de vom 3.10.2004, abrufbar unter http://www.heise.de/newsticker/result.xhtml?url=/newsticker/meldung/51755&words=Sony%20Kopierschutz

Ohne Verfasserangabe: „Anonymes Filesharing möglich?“, Artikel-Serie bei netzwelt.de vom 08.10.2004, abrufbar unter http://www.netzwelt.de/news/67666_2-serie-anonymes-filesharing-moeglich.html

Ohne Verfasserangabe: „DVD-Recorder-Kaufberatung“, Artikel bei chip.de vom 04.11.2004, abrufbar unter http://www.chip.de/artikel/c1_artikelunterseite12895319.html

Ohne Verfasserangabe: „Anstieg der Userzahlen in Tauschbörsen“, Meldung des Institutes für Urheber- und Medienrecht vom 8.11.2004, abrufbar unter http://www.urheberrecht.org/news/2066

Ohne Verfasserangabe: „Legale Kopien von jeder Film-DVD“, Meldung bei pressebox.de vom 02.02.2005, abrufbar unter http://www.pressebox.de/pressemeldungen/sad-produktions-gmbh/boxid-30096.html

Materialienverzeichnis

A.T. Kearney: Studie „Der Kampf ums Wohnzimmer", abrufbar unter http://www.atkearney.de/content/veroeffentlichungen/pressemitteilungen_detail.php/id/49250

Biddle, Peter/ England, Paul/Peinado, Marcus/Willman, Bryan: The Darknet and the Future of Content Distribution, abrufbar unter http://crypto.stanford.edu/DRM-2002/darknet5.doc

Börsenverein des deutschen Buchhandels: Stellungnahme zum Referentenentwurf zum zweiten Korb der Urheberrechtsnovelle vom 8.11.2004, abrufbar unter http://www.urheberrecht.org/topic/Korb-2/

Bundesministerium der Justiz: Pressemitteilung Nr. 58/03 vom 11. Juli 2003, abrufbar unter http://www.bmj.bund.de/ger/service/pressemitteilungen

Bundesministerium der Justiz: Fragenkatalog zur weiteren Reform des Urheberrechts in der Informationsgesellschaft, abrufbar unter http://www.urheberrecht.org/topic/Korb-2/bmj/Fragebogen.pdf

Bundesministerium der Justiz: Referentenentwurf für ein zweites Gesetz zur Regelung des Urheberrechts in der Informationsgesellschaft, abrufbar unter http://www.bmj.bund.de/media/archive/760.pdf

Bundesministerium der Justiz: Pressemitteilung zu den Eckpunkten des zweiten Korbes der Urheberrechtsnovelle: „Urheberrecht in der Wissensgesellschaft", abrufbar unter http://www.urheberrecht.org/topic/Korb-2/bmj/749.pdf

Bundesregierung: 2. Bericht über die Entwicklung der urheberrechtlichen Vergütung gem. den §§ 54 ff. UrhG v. 5.7.2000, abrufbar unter http://www.bmj.bund.de

Bundesregierung: Gegenäußerung zur Stellungnahme des Bundesrates v. 27.09.2003 zum Entwurf des Gesetzes zur Regelung des Urheberrechtes in der Informationsgesellschaft, abrufbar unter http://www.urheberrecht.org/topic/Info-RiLi/ent/11523.pdf

Bundesverband Audiovisueller Medien (BVV): Jahreswirtschaftsbericht 2003, abrufbar unter http://www.bvv-medien.de/facts/JWB2003.pdf

Bundesverband Informationswirtschaft, Telekommunikation und neue Medien (BITKOM): Stellungnahme zur Neuregelung der Privatkopie und ihrer Vergütung in der weiteren Reform des Urheberrechts (2. Korb), abrufbar unter http://www.urheberrecht.org/topic/Korb-2/st/2003/BITKOM-24-09-2003.pdf

Bundesverband der phonographischen Wirtschaft: Jahreswirtschaftsbericht 2003, abrufbar unter http://www.ifpi.de/jb/2004/absatz.pdf

Bundesverband der phonographischen Wirtschaft: Halbjahresbericht der phonographischen Wirtschaft 2004, abrufbar unter http://www.ifpi.de/service/docs/2004/hj04_tab.pdf

Bundesverband der phonographischen Wirtschaft: Jahreswirtschaftsbericht 2004, abrufbar unter http://www.ifpi.de

Bundesverband der Phonographischen Wirtschaft und deutsche Landesgruppe der International Federation of the Phonographic Industry (IFPI): Stellungnahme zum Referentenentwurf zum zweiten Korb der Urheberrechtsnovelle vom 01.11.2004, abrufbar unter http://www.urheberrecht.org/topic/Korb-2/

Bundesverband der phonographischen Wirtschaft und deutsche Landesgruppe der IFPI: Stellungnahme zum zweiten Korb der Urheberrechtsreform vom 29.10.2003, abrufbar unter http://www.urheberrecht.org/topic/Korb-2/

Bundesverband der phonographischen Wirtschaft und deutsche Landesgruppe der IFPI: Stellungnahme zum Referentenentwurf für den zweiten Korb der Urheberrechtsnovelle vom 1.11.2004, abrufbar unter http://www.urheberrecht.org/topic/Korb-2/

Deutsche Bank Research: Copyright reloaded: Vom Versuch, Technologie vor sich selbst zu schützen, Studie zur digitalen Ökonomie, abrufbar unter http://www.dbresearch.de/PROD/DBR_INTERNET_DEPROD/PROD0000000000066961.pdf

Forum der Rechteinhaber: Stellungnahme zum Regierungsentwurf für ein Gesetz zum Urheberrecht in der Informationsgesellschaft, abrufbar unter http://www.urheberrecht.org/topic/Info-RiLi/st/Forum-RegEntw.pdf

Forum der Rechteinhaber: Stellungnahme zum zweiten Korb der Urheberrechtsnovelle vom 30.01.2004, abrufbar unter http://www.urheberrecht.org/topic/Korb-2/

Forum der Rechteinhaber: Stellungnahme zum Referentenentwurf zum zweiten Korb der Urheberrechtsnovelle vom 15.11.2004, abrufbar unter http://www.urheberrecht.org/topic/Korb-2/

Gesellschaft für Konsumforschung: Brennerstudie 2 vom September 2003, für den Zeitraum Jan. bis Aug. 2003, abrufbar unter http://www.filmfoerderungsanstalt.de/downloads/publikationen/brenn_studie2.pdf

Gesellschaft für Konsumforschung: Brennerstudie 2004 – Studie zum Kopieren und Downloaden von Spielfilmen auf Basis der GfK-Sonderbefragung im März 2004, veröffentlicht unter http://www.ifpi.de/news/379/brennerstudie2004.pdf

Gesellschaft für Konsumforschung: Studie über die urheberrechtlich relevante Nutzung von PCs in privaten Haushalten sowie am Arbeits-/Ausbildungsplatz/Schule vom April 2001 im Auftrag der VG Wort, abrufbar unter http://www.vg-wort.de/files/GFK04.htm

Gesellschaft für musikalische Aufführungs- und mechanische Vervielfältigungsrechte (GEMA): Merkblatt zur Vergütungspflicht von CDs, abrufbar unter http://www.gema.de/kunden/zpue/information/verguetungspflicht-cd.shtml

Gesellschaft für musikalische Aufführungs- und mechanische Vervielfältigungsrechte (GEMA): Pressemitteilung vom 09.01.2003 zu den Vergütungssätzen für DVD-Rohlinge und CD-Rohlinge, abrufbar unter http://www.gema.de/kommunikation/pressemitteilungen/pm20030109_02.shtml

Gesellschaft für musikalische Aufführungs- und mechanische Vervielfältigungsrechte (GEMA): Merkblatt zur Vergütungspflicht von DVD-Brennern, abrufbar unter http://www.gema.de/kunden/zpue/information/merkblatt_verguetungspflicht.shtml

Gesellschaft für musikalische Aufführungs- und mechanische Vervielfältigungsrechte (GEMA): Merkblatt zu den vergütungspflichtigen Geräten, abrufbar unter http://www.gema.de/kunden/zpue/information/verguetungspflicht.shtml

Hildebrandt, Ulrich: Stellungnahme zum Referentenentwurf zum zweiten Korb, abrufbar unter http://www.urheberrecht.org/topic/Korb-2/

Instituts für Rechtsfragen der freien und Open Source Software (IFROSS): Stellungnahme zu Auskunftsansprüchen gegen Provider, abrufbar unter http://www.ifross.de/ifross_html/art39.pdf

Instituts für Rechtsfragen der freien und Open Source Software (IFROSS): Stellungnahme zum zweiten Korb der Urheberrechtsnovelle vom 30.10.2003, abrufbar unter http://www.urheberrecht.org/topic/Korb-2/

Institut für Wirtschaftsinformatik der Universität Bern: Erläuterungen zu DRM, abrufbar unter http://www.ie.iwi.unibe.ch/forschung/drm/grundlagen.php

International Federation of the phonographic Industry (IFPI): Digitaler Musikbericht 2005, abrufbar unter http://www.ifpi.org/site-content/library/digital-music-report-2005.pdf

Microsoft: Erläuterung des Microsoft DRM unter http://www.microsoft.com/germany/digital-mentality/funktionsweise.mspx

Oberholzer-Gee, Felix/Strumpf, Coleman: The Effect of Filesharing on record Sales, abrufbar unter http://www.unc.edu%2F%7Ecigar%2Fpapers%2FFile-Sharing_March2004

Peitz, Martin/Walbroeck, Patrick: The Effect of Internet Piracy on CD Sales: Cross Section Evidence, abrufbar unter http://www.serci.org/docs_1_2/waelbroeck.pdf

Pfitzmann, Andreas/Federrath, Hannes/Kuhn, Markus: Anforderungen an die gesetzliche Regulierung zum Schutz digitaler Inhalte unter Berücksichtigung der Effektivität technischer Schutzmaßnahmen, abrufbar unter http://www.dmmv.de/shared/data/zip/2501_006_019_druckversion020904.zip

„privatkopie.net", „Netzwerk Neue Medien" und „Forum InformatikerInnen für Frieden und gesellschaftliche Verantwortung" (FIfF): Stellungnahme zum Referentenentwurf zum zweiten Korb der Urheberrechtsnovelle vom 20.12.2004, abrufbar unter http://www.urheberrecht.org/topic/Korb-2/

Schieb, Jörg: Die versteckten Charts, abrufbar unter http://www.wdr.de/themen/computer/schiebwoche/2004/index_23.jhtml

Spitzenorganisation der Filmwirtschaft e. V. (SPIO) SPIO und Film20-Interessengemeinschaft Filmproduktion e. V: Stellungnahme zum 6. Änderungsgesetz zur Regelung des Urheberrechts in der Informationsgesellschaft vom 29.10.2003, S. 17 ff., abrufbar unter http://www.urheberrecht.org/topic/Korb-2/

Spitzenorganisation der Filmwirtschaft e. V. (SPIO) und Film20-Interessengemeinschaft Filmproduktion e. V.: Stellungnahme auf den Fragenkatalog der Bundesregierung zum zweiten Korb der Urheberrechtsreform, abrufbar unter http://www.spio.de/Stellungnahme_Urheberrecht_010104.pdf

Spitzenorganisation der Filmwirtschaft e. V. (SPIO) und Film20-Interessengemeinschaft Filmproduktion e. V: Stellungnahme zum Referentenentwurf für den zweiten Korb der Urheberrechtsreform vom 12.11.2004, abrufbar unter http://www.spio.de/media_content/370.pdf

Ulbricht, Johannes: Pauschalabgaben - Ein inkonsequenter Kompromiss zum Nachteil der Urheber, Studie im Auftrag der BITKOM, abrufbar unter http://www.druck-gegen-abgaben.de/data/studie_ulbricht.pdf

Verband der deutschen Internetwirtschaft „ECO": Stellungnahme zum Fragenkatalog des Bundesministeriums der Justiz zur Reform des Urheberrechts in der Informationsgesellschaft – „Zweiter Korb" vom 14.01.2004, abrufbar unter http://www.eco.de/servlet/PB/show/1257660_11/20040114-ecoStgn-UrhR-Auskunftsanspruch.pdf

Verband der Filmverleiher (VDF) und Gesellschaft zur Verfolgung von Urheberrechtsverstößen (GVU): Anmerkungen zur Bagatellklausel im Referentenentwurf zu einem zweiten Gesetz zur Regelung des Urheberrechts in der Informationsgesellschaft, abrufbar unter http://www.urheberrecht.org/topic/Korb-2/

Verbraucherzentrale Bundesverband (VZBV): Stellungnahme zur Vorbereitung eines Zweiten Gesetzes zur Regelung des Urheberrechts in der Informationsgesellschaft ("Zweiter Korb"), Durchsetzung der Privatkopie bei technischen Schutzmaßnahmen v. 29.10.2003, abrufbar unter http://www.urheberrecht.org/topic/Korb-2/

World Trade Organisation (WTO): Report of the WTO-Panel, WTO-Dokument WT/DS160/R v. 15.6.2000, abrufbar unter http://www.wto.org

Schriftenreihe zum Urheber- und Kunstrecht

Herausgegeben von Thomas Hoeren

Band 1 Stefan Baufeld: Kulturgutbeschlagnahmen in bewaffneten Konflikten, ihre Rückabwicklung und der deutsch-russische Streit um die so genannte Beutekunst. 2005.

Band 2 Alexandra Kruczek: Die Bewertung der Kabelweitersenderechte der Sendeunternehmen in Deutschland und den USA. 2005.

Band 3 Larissa Marrder: Verwertung von Filmrechten in der Insolvenz. 2006.

Band 4 Felix Heinz Siegfried: Internationaler Kulturgüterschutz in der Schweiz. Das Bundesgesetz über den internationalen Kulturgütertransfer (Kulturgütertransfergesetz, KGTG). 2006.

Band 5 Karsten Lisch:Das Abstraktionsprinzip im deutschen Urheberrecht. 2007.

Band 6 Thomas Meschede: Der Schutz digitaler Musik- und Filmwerke vor privater Vervielfältigung nach den zwei Gesetzen zur Regelung des Urheberrechts in der Informationsgesellschaft. 2007.

www.peterlang.de

FSC
www.fsc.org
MIX
Papier | Fördert
gute Waldnutzung
FSC® C083411

Kolibri 360 GmbH
Ferdinand-Jühlke-Straße 7
99095 Erfurt, Deutschland
produktsicherheit@kolibri360.de

Druck:
CPI Druckdienstleistungen GmbH
im Auftrag der
Kolibri 360 GmbH
Ferdinand-Jühlke-Str. 7
99095 Erfurt